臺灣的國際文化關係

關係 國際文化

——文化作為方法

Taiwan's
International Cultural
Relations:
Culture as a Method

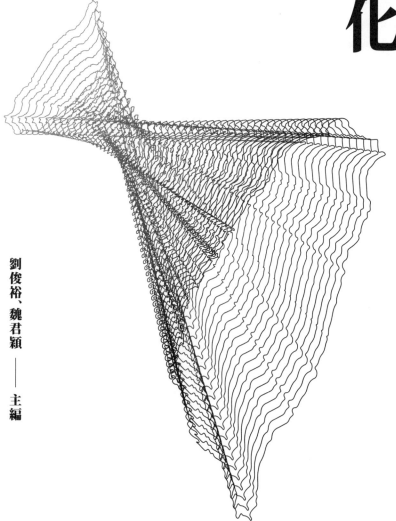

劉俊裕、魏君穎 —— 主編

巨流圖書公司印行

臺灣文化政策研究學會
Taiwan Association of Cultural Policy Studies

藝術管理與文化政策
05

臺灣的國際文化關係：
文化作爲方法

國家圖書館出版品預行編目（CIP）資料

臺灣的國際文化關係：文化作為方法 / 劉俊裕, 張
　晴文, 盧佳君, 李兆翔, 郭唐菱, 王紀澤, 陳嘉
　翎, 王慶康, 郭鎮武, 林國平, 黃宇暘, 周維強,
　王健宇, 吳介祥, 袁緒文, 李映霖, 魏君穎著；劉
　俊裕, 魏君穎主編 .-- 初版 .-- 高雄市：巨流圖書
　股份有限公司, 2022.02
　　面；　公分 .--（藝術管理與文化政策；5）
　ISBN 978-957-732-641-6（平裝）
　1. 國際文化關係 2. 文集 3. 臺灣學
　541.2807　　　　　　　　　　　110018321

主　　　編　劉俊裕、魏君穎
作　　　者　劉俊裕、張晴文、盧佳君、李兆翔、郭唐菱、王紀澤、陳嘉翎、
　　　　　　王慶康、郭鎮武、林國平、黃宇暘、周維強、王健宇、吳介祥、
　　　　　　袁緒文、李映霖、魏君穎（依篇章順序排列）
行 政 編 輯　陳羿妏
責 任 編 輯　林瑜璇
封 面 設 計　莫浮設計

發 行 人　楊曉華
總 編 輯　蔡國彬

出　　　版　巨流圖書股份有限公司
　　　　　　802019 高雄市苓雅區五福一路 57 號 2 樓之 2
　　　　　　電話：07-2265267
　　　　　　傳真：07-2264697
　　　　　　e-mail: chuliu@liwen.com.tw
　　　　　　網址：http://www.liwen.com.tw

編 輯 部　100003 臺北市中正區重慶南路一段 57 號 10 樓之 12
　　　　　　電話：02-29222396
　　　　　　傳真：02-29220464

郵 撥 帳 號　01002323 巨流圖書股份有限公司
購 書 專 線　07-2265267 轉 236

法 律 顧 問　林廷隆律師
　　　　　　電話：02-29658212

出版登記證　局版台業字第 1045 號

ISBN 978-957-732-641-6（平裝）
初版一刷 · 2022 年 2 月

定價：700 元

RESUME 作者簡歷

（按篇章順序排列）

―劉俊裕―

現任國立臺灣藝術大學藝術管理與文化政策研究所教授、「歐洲文化管理與文化政策研究網絡」國際通訊理事、歐洲「文化政策與管理研究獎」評議委員（2014-2022）。編著有《再東方化：文化政策與文化治理的東亞取徑》、*Cultural Management: From Theory to Practice*、《臺灣文化權利地圖》、《全球都市文化治理與文化策略》等書。劉俊裕曾任社團法人台灣文化政策研究學會理事長、臺藝大藝術管理與文化政策研究所所長、臺灣文化政策智庫中心主任、法國勃根地商學院客座教授、文藻外語大學國際事務系主任、國際事業暨文化交流研究所籌備處主任、文化部「全球佈局專案辦公室」諮詢顧問。主持專案計畫包括文化部「編撰文化白皮書暨籌劃全國文化會議」、「文化部推動文化基本法立法策略規劃案」、「國內外藝文中介組織串連網絡平臺」、國家文化藝術基金會「國際藝文趨勢觀察與情蒐計畫」等。

―張晴文―

國立清華大學藝術與設計學系副教授，藝評人、策展人，現為聯合國國際藝評人臺灣分會會長。學術領域為臺灣美術史，近年關注當代藝術中的「臺灣性」與在地理論建構，探討藝術生產中的臺灣經驗如何展現其特殊性，尤其聚焦於 1980 年代以降藝術與社會關係之研究。曾任《藝術家》執行主編（2004-2011）。藝評散見藝術期刊與畫冊圖錄。

—盧佳君—

美國耶魯大學音樂碩士、國立臺灣藝術大學博士。現任財團法人白鷺鷥文教基金會副執行長，以及國立臺灣藝術大學音樂系兼任助理教授。學術領域為表演藝術；文化政策與文化治理。近年來經常擔任多場表演之策展人，學術論文關注於藝術創作的跨界媒合以及當代文化政策與文化治理的走向與趨勢。

—李兆翔—

英國伯明罕大學文化資產博士，曾任英國伯明罕大學專案策展人、英國萊斯特大學訪問學者與國立臺北教育大學業界教師。現為中國科技大學文資中心副研究員暨室內設計系兼任助理教授、國際文化紀念物與歷史場所委員會文化遺產檔案國際科學委員會專家會員。關注領域包括工業遺產、系列遺產、文化路徑、文化資產的詮釋呈現及創新創業。

—郭唐菱—

現為英國倫敦大學國王學院文化、媒體、文創系博士，美國伊利諾大學厄本那 —— 香檳分校碩士、國立臺灣師範大學藝術創作學士。曾任新北市政府文化局科員、文化部藝術發展司科員、文化部文化交流司專員，執行過公共藝術、藝術銀行、臺灣書院、文化部全球佈局行動方案等重要文化政策，專長為文化政策研究並具豐富行政實務經驗。

─王紀澤─

英國華威大學劇場藝術博士及博士後研究，曾任職臺北市政府文化局。專職於公務體系進行文化交流工作之外，亦在學術場合發表科技劇場、環境與劇場表演之相關論文。本書收錄之論文是作者第一篇與文化行政相關之學術研究。作者 2023 年即將由 Routledge 出版社收錄的文章，將以臺灣女性劇作家簡莉穎為題進行訪談。

─陳嘉翎─

國立臺灣師範大學美術系美術行政與管理組博士、美國紐約大學（NYU）視覺藝術管理碩士，文基會公費赴英國大英博物館考察國際策展、文化部公費赴美國哈佛大學考察博物館藝術教育活動、美國賓州州立大學（Penn State University）訪問學者。現職史博館研究組，主要從事臺灣前輩藝術家／文化行政耆老口述歷史資料庫建置及國立臺灣博物館檔案史料蒐研等專案。

─王慶康─

嘗以文藝復興人（Renaissance man）自許，早年於東吳大學主修英美比較法，從事公職多年後，再先後進入英國倫敦大學、中國人民大學及國立臺灣藝術大學，跨多重領域，分別研讀氣候變遷、生態保育及文化藝術等碩、博士課程。曾服務於國立故宮博物院、行政院大陸事務委員會及外交部等機關，凡三十餘年，其中三分之二時間派駐海外，於馬來西亞、吐瓦魯、美國、澳大利亞及吉里巴斯等國服務。

—郭鎮武—

國立故宮博物院資深的博物館研究學者，在博物館政策規劃及管理方面擁有近三十年的經驗。努力推廣博物館新媒體科技應用，策劃多檔新媒體藝術大展，深獲國內外眾多大獎及好評。研究及出版主要為博物館教育科技、新媒體藝術、數位典藏與學習、數位內容創意產業及文化遺產管理。

—林國平—

目前為國立故宮博物院展示服務處處長，曾擔任故宮文創行銷處、教育展資處、展示服務處及資訊中心主管，也曾任中華民國博物館學會祕書長及副理事長。曾經負責故宮數位計畫之推動，有助於提升故宮文物的展覽、教育、研究、管理以及出版之效益，也是結合現代化科技，為古代工藝做優質保存與推廣的典範。

—黃宇暘—

淡江大學歷史學碩士、國立政治大學歷史學系博士候選人，從事民國史、科學史、軍事史與博物館數位化應用等研究。著有〈晚清西方水雷知識的輸入與應用 —— 以渤海灣的防禦建設為例〉與〈國立故宮博物院圖書文獻處前瞻計畫數位工作區的籌劃與建置〉等文，現為國際科學史與科學哲學聯合會科學史組中華民國委員會委員。

─周維強─

國立清華大學歷史學博士，曾任國立故宮博物院圖書文獻處副研究員，負責清代檔案的典藏和管理工作。中央研究院科學史委員會委員。專長為科學史、軍事史，著有《佛郎機銃在中國》和《明代戰車研究》專書兩種，論文數十篇。並十分注意新媒體和網路科技對人文科學的影響。2020 年前往香港故宮文化博物館任研究員。

─王健宇─

國立臺灣大學藝術史研究所畢業，目前任職於國立故宮博物院南院處助理研究員，藝術專長為書法史研究、展覽策劃與教育推廣等。

─吳介祥─

國立彰化師範大學美術系教授，於德國奧登堡大學取得社會學及藝術史的碩士和博士學位。曾任台灣視覺藝術協會理事長，目前擔任台灣文化政策研究學會理事長，致力推動藝術家的權益和福利。在文化政策專長之外，也策展及撰寫藝術評論。近年專注在記憶文化、反省不義歷史的藝術，以及國家與展演機制之間互相牽引的關係等議題。

─袁緒文─

於 2014 年進入國立臺灣博物館服務，承接館內文化平權業務中的「新住民服務大使暨文化平權專案」。2015 年完成新住民服務大使專案上線，使臺博館成為國內第一個提供東南亞語導覽之國立博物館。並結合新住民服務大使專案平臺與東南亞在臺社群合作，進一步連結其母國社群中各領域人士，共同策展、辦理講座、協助典藏詮釋研究。

─李映霖─

國立臺灣大學法學碩士，現職為工業技術研究院副管理師，主要從事人力政策研究。曾任台灣經濟研究院助理研究員暨組長、中華經濟研究院輔佐研究員。專長為公共政策研究、國際關係、量化統計。近年專注於我國文化影響評估機制發展以及軟實力應用等議題，相關著作有〈博物館是國家軟實力的象徵？〉，收錄於《博物館營運新思維》一書中。

─魏君穎─

英國倫敦大學金史密斯學院創意與文化創業研究所博士、藝術行政與文化政策碩士。現為國立中山大學藝術管理與創業研究所助理教授，台灣文化政策研究學會理事。研究關注國際文化交流、文化政策、表演藝術行政及管理。長期關注英國劇場及文化，為《PAR 表演藝術》的特約撰述及轉角國際 udn Global 的專欄作者。

文化臺灣
自信前行

　　有此榮幸為本書作序，又再度打開過去推動文化治理的美好記憶。在我擔任文化部部長期間，劉俊裕老師及台灣文化政策研究學會的夥伴們，和文化部一起籌辦了 2017 全國文化會議。大家對於臺灣文化的濃烈熱情及高度理想，成功匯集了全國各地關心臺灣文化發展的眾多好朋友，在所有參與者的思辨與對話下，形成總結報告，後續不僅共同完成了《2018 文化政策白皮書》，也同時形成《文化基本法》草案，並於 2019 年三讀通過，為我國的文化治理奠立重要的法制基礎。

　　《文化基本法》以「文化民主化」作為核心理念，透過訂定政府施政方針，建構文化治理的公共支持體系，打造公民文化生活的公共領域，企盼讓每一位公民能自然涵養這塊土地上的文化養分，自由發揮個體的創意進行創作，進而實踐文化公民權，蔚為臺灣多元文化，並在世界中形塑臺灣的自我面貌，同時豐富世界文化多樣性。我常說，歷史不是一個人往前走一百步，而是一百個人往前走一步。這一段並肩同行的時光，至今回想起來仍令人感動，難以忘懷。然而，這些努力的階段性成果，都只是完善臺灣文化治理的起步。邁向共同願景的實踐，仍有待民間與政府一起協力向前，而來自學界智庫不斷的深化研究與反思，將能發揮重要的啟發與引路的作用。

　　很高興看到台灣文化政策研究學會出版《臺灣的國際文化關係：文化作為方法》，不僅深化了文化政策白皮書〈促進文化多樣發展與交流〉政策面向的探索，更進一步在「國際文化關係」這個整體概念下，探討臺灣的文化發展與對外關係的各層面議題。自九〇年代美國學者奈伊提

出軟實力學說以來，文化外交已成為許多國家文化政策上的顯學。然而，不同文化的相互交流，除了是軟實力的展現之外，更重要的是促進不同國家的文化對話，建立相互理解的管道，讓國與國之間累積長遠而深厚的關係和文化網絡，進而共享共創文化普世價值，這對於長期以來國際處境特殊的臺灣更形重要。

臺灣文化，正因為歷史、地理的特殊因素，融合了最多元的傳統，並在近一世紀以來，透過思想、文學、藝術、戲劇、影音等各領域所開展的文化運動，孕育了民主化所立基的人文精神與普世價值基礎；民主化後的臺灣，我們共享多元文化傳統，更隨著思想與創作的充分自由發展，文化愈見繁花盛放，展現多元、包容、開放與創新的當代特色，形塑獨特的文化認同。越來越多臺灣創作者透過創作展現在地特色與思維情感，訴說自己的故事，並帶往世界各地，形成一股「越在地越國際」的臺灣文化力量。

正如聯合國教科文組織 2005 年在巴黎通過的《保護和促進文化表現形式多樣性公約》所言：「在民主、寬容、社會公正以及各民族和各文化間相互尊重的環境中，所繁榮發展起來的文化多樣性，對於地方、國家和國際層面的和平與安全是不可或缺的。」文化不僅是國家軟實力，透過交流，增進互相瞭解，學習尊重差異，更能進而鞏固民主與包容的價值。

臺灣最南端的鵝鑾鼻燈塔，曾經被稱為亞洲之光，指引來往亞洲的船隻，相信在自由民主生活方式中所孕育的臺灣文化，也能成為亞洲重要的文化燈塔。現今臺灣，作為亞洲最開放的民主國家，和世界中的民主國家，共享著自由民主的普世價值。我們也期待，在臺灣這塊土地上所開展的臺灣文化，亦將豐富人類文明與世界文化多樣性，貢獻於世界的和平與民主價值。

　　這一本專書的出版，就像是一份指南，相信能為臺灣民間與政府在協力共構國際文化關係的各面向提供重要指引與參考。我也非常期待，台灣文化政策研究學會持續發揮民間文化智庫的領導力，為完善臺灣的文化治理，做一位引路者，點燈照亮未來，繼續書寫臺灣民主治理的故事。

鄭麗君

前文化部部長、青平台基金會董事長

正視文化外交
思維與論述

　　儘管文化有其複雜的定義，在臺灣，文化如何被對待仍然是個讓人側目的問題。文化是文化自身、花瓶還是工具？曾有位總統級政治候選人發表政見，認為「過去的時代文化為政治服務，現在則倒過來政治要為文化服務」，期以為不可的我在報紙上發表〈不是為文化服務，是向文化學習〉，強調文化不是被政治拿來利用的，雖然實際情況往往相反，讓人氣結，有點狗吠火車的沮喪感受：

> 從學理而言，文化有其自身運作的邏輯，以法國學者布迪厄的「文化資本」觀點論，這種資本形式絕對不是直線的，好像多辦點活動就有文化，多給些錢就有文化，多說些關心文化的話就會有文化。我要鄭重而誠摯地向馬總統建議，若要國家以文化為基石，若要文化讓國家偉大（馬總統說：「硬體建築使國家變大，但只有文化能使國家變偉大」），首先，請尊重文化政策與行政的專業。「文化為政治服務」是工具化文化政策的看法，而「政治為文化服務」則有花瓶化文化政策的危險。[1]

　　這是十年前的看法，現在有沒有稍稍進步？諸君自有判斷，我還是頗為悲觀與失望的：政治弄權如狼，「我們期待一匹野狼會改吃素嗎？」

---

[1]　廖新田，2011/12/20，〈不是為文化服務，是向文化學習〉，《中國時報》。https://www.chinatimes.com/newspapers/20111220000513-260115?chdtv（檢索日期：2021 年 10 月 24 日）

在臺灣，如果文化常常被工具化、花瓶化，那麼文化外交就更為嚴重了，長期以來在國際與本土的地緣政治結構下，文化外交很少有自主的發展，遑論主體性的建立。文化是生活的總體，有自身的目的；過往文化外交有強烈的目的性，「為特定任務而生存」似乎理所當然，雖然似是而非，值得反思與辯證。

戰後臺灣的報導中，「文化外交」一詞就被鎖定在兩岸的明爭暗鬥上。1956 年梅蘭芳在日本的演出被視為「文化外交戰」，[2] 要不，就是「宣慰僑胞」，[3] 總的目的是鞏固反共聯盟。冷戰策略成為臺灣文化外交的基調。倒是「讓別人瞭解我們」是顛撲不破的文化外交目的，雖然到最後可惜還是落入前兩者的前提或邏輯之下。[4] 1959 年，天主教南京區總主教于斌 (1901-1978) 應立法院之邀演講外交工作，對文化外交有如下的看法：

> 過去有人將文化與外交分開，現在則不可分割。……我國藝術家單獨在國外展覽，並不一定有大的效果，如果能找幾個會說話的人，善作宣傳或聯合展出，則其收效必比個人展出的效果更好。……藝術家在國外展覽後返國，都說是成功，這實在是自我吹噓，對華僑言，無異徒增紛擾，徒勞無功，但這並不是藝術家之過，而是沒有善予宣傳，說實在話，各國懂藝術的人並不多，如能善為宣傳，才可收到好的效果。[5]

2　余心善，1956/5/19，〈不是為文化服務，是向文化學習〉，《聯合報》6 版，聯合副刊「藝文天地」。

3　《聯合報》，1956/12/23，〈樂訊潮聲國樂社今日載譽返國大鵬劇團飛西貢．舞蹈團員亦將歸來〉，《聯合報》6 版，聯合副刊。

4　聯合社論，1957/4/12，〈如何使國際人士對我了解〉，《聯合報》1 版。

5　《聯合報》，1959/4/9，〈于斌昨在立院演說強調加強外交工作〉，《聯合報》2 版，「大眾生活」。

于斌又指出在美國的中國教授有八百人，中國文化在國外向有地位，如能善予運用這許多人，必能有大的影響。

文化外交是軟性戰爭、聯絡僑民還是鞏固邦誼？都跳脫不出實用目的與戰略目的。一但有了這個前提，學理就不會自主建立、論述就不會獨立發展，永遠被視為附庸，即工具論與裝飾論底下扮演被使喚的角色。作家兼水彩畫家王藍（1922-2003）以中華民國筆會執行委員身分在中國國民黨中央總理紀念週專題演講「國際筆會與文化交流」：

> 我們應該以文化外交來擴展我們在國際間的影響力，增進我們與國際間的友好關係，提高我們的國際地位，並以文化外交傳播發揮中華民族的優美文化於全世界。[6]

誰是「我們」？「我們」是誰？文化外交的主體、意義與目的為何？國家、黨國、國際利害關係顯然高於生活、文化、價值。現在思想開放，內省力強，這些過時的想法是可以被翻轉過來的。

走筆至此，可以看出臺灣文化外交的問題性。這本文集的重要性與價值就在這裡：終於有一種「另類」的聲音，以學術角度來解析臺灣文化外交作為一客體。在工具化、花瓶化之外，客體化文化與文化外交，或許是朝向正確方向的第一步。非常樂見此書的出版，關心文化外交議題的諸位方家、涉入文化外交事務的人士們，不妨讀讀。

國立歷史博物館館長，臺藝大藝政所教授

6　中央社，1970/7/14，〈王藍在紀念週報告我國亟待開拓文化外交工作〉，《中央日報》4版。

編者序

這是臺灣第一本結合國際文化關係、文化外交與文化交流的學術與實務專書。書中匯集了臺灣學者、專家、研究人員及文化實務工作者的智慧,和多年寶貴的國際文化交流經驗。作者們從視覺藝術、表演藝術、博物館、當代藝術等部門,及藝術節慶、工業遺產與藝術平台網絡、新媒體科技應用的實踐經驗,還有跨文化溝通、外交,以及策展論述與國際軟實力評估等論辯,皆為有興趣瞭解相關議題的讀者,提供精彩的研究成果。

本書以「臺灣的國際文化關係:文化作為方法」為題,在相關研究中,專有名詞的指涉和翻譯,往往都需研究者的清楚界定。如以「文化外交」(cultural diplomacy)指涉政府主導的對外政策,自然而然發生的文化交流(cultural relations,亦有直譯文化關係,以及較強調相互性的 cultural exchange),皆可能因為各個國家及組織對於任務定位的不同,而有名稱上的差異,並須思考,轉換到中文語境的對照及翻譯。最後,編者選擇以「國際文化關係」(international cultural relations)含括國家及人民之間,在文化上相互理解的過程,以期將此議題中的各種案例及實踐方式納入本書中,並著眼文化的內在價值與主體性,以此為理解的開端。

文化外交有可能超越國家利益嗎?理想上,跨越國界的藝文交流可以不被政治經濟動機左右,不因區域衝突而中斷,不必迎合政治人物喜好跟藝文補助的框架,人員可以自由移動,在無偏見亦無刻板印象的情況下,對不同文化的生活方式和歷史互相瞭解,進而成就更包容並蓄的世界。

然而,藝術文化交流,仍不免因現實的國際權力關係和政治局勢影響;體制上,各國的文化政策、外交體制和資源配置,甚至貿易利益,也會左右國家和地區之間的文化關係。

種種因素，讓各國的文化交流體制和政策各有特色。臺灣因為特殊的國家地位與國際處境，在國際交流的政策制定與實踐上，更有其挑戰。重重困難下，臺灣的藝術仍有機會登上世界舞臺，足跡跨越邦交而存在。

回顧多年來無論政府部門、藝術組織，以及個人藝術家的努力，臺灣的國際文化交流，對於文化政策研究的啟示是什麼？如何梳理當中的脈絡，讓理論與實務能夠進行對話，適時提醒兩者之間得以互補之處，便是研究者的任務之一。

國立臺灣藝術大學藝術管理與文化政策研究所與臺灣文化政策研究學會自成立以來，持續關注臺灣的文化政策，並與國際相關研究機構網絡持續交流。無論是「國際藝文趨勢觀察與情蒐計畫」、「全國文化會議」，以至於「國內外藝文中介組織串連網絡平臺」等計畫，皆關注國際藝文連結，並在國際學術交流中讓臺灣的文化議題有機會受到關注與討論。

在此當中，亦時時思考在體制中尋求突破，藝術家、外交官、文創產業、文化工作者、學生和研究者，如何在國際的學術與文化交流找到自己的主體？又如何建立人與人之間的信任基礎？在這些關懷下，找到共同關切的議題與做事方式，讓文化的主體在國際間得以彰顯。

有鑒於在國內文化政策研究中，旨在探討國際文化交流的文獻仍有不足，藝政所與臺灣文化政策研究學會自 2020 年 5 月啟動徵稿，邀集相關研究者和實務工作者以摘要提案，呈現當今臺灣國際文化交流的各種討論與案例，從中理解千禧年來的發展，並為後續研究提供材料。本書徵稿摘要共收件 23 篇，錄取 18 篇，在初稿完成後，每篇專書論文皆進行雙盲審查，以及專書主編的意見複審，最後收錄 11 篇通過二輪嚴謹審查的論文於本書中。

　　有賴各匿名審查委員對於精進文稿的不吝指教,感謝作者們在過程中,歷經初審複審,不厭其煩地多次修改校稿,以及審查通過後與不同篇章作者們的交互對話與再修訂,始有精彩文章的產生。同時,出版計畫的各項行政工作,書信往返、催稿聯繫等繁瑣事宜,亦多虧有了行政編輯陳羿妘小姐的諸多協助,是順利推動各項進度的功臣。

　　文化外交與交流,不僅是體制間的策略制定,過程中各個行動者的熱情和火花,若能得以組織化延續,以長久的動力和支持,才能建立長遠的夥伴關係。無論公私部門,不同文化間,「人」的真誠溝通與永續交流,仍舊是點滴之間,持續努力的目標。在未竟之業中,本書盼能成為階段性的見證,在未來亦能開啟更多的研究與對話。

主編　劉俊裕、魏君穎

謹識

CONTENTS
目錄

PART I　臺灣國際文化交流論述與路線的思辨　　1

INTRODUCTION
緒論

文化作為方法：
臺灣國際文化關係的新「另類－主流」路線思辨　劉 俊 裕

CHAPTER
01

臺灣「亞洲論述」的藝術實踐：
亞洲藝術雙年展的策展策略　張 晴 文

CHAPTER
08　博物館新媒體科技與文化外交：以國立故宮博物院郎世寧來華
三百周年特展為中心　郭鎮武、林國平、黃宇暘、周維強、王健宇

CHAPTER
09　國家符號的文化外交：
故宮國際交流展的詮釋與演變　吳介祥

PART IV　臺灣國際文化交流未來的現實與想像　395

CHAPTER
10　建構臺灣在當代東南亞區域發展的文化脈絡：
以國立臺灣博物館之跨文化路徑為例　袁緒文

CHAPTER 11　國際軟實力評估框架研析及其對臺灣發展
國際文化關係的啟示　　李　映　霖

EPILOGUE 結論　給下一輪臺灣國際文化交流的備忘錄　　魏　君　穎

臺灣國際文化交流論述
與路線的思辨

緒論

文化作為方法：臺灣國際文化關係的新「另類－主流」路線思辨

― 劉俊裕 ―

1 前言

　　臺灣特殊的國際處境與變動的兩岸關係，使得其正式的外交關係及國際政府組織的參與都難有突破。在文化外交的領域，雖然透過文化部、外交部與許多國家間的雙邊經貿與文化交流協定以及駐外文化單位的運作，使得臺灣的國際文化關係與文化交流得以維續，但臺灣希冀加入如聯合國教科文組織（United Nations Educational Scientific and Cultural Organization, UNESCO）、國際藝術協會與文化機構聯盟（The International Federation of Arts Councils and Culture Agencies, IFACCA）或者亞歐基金會（Asia-Europe Foundation, ASEF）等重要的國際政府間文化組織的嘗試，卻遲遲不見進展，也不見政府文化部門策略性地規劃推動。

　　不過，礙於嚴峻的國際政治現實情勢，以及臺灣在國際政治、經貿社會中所處的邊緣位置，反而使得臺灣的藝文機構（博物館、美術館、藝術村）、文化中介組織（國家文化藝術基金會、國家表演藝術中心、文化內容策進院、國家電影及視聽文化中心等）、藝文團體、專業的民間文化組織和文化工作者等的實質國際文化交流經驗，乃至於由此串聯而成的國際藝術文化關係專業平臺網絡更顯得珍貴而重要。歷經二次戰後數十年的國際關係，政治與外交地位欠缺國際承認的臺灣，從民間文化組織與公私協力模式的嘗試，造就了豐厚的另類國際文化交流經驗，同時也獲得國際文化非政府組織、各領域藝術文化網絡諸多專業肯認，其特殊性值得我們深入梳理探究。

　　文化在傳統的國際關係中，無論是現實主義為主軸的學術論述，或者國際外交的實務交流中，原來就顯得相對邊陲而另類。儘管 1990 年代進入後冷戰時期，國際關係的「文化轉向」簇擁著文化認同、文明衝

突、軟實力、建構主義與跨國文化貿易等新興取徑重返國際事務的論述和實務之中，但仍然難以撼動現實國際關係主流論述中以政治權力和跨國資本的流動為主導的外交與經貿關係結構。文化需要持續介入，方能促使國際關係產生嶄新的詮釋與變化。

臺灣在對外關係的經營上存在諸多挑戰。肩負著這些挑戰，從民間到官方，臺灣如何進行文化交流與外交，公私部門、藝術家、文化工作者、學術界、文化中介組織在當中所扮演的角色為何？彼此的關係又是如何，藝文網絡平臺如何形成？臺灣如何透過國際文化關係與藝術文化交流活動，由外而內地進行文化主體性與認同建構？文化與貿易、軟實力輸出之間的競合及矛盾的爭議如何調節、妥協？哪些新興的跨國議題、社會潮流可能有助於臺灣對外文化交流的擴展？臺灣的文化交流在本質上、互動模式上是否可能發展出有別於國際政治關係、國際經貿關係的運作方式？而過程中臺灣文化價值與主體性如何彰顯？這些都是本書關切的核心問題。

本書作者從臺灣的國際文化關係研究與交流實務展開，探究包括：文化主體性與認同建構與再造的路線思辨、國家利益與價值內涵論述取徑、文化互動交流形式與技術、國際藝文專業網絡平臺的參與和建立，以及藝文工作者專業能力如何接合國際趨勢潮流與議題等面向，析論臺灣文化交流和文化外交經驗作為一種介入國際文化關係的方法，其可能性與侷限性如何等。透過文化作為國際關係的新「另類－主流」路線的辯證，編者認為，相對於其他的國際事務，臺灣的對外文化關係與國際文化交流，在本質上、目的上、互動形式與關係上，以及機制設計上皆有別於傳統的國際政治關係、國際經貿關係的權力與資本利益導向運作模式。

　　臺灣的國際文化交流具有其以民間為主體而衍生：多元、包容、匯流、自省、謙遜而去威脅感的殊異性。若不以文化的內在價值和邏輯，以及文化主體間冀望雙向理解的心態為出發點，將難以瞭解臺灣對外文化關係與交流何以在國際間獲得相對平等互動的位置與境遇。從實務交流端接合國際文化關係論述，本書進一步提出國際文化關係以「文化作為方法」的可能性，並探討臺灣對外文化關係中這個：另類－主流、文化－權力利益、邊緣－核心、主體－互為主體建構等關係論述辯證與實踐取徑的實質意涵及限制，並以此為基礎勾勒當前臺灣國際文化關係可行的策略方向。

2　文化與國際關係的接合與辯證

　　文化與國際政治經濟的互動關係，經常被視為一種被動的資源、庫存與資本。這些文化資本是可以被政治菁英掌控、計畫、主導、發明或甚至操弄，而被用來當作達成其策略性政治、經濟目的與利益，強化其政治治理的正當性與合法性的工具或手段，此即所謂的「文化工程」（cultural engineering）理論（Hobsbawm 1983；Anderson 1983；Gellner 1997）。在這個論述的脈絡下，文化經常被視為一種由上而下的操控，用來強制凝聚社會認同的單一價值體系（Rietbergen 1998: 350, 355）。菁英透過國家體制主動對文化篩選的過程，將合適的文化要素引導進國家的政策、議程及行動當中。文化傳統與文化價值因此成為一種國家計畫用以改變現況的政策工具；而文化被視為是一種資源，也是一種沉睡而被動的產物（Inkster 2000: 51）。

　　自 1990 年代起喬瑟夫・奈伊（Nye 1990, 2004）提出了國家「軟實力」或「柔性權力」（soft power）的概念，主張軟實力主要來源

包括國家的文化、政治價值以及對外政策後，就深受世界各國政府的重視。奈伊指出，軟實力使國家得以「因為其他國家 —— 仰慕它的價值，以它為仿效的典範，期望達成與它同樣程度的繁榮與開放 —— 進而主動追隨它，獲得國家在國際政治上希望得到的結果」。而當一個國家的文化涵蓋了普世的價值，或者它的政策提倡了與其他國家共有的價值與利益，這個國家便能透過他國的仰慕及吸引，提升獲得其所希望的政治結果的可能性。奈伊後來把美國精神核心要素引用為一種「後設－柔性權力」，也就是一個國家內在自省與自我批判的能力，用來提升其國際的吸引力、正當性與信賴度（Nye 2004: 5, 31）。相較於 19、20 世紀以來國際關係現實主義中運用軍事、經濟力量等剛性權力的命令或脅迫，迫使其他國家恐懼而屈從，乃至達成國家外交目的的概念，這種透過文化價值的吸引，促使他國因仰慕國家文化價值，進而達成外交目的的策略手段，則顯得大相逕庭。如同奈伊所主張，在全球資訊的時代，當一個國家的文化價值越接近世界的主流價值或普世價值理念（例如自由主義、多元主義、自主性等），則這個國家就越可能獲得更大的柔性權力，並吸引其他國家民眾的仰慕及追隨（Nye 2004: 11）。

此外，學者們從國家文化利益角度思索文化政策與國家文化戰略的制定問題，或將文化與國際關係的相關理論進行結合所在多有。文化作為一種柔性或者滲透性、綿延的權力，或者國際社會集體認同建構的論述，在後冷戰時期已經悄悄地返回國際關係的研究範疇。透過國家內在文化規範與價值，文化因素給予國家外交策略運用一種新的詮釋，也因此在國家外交政策分析中重新找到新的定位。以往外交政策的分析學者總把文化作為國家決定其外交策略最邊緣而次要的解釋因素，而近年則有越來越多的學者開始思索文化在外交政策中主導的影響力（Lapid 1996: 3）。Samuel P. Huntington（1996）繼他備受爭議的《文明衝突與世界新秩序的重建》後，又與 Harrison 共同出版《為什麼文化很

重要》一書，他們主張文化價值是形塑不同國家經濟發展結果的主要因素（Huntington and Harrison 2000）。

另外，國際關係領域的「建構主義」使得文化觀點在國際關係研究中獲得了高度的重視。這個取徑主張國際政治體系的結構是具「社會意義」的結構，國家之間、國際組織之間的觀念互動和價值共同建構活動中，文化成為國際社會共有的知識；而這些共有的觀念成為行動者的實踐活動的參考依據，因而產生合作性和衝突性的集體認同與價值。在無政府狀態下的三種國際體系文化可能是相互敵對的霍布斯式體系、相互競爭的洛克式體系，以及互相友好的康德式體系。換言之，建構主義在國際關係的現實主義、自由主義與理性主義對國家物質利益、權力的思維考量中，加入了集體認同與文化價值的元素，而將文化、認同與政治經濟利益等因素視為國家外交政策決策過程中，以及行為模式的分析中，互賴且相互影響的變數。不過，溫特的建構主義主要乃基於對現實主義和自由主義理論的補充（Wendt 1996: 53；Wendt 1999: 308-312；潘一禾 2005：176；藍玉春 2009），其對於認同的論述主軸仍在國家間集體認同的策略性合作與衝突，至於共同文化價值與政治、經濟價值的形成與凝聚過程，以及可能產生的文化反抗則較少著墨。建構主義中所謂動態的認同論述，著重於文化與政治經濟利益互為主體、相互依賴影響的概念。

以歐洲為例，歐洲共同體（European Community）自 1980 年代中期起便已逐步展開對外文化合作，其進行模式主要係透過與第三國簽訂的合作協定與文化條款，抑或與相關國際組織間所展開的正式文化交流。[1] 1992 年後歐洲聯盟（European Union）認為文化合作與交

1　例如，歐體與非加太地區國家（African Caribbean Pacific countries，簡稱 ACP）簽訂的《洛梅公約》（*Lomé Convention*），和與拉丁美洲國家簽訂的「合作協定」

流不僅有助於提升歐盟與世界各國對彼此文化的認知，同時對共同體和第三國的政治、經濟關係，亦有相輔相成的作用。2007 年 11 月歐盟擬定了一份全球化世界中的「歐洲文化策略」，試圖透過歐盟及其會員國的對外關係與外交政策的機制，強化歐洲文化在世界舞臺多樣、豐富且獨特的影響力與競爭力。[2] 歐洲執委會更在 2008 年提出了「全球化世界中的歐洲文化議程」，文件中清楚陳述了歐盟在與第三國的文化外交、跨文化對話與文化活動計畫目標中，即蘊含了有關歐洲認同與文化價值理念的重要訊息。歐洲執委會近來已經開始強化公共外交，包括透過涉及與會員國文化機構間合作的文化活動，對第三國傳遞歐洲重要的訊息、歐洲的認同，以及在不同文化之間建立橋梁的歐洲經驗。[3]

換句話說，歐洲聯盟在與第三國的對外文化合作計畫（包括較早與中歐、東歐國家及與準會員國間的合作計畫），其與策略夥伴關係國家間的藝術文化交流活動，乃至於歐盟在聯合國教科文組織、《京都議定書》的簽署到哥本哈根會議的談判，以及參與世界貿易組織針對文化商品、文化勞務和產業的多邊貿易談判過程中，歐洲聯盟都嘗試透過對外文化關係的實務運作過程，反覆對國際社會與歐盟公民宣示、界定、詮釋所謂的「歐洲認同」、「歐洲價值」與「歐洲利益」。在這個所謂「歐洲化」的過程（Europeanization）以及歐盟對外文化策略的

等。1954 年歐洲理事會成員國簽署的《歐洲文化公約》第 1 條便規定，「所有締約國應採取適當措施保護並促進其民族對於共同歐洲文化遺產的貢獻」。

2　European Community, Resolution of the Council of 16 November 2007 on a European Agenda for Culture, Legislation, November 29, 2007, 2007 OJ C 287, November 16, 2007.

3　European Community, "Communication from the Commission to the European Parliament, the Council, the European Economic and Social Committee and the Committee of the Regions on a European Agenda for Culture in a Globalizing World." SEC(2007) 570, January 17, 2008.

運用上，歐盟不斷地在論述什麼是歐洲，歐洲與世界的「他者」乃至於「西方」等概念之間的差異性與獨特性，藉由對外文化關係與文化策略實務運作，由外而內的進行認同建構。另外，「新制度主義」[4] 也試圖透過跨國間制度的建立與歐洲認同的形成，解釋歐洲內部跨國之間的文化關係，這些都值得臺灣國際文化關係學界審慎而深入的研究。

過去幾個世紀，亞洲國家面對西方政治、經濟、社會、文化價值及制度的強力挑戰，文化傳統在社會快速變遷中受到侵蝕，文化的認同與歸屬產生了危機。這樣的危機感引發了亞洲各國近年來的尋根運動，以及對傳統文化價值的重新詮釋。自 1990 年代以來，亞洲國家政府透過各種努力和嘗試，重塑民族文化精神、重新建構國家文化形象。在韓國有所謂「新精神運動」（New Spirit Movement）、「建構新韓國」計畫（New Korea Construction）。日本也為所謂「新人類」現象及「醜陋日本人」形象而憂心，近年則推動「酷日本」文化計畫。新加坡出現了「儒家倫理運動」（ConfucianEthics Movement），泰國設立了「民族認同辦公室」（Office of NationalIdentity），而印尼也設立了所謂的「傳統文化與價值部門」（Department of Traditional

---

4　新制度主義理論被視為政治科學中的一種「元理論（meta-theory）」，可以用來解釋歐洲認同的形成。歐洲整合所建立的制度和機構全方位地影響到歐洲公民的日常生活，深入地塑造和改變了成員國的利益形成和偏好選擇。這種影響既存在於無意識、無目的的潛移默化之中，也受到整合制度主動建構的催化。歐盟的制度建設和政策通過象徵體系的暗示，行政、司法參與和民主政治實踐，對公民生活經歷的影響，對文化和價值觀的塑造，培育超國家精英階層以影響公共觀念等方式促進了歐洲認同的形成。通過以下各種方式，歐盟的制度和機構對認同的構建發揮了關鍵的影響：1. 歐洲整合所創建的象徵符號體系促進了歐洲認同的形成。2. 行政參與、司法實踐和民主實踐促進了歐洲認同的形成。3. 歐盟的制度和政策切實影響了公民的日常生活。4. 對文化和價值觀的塑造影響了歐洲認同的形成。5. 歐洲整合制度培育的歐洲精英群體對公眾的觀念有較大的影響（范勇鵬 2009：52-53）。

Culture and Value）。在臺灣則出現「臺客現象」以及「新臺灣人」的意識建構（文建會 1998、2004）。

2000 年代左右，許多中國學者也開始嘗試將文化與國家利益、國家安全、國際戰略等思考連結。例如，張玉國（2005：3）將「國家文化利益」分為四個層面，包括：一、國家文化認同；二、主流文化價值與理念；三、文化產業的實力；以及四、文化的創造力，而這四個層面的文化利益則構成「國家文化安全」。朱威烈（2002）提出國家文化戰略中的文化因素，包括後冷戰時期的文化思想、文化霸權、文化認同、宗教、對外文化政策、國際文化交流與跨文化交融等。潘一禾則以文化外交、跨文化溝通、建構主義、東方主義、文明衝突、文化霸權與文化安全、文化全球化、區域文化共同體、普世價值及國際文化規範等的理論論述，探討文化在國際關係中扮演的關鍵角色。他認為不能僅僅從權力關係和利益機制去理解國際關係和建構國際格局，還必須審視同樣決定了國際關係的人類文化基因和不同「思想擬子簇」（cluster of idea-memes），不斷反省和變革與他者的關係（潘一禾 2005：3）。另外胡惠林（2005：47）則將文化產業與文化經濟的發展作為一種軟實力的形式，認為這是國家文化安全不可忽視的重要環節。由於它關乎國家的文化利益，也因此政府必須擬定明確的文化策略。雖然這些論述仍未能改變國際關係中以權力、利益為主導的現實結構，但文化在新興的國際關係理論中越來越受重視則是無庸置疑的。

在國際文化研究領域，薩伊德的《東方主義》（Said 1978）及《文化與帝國主義》（1993）點出了歐洲帝國主義透過專業機構的威權主導，對東方或亞洲進行殖民式的知識與論述形構。霍爾的〈西方及其他的權力與論述〉則批判性地闡述西方藉由現代化與現代性的論述，凸顯歐洲與他者的對比（Hall 1992）。湯林森的《文化帝國主義》（Tomlinson 1991）、《全球化與文化》（1999）論述思考歐美文化及

現代性何以成為全球當代文化主流或普世價值。相應於此，日本學者竹內好（2007 [1960]）於 1960 年代提出了〈作為方法的亞洲〉、溝口雄三（2011 [1989]）則反思性地主張《作為方法的中國》希望透過中國與世界歷史的反省，重構亞洲與西方文化和知識權力關係的未來走向。陳光興（2006）從後殖民取徑提出的《去帝國：亞洲作為方法》主張從去殖民、去冷戰、去帝國、亞洲作為方法，尋找西方以外的知識參照點，階段性地推動國際文化關係與國際知識體系的重構。劉俊裕（2018）的《再東方化》則從現代性、後現代性文化治理的取徑切入，藉由這個動態而多重的概念，反思、重構、重生、重返與重新詮釋東方主體。他提出從儒學的「文化經世」傳統與臺灣文化民主及西方現代性內化後的反思與融合，試圖尋求東方人文理性與西方（科學、計算、效率等）工具理性與溝通理性間的重新調和詮釋，並且讓西方以外的東南亞及第三世界國家的文化成為當代臺灣汲取國際文化知識體系的新參照點。這些都對跨國乃至跨洲之間的文化關係提出了深刻的批判及辯證論述。

近來日本、韓國、中國、東協等國家在國際文化事務參與與創意文化經濟方面的發展迅速，文化軟實力崛起：日本在有形及無形文化資產的保存倡議、2021 年東京奧運的舉辦；韓國的文化創意產業、飲食、文化觀光及影視音流行文化（K-POP）等「韓流」（Korean Wave）在全球各地風行；中國在世界文化遺產的申請、世界博覽會的承辦、文化觀光與設立國際藝文獎項（如唐獎）的影響力，乃至文化外交層面試圖透過儒家文明傳統重回當代中國對第三世界國家的外交策略進行重新詮釋（和平崛起、和平發展、一個負責任的大國）。亞洲國家開始對自身文化自信心進行重建，並且試圖在跨文化對話層次提出若干文化理念與主張（如和諧、和而不同、道德終極關懷等）。不過，中國孔子學院版圖的擴張與單向樣板式的文化宣傳及滲透，乃至近來對外採取「戰狼

外交」的強硬姿態，則引發歐美國家與市民社會的不安及文化反動。相對的，臺灣近年來文化外交上的臺灣書院、光點計畫、電影金馬獎、新南向政策、藝文節慶活動，乃至文化內容策進院的「臺流」的柔性價值（如人情味）輸出與運作，反而在國際間得到更多友善的雙向對話機會和回應。但務實地看，亞洲對於文化外交與文化關係的整體論述，仍欠缺體系化而足以與西方平等對話的論述位置（Liu 2013, 2014；劉俊裕2018）。

文化研究與文化關係的學者也意識到，從文化研究、文化政策研究或文化社會學觀點切入，對於國際文化關係所進行的批判分析幾乎不存在。這裡所謂的「批判」並不是指一種不屑一顧的立場，而是一種嚴謹且具備理論性的知識分析；這個批判分析是奠基於實際文化外交實踐的社會、政治與意識型態脈絡，並且試圖檢證它們繁複、甚至矛盾的運作方式（Ang, Isar and Mar 2015: 365）。國際文化研究的論述雖然批判性強烈，但卻鮮少能轉化成國際關係中實質的文化變項，或文化外交領域中形成文化價值理念與現實權力、利益深刻的新互動詮釋關係，在臺灣更是如此。本書希望能對臺灣國際文化關係的批判性建構，進行初步的理論、個案奠基和實務知識分析探究。

文化的變項無論是認同或者文化價值在國際關係領域中，對國家或國際組織行為模式的解釋確實有其侷限性。由於行為者作為背後的文化價值理念與實際的政治經濟利益動機經常是並存的，因此很難直截斷定文化理念與價值究竟能產生多大的效力，更無法給予文化價值的影響力一個量化而具體答案。分析歷史上不同文化、社會的權力來源，Michael Mann（1986: 8）提出「滲透性權力」（diffused power）的概念來詮釋「文化」的神祕特質。他指出文化這種寬闊而綿延的力量經常透過一種「自然、無意識、去中心化的方式行使」，文化權力的運作並非藉由外顯的直接命令方式，而是一種透過自然、道德的方式，以

及隱性內在的社會權力關係來實踐，也因此常常能夠在不知不覺中對群眾造成影響。

　　文化人類學家 Geertz 甚至主張，文化不是一種權力，它並非社會事件、行為、制度或程序可以直接訴諸因果關係的力量；但是作為一種符碼詮釋的網絡體系，文化是一種情境，一種唯有透過這個體系才能使所有社會事件、行為的權力運作都得以獲得理解的意義連結網絡。Geertz 進一步指出，文化具有其「難以估量的特質」（incommensurable nature）。換言之，雖然人們知道文化具有影響力，但當人們嘗試著去證明文化與其他要素間明確而直接的關係，或者分析文化內在成分間的相互關聯性時，卻往往發現文化並不全然依循人們所預設的邏輯進展。人們沒有辦法以數字量化的方式評估文化體系的內在和諧度，或者內部的穩定度，也無法以矩陣表列的方式條列出文化差異的索引編碼，而只能嘗試著去觀察在歷史情境脈絡中，文化因素是否與其他因素共存、同時改變，或者以各種不同的方式交互產生影響（Geertz 1973: 14, 314, 404-405）。奈伊也同意文化是社會行為的模式，群體透過文化來傳遞知識與價值。然而文化從來不是靜態的，不同文化有不同的互動方式。文化與權力行為之間的關聯則需要更多深入的研究（Nye 2011: 84）。

　　除了文化間接、綿延和難以估量的特質，國際政治經濟學者們也提出文化變項決定論的矛盾性，例如「亞洲價值」或「儒家價值」一方面被視為是促使東亞新興工業國家在 1950 到 1980 年代間崛起的文化條件，但另一方面卻又被視為是阻礙近代中國經濟現代化的重要因素（Wong 1997；Zurndorfer 2004）。我們要如何實際證明一個文化的價值比另一個文化或文明更好？又如何證明一個國家的文化價值比另一個國家的文化影響力更大（Vries 2004）？文化不精準、難以數字量化或公式化的特質，在進行實務政策的質性分析時經常為國際關係學界

所質疑：若文化價值、認同等因素無法針對國際關係行為給予直接而立即的預測與判斷依據，或賦予國家與國際組織外交行為與文化之間符合邏輯的直接關連性，那麼文化因素的分析用處何在（Liu 2009）？臺灣的國際文化關係論述當然不能一味地轉植歐美的論述，除了融攝歐美文化交流經驗之外，必須透過臺灣民間社會國際文化交流實務的在地連結，尋求如何在其特殊的國際社會境遇中，另行闢出一條文化與政治經濟之間：邊緣－核心、另類－主流、主體－互為主體的國際文化關係辯證與實踐蹊徑。這也是編者與本書作者們希望從臺灣的國際文化外交與交流經驗介入分析的重要課題。

3 當代文化外交、軟實力與文化關係的理解及反思

　　直到今天，文化外交（cultural diplomacy）對於各個國家來說依然是個混亂的地景，而不是一個和諧的政策與策略機制。作為一個政策領域，文化外交對政府部門的實務而言，特別像是一種理念歧異而組織鬆散的共存形式。學者們常用「破碎」、「含混」、「表面」、「模糊」等形容詞來描述文化外交政策的論述及計畫。或許「一致性」及「和諧性」無法用來涵蓋這麼多樣的文化概念、目的及型態差異的工具化文化運用；更難涵蓋範圍寬廣的執行機構，包括外交部門、文化部門、貿易部門，以及它們與非國家文化機構之間的多重互動關係（Ang 2015: 375）。

　　Mitchell 主張，「文化外交」主要是指獨立國家之間政府與政府所進行的官方文化互動關係。這包括二個層次的意義：第一是基於政府間所協議的雙邊或多邊國際文化條約、公約、協定或交流計畫，由此准

許、促成或推動條約所倡議的文化交流行為，並且包括藉由國家間締結國際文化條約而成立的國際文化組織，以及組織中的官方代表所發展出來的國際文化合作關係。第二層意義則是在執行這些政府間文化條約或協定時，由外交人員、政府代表機構或文化機構基於官方對外政策、國家利益以及政治、經濟目的，所衍伸出來的文化交流行為。例如透過富有聲望的藝術文化節慶、藝文團隊表演或接待晚宴等活動為手段，展現友好的國家文化形象，藉此促進國家整體的外交目的（Mitchell 1986: 2-5）。法國在形塑全球的國家文化認同典範上，曾經扮演著領導的角色，近年來則特別自詡為全球文化多樣性的擁護者。在對外文化政策方面，法國的動能則橫跨語言政策、藝術外交、高等教育流動，以及在全球新聞扮演引領的角色（Ahearne 2018）。

當前，奈伊的「軟實力」或者國家文化的吸引力，已經成為許多政府外交政策所追求的核心目標。在企圖具體衡量柔性權力的相關討論中，語言、文化產業（流行音樂、電影、文化觀光、書籍與影視音產品）的國際傳播、諾貝爾獎得主、藝術獎項得主、對外文化機構的設置，甚至於接受外籍留學生的數量等，都被當成是國家軟實力的基礎來源（Nye 2004: Ch. 2, 3），並且用為評量國家軟實力的相關指標。不過奈伊也指出，文化資源需要透過政策工具，以及各種轉換的能力、技巧與策略，包括公共外交、交流計畫、援助計畫、培訓計畫等等，才能形成權力目標所能理解的內容，並且引發正面與負面的回應，進而達成希望的結果。在資訊社會的時代，政府必須理解軟實力的行使已經從國家分散到非國家的行為者。國家也必須接受社會網絡越發重要，而權力將不再那麼階序化。在網絡化的世界裡，領導者必須思考的是吸引力及共同的選項，而不是由上而下的命令關係（Nye 2011: 99-101）。

歐洲聯盟在國際文化策略與外交的運用上，同樣是在透過國際文化交流與合作，散播歐洲強勢的文化價值理念，並藉此強化歐盟對外的

政治、經濟權力。2005 年 5 月 3 日歐盟成員國的代表在巴黎發表共同文化宣言，為歐盟及其會員國未來在文化政策與公民權的發展方向確立了幾項基本原則，包括「承認文化與視聽領域商品與勞務的特殊性質，有異於一般商品；確認文化對於永續發展、凝聚人民，以及自由與公平貿易的貢獻，特別是重整全球文化貿易的平衡流通方面。歐洲聯盟應促進其會員國之間，以及其與第三國間的跨文化對話」[5]。歐盟特別注重與 UNESCO 的合作關係，主要原因在於其與歐盟享有許多共同文化目標，如推動跨國文化交流、文化對話，以及對文化表達自由與文化多樣性的保障等等。對於歐盟的對外文化關係而言，文化是與「歐盟對發展中世界國家的財政與技術援助相輔相成的」[6]。換言之，在歐盟的對外文化策略與外交運作上，已經實際援用了軟實力與硬實力的交互運用的概念。而國際藝術文化的合作與交流，以及文化經濟與文化商品的自由流通，不能再被天真的認為是無關政治、經濟權力與文化價值支配的單純國際藝術文化交流過程。

軟實力作為文化外交的重要取徑，其問題在於當國家政府將文化視為一種柔性權力的來源，而特別透過駐外文化機構去強化它們的國際文化活動與交流，那麼文化關係很容易被想像成為一種狹義單向、國家中心的方式，運用國家認為合宜的文化表演及展示手法去博得其他國家的好感，進而成就國家的競爭優勢。換句話說，軟實力的論述已經成為一種提高民族國家之間文化競爭力的工具，而非彼此之間真誠的雙向互動

---

5 "Declaration in Favor of a European Charter of Culture," retrieved May 10,2007. Webpage: http://www.culture.gouv.fr/culture/actualites/dossiers-presse/europe-culture/chartengli.htm (Accessed 2015.01.01.).

6 European Community, "Communication from the Commission to the European Parliament, the Council, the European Economic and Social Committee and the Committee of the Regions on a European Agenda for Culture in a Globalizing World." SEC(2007) 570, January 17, 2008.

及溝通交流，這種柔性權力的競逐並非學界所樂見。軟實力之所以對國家政府有這麼強大的吸引力，原因在於政策制定者似乎相當確信軟實力策略的有效性。不過，從文化理論視角批判，這樣的想法存在著兩個對於文化及溝通錯誤的內在假設。第一，文化在過程中似乎被當成一個東西，一個實體，一種涵蓋不同的意象、理念及價值的內容，而且隨時能夠被展現（這趨近於前文提及國家菁英對於文化操控、篩選與工具化的過程）。第二，這些被包裝在特殊文化產品中的意象、理念及價值的溝通，是一種線性而單向的過程，而接收端（國外目標受眾）則單純地接受、吸收這些產品所承載的訊息。相對於這樣文化外交政策實踐及軟實力的思維投射，當代文化理論強調文化是一種動態而相對的過程，而溝通則是一種意義共同生產的社會程序。這樣批判性的理解有助於改變國家既有的認知，使其更合理化地去採取一種對話式、相互協力取徑的文化外交模式（Ang, Isar and Mar 2015: 373-377）。

　　相對於文化外交，Mitchell 於 1980 年代在《國際文化關係》中則主張，「文化關係」（cultural relations）是一種比較中立的語彙描述，其所指涉的範疇超越政府以及其代表機構的行動，而同時用來涵蓋私人以及公共機構所發起的交流行為，是一種比較全面的互動關係。文化關係涵蓋文化外交的方法與手段，運用政府的資源以及國際條約所創造的有利條件的進行交流，然而在實踐上，文化關係的目的卻未必是尋求國家單方的利益。最有效的運作方式，是將文化關係的目標設定為尋求國際社會之間的相互理解、共同合作，以及彼此的互利關係。其理想的進行方式，是藉由開放性的專業交流逐漸積累成果，而非選擇性、目的性的自我展現。文化關係試圖呈現的是一種誠實而非美化的國家圖像，也不刻意隱藏或突顯國家特定的問題（Mitchell 1986: 5）。Chartrand 則認為，文化關係根植於人文與利他的理念，基於相互理解可以導向包容及和平，文化關係強調文化的彼此分享進而創造相互的

尊重及理解。只是很多微妙的文化外交經常被包裝為文化關係。因此，知識分子及其他意見領袖經常把政府支持的活動視為宣傳，而不是為了促進相互理解的利他性努力（Chartrand 1992: 4）。

從論述上區隔，文化外交本質上是國家利益導向的政府行為，而文化關係則是由非政府行為者所進行的理想導向行動（Ang, Isar and Mar 2015: 365）。至於國際趨勢近期的轉向則是，逐漸由傳統國家主導、由上而下的文化外交，改變為尋求透過意義溝通、對話及合作，建立人民與國家互動關係而通常沒有國家直接參與的文化關係途徑。印度學者 Isar 也指出，在印度雖然有些官員、記者和公共知識分子也談「文化外交」，但大多數人更喜歡使用「國際文化關係」的概念。他們把文化關係視為一個目的性更高的理想，超越外交的工具性而幾乎成為一個國家神學。印度的文化行動者，無論是政府還是非政府，都對文化關係的概念感到更為放心，他們認為文化關係與政府及其機構的利己行為截然不同。在印度，「現實」或「強硬」的考量從來未能完全勝過外交政策和文化精英的國際理想主義，而互惠的修辭總能取代國家形象的投射或贏得國外影響力的策略（Isar 2017）。

歐洲聯盟近期在國際文化合作與交流領域的策略也出現了相應的轉變，更加強調歐洲與世界各地文化交流的互惠關係，以及跨文化社群之間的相互尊重與雙向對話。2016 年《邁向歐盟的國際文化關係策略》中指出，歐盟可以帶給世界：文化表達的多樣性、高品質的藝術創作，以及充滿活力的創意產業，也從跟世界各地的交流而大大獲益。策略文件中強調與夥伴國加強三個領域的文化合作，包括：支持文化作為社會與經濟永續發展的引擎；推動文化及跨文化對話確保和平的社群間關係；強化文化資產領域的合作。歐盟在國際文化關係領域的行動則有下列五個引導原則：一、促進文化多樣性及尊重人權；二、促進相互尊重和跨文化間的對話；三、確保尊重歐盟與成員國之間的互補性和輔助性

原則；四、鼓勵交叉運用各種不同取徑接近文化；五、通過現有的合作框架推動文化事務等。[7] 這些策略原則都與當前學界對國際文化關係的論述分析越發契合。

　　彙整學術與實務的文獻，César Villanueva R.（2018）歸納文化關係有別於文化外交的五個主要原則在於：一、在結構上，文化關係是獨立於政府之外的（相對於政府及外交人員的指示），獨立是作者們所指認最重要的特色。二、文化關係主要的溝通形式是對話（相對於文化外交的單向獨白）。三、文化關係的核心是藝術家、社群、組織或國家的相互關係建立（相對於文化外交由上而下的投射與目標性訊息傳遞）。四、文化關係的活動是由參與者協力籌辦而非由上而下的交辦。五、透過這些不同的要素，文化關係側重於網絡的建立。理論上這五個標準得以區辨文化關係與文化外交，但實踐上，二者之間仍有模糊地帶。[8] 關於「亞洲連帶」（Asialink）的國際文化交流個案研究結果也強調，雖然可以理解國家政府希望投入資金發起文化關係活動的動機，但執行上務必要設定明確的規則以確保藝術文化交流的獨立性（Wright and Higgingotham 2019）。

---

7 European Commission, European External Action Service. 2016. "Joint Communication to theEuropean Parliament and the Council: Towards an EU Strategy for International CulturalRelations." JOIN/2016/029 final. Webpage: http://eur-ex.europa.eu/legalcontent/EN/TXT/?uri=JOIN%3A2016%3A29%3AFIN (Accessed 2017.06.02).

8 Villanueva R. 主張，最前衛的文化外交理念是從世界主義與社會建構理論中衍伸而出。當代文化外交界定為一種透過積極運用各類形式的文化活動促進世界各國人民共同理解的全球實踐。文化外交的實踐由外交部門維繼，但由國內文化界的重要人士包括 UNESCO 代表、相關私人企業、市民社會成員，組成委員會來協調。藉此全方位地推動確保和平、整合、文化多樣性價值的活動，特別期待這些活動能運用外交部門 5% 的年度預算（Villanueva R. 2018）。

　　同樣值得注意的是，Kizlariand Fouseki 從歐洲國家的國際文化交流機構（包括英國文化協會（British Council）、法蘭西學院（Institut Francais）、歌德學院（Goethe-Institut）、賽萬提斯學院（Instituto Cervantes）、瑞典學院（Swedish Institute）、希臘文化基金會（Hellenic Foundation for Culture）等）的實務運作研究中進一步提醒，文化外交與國際文化關係中的官方與文化中介組織經常刻意模糊彼此間的結構連帶與組織關係。研究進一步指出，一方面，立法者採用複雜的法律形式以確保機構的自主和課責性，國家透過各種控制機制與文化交流機構相連，有些比較明顯，有些則植入體制當中，只有相關人員才感測得到。政策環境中複雜的機制架構和組織巧妙的法律形式，刻意模糊了政府與非政府之間的界限。另一方面，文化從業人員譴責外界使用帶有政治色彩的術語「文化外交」來詆毀他們的工作，轉而使用價值中立的術語「國際文化關係」。因此，很明顯，單靠修辭並不能使這樣的工作重新合理化。文化交流機構需要深層的重組與重構，才能夠讓文化修辭、計畫內容和組織架構保持一致。文化外交的工具主義與涉及更寬廣的官僚結構有關，而官僚結構則決定文化交流機構的職能與基本結構（Kizlariand Fouseki 2018）。也因此，在實踐上，文化外交與文化關係的區隔確實仍存在著複雜的交錯關係，以及官方和文化中介組織體制結構間難以明確切割的實質困難。

4　國際文化關係的範疇與文化網絡平臺的功能

　　Harry Hillman Chartrand（1992）曾針對十四個國家的國際文化事務與國際文化關係部門的執掌、預算，以及國際文化交流機構的經費支出項目進行跨國性調查與分析。參酌 Chartrand 的研究並綜整歸

納上述文獻對於文化外交、軟實力及文化關係的分析探討，編者認為國際文化關係的內容與範疇至少涵蓋以下三個層次：

一、**文化外交層次**：（一）國際文化條約的締結、國際文化合作交流計畫的策劃執行（包括跨國藝術、文化作品的盜竊與歸還）；（二）國際文化組織（如 UNESCO、IFACCA）的參與、協商、談判，以及由此衍生的文化交流合作計畫；（三）以政治經濟外交為目的的破冰任務（強調國際藝術文化交流背後的政治、外交目的，以文化交流為政治經濟外交的破冰手段）；（四）國家文化戰略、文化帝國主義、國家文化安全與文化利益、國家文化價值與公共外交的軟實力。

二、**文化商品與勞務（含文化內容與媒體資訊）流通**：（一）文化經濟、國家文化品牌與文化內容的輸出及交流，包括文化創意產業與文化商品與服務的貿易（含大眾流行音樂、電影、文化觀光、書籍與影視流行音樂產品）；（二）智慧財產權、著作權；（三）文化消費、服務與跨國文化勞動就業等。此面向亦涵蓋國家文化經濟貿易的軟實力。

三、**國際藝術文化活動、跨文化對話與學術交流**：（一）藝術文化表演團體的交流互訪、國際藝術文化節慶的舉辦、國際藝文獎項設立與頒發；（二）大型體育運動賽事的交流（如奧林匹克、世運會）；（三）藝術文化工作者的流動、跨文化對話與專業網絡平臺的建立、文化遺產保存經驗的交流；（四）文化休閒觀光旅客的跨國流動與學習、跨文化能力培養；（五）學術發表、互訪與交流、公民社會與國際志工服務等。此面向亦包含國家在「臂距原則」（arm's length principle）機制下所設立的專業國際文化交流機構（或文化中介組織）與民間藝文團體協力進行的國際文化交流等軟實力。

　　另外，各界也指出近年來國際文化關係領域一個不可忽略的發展，是專業國際藝術文化網絡及平臺的建立與成形。2016 年 IFACCA 委託了一份關於「國際文化網絡」的研究報告中指出，不同專業類別的藝術文化網絡扮演著五個相當重要的角色，包括：倡議、協助、推動、領導及改變等。過去三十年來，文化網路是支援文化部門開展國際文化合作的基礎設施，國際文化網絡協助專業人員與同儕建立聯繫，並透過共同行動影響文化政策。藉由國際文化網路，文化專業人員持續努力在大型機構及其管理系統的框架之外，進行複雜的協調工作。文化網路的主要使命則包括：倡議及推動藝術文化、合作、支持創意表達、培養專業職能、扮演變革的催化劑，以及宣導、教育。在文化網路開展的廣泛活動中，又以網路、研究和專業職能培力為最主要的三個領域。研究中進一步歸納國際文化網絡的功能有七項，包括（Laaksonen 2016: 5, 7）：

一、促進和協調網絡成員之間的聯繫，加強合作，並促成文化部門內部的協力及能量匯聚。

二、提供更寬沃的場域，為文化專業人員擴大專業活動、拓寬視野並交流知識。

三、建立一個見面的地點或參照點。

四、提供資訊，刺激研究和知識的生成。

五、創造培訓和網絡串聯機會。

六、透過與同事建立結構性的關係，為個別的組織創造附加價值。

七、倡導和推動有利的政策，促進國際層次的文化辯論。

5 臺灣的國際文化關係策略與能動者角色定位

　　若從主流論述取徑切入探討臺灣的國際文化關係策略，理應探討國際文化關係的權力與機構核心，文化外交與對外文化關係行動的法源，掌握國家文化資本與利益的策略資源整合單位，包括中央部會機關、附屬機構、專業行政法人、公共捐助的財團法人、地方縣市政府交流單位與機構，其業務職掌等等。然而，如同前文所述，本文及本書的論述架構意在反思臺灣國際文化關係中的另類－主流關係。因此編者以下行文雖仍從國家的法律、文化外交部門與附屬機構、文化法人的策略執掌等敘述起始，但目的卻在重新詮釋近年來臺灣文化與外交部門在國際文化關係策略中變動的內在價值思維，以及文化與政治、經濟（權力利益）的邊緣－核心、主體－互為主體的建構關係，並且試圖改變或翻轉官方與民間文化組織在臺灣對外文化關係網絡中，彼此的角色定位與實踐邏輯形構。

　　我國《文化基本法》第 19 條規定，「國家應致力參與文化相關之國際組織，積極促進文化國際交流，並鼓勵民間參與國際文化交流活動。國家為維護文化自主性與多樣性，應考量本國文化活動、產品及服務所承載之文化意義、價值及內涵，訂定文化經貿指導策略，作為國際文化交流、經貿合作之指導方針，並於合理之情形下，採取適當之必要措施」。另外，第 25 條則明定，「在締結國際條約、協定有影響文化之虞時，應評估對本國文化之影響」。此二條文闡述了臺灣參與國際文化外交、文化貿易與文化交流合作等面向的重要性，強調過程中應注重文化的內在意義、價值與內涵，以及自主性和多樣性，而締結國際協定時則必須進行文化影響評估，採取必要措施減緩對文化的負面衝擊 [9]（劉俊裕 2021），而不再只是一味地訴求單向的國家政治經濟利益，以及文化外交與文化交流的工具性目的。

2018 年文化部《文化政策白皮書》指出，「臺灣在 2009 年 3 月 31 日，立法院隨之通過《經濟社會文化權利國際公約》及《公民與政治權利國際公約》兩項聯合國人權公約，並於同年 12 月 10 日開始施行」。雖然由於臺灣並非聯合國的成員，聯合國並未正式承認臺灣簽署二個國際公約的法律效力，但這仍代表臺灣政府願意遵守現行國際公約內容的承諾與善意表達。另外，《文化政策白皮書》也呼應了上述對於文化外交與文化交流實務及概念上的轉變（文化部 2018：99）：

> 自九〇年代美國學者奈伊提出軟實力學說以來，文化外交與交流，已成為許多國家在外交事務、文化政策上相當重視的一環。臺灣的國際處境特殊，長期以來，藝術文化的海外傳播，為國際對臺灣的認識打開一扇窗。然而全球政治的趨勢改變……對於文化外交與行銷臺灣文化，需要新的想法與策略。文化的相互交流，不只是軟實力的展現，更重要的是促進不同文化之間的對話。[10] 如何建立相互理解的管道，從過程中達到更有效的溝通，維持長遠而深厚的關係和網絡，將是現今文化交流的新課題。

---

9 在 2014 年太陽花運動之後臺灣藝文界強力訴求，日後兩岸及國際文化貿易時皆應事先進行文化影響評估。文化部交流司 2016 年即針對跨太平洋經濟夥伴協議（Trans-Pacific Partnership Agreement, TPP）進行文化影響評估，並且在經濟部召開的 TPP 整體影響評估的會議中呈現文化影響評估的內容。文化部文化影響評估中訴求簽署 TPP 對臺灣對文化主體性及文化多樣性、對公共利益及文化平權之影響、產業成本與產業發展都有可能造成負面影響。我國應站穩文化主體、文化優先的立場，盡力去主張如《臺紐經貿合作協定》中的文化例外條文，或是爭取文化保留空間。此外，臺灣與紐西蘭 2013 年簽訂的《臺紐經貿合作協定》（ANZTEC）中，雙方也訂有文化例外條款，針對創意藝術相關產業訂定例外措施（劉俊裕 2018：223-227）。

10 《文化政策白皮書》中也強調，必須以平等互惠原則促進跨文化的交流與對話。以政府現階段之新南向政策而言，除了發揮現有據點的功能外，更重要的是需要從強化與已長居臺灣的東南亞新住民、新住民第二代（新二代）、移工等之連結做起，建立對其母國文化之認識與尊重。惟有以平等、開放的心態面對不同文化，才能真正促進相互理解（文化部 2018）。

在國際文化關係的具體實踐上，廣義的公眾外交及文化外交相關業務，其權責組織架構在中央部會分別有外交部公眾外交協調會、國際傳播司、非政府組織國際事務會，以及全球各區域（如歐洲司、北美司、亞東太平洋司）的駐外館處。涉及國際文化貿易事務，則由經濟部國貿局與文化部透過跨部會平臺協商。文化藝術交流方面的策略擬定、補助等，主要由文化部的國際交流司及各駐外文化中心執掌；海外僑務及華語文教學則屬僑務委員會；外籍生來臺求學及國人留學等，則屬教育部國際及兩岸司（魏君穎 2021：118-119）。截至 2021 年文化部已經在海外包括：紐約、巴黎、東京、香港、洛杉磯、休士頓、倫敦、莫斯科、馬德里、柏林、吉隆坡、華府、曼谷、印度、雪梨、義大利等地的駐外經濟文化辦事處，設立了十六個文化組、文化中心或臺灣書院，成為推廣臺灣文化的灘頭堡，並透過年度及專案計畫的推動，穩健耕耘駐地藝文領域，建立長期的專業合作關係。[11] 臺灣的文化外交部門與駐外文化單位多年來也與各國簽訂了許多文化交流合作協定，以及由此衍生的國際文化交流合作計畫。[12] 2021 年文化部在盤點《2018 文化

---

11 舉例而言，我國駐印度臺北經濟文化中心強調臺印雙方文化交流活動蓬勃發展，近年來我國電影每年皆在印度各主要城市之國際影展中放映。雙方藝文團體互訪演出頻繁，近年來印度演出之團體包括 2013 年「十鼓擊」、2014 年「優劇團」（優人神鼓）、2015 年「明華園歌仔戲團」及「臺灣竹樂團」、2017 年「國際青年大使」、國立臺灣藝術大學「大觀舞集」、「絲竹空爵士樂團」、「TAI 身體劇場」、「小巨人絲竹樂團」、2018 年「國際青年大使」及「臺灣電影節」、2019 年「國際青年大使」、「農業青年大使」以及「福爾摩沙馬戲團」等。參閱駐印度臺北經濟文化中心網站，網址：https://www.roc-taiwan.org/in/post/43.html（檢索日期：2021 年 8 月 1 日）

12 例如 2017 年 11 月 22 日臺灣與日本簽署《臺日文化交流合作瞭解備忘錄》時，文化部部長鄭麗君指出，簽署備忘錄是經過長期努力而促成，甚感鼓舞，亦為該部長期推動文化交流的成果。備忘錄顯示雙方深切體認文化交流促進理解並帶動經濟成長的重要性，該部未來將持續帶動國內各藝文軟實力和日本交流，並盼參與 2020 東京奧運，以整體作為讓臺灣發光發熱。文化部駐日本臺灣文化中心則是促進臺日文化交流的活躍平臺，開幕至今已促進多項雙方藝術機構合作的亮點計畫，例如橫濱能樂堂和該部國光劇團合作共製「繡襦夢」，以臺灣的故事為基底融入日本傳統舞蹈身段、

政策白皮書》的「策略與方案」落實情形時也提出，希望能跨部會與外交、國際經貿及觀光單位合作，將文化融入在不同策略中，達到整體一致的國家文化行銷。文化部希望能運用外交部全球百餘外館之網絡優勢，洽繫駐地文化、學術機構提案，以合辦臺灣相關藝文活動或研討會等方式，行銷我國軟實力及強化臺灣文化形象，讓駐外館處館館都成為臺灣文化櫥窗。這種由文化部門擬定策略，匯聚外交部門駐外館處資源與經貿觀光部門能量的思維，也就是一種文化與政治、經濟對於邊緣與核心位置的思維轉換。

　　文化部國際文化交流司將文化交流事務的核心使命訂定為，「建構文化部國際及兩岸文化交流平臺，以文化跨域連結、世界夥伴關係、海外文化網絡等政策，拓展與各國政府、國際組織及藝文機構之合作，以文化與國際互動、促進兩岸瞭解」。交流司的三大目標包括：一、國際合作在地化；二、在地文化國際化；三、行銷國家品牌及經典作品進入國際。關於「國際合作在地化、在地文化國際化」文化部《2018文化政策白皮書》中文化交流的策略方案（文化部 2018），則包括：參與國際組織，並且促成文化相關國際組織如「國際劇場組織」（OISTAT）來臺設立據點，藉此強化國際間的網絡經營，使臺灣成為國際文化交流的重要樞紐。一方面透過年度文化部規劃舉辦如「臺北國際書展」、「Art Taipei 臺北國際藝術博覽會」、「臺北金馬獎國際影展暨金馬獎頒獎典禮」等大型國際展會，另一方面也爭取其他國際會議在臺舉辦。另外則協助國內藝文單位、非營利組織、智庫等，與國際相關組織相連

三味線和臺灣崑曲的跨界製作在橫濱首演。本次合作備忘錄進一步確立臺日雙方文化中心作為互動窗口，共同推動臺日文化交流。參閱臺灣日本關係協會網站，網址：https://subsite.mofa.gov.tw/aear/cp.aspx?n=9B95A3EDC8B036A7&s=B10A30ECDDA3B93D（檢索日期：2021 年 7 月 31 日）

結，長期參與重要活動，以在地文化走向國際，並促進重點城市間的文化交流。 **13**

　　至於行銷國家文化品牌，文化白皮書中強調「打造國家品牌為公眾外交的一環，同樣也可作為認識一國軟實力的管道。文化在國家品牌化的過程中，是最核心的元素。以文化為圓心逐漸向外延伸，清晰的國家品牌可以傳達一國的文化精神，進而讓民眾、消費者印象深刻，建立對國家相關品牌的信任感與支持」。文化部應整合不同類別之文化活動，從文學、表演藝術、視覺藝術、影視音內容產業、文化資產、生活風格等領域，發展出整體國家文化品牌。同時，結合並強化數位時代的文化傳播政策，包括公共媒體的功能及內容產製，廣泛使用日新月異的大眾媒介，以藝術文化展現臺灣文化價值，建立臺灣國家形象（文化部2018：109-110）。關於文化內容部分，文化部藉由舉辦金鼎獎、金漫獎、臺灣文學獎激勵各種原生內容之創作，並透過文化內容策進院推動文化內容產業升級，協助影視流行音樂節目於新媒體影音平臺播出拓銷海外市場。

　　另外，行政院轄下的專業文化機構故宮博物院，文化部轄下的專業文化機構，如國立傳統藝術中心、國立歷史博物館、國立臺灣博物館、國立臺灣美術館、國家人權博物館等；以及文化部依法設立或捐助設立的文化中介組織，如財團法人國家文化藝術基金會、行政法人國家表演藝術中心、國家電影及視聽文化中心、文化內容策進院等，都有各自在藝術文化領域不同專業及業務上與相關國際文化機構交流合作的計畫。對國家文化交流而言，不同文化機構的資源整合有助於將國家藝文品牌行銷到國際。至於其他國家的駐臺文化交流協會或國際文化交流機構，

13　例如空總臺灣當代文化實驗場（C-Lab）推辦臺灣與湄公河流域國家雙邊藝術文化交流計畫，並與國際重要藝文組織英國文化協會（British Council）等合作。

如英國文化協會、歌德學院、日本臺灣交流協會日本文化中心、歐盟經貿辦事處等則在臺灣設有據點，推動外國語言教學、藝文活動節慶等文化交流項目。

　　在地方層級，縣市政府文化局和轄下的文化基金會、表演藝術中心、博物館、美術館、藝術村等，也有其城市文化交流的管道。以臺北市政府文化局為例，臺北市目前共與 37 國 51 個城市締盟，各國駐臺北文化或經貿辦事處超過 70 個。文化局的國際文化交流網頁說明了跨國城市文化交流的目的與內涵：[14]

> 為推動城市的國際文化交流與合作，本局與外國駐臺辦事處、臺灣駐各國外館、國際文化藝術機構及人士建立交流平臺，推介臺灣優秀藝術家與藝文團體參加國際文化藝術活動，並引進國際重要藝術家與藝文團體至臺北交流展演，期藉由專業豐富的展演交流活動，提升臺北市的知名度與國際文化形象，並豐富本市文化多元性，增進市民文化素養。

---

14 近年來，臺北市文化局積極參加國際文化藝術節演出，如韓國首爾友誼節（Seoul Friendship Festival），並於 2019 年與友誼城市澳洲伯斯市簽署文化合作交流備忘錄，期加強與南向國家的文化藝術交流。另文化局近年亦積極與外國駐臺辦事處合辦文化藝術活動，包括臺北歐洲日（Europe Fair）、亞洲印度文化節（Asia Indian Festival Taiwan）等。2017 年起更與駐臺各單位合辦歐洲語言日（Speak Dating），與中南美洲國家駐臺單位合作辦理西語日，以增進市民對國際城市的認識與瞭解。文化局自 2015 年起亦受邀參與世界城市文化論壇（World Cities Culture Forum），與世界三十多個重要城市會員分享與討論城市文化發展議題，以及國際城市文化政策及策略。參閱臺北市文化局，「國際交流」，臺北市文化局網站，網址：https://culture.gov.taipei/News.aspx?n=3DFA300BED2E8977&sms=6FE5A529C78241A9（檢索日期：2021 年 7 月 31 日）

整體而言，在文化外交的領域，雖然透過外交部、文化部與許多國家間的雙邊經貿與文化交流協定以及駐外文化單位的推動，使得臺灣的國際文化關係與民間文化交流得以維繫，但對於臺灣加入政府間國際文化組織、簽署多邊國際文化條約的嘗試並沒有突破性進展。政府部門對民間文化組織自發性、經常性的國際聯繫以及專業文化組織的國際交流參與，支持的力道則顯得薄弱，資源分散、協助也不算積極。不過，臺灣官方及政府機關在國際政治、經貿社會中所處的邊緣位置，反而使得臺灣的國際藝術文化關係，及由民間文化組織主動串聯而成的專業平臺網絡更顯得重要。臺灣的民間藝文團體無論是視覺藝術、表演藝術、文化資產、文創園區、影視流行音樂、藝術管理與文化政策等領域，都竭力發展其專業國際文化網絡。

以編者參與國際文化政策領域的學術與實務交流為例，國立臺灣藝術大學藝術管理與文化政策研究所以及 TACPS 台灣文化政策研究學會，自 2013 年起即積極與亞太文化教育與研究網絡（Asia Pacific Networkfor Cultural Education and Research, ANCER）[15]、歐洲文化政策與管理研究網絡（European Network on Cultural Management and Policy, ENCATC）及美國藝術行政教育者學會（The Association of Arts Administration Educators, AAAE）、韓國文化觀光研究院（Korean Institute of Culture and Tourism, KCTI）合作接軌，逐步與亞洲及歐美國際文化政策網絡串聯，並在 2015 年及 2019 年分別舉辦二次的歐洲與臺灣文化外交學院。2017 年 TACPS 更與 ENCATC、AAAE 共同在布魯塞爾的「全球對話論壇」中

---

[15] ANCER 網絡背後不乏 1997 年由東南亞國協（ASEAN）及歐洲聯盟（EU）成員國財源贊助所組成的亞歐基金會（Asia-Europe Foundation, ASEF）的大力支持，藉由國際組織平臺一方面持續強化亞歐文化的交流與對話，一方面也希冀尋求亞洲在文化政策與管理研究領域的殊異性，並強調跨國文化政策與管理研究網絡連結的重要性。

發表《藝術、文化管理與政策教育宣言》[16]，展現臺灣文化政策學界促
進國內外學術交流，拓展臺灣與亞太、全球學術對話，以及建立跨國
學術平臺的企圖心。TACPS 試圖扮演匯聚民間文化理念與專業研究能
量的角色，讓臺灣文化政策的網絡得以跨足兩岸，匯聚東亞，連結美
歐，接軌全球，在文化政策領域上彰顯臺灣時代精神的轉變（劉俊裕
2018）。

　　2018 年至 2020 年，TACPS 甚至以民間文化團體的角色發起，向
國立臺灣藝術大學、文化部、國家文化藝術基金會倡議合作推動「亞洲
藝文中介組織網絡計畫」，並以協力的方式匯聚臺灣民間和公共的藝文
力量，串聯國內藝文中介組織及文化智庫。計畫試著透過臺灣民間文化
智庫及國內外文化網絡的推動，建立不同文化中介組織之間專業而跨域
的夥伴關係。透過網絡計畫，TACPS 邀集了臺灣的藝文中介組織（國
家文化藝術基金會、文化內容策進院、國家表演藝術中心、國家電影及
視聽文化中心等）、民間藝文團體（表演藝術聯盟、台灣視覺藝術協會）
與 IFACCA 歐洲區域顧問、新加坡國家藝術理事會、澳大利亞藝術理
事會、韓國文化觀光研究院、英國文化協會、日本文化交流基金會、
歐洲聯盟執委會文化官員等代表，透過國際論壇及文化外交學院促成亞
洲與歐美文化網絡的交流。「亞洲藝文中介組織網絡計畫」的目的之一
在於進一步促進民間文化團體、藝文中介組織、文化智庫與政府之間常
態性、策略性的公開論壇和對話，並推動建置臺灣藝文中介組織及文

16　在全球對話論壇中，UNESCO、歐洲、美洲、非洲、印度、臺灣與中國的代表都強調
　　藝術、文化與創意的重要性，以及文化管理與文化政策國際網絡的必要性。在全球化
　　的世界，各界應該在尋求藝術文化主體性的過程中相互協力、對等學習。面對差異，
　　各界應該嘗試跨越語言、文化、心態與資源侷限的障礙，透過專業化、機構化、跨學
　　科、跨域、跨界的企業進取技能，在尊重差異的反思程序中尋求跨洲網絡機構之間的
　　相互理解，並從教育、研究與實踐的三方持續辯證中，尋求一種調和跨洲文化差異的
　　嶄新組合（劉俊裕 2018）。

化智庫的國內及國際網絡平臺。在編者多年與東亞國家如韓國、日本、新加坡、中國、馬來西亞，以及歐美國家合作交流的實務經驗中，由台灣文化政策研究學會所發起的網絡交流計畫，邀請或參與國際政府或非政府組織代表（包括 IFACCA、UNESCO、ASEF、EU、ANCER、ENCATC、KCTI、British Council 等）所進行的文化交流活動，其以民間為主體而衍生多元、包容、自省、謙遜且去威脅感的特殊性，以及在專業的文化政策經驗交流過程中所表達：臺灣非屬強權國家的親切感及人情味、不強力主導議題議程、不刻意形塑樣板文化形象、不強勢行銷國家文化軟實力，以及訴求跨國文化間理性且真誠的溝通與平等互惠的交流，反而成為能夠聚合東亞及歐美重要國家代表以官方或非官方身分前來臺灣，並樂意邀請臺灣民間代表或引薦官方代表到亞洲、歐洲地區參與國際文化交流活動的重要基礎。TACPS 更在此過程中與 ENCATC、ANCER、KCTI 分別簽訂了長期國際夥伴協定並保持經常性交流連繫。[17]

如若將上述文化外交與國際文化交流，視為一個由不同文化藝術與政治、經濟、社會能動者之間互動所構成的動態關係網絡，我們得將臺灣國際文化關係的能動者置於**圖1：臺灣國際文化關係能動者網絡角色定位分析**中勾勒描繪。以「A. 國家權力與資本」、「C. 民間社會的動能」為 AC 縱軸，「B. 市場性／商業性」、「D. 公益性／公共性」為 BD 橫軸，則可以將相關能動者區分為四個象限類別。象限一為政府機關法人，其角色任務主要可以界定為：依據民主法治原則、法規程序行使人民賦予的公權力，並透過公務預算執行文化外交與文化交流公共任務，

而因應藝術文化不同領域的專業，則政府得依法設立行政法人或者公共捐助財團法人。因此，外交部、教育部、僑委會、故宮博物院、文化部；文化部轄下的駐外文化館處、博物館、美術館等附屬文化機構；以及文化部依法設立的法人如文策院、國表藝、國影視聽中心、國藝會；國立大學或國家研究機構，乃至地方政府文化局及轄下藝文機構、法人；以及外國駐臺的文化辦事處等；依各個能動者擁有權力、資本與公益性、公共性的高低，得歸類分布在第一象限不同位置中，並且對內外串接國際文化外交與文化交流網絡。國家權力資本面向在文化外交與交流關係中側重國家文化內容品牌形象輸出行為。政府文化交流部門與法人的角色，除了國際條約協定的磋商與締結，代表參與國際組織文化交流的正式場合，以及國際文化貿易的協商談判，提供文化非政府組織和個人文化交流的協助之外，更在於訂定國家整體國際文化關係策略，以及文化組織機構、資源、網絡、人才的整合與能量的匯聚。**18**

　　象限二為臺灣文創內容產業的能動者，其共同的營運原則主要為資本營利，透過文化創意的加值，公司企業的功利績效管理以及市場供需的法則來進行文化創意內容商品與服務的製作、生產、銷售及流通。不同的文化內容產業如影視流行音樂的公司企業，IP 內容開發製作業者，表演、視覺、工藝、設計、出版、會議會展、文化觀光旅遊業、國際藝文節慶活動業者，乃至數位影音平臺通路電商，以及國際通訊傳播科技與金融銀行業者等，依其市場性、商業性與資本的高低，得歸類分布在第二象限不同位置中，並且對內外串接跨國藝文企業與文創經濟網絡。在文化交流關係中的市場性與商業性面向，則側重國際文化商品勞

---

18 文化部曾於 2014 年在交流司下設立全球佈局專案辦公室，推動臺灣於全球文化佈局的策略推展計畫，並針對文化部全球佈局策略的境內整合、海外拓展以及海外駐點等面向提出許多政策規劃建議，也對亞洲價值、亞洲的軟實力議題提出研究報告，可惜相關政策以及境內外合作拓展的整合建議並未能實質落實。

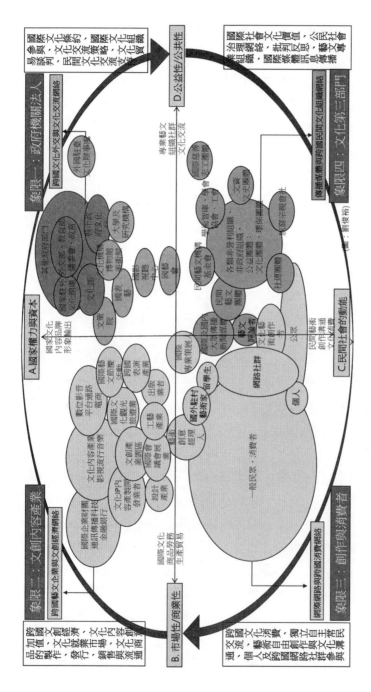

圖 1：臺灣國際文化關係能動者網絡角色定位分析

（圖：劉俊裕）

務生產貿易行為，跨國文化就業市場，以及製作、發行乘載文化創意內容的商品銷售與國際流通。

象限三為臺灣國際文化關係網絡中的創作與消費能動者，其特質主要為獨立自主，透過藝術創作理念進行藝文作品的創造，或藉由常民生活方式進行文化藝術消費行為。此象限主要的能動者包括藝術家或文化藝術創作者，國際專業策展人、藝術創意經理人，具有公共意識與參與文化公共事務的公眾和網路社群，以及廣泛的一般民眾、個人、消費者等。依其民間社會動能與市場性、商業性的高低，得歸類分布在第三象限不同位置中，並且對內外串接網際網路與跨國消費網絡。在文化交流關係中的民間社會的動能面向，則強調民間藝術自由創作、價值理念溝通、獨立自主的常民交流、藝術家與留學生的跨國互動、跨國網路社群的參與，以及跨國文化消費行為等。

象限四則為臺灣的文化第三部門。文化的非政府與非營利組織角色主要奠基於社會公共利益與文化價值理念及使命，希望透過民間團體的批判反思能力，以及藝文專業組織的自主運作，促進公民參與並遂行社會自我治理。這個領域主要的能動者包括各類文化公益團體、民間藝文團體、文資保護與文史團體、社運團體、族裔宗親會社、藝術文化機構與基金會、學術智庫或學會、藝術評論者、藝術文化公會與協會組織，國際與國內大眾傳播媒體，乃至國際慈善志工團體等。依其民間社會動能與公益性、公共性的高低，得歸類分布在第四象限不同位置中，並且對內外串接國際民間藝文組織網絡及媒體傳播。文化第三部門在國際文化交流關係中則注重公益性、公共性及反思批判性等面向，以此促進專業藝文組織與社群的文化交流、國際社會共同的文化價值、公民社會的治理網絡，以及國際新聞媒體訊息的傳播等。

在國際文化關係網絡四個象限中的不同能動者，雖有其各自任務與原則的角色定位，但彼此之間仍相互關連且相互影響，能動者的理念、資源、人力、專業也在機構與組織的網絡間交互流動。至於其內在的邊緣－核心、主體－互為主體關係，本書後續篇章中不同作者在不同文化外交與交流的個案領域有其不同的詮釋分析。編者本文則嘗試在臺灣的國際文化關係網絡中，構築出文化與政治經濟的「相互連結性」與「互為主體性」，並且主張以「文化作為方法」，從文化的公共性、藝術人文的內在本真價值與反思批判的主體位置切入，反省文化與政治、經濟調節場域的內蘊與衝突過程，在藝術文化價值與政治、經濟產值之間找到彼此相容的位置，進而轉化出一個更具同理心和包容性的國際文化關係體制，為臺灣開闢一條接軌國際關係的文化行動路徑。

6 文化作為方法：臺灣國際文化關係的思維邏輯與實踐

一、國際文化關係中文化與政治經濟的「相互連結性」與「互為主體性」

前文提及，文化不精準、難以數字量化或公式化的特質，在進行實務政策的質性分析時經常為國際關係學界所質疑：若文化價值、認同等因素無法針對國際關係行為給予直接而立即的預測與判斷依據，那麼文化因素的分析用處何在？這個問題的回應涉及國際關係中文化認同、文化價值與政治經濟利益的「相互連結性」與「互為主體性」的關係建構。文化價值的無可比擬性並不意味著「文化」因素在國際關係、國家的外交政策與涉外事務中無法被理性的探討或進行邏輯性的分析（Bhabha 1993: 191），而是文化式的思維邏輯與傳統的國際政治經濟

在本質上有所差異，而必須以不同的方式來理解研究。

如若援用並修訂劉俊裕（2011、2013、2018）對臺灣文化治理與文化貿易與文創產業的思維邏輯分析框架，進一步細究臺灣國際文化關係網絡能動者可能的「思維模式」，在這個文化關係的網絡場域中，可以疏理出六組能動者必須考量的內在思維邏輯和關係變項（參閱**圖2：臺灣國際文化關係的思維邏輯與實踐**），包括：A.「原初認同」、B.「權力角力」、C.「利益競逐」、D.「公共溝通」、E.「批判反思」、F.「日常生活」。而這六個面向內在思維邏輯和關係變項的交互滲透與轉化，則構成了能動者的「本質理性」、「工具理性」、「溝通理性」與「人文理性」等四個理性象限。[19] 國際政治、經濟、社會和藝術文化的能動者則在這個文化關係網絡場域之中，依據其內在的慣習、性情秉性或傾向，以及不同的思維邏輯模式，策略地計算並決定其活動實踐。

---

19 所謂「本質理性」的思維模式（圖2：象限一，常識／日常＋專業／組織 -），是一種傾向結合行為者種族、血緣、土地、地理空間等原初認同和官僚組織權力爭鬥的文化統理思維。隨著現代性、理性化論述在專殊化的社會體系中生根，經濟的成長以及國家組織的成功，更使經濟與官僚行政管理的現代性思維標準，深深地滲透文化關係行為者思考中，以「目的－手段」、「權力－利益」取向的「工具理性」思維模式（圖2：象限二，國家權力／資本＋民間價值／批判 -），透過權力角逐與利益的競逐取代了以人性的價值與意義為核心的批判思考。國際文化關係除了文化的工具性論述，強調文化與國家社會的策略性、功能性銜接之外，仍不能忽略文化的批判性溝通論述，以及人文、價值性論述等本質面向。儘管現代化和理性化過程產生了貶抑人文價值的瑕疵，但公共領域的治理終須回到國際社會的「理性」辯論，民眾對生活世界公共議題的批判性溝通，以及常民生活與專家專業的互動基礎。此即所謂「溝通理性」（圖2：象限三，常識／日常 - 專業／組織 +）。延伸文化生活方式論述，若文化是人民日常生活的點滴累積，則它應當回到簡單的、平常的、單純的、自然的本質。每個社會都有自己的形貌、目的、意義與方向，而文化代表的是一個共同的意義，一個群體的整體產物，文化同時也賦予個人意義。跨國的人民與人民之間的生活世界應當有意義與價值基礎，以及理解彼此共通的情感、感受和心境的「人文理性」（圖2：象限四，國家權力／資本 - 民間價值／批判 +）（劉俊裕 2018）。

編者認為，國際文化關係中的文化與政治、經濟、社會變數間確實存在著微妙而複雜的互動關係，在國際文化外交的範疇（政治）較著重國族歸屬、國家文化形象、文化主權、文化實力、文化策略、法規制定、文化權力的論述邏輯；國際文化商品流通的層面（經貿）則注重文化市場、文創產業、文化商品、文化就業、文化消費行為等面向；而在國際社會建構與藝術文化交流的層面（文化社會）則強調文化認同、價值、理念、精神、象徵、創意、生活方式、品味、歷史、傳統的形塑與對話。文化價值、理念經常必須藉由政治權力、法規與制度的運作，以及文化經濟與消費的支撐方能獲得維持，而文化價值、理念則滲入外交政策與國際交流決策者的思想方式，使決策者處於一定的價值氛圍，因而在制訂政治外交、國際經貿政策的過程中，經常必須進行文化價值與理念的辯論，而非單純的政治權力與經濟利益的考量，也因此構成了所謂國際文化、政治、經濟、社會相互連結體制（Liu 2008）。

更進一步深究，文化因素雖然並非決定國際經貿、外交與安全政策方向的充分條件，但卻無疑在對外文化策略的決策過程中，注入了其文化價值思維邏輯，並且形塑出一個共同的文化價值與認同氛圍或取向，[20] 而成為決策過程中不可不納入考量的必要條件。若沒有對文化後設邏輯適當的理解，便無法掌握其國際文化策略所希望的目標和手段。

---

20 文化作為一種人類集體思想、行為與風俗、價值、傳統實踐的累積，具有其內在的特質與邏輯向度。文化有其自身的邏輯。借用 Parsons 的論述，這些文化實踐將文化傳統轉換為一種行為體系的理性機制（Parsons 1947: 12）。而既然文化的特質作為一種價值與傳統在形式蘊含了一定的標準與意義，也因此這些文化價值或特質本身，就帶有一定方向的取向，或者所謂「向性」（vectorial quality），而形成了人類行為所依據的理性結構。這樣的文化邏輯保持一種「持續性的取向，一種習慣的趨勢，在特定的感受與情境下執行特定的行動與經驗」（Geertz 1973: 95-97）。這個邏輯向度作為一種價值與信仰體系，雖然並不決定個人的所有行動，卻提供大多數人們和決策者特定的傾向、能力、技能、習慣、取徑與可能性，從而影響個人的行為向度（Parsons 1947: 12）。

在國際社會認同的凝聚與文化價值的建構過程中，過度的政治經濟動員與文化操作，單向形象的宣傳或強勢的理念灌輸，若缺乏共同的價值與認同凝聚為基礎，給予民眾對新政治、經濟現實發展符合文化價值意涵的新的詮釋，則很可能會在政治、經濟、社會、文化不同層面產生價值、認同與利益的不一致性，甚至可能造成國內以及國際的文化抵抗或文化反動。在對外文化關係層次，縱然是軟實力的運用，亦可能對國家國際形象與內部認同建構產生負面效應（Liu 2008）。這種意義價值與行為決策相互對話式或互為主體式的理論建構，意義在於它取代了傳統文化或政治經濟決定論中單向的主導或詮釋模式，而將理論爭議的焦點由原來的文化與政治經濟間之緊張與對立關係，轉移至彼此間交互影響的途徑與相互連結的可能性探討，有助於建構一更具詮釋張力的國際文化關係與政治經濟關係互動理論。

　　國際文化關係既然並非自外於國際政治、經濟、社會的體系發展，而侷限於藝術、文學、展演、有形無形文化資產保存、美學情操場域的公共性，那麼我們更需要將藝術、美學與文化的內在價值與政治、經濟與社會體制與實踐相互接合。國際文化關係應當尋求一種互為主體的「文化邏輯」，一種具有開放性、批判性與內在反思性特質的自我調節機制，同時是一種能將政治、經濟的「工具理性」思維，與藝術美感、人文價值、理念、道德、情慾、感受、人倫關懷與簡單生活等「人文理性」思維相互融攝，納入國際關係的深層論述。若藝術的核心價值是「生命的感動」、「日常生活的平淡實踐」、「美感的共鳴」與「藝術的世俗超脫」，那麼國際文化關係應當在文化和政治、經濟之間找到藝術文化的主體性，以及藝術文化價值與政治、經濟產值之間的相容位置。當然，文化外交與文化貿易交流相對地也必須跳脫西方自馬基維利以來，以政治意識型態、權力、操控、經濟資源、利益的爭鬥、角力的思維邏輯，和以國富兵強為中心目標的國際現實主義，轉而從跨國的藝

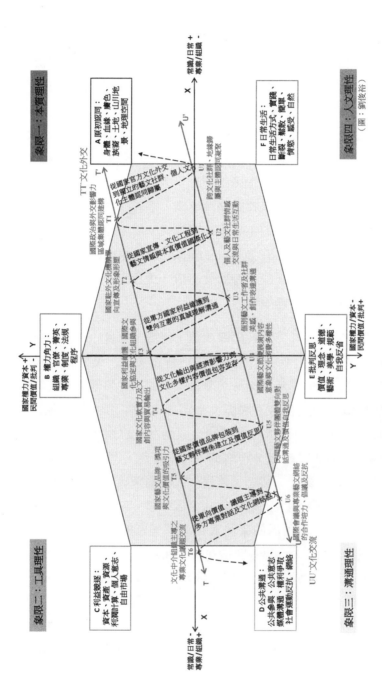

圖 2：臺灣國際文化關係的思維邏輯與實踐

（圖：劉俊裕）

術文化、意義、道德、價值公共辯論，以自我批判、反思的態度來實踐
國家、都市的對外文化關係。

二、文化作為方法 ——
國際文化關係的另類與主流路線思辨

　　國際文化關係講求回到對於跨國文化交流之間人文、藝術、道德
等常民生活世界終極關懷的追求，尊重民眾的日常生活方式與共同理
解、情感和感受，並予以常民更寬闊而自主的日常生活空間，以及自我
調節、管控、規範的可能性。近來國際間一系列有關如何理解及評估文
化藝術內在本真價值（intrinsic value）、外在工具價值（extrinsic
/instrumental value）、制度價值（institutional value）、關係價
值（relational value），以及個人價值（individual value）與公共
價值（public value）之間的辯論，正是不同學術領域試圖超越過往
文化內在本真與工具價值二元對立理解框架的嘗試。當前對於藝術文化
價值的理解與衡量方法，著重於尋求文化能動者個人內在價值（如知識
認知、美感、創意啟發、情感共鳴、自我實現與反思等）的自然存在
與外溢擴散，彼此相互關聯或者逐漸積累，進而形成有利於孕育個人
其內在價值發展或陶養的外在或集體價值。這包括政治（自由、民主、
對話）、經濟（成長、繁榮、再生）、社會（和諧、包容、聯繫、相互
理解、共同記憶）、環境生態（循環、平衡、共生、永續）等外在工具
價值或者關係價值，以及由此關聯而成所謂組織機構的制度價值或公共
價值。隨後，再轉以這些工具價值和關係價值概念，成為銜接或匯聚眾
多不同個人內在本真價值的橋梁，而形成所謂個人內在價值、外在工具
價值、互動關係價值、制度價值，以及文化公共價值之間的相互連結循
環迴路，以此重新釐清不同層次文化價值面向之間互為主體的理解架構
（McCarthy et al. 2004、Holden 2009、Walmsley 2011、Klain et

al. 2017、Dunphy and Smithies 2020）。文化關係與政治、經濟關係雖然無法分割，但當代國際文化關係需要一種有別於經濟、政治權力為核心，而以文化、藝術、價值和人文情感為核心的論述氛圍。這個文化氛圍是一種取向，一種內在思維價值自我認知脈絡的辯論、說服、反思、轉變。文化主體價值不是排他性的取代了政治權力、經濟資源分配的位置，而是重新找到一個彼此能夠共處的核心位置，一個可以對話或互為主體的包容論述。編者認為這是「國際文化關係」與國際政治經濟權力爭奪與利益競逐關係論述之間的本質性差異。在國際文化關係的場域與網絡中，不同能動者互動過程雖然包括對資源、權力競爭及角力，但也同時涵蓋了能動者間相互的真誠合作、協力與資源分享，以及藝術家、文化人試圖超越世俗權勢、利益爭奪思維，保有其內在本真價值的可能性。

　　質言之，在國際文化關係中主張「文化作為方法」，是以文化的公共性、藝術人文的內在本真價值與反思批判，以及對人類生命或人性終極關懷的永續價值辯證，作為一種國家、城市不同能動者進行國際文化關係行動的核心思維邏輯。再由此切入，反省文化與權力、利益、機構、象徵意義調節場域的內蘊與衝突過程，進而轉化出一個更具同理心、包容性的國際文化關係體制。文化因此可能在外交與國際交流決策、實踐及路線選擇上，擺脫過往被工具化、被操控與篩選的邊陲角色，重回主體核心位置。當代國際文化關係網絡在形式和意義上，已經逐漸使得執著於不同理性思維邏輯的能動者之間產生對話的可能性。文化關係網絡中政府文化外交部門與民間二、三部門能動者則在彼此協力、競爭與合作的過程中，進行價值的交互辯證與權力的相互平衡，進而在國際文化關係體制中融入了文化的自主性與反身現代性。文化價值理念在國際文化組織的空間、制度運作中滲透，並且與政治權力、經濟利益、社會關係相互構聯，互為主體也互為形構要素。這使得國際文化

關係逐漸趨向多元、多層次、多中心的網絡運作模式，和分權、參與、合夥、共治而開放的多面向關係連結跨國文化網絡。國際文化社會強調的公共溝通、文化反抗與權利的爭取，使得不同能動者更加尊重跨文化的差異與彼此的真誠理解。文化作為方法因此為不同在地能動者開闢出一條接軌國際關係的文化行動路徑，也開啟了國際交流價值典範轉移的可能性。

從上述對於文化外交與文化交流的內容範疇與國際趨勢，以及國際文化關係思維邏輯的變項歸納，得勾勒出本書用以理解臺灣國際文化關係思維邏輯與實踐的分析形構，以及由此所呈現文化外交與文化交流活動之間殊異的策略行動圖像。國家或政府的文化外交行為（圖 2：軸線 TT'）在構面較趨近於「本質理性」（如兩岸統獨意識、藍綠政黨以及親中、親美或民主陣營、社會共產主義等政治意識型態，以及以族裔地緣、血緣等原初認同為主的本土意識）與「工具理性」（行政官僚體系本於科層專業主義，以協議簽訂的政治權力，文化貿易軟實力及企業資產階級的市場利益分配為導向），以及官方單向的「溝通理性」思維。因此具體行動策略上多著重於國際政治與外交的影響力和區域集體認同的建構（T1）；透過國家駐外文化機構傾向單向宣傳及形象形塑的目的（T2）；藉由國際文化協定與文化組織參與維護國家利益（T3）；追求國家文化的軟實力及文創內容與貿易輸出（T4）；由國家藝文品牌、獎項形塑國家文化價值的吸引力（T5）；以及透過國家設立的文化中介組織試圖在交流過程中主導專業文化議題（T6）。相對於此，文化交流（圖 2：軸線 UU'）多期待的是基於常民、庶民人文土地的關懷，深化在地文化意識與核心價值的「本質理性」，實質而雙向的相互對話理解與自我批判反思的「溝通理性」，乃至於強調臺灣民間藝術文化自由創作，多樣而差異的內容表達，以及訴諸在地文化生活具有情感共鳴的「人文理性」。由此推導的行動策略上多著重於民間跨文化

社群、地緣歸屬與主體認同的凝聚活動（U1）；個人及藝文社群的情感交流與日常生活間的互動（U2）；個別藝文工作者及社群的美感、創作及表達溝通（U3）；國際藝文節慶展演呈現差異的內容意象與多樣的文化消費形式（U4）；民間藝文夥伴團體的雙向對話溝通及價值的自我反思（U5）；以及國際會議與專業藝文網絡的合作、培力、倡議及反抗的行動（U6）。

　　儘管臺灣「文化外交」的能動者在行動策略上與實務運作上，仍可能透過文化中介組織與政府部門結構連帶與組織機制關係的微妙設計，以及利益導向與理想導向手法的交錯，巧妙而刻意地模糊或掩飾其與「文化交流」軸線相關行動的實質差異，近年來臺灣國際文化關係的論述與實務發展趨勢，確實逐漸從國家官方文化外交的集體政治、族裔認同建構，往獨立的藝文社群及個人文化主體認同轉向（T1-U1）；從國家單向宣傳與文化工程操控，往藝文情感交流與文化內在本真價值的國際化轉向（T2-U2）；從單方國家利益的維護，往雙向互惠的真誠理解與相互溝通轉向（T3-U3）；從國際文化貿易與文化內容輸出的經濟文化影響力，往展現國家多樣文化內容和價值表達與對內在差異的包容及並存轉向（T4-U4）；從國家價值品牌的包裝，往自我內在價值的反思及藝文夥伴關係的建立轉向（T5-U5）；從單向價值、議題主導的溝通模式，往多方專業對話及文化網絡協力的互動模式轉向（T6-U6）。

7　專書架構與核心提問

　　綜合近來國內外學界對「國際文化關係」、「文化外交」、「軟實力」、「文化策略」、「文化安全」、「文化利益」，以及「國際文化交流」等概念的理論論述，本書作者們分別從不同藝術文化領域（如國際策展

論述、國際藝術節品牌建立、工業遺產國際平臺、國外藝術家專業網絡、國立歷史博物館、故宮博物院的文化外交，國立臺灣博物館的東南亞文化路徑，乃至於國際軟實力評估框架等）的專業，深入探究臺灣對外文化關係的實務交流個案與內在價值論述，以及其多樣的形式及實質內涵。

基於臺灣特殊的外交現實處境，以及近年全球國際文化關係學術論述與實務運作發展試圖系列的「解除」或「去」——官方主導、國家利益化、形象操控、文化工具化、軟實力（柔性權力）的輸出等趨勢，同時呼應臺灣對外文化關係中民間藝文專業組織應有的主體位置，本書翻轉過往國際文化關係知識體系建構過程中，習以為常地以政府機關部門的文化外交行為或軟實力為主流的論述脈絡框架（僅在〈緒論〉中對臺灣的國際文化策略及相關能動者現況與轉變做必要的鋪陳），轉而凸顯臺灣藝術家、文化工作者與專業藝文機構寶貴而欠缺梳理的實質文化交流知識與經驗日常。一直以來，臺灣的國際文化交流多是由民間專業藝文組織獨立發起，經過長期自主經營和艱苦佈線，在累積了豐富的文化交流經驗和足夠的國際文化社會關係網絡、跨國人脈、聲望等國際象徵資本與專業行動能量後，方能獲得國家文化部門或文化機構的正視。隨即時而轉由國家體制接手收割，時而由部門投入公共資源挹注共享成果，或者透過文化中介組織的力量共同合作維繫，協力拓展民間既已發展但難以獨立長期維續的珍貴對外文化關係，此亦為臺灣國際文化交流實務不可忽略的真實。

當然近來臺灣的國際文化關係及兩岸文化交流等實際運作，外交部、文化部等外交人員或駐外館處人員的專業知識與職能提升，因著文化主體意識、對藝文網絡生態與能動者互動模式的理解，到對於國際文化交流趨勢改變的認知，逐漸退居二線，而安於扮演支持民間藝術文化交流的角色，諸多文化交流事務轉而委由專業藝術文化機構，文化中

介組織或民間藝術團體、文化組織，或者獨立藝術工作者共同協力推動。一方面避免國際間對於臺灣官方單向輸出、宣傳之樣板文化的可能反彈；一方面也凸顯臺灣國際文化關係本於民間主體，尊重內在多樣差異，訴諸雙向溝通及真誠理解，並重視藝文專業經驗的連結等面向（文化外交與交流體制）的內在思維邏輯轉變。

　　本書共分為四篇，作者們分別從不同領域專業，批判性地檢視臺灣的國際文化關係的交流個案：「第一篇　臺灣國際文化交流論述與路線的思辨」探討文化如何作為臺灣國際文化關係的操作化方法與行動路徑，並析論國家藝文機構展覽的策展策略，以及國際表演藝術節國家品牌的主體論述及另類／主流路線思辨。「第二篇　臺灣國際藝文專業網絡與平臺的建立」則檢視視覺藝術、表演藝術與文化遺產等專業國際網絡平臺的建立過程，以及臺灣文化部門與駐外文化館處對藝術文化交流網絡的支援與介入及其運作轉型。「第三篇　臺灣文化外交的主體性建構與再造」回到國家歷史博物館對文化製造與輸出的歷史省思，兩岸故宮對文化正統性的競合，海外展覽中對於國家符號的階段性詮釋演變，以及對臺灣文化主體性的論述轉變，並延伸思考博物館結合新媒體科技對文化外交可能的影響。「第四篇　臺灣國際文化交流未來的現實與想像」則反思國家博物館對於促進當代東南亞移動族群的跨文化理解所應擔負的社會責任，以及面對國際軟實力評估框架競爭臺灣應如何與主流知識對話，並以此總結，提出給下一輪臺灣國際文化交流的備忘錄。

　　專書作者們共同的核心提問包括：

一、臺灣文化部、外交部對外文化關係的策略：聚焦於 2000 年以來，其參與國際政府、非政府文化組織，國際文化條約的締結的進展為何？國際文化合作計畫的可能性與侷限性何在？臺灣在國際藝術文化交流領域活動中，是否隱含文化價值與認同建構？

二、臺灣藝文中介組織（如公設財團法人、行政法人）、藝文機構（博物館、美術館、藝術村等）、文化非政府組織與藝文團體、藝文節慶活動乃至藝術文化工作者的國際藝術文化交流網絡如何建立？其文化交流實務運作模式為何？這些實質的文化交流在臺灣的對外文化關係中與公部門的互動如何？未來如何給予策略定位？

三、臺灣參與世界貿易組織（World Trade Organization, WTO）以及締結國際條約、協定時，針對文化商品、文化勞務和文創產業的貿易，以及「文化多樣性」與「文化殊異性」等文化價值如何調和及主張？臺灣文化軟實力的策略與國際文化軟實力的評估對臺灣國際文化關係影響為何？

四、除了傳統的文化外交、國際文化貿易、國際文化交流之外，臺灣對外文化關係有哪些新的可能形式（網路、數位科技、影視音線上平臺、國際社群網絡）？哪些新的跨國議題、社會潮流可能有助於臺灣的對外文化交流的擴展？臺灣如何透過新的形式與議題參與實質的國際文化合作及交流？

五、比起其他的國際事務，臺灣的文化交流是否具有其特殊性？臺灣的對外文化關係與國際文化交流，在本質上、互動模式上是否有別於國際政治關係、國際經貿關係的運作？臺灣文化價值與主體性如何彰顯？

　　「第一篇　臺灣國際文化交流論述與路線的思辨」中，張晴文從〈臺灣「亞洲論述」的藝術實踐〉分析 2007 年至 2019 年之間亞洲藝術雙年展的策展策略，並探索臺灣認識自我的途徑。她認為雙年展以作為「對話者」的姿態在亞際當代藝術場域中立足，強調亞洲國家之間的交流和結盟、重視在地深入考察為基礎的展覽研究，亦著重不同國家和文化間彼此的對話關係。在策展議題脈絡上，策展人以視覺藝術呼應「身

體的亞洲」為方法，各種涉及種族、政治、宗教的不同狀態皆能自由表達，則突顯臺灣在整個亞洲的當代藝術觀點表達上所具備的民主條件與策展的優勢。盧佳君則以 2009 年至 2021 年國家表演藝術中心舉辦的台灣國際藝術節為個案，探討國際文化交流中臺灣品牌之建立。她指出，首屆 TIFA 以結合科技與藝術的「未來之眼」為主題，藉由強調臺灣原創精神而製作出跨界、跨國、跨文化與跨時空的演出，堪稱是當時亞洲最多元、最前衛、最具創意的藝術節。盧佳君認為，TIFA 作為藝術文化交流的中介者的重要角色在於，藉由這個表演平臺，讓藝術家透過特定的知識、文化與情感的傳達方式，將新的想法與創意經由詮釋、循環與再現，對當代的生活與藝術社群產生影響。文化交流有助於經濟、社會、文化發展，而 TIFA 藝術節是透過品牌特色與社會深入互動關聯。

「第二篇　臺灣國際藝文專業網絡與平臺的建立」中，李兆翔首先以亞洲產業文化資產資訊平臺為例研究工業遺產的國際建制。他指出 2012 年國際工業遺產委員會（TICCIH）臺北大會會後發布《亞洲工業遺產臺北宣言》，促成 2018 年文化資產局成立「亞洲產業文化資產資訊平臺（ANIH）」，積極推進亞洲工業遺產保存的資訊交流與協力合作。李兆翔以國際建制變遷之觀點評析 ANIH 的建立與推動歷程，思考臺灣如何能以不同的方式建立非政府組織與協力夥伴的產業文化資產國際交流網絡。臺灣怎麼創造一個更好的產業文化資產國際交流運作模式，而公私部門又可以發展什麼樣的夥伴關係與合作模式。另外，郭唐菱則以臺灣視覺藝術家之國際專業網絡為例，從臺灣政府作為贊助國家的脈絡分析海外文化據點之整體現狀及營運問題。她指出在國際當代藝術的生產脈絡中，經銷體系偏好以專業網絡傳達訊息及促成合作。郭唐菱認為臺灣海外文化據點在現行政府人事及組織運作的框架下，必須面對國際當代藝術世界中同質性高、極度專業化的人際網絡。駐外文化機

構績效指標如何訂定、人事甄選任用及考核、如何自籌財源營運、政府如何落實網絡治理且避免控制治理的官僚慣習等等，則是臺灣政府下一步努力的目標。王紀澤的〈「文化外交」：建立專業藝術網絡的一種路徑？〉一文則以曾經實際參與的「亞洲表演藝術節」作為案例，探討目前國內許多公部門或是半公部門在從事的專業藝術人士交流，其性質是否與大規模的文化或文化產品單向輸出類似。藝術節是否需要以國家經費大力操作介入，效法已經在進行類似工作的國家，進行單一面向的文化及文化產品輸出？又或是創建專業藝術網絡，支援藝文專業，使其成為可以自給自足，自行進行對外合作更為重要？王紀澤認為臺灣藝文從業人員已累積了信心與實力，不想再作為政治外交場域裡的配角，希望能以專業人士的身分，與國際專業從業人員交流形成網絡合作。對藝文人士而言，政治外交意味濃厚的「文化外交」活動，將不必然是專業藝術網絡形成的主要因素。

　　「第三篇　臺灣文化外交的主體性建構與再造」集結了一篇國立歷史博物館及三篇臺灣故宮博物院的文化外交研究專論。首先，陳嘉翎從1970-80年代史博館的「中華文物箱」見證與反思當時臺灣文化外交的文化製造與輸出。她析論國立歷史博物館及文化箱在政府面臨艱困外交之際，適時化身為最佳文化大使，傳遞「中華民國在臺灣」是「唯一正統中國」的國族意象。而2004年文建會以臺灣意識及多元方式而製作「臺灣文化百寶箱」，其在實體形式及創製精神上可謂是中華文物箱的「延續」，但兩者在不同政權下的文化內涵卻截然不同。作者反思二者所呈現的中華／臺灣為「文化主體性」轉化及差異性認同，作為未來國立博物館運用其專業拓展文化外交，提升其在面臨不同政體時可能轉煉政治內涵而展現自身的能動性。郭鎮武等則以國立故宮博物院郎世寧來華三百周年特展為中心，探討博物館如何透過博物館新媒體科技，完成深度拓展文化外交的使命。文中指出「藝域漫遊」集合了當時「故宮

4G 博物館行動」中，創新應用、創新內容與前瞻體驗等三大主軸，更讓郎世寧這位傳教士以新科技的姿態首度回到故鄉，為我國與義大利、梵諦岡的文化藝術交流開啟了新頁。另外作者們整理了「銅版記功」在拍攝期間得到法國遠東學院、國家科研中心、國家圖書館、羅浮宮博物館等機構的協助過程；並在拍攝完成後，在我國駐巴黎、日內瓦代表處協助下分別在二都市公開播映。郭鎮武等主張故宮在文化外交將從既有 4G 內容開發的經驗和基礎上，嘗試利用 5G 技術進行策展、AR 智慧導覽、經典國寶 8K 影片的攝製等數位科技，作為臺灣推動文化外交的中堅力量。

外交部王慶康公使撰寫的〈文物有靈乎：論兩岸故宮競爭與合作〉，從國家外交的角度出發，研析兩岸故宮文物在不同時期與不同國家之重要合作展出時，各次出展免司法扣押等問題、名稱問題，以及展出所呈現的競爭與合作之時代意義。結論指出，面對立場截然不同的兩岸三黨，瞬息萬變的國際社會，故宮文物不僅是連結海峽兩岸的文化橋梁和臍帶，也是一面具有知彼知己作用的明鏡。臺北故宮文物出展過程提供國人以文化為切面，瞭解臺灣在國際、兩岸關係中的定位與意義。吳介祥的〈國家符號的文化外交 —— 故宮國際交流展的詮釋與演變〉直截點出國立故宮博物院的政治符號性，無論是從自身的政策或是外來的投射，其國際交流很容易激起民族主義的政治詮釋。故宮的海外交流展自 1936 年的倫敦展開始，就有政治策略和鞏固邦誼的考量。經歷了戒嚴和解嚴，1996 年再有機會單獨展出時，臺灣主體性議題和中華文化主體性形成競爭。吳介祥爬梳了故宮的外交經歷所涉及的國族建構符號和喚起的民族尊嚴議題、族群情感和歷史鄉愁。作者認為對故宮象徵性的過度期待，投射帝國之後繼承者的政權正當性，是故宮機構現代性延遲的因素。隨著民主化、主體性轉移及認同多元化的發展，以及文化政策重心從西向傳移至南向交流的過程，故宮作為帝王收藏來代表臺灣文化

的任務逐漸疏離當代論述，而面臨重新定位的挑戰。

　　「第四篇　臺灣國際文化交流未來的現實與想像」中，袁緒文以國立臺灣博物館為例，將臺灣建構在當代東南亞區域發展的基礎脈絡上，探討博物館在當代社會中逐步發展與周邊區域、社群、族群的連結，以及關注國際議題等「典範移轉」。文章以跨文化理解與溝通理論，檢視臺博館自 2014 年來所經營的東南亞文化平權實務經驗與策略，並以東南亞各民族的歷史發展脈絡的視角，以及臺灣與東南亞區域移動歷史，反思當代臺灣與東南亞的關係。袁緒文分析臺博館「新住民服務大使暨文化平權」專案，開放博物館的場域，讓在臺東南亞跨國移動者運用更多元角色「進入」博物館的公共服務領域中，擔任其母國文化的「主講人／主述者」，逐步實踐文化平權與多元參與的博物館社會責任。她認為此過程中也強化東南亞文化主體性的論述與臺灣文化的關聯性，發展臺灣在東南亞區域之話語權。李映霖的〈國際軟實力評估框架研析及其對臺灣發展國際文化關係的啟示〉一文試圖釐清當前國際社會中軟實力評估框架對外投射的主要形式，藉此提升我國鏈結國際的文化軟實力，強化臺灣在國際社會中的競爭力。如同前述國際關係的主流與邊陲論述辯證分析，研究發現，現實上透過國家來主導的「國際參與」和「國家治理」轉換策略／途徑（文化外交或公眾外交、甚至是數位外交），對於社會大眾的影響程度較大，其次是透過公民社會或歷史人文所孕育而成的軟實力客觀資源／稟賦（如文化、教育和創新），即教育性質的學術交流以及科學與技術的發展。至於一般社會大眾最常接觸到的文化遺產、博物館、文化商品和服務（含媒體通訊）等外顯的文化表徵以及觀光、體育等藝文活動交流，則付出的關切程度最低。李映霖認為，臺灣若要發展國際文化關係，除了藉由藝文交流以及文化商品與服務的跨國流通等傳統作法之外，一則當接軌當前數位外交的潮流，二則結合新興科技趨勢來擴展文化商品和服務的輸出，三則透過政府施政和國際參

與，結合臺灣文化價值（如人情味／樂善好施），來強化臺灣對外的正面形象及吸引力。最後，魏君穎在結論中提出給下一輪臺灣國際文化交流的備忘錄，將本書各個文化交流實務案例連結 2017 全國文化會議以及 2018 年《文化政策白皮書》中，各界對文化部駐外館處交流策略、新住民文化平權議題、國際合作在地化、公民社會主動參與國際文化交流、影視音的海外傳播中與串流平臺的合作議題等討論。魏君穎呼應，從本書的各種實務案例中得以看出，國家文化外交部門、博物館、藝文組織場館及地方政府與公民社會共同協力，積極拓展國際文化交流網絡的重要性。

　　編者認為，臺灣從民間文化組織與公私協力模式的嘗試，造就了豐厚的另類國際文化交流經驗，同時也獲得國際文化非政府組織、各領域藝術文化網絡諸多專業肯認。臺灣特殊的處境，逐步在其對外文化關係發展出以民間為主體的多元、包容、匯流、自省、謙遜與去威脅感的殊異性。在文化交流過程中所呈現的，則是臺灣非屬強權國家的親切感及人情味、不強力主導議題議程、不刻意形塑樣板文化形象、不強勢行銷國家文化軟實力，以及訴求跨國文化間理性且真誠溝通的互惠交流模式。這些特質逐漸成為臺灣參與國際文化交流的重要基礎。若不以國際文化關係的內在本真價值和思維邏輯，以及文化主體間希冀雙向互惠、彼此溝通理解的角度為出發點，將難以瞭解臺灣對外文化關係何以在國際政治、經濟社會的弱勢地位中，獲得相對平等互動的位置與境遇。編者主張以「文化作為方法」，以文化的公共性、藝術人文的內在本真價值，以及對人性終極關懷的辯證，作為國際文化關係行動的核心思維邏輯。再由此調節文化與政治經濟權力、利益、機構、象徵意義的內蘊與衝突，方可能為臺灣開闢出一條接軌國際關係的文化行動路徑。

參考文獻

文化部（2018）。《2018 文化政策白皮書》。新北市：文化部。

文建會（1998）。《文化白皮書》。臺北市：行政院文化建設委員會。

文建會（2004）。《文化白皮書》。臺北市：行政院文化建設委員會。

朱威烈（2002）。《國際文化戰略》。上海，上海外語教育。

胡惠林（2005）。《文化產業發展與國家文化安全》。廣州：廣東人民出版社。

竹內好著、胡冬竹（譯）（2007 [1960]）。〈作為方法的亞洲〉。《臺灣社會研究季刊》，66：231-251。

范勇鵬（2008）。〈歐洲認同的形成：一個新制度主義的解釋〉。《世界經濟與政治》，2：48-59。

張玉國（2005）。《國家利益與文化政策》。廣州：廣東人民出版社。

陳光興（2006）。《去帝國：亞洲作為方法》。臺北市：行人。

溝口雄三。孫軍悅譯（2011）。《作為方法的中國》。北京：三聯書店。

劉俊裕（2007）。〈文化全球化：一種在地化的整合式思維與實踐〉。《國際文化研究》，3(1): 1-30。

劉俊裕（2011）。〈歐洲文化治理的脈絡與網絡：一種治理的文化轉向與批判〉。*Intergrams*，11(2)：1-15。

劉俊裕（2013）。〈全球在地文化：都市文化治理與文化策略形構〉。收錄於劉俊裕（編），《全球都市文化治理與文化策略：藝文節慶、賽事活動與都市文化形象》（頁 3-35）。高雄市：巨流圖書。

劉俊裕（2018）。《再東方化：文化政策與文化治理的東亞取徑》。高雄市：巨流圖書。

劉俊裕（2021）。〈再論《文化基本法》：一份學界參與國家文化治理語文化立法的紀實及反思（2011-2021）〉。收錄於殷寶寧（編），《藝術管理與文化政策導論》（頁 69-102）。高雄市：巨流圖書。

潘一禾（2005）。《文化與國際關係》。杭州：浙江大學出版社。

藍玉春（2009）。〈從建構主義探討形塑中的歐洲認同〉。《全球政治評論》，25：81-116。

魏君穎（2021）。〈軟實力、文化外交與交流政策〉。收錄於殷寶寧（編），《藝術管理與文化政策導論》（頁 103-124）。高雄市：巨流圖書。

Ahearne, Jeremy (2018). "International Recognition Regimes and the Projection of France." *International Journal of Cultural Policy*, 24(6): 696-709. DOI: 10.1080/10286632.2018.1472591.

Anderson, Benedict (1983). *Imagined Communities*. London and New York: Verso.

Ang, Ien., Isar, Yudhishthir. Raj and Mar, Phillip (2015). "Cultural Diplomacy: Beyond the National Interest?" *International Journal of Cultural Policy*, 21(4): 365-381. DOI: 10.1080/10286632.2015.1042474

Bhabha, Homi K. (1993). "The Postcolonial and the Postmodern: The Question of Agency." In Simon During (Ed.), *The Cultural Studies Reader* (pp. 190-208). London and New York: Routledge.

Chartrand, Harry Hillman (1992). "International Cultural Affairs: A 14 Country Survey." *Journal of Arts Management, Law & Society*, 22(2), Summer.

Dunphy,Kim and John Smithies (2020). "Positing a Schema of MeasurableOutcomes of Cultural Engagement." *Evaluation*, 26(4): 474-498.

European Commission (2016). "Joint Communication to the European Parliament and the Council: Towards an EU Strategy for International Cultural Relations." European External Action Service. JOIN/2016/029 final. Accessed June 2, 2017. http://eur-ex.europa.eu/legalcontent/EN/TXT/?uri=JOIN%3A2016%3A29%3AFIN

European Community (2007). Resolution of the Council of 16 November 2007 on a European Agenda for Culture, Legislation, November 29, 2007, 2007 OJ C 287, November 16, 2007.

European Community (2008). "Communication from the Commission to the European Parliament, the Council, the European Economic and Social Committee and the Committee of the Regions on a European Agenda for Culture in a Globalizing World." SEC(2007) 570, January 17, 2008.

Geertz,Clifford (1973). *The Interpretation of Culture*. USA, Basic Books.

Gellner, Ernest (1997). *Nationalism*. London: Weidenfeld & Nicolson.

Hall, Stuart (1992). "The West and the Rest, Discourse and Power." In Stuart Hall and BramGieben (Eds.), *Formations of Modernity*. Cambridge: The Open University.

Harrison, L. E. and S. P. Huntington (Eds.) (2000). *Culture Matters: How Values Shape Human Progress*: New York.

Hobsbawm, Eric (1983). "Mass Producing Traditions, Europe, 1870-1914." In Eric Hobsbawm and Terence Ranger (Eds.), *The Invention of Tradition*. Cambridge: Cambridge University Press.

Holden, John (2009). "How We Value Arts and Culture." *Asia Pacific Journal of Arts and Cultural Management*, 6(2): 447-456.

Huntington, Samuel P (1996). *The Clash of Civilisations and the Remaking of World Order*. New York: Simon and Schuster.

Inkster, Ian (2000). "Cultural Resources, Social Control and Technology Transfer: Industrial Transition Prior to 1914." In Ian Inkster and Fumihiko Satofuka (Eds.), *Culture and Technology in Modern Japan* (pp. 45-64). London and New York: I. B. Tauris.

Isar, Yudhishthir Raj (2017). "Cultural Diplomacy: India does it Differently." *International Journal of Cultural Policy*, 23(6): 705-716. DOI: 10.1080/10286632.2017.1343310

Kizlari, Dimitra. and Kalliopi Fouseki (2018). "The Mechanics of Cultural Diplomacy: A Comparative Case Study Analysis from the European Context." *The Journal of Arts Management, Law, and Society*, 48(2): 133-147. DOI: 10.1080/10632921.2017.1409148

Klain, SC, Olmsted P, Chan KMA, Satterfield T (2017). "Relational Values Resonate Broadly and Differently than Intrinsic or Instrumental Values, or the New Ecological Paradigm." PLoS ONE 12(8): e0183962. https://doi.org/10.1371/journal.pone.0183962.

Laaksonen, A (2016). *International Culture Networks, D'Art Topics in Arts Policy*. No. 49. International Federation of Arts Councils and Culture Agencies. Sydney, NSW.

Lapid, Yosef (1996). "Culture's Ship: Returns and Departures in International Relations Theory". In Yosef Lapid and Friedrich Kratochwil (Eds.), *The Return of Culture and Identity in IR Theory* (pp. 3-20). London: Lynne Rienner.

Liu, Jerry C. Y. (2008). "Does Culture Matter? The Logics and Counter-logics of Culture in State Finance, Taxation and Tributary Trade Policies during the Ming Times c. 1300-1600." *TheIcfai Journal of History and Culture*, 2(1): 24-60.

Liu, Jerry C. Y. (2009). "Unity vis-à-vis Diversity: The Cultural Logics of Chinese and European Cultural Strategies through Macro-History." In Stephen Chan and Cerwyn Moore (Eds.), *Approaches to International Relations* (pp. 186-212). Vol. 4. London: Sage.

Liu, Jerry C. Y. (2013). "Sino-African Cultural Relations: Soft Power, Cultural Statecraft and International Cultural Governance." In Stephan Chan (Ed.), *The Morality of China in Africa: The Middle Kingdom and the Dark Continent* (pp. 47-59). London: Zed Books Ltd.

Liu, Jerry C. Y. (2014). "ReOrienting Cultural Policy: Cultural Statecraft and Cultural Governance in Taiwan and China." In Lorraine Lim and Hye Kyung Lee (Eds.), *Cultural Policies in East Asia: Dynamics between the State, Arts and Creative Industries* (pp. 120-138). London: Palgrave-Macmillan.

Mann, Michael (1986). *The Sources of Social Power. A History of Power from the Beginning to A. D. 1760*, Vol. I, Cambridge: Cambridge University Press.

McCarthy, Kevin F., Elizabeth H. Ondaatje, Laura Zakaras and Arthur Brooks (2004). *Gifts of the Muse: Reframing the Debate About the Benefits of the Arts*. Santa Monica, CA, RAND Research in the Arts, Print.

Mitchell, J. M. (1986). *International Cultural Relations*. London: Allen and Unwin.

Nye, Joseph S. (1990). "Soft Power." *Foreign Policy*, 80 (Autumn): 153-171.

Nye, Joseph S. (2004). *Soft Power: The Means to Success in World Politics*. New York: Public Affairs.

Nye, Joseph S. (2011). *The Future of Power*. New York, Public Affairs.

Oliver, J and Ben Walmsley (2011). "Assessing the Value of the Arts" (Chap. 6). In Walmsley, B. (Ed.), *Key Issues in the Arts and Entertainment Industry*. Oxford: Goodfellow Publishers.

Parsons,Talcott (1947). "Introduction." In Max Weber, *The Theory of Social and Economic Organisation*. London, Edinburgh and Glasgow, William Hodge and Company Limited (Translated by A. M. Henderson and Talcott Parsons).

Richardson,J. J. (2001) *European Union: Power and Policy-Making*. London: Routledge.

Rietbergen, Peter (1998). *Europe: A Cultural History*. London and New York: Routledge.

Said, Edward (1993). *Culture and Imperialism*. New York: Vintage.

Said, Edward (1978). *Orientalism*. New York: Pantheon.

Tomlinson, John (1991). *Cultural Imperialism: A Critical Introduction*. London: Pinter.

Tomlinson, John (1999). *Globalization and Culture*. Cambridge, Polity Press.

Villanueva R., César (2018). "Theorizing Cultural Diplomacy All the Way Down: ACosmopolitan Constructivist Discourse from an Ibero-American Perspective." *International Journal of Cultural Policy*, 24 (5): 681-694. DOI: 10.1080/10286632.2018.1514033

Vries,P. H. H. (1998). "The Role of Culture and Institutions in Economic History: Can Economics be of Any Help?" The 3rd GEHN Conference in Konstanz, Germany, 3-5 June 2004.

Wendt, Alexander (1996). "Identity and Structural Change in International Politics." In Yosef Lapid and Friedrich Kratochwil (Eds.), *The Return of Culture and Identity in IR Theory*. London: Lynne Rienner.

Wendt, Alexander (1999). *Social Theory and International Politics*. Cambridge: Cambridge University Press.

Wong, R. Bin (1997). *China Transformed: Historical Change and the Limits of European Experience*. Ithaca and London: Cornell University Press.

Wright, Scott. and Will Higgingotham (2019). "Delineating and Assessing Cultural Relations: The Case of Asialink." *International Journal of Communication*, 13: 1487-1506.

Zurndorfer, Harriet T. (2004). "Confusing Confucianism with Capitalism: Culture as Impediment and/or Stimulus to Chinese Economic Development", The 3rd GEHN Conference in Konstanz, Germany, 3-5 June 2004.

CHAPTER

01

臺灣「亞洲論述」的藝術實踐：亞洲藝術雙年展的策展策略 *

— 張晴文 —

*　作者感謝兩位匿名審稿委員提供寶貴意見，使本文更臻完善。

1.1 緒論：未明的「亞洲藝術」「雙年展」

2007 年，國立臺灣美術館（以下簡稱國美館）開辦了「亞洲藝術雙年展」。這項雙年展的舉行，除了作為國家級美術館原本就受中央交辦的各項雙年展業務 —— 包括 1983 年起主辦「中華民國國際版畫雙年展」、2006 至 2012 年間主辦「台灣國際紀錄片雙年展」、「威尼斯建築雙年展臺灣館」等 —— 再添一項，對於國立臺灣美術館而言，有其特殊的館務發展階段意義。亞洲藝術雙年展至今已有七屆歷史，國美館認為本展「有助於促進臺灣與亞洲各區域間相互的對話與瞭解，並突顯臺灣當代藝術作為亞洲藝術整體發展一環的重要性」，並以「營塑亞洲當代藝術發展現象開放討論的場域」為目標（國立臺灣美術館 2007）。對於國家的文化政策而言，國際文化交流是重要的面向，以主辦、委託、補助等方式，支持臺灣藝術家參與威尼斯雙年展臺灣館、建築雙年展，並在國內舉辦國際版畫雙年展、國際紀錄片雙年展等，而亞洲藝術雙年展是「臺灣第一個專注在當代亞洲的大型國際展」（翁金珠 2007：4）。

在全球雙年展的行列之中，本展不標舉城市特色而以「亞洲」為名，顯得特殊。然而，作為主辦單位的國立臺灣美術館多年來並未針對「亞洲藝術雙年展」所隱含的「亞洲論述」課題有過清晰的主張或宣告，這一點招致了不少批評（王嘉琳 2007；鄭文琦 2010；吳嘉瑄 2013）。從展覽名稱來看，「亞洲」、「亞洲藝術」、「雙年展」，以至於「亞洲藝術雙年展」這些詞彙，作為一個主張亞洲的、以雙年展為形式的當代藝術事件，有許多無可迴避的疑慮，也必須進一步探究。

首先，「亞洲藝術雙年展」開辦之時已是 2007 年。放眼在亞洲所舉辦的各項雙年展，其中不乏具備成為「亞洲當代藝術代言」野心者。

1993 年於昆士蘭開辦的亞太三年展（The Asia Pacific Triennial of Contemporary Art），是目前為止唯一針對亞洲、太平洋、澳洲為範疇的雙／三年展。這個地理範疇內的複雜性是亞太三年展的重要關懷，展覽不只聚焦在策展表現，同時配合美術館與藝術中心投入大量的研究、文獻出版、收藏等。

1995 年首辦的光州雙年展，它是 1990 年代號稱規模最大、亞洲第一個雙年展。在亞洲各地的雙年展行列中，光州雙年展在以國家文化外交形塑南韓當代國際競爭力這一點上，著力最為明顯。這是一項密切結合國際藝術事件、獨裁暴行的政治傷痕、文化觀光三者的雙年展（Lee 2008: 178）。Brigit Mersmann 分析光州雙年展，認為 2006 年起，光州雙年展從作為一個省級卻主張亞洲國際化的展覽，與世界各地的雙年展競爭，轉變為一個實際的亞洲國際性雙年展，企圖在亞洲建立起當代藝術和雙年展的網絡（Mersmann 2013: 531）。光州雙年展熱中於策展方法的開創，突破歐美的慣例作為。也是在 2006 年，南韓國會通過了《亞洲文化中心都市特別法》，並在文化觀光部之下設計企劃團，有系統地讓光州發展成為主導亞洲文化的「未來型綜合文化經濟都市」，以成為亞洲的文化首都（龔卓軍 2015：170-171）。應運而生的國立亞洲文化殿堂（Asia Culture Center）即是文化國策推動建設的具體實證。

福岡亞洲美術三年展於 1999 年開辦，福岡美術館由此提出「亞洲美術」這一清楚的主張，在 1980 年起五年一度的展覽歷史之上，超越以往規格，聚焦亞洲藝術，建立亞洲國家和地區的藝術網絡。這也是亞洲第一個以「亞洲」為主張的三年展，意味著日本在這方面建立論述的野心，藝評認為「福岡亞洲美術館的誕生，有著想做亞洲美術共同體的意味」（方振寧 1999：235），館方將重心放在聯繫與整合亞洲的美術上，從而建立以福岡為中心的亞洲美術代言地位（王俊傑 1999：

244)。多年來，福岡亞洲美術館系統地收藏、展示亞洲現代和當代藝術，並透過駐館計畫邀請藝術家長期居留，與當地社群互動。這項三年展與亞太三年展都以美術館為基礎，透過長年的研究、收藏、策展建立各自對於亞洲當代藝術的論述。而福岡亞洲三年展也是鄰近區域內的雙／三年展中，特別注重在地連結的一個。

新加坡雙年展自 2006 年起舉行，這項展覽從首屆開始便被視為當代藝術活動由「國際觀望」走向「本土內視」的轉型典範，並展現出政府的強力支持。首屆策展人南條史生以地區性為依歸，半數以上的藝術家來自亞洲，呼應新加坡多元民族、多元宗教的現實，並創造藝術和觀眾在日常生活交會的可能性（樊婉貞 2006：198-199）。這項展覽在初期特別強調由亞洲策展人擔綱，著眼於東南亞區域的現實處境，展現亞洲藝術的主動性，也注重藝術推廣教育的實施。

此外，較之上述所有雙／三年展都更早舉辦的，是孟加拉亞洲藝術雙年展（Asian Art Biennale, Bangladesh）。這項雙年展和國立臺灣美術館主辦的亞洲藝術雙年展同名，早在 1981 年即開辦，由孟加拉席爾帕卡拉學院（Bangladesh Shilpakala Academy）主辦，展覽主要呈現亞洲各國藝術的變貌，尤其是現代與傳統並存的狀態。年輕藝術家的表現、亞洲面臨的身分認同的挑戰，都是本展關注的焦點，由受邀的國家挑選藝術家代表參展，採取以國家為單位的展覽模式，策展概念、展覽形式相對於前述幾項雙／三年展而言，較為傳統。

在以上的亞洲各地的雙／三年展之外，國立臺灣美術館主辦的亞洲藝術雙年展，是在什麼基礎上談論「亞洲」？為什麼需要以「雙年展」加以主張？「亞洲」和「亞洲藝術」是基於什麼樣的認識和考慮加以定義？亞洲藝術雙年展採取何種策展策略、又彰顯什麼樣的「亞洲藝術」主張，進而突顯出臺灣在亞洲乃至全球之中的角色或位置？本文採取文

獻分析與深度訪談的研究方法，分析 2007 年至 2019 年七屆以來的亞洲藝術雙年展的策展策略，以瞭解本展在文化政策推動、當代藝術主張上的角色與定位，及其與 1990 年代以後盛行的亞洲論述之關聯性。

1.2 始終政治：關於亞洲，以及亞洲論述

一、亞洲論述之「亞洲」

幾乎沒有異議地，在 2000 年以後當代藝術與社會學界的論述中，「亞洲」被認為是歐洲製造的一個他者，甚至可以說是一個虛構的概念，難以描述（徐文瑞 2002；林志明 2006；王智明 2011；孫歌 2019）。談到亞洲，其在歷史與文化的淵源上，無可避免地帶有「歐洲的東方」或「西方的東方」之意，淪為相對於西方文明的投影、想像或對照之物，亦即薩依德（E. Said）所言的「西方指涉、再現的產物」（王嘉驥 2004：75）。這個詞彙的模糊性帶來各種想像，始於地緣政治與戰爭所賦予的歷史意義或象徵意涵，包括憑空想像乃至實際殖民的軍事操演或經濟剝削（黃建宏 2015：98）；另一方面，所謂的「亞洲」內部也不具有同質性時間結構的內涵（王柏偉 2016：159），王智明亦引用汪暉的說法，認為「時間性的想像將亞洲表述為一個奇怪的雙重性格，它既是過去的，也是未來的；既是分裂的，也是集體的；既對應著西方現代性的思維邏輯，但又有著一條內在的理路與想像」（王智明 2011：115）。

中國學者孫歌則認為 19 世紀末日本思想家所引據的「亞洲」皆以東亞的「中華文明圈」為主要範疇，是試圖回應西方近代入侵的產物。汪暉認為，無論是「脫亞入歐」或者「大亞洲主義」，表面上贊同亞洲

是超越民族國家的範疇，實則和民族國家和民族自決權密切聯繫（轉引自王嘉驥 2004：75-83）。葛兆光進一步區辨中日之間亞洲主義的差異，他主張，如將「亞洲」視為歷史、文化、知識有聯繫性的空間，並由此出發重新思考歷史、現實及未來，其歷史可追溯到日本明治時代及中國晚清。但日本、中國學者所提出的「亞洲主義」與各自的民族主義、近代性追求有關，對於同一個「亞洲」，彼此的立場和普遍價值有極大差異。要提出「亞洲論述」應該先釐清一個問題：究竟亞洲是一個需要想像和建構的共同體，還是一個已經被認同了的共同體？當我們提及「亞洲」或「亞洲共同體」，無可避免地應該思考：「亞洲」作為一個地理學空間，如何可以成為一個文化認同空間（葛兆光 2002）？若循著這個提問，我們關注的是：區域議題的當代藝術雙年展，難道也有打造一個「文化認同空間」的必要性？又如何可能？

臺灣學者陳光興在文化研究領域提出的「亞洲作為方法」，強調回到自身生成環境的歷史去面對問題，是近年常在當代藝術實踐與論述中被引用的概念。陳光興認為，殖民化、帝國化、冷戰化的交叉歷史歷程，制約了今天知識的生產與實踐，對此，應以「亞洲作為方法」，使亞洲社會可以透過彼此的對照，看見自身的困境，相互啟發突圍，更積極地走出新的可能性：

> 提出「亞洲作為方法」的命題，其目的在於自我轉化，同時轉變既有的知識結構。它根本上的意涵在於：透過亞洲視野的想像與中介，處於亞洲的各個社會能夠重新相互看見，彼此成為參照點，轉化對於自身的認識；在此基礎上，能夠更進一步，從亞洲的多元歷史經驗出發，提出根植於這些真實臺灣、亞洲經驗的世界史理解。（陳光興 2006：339）

陳光興認為，在某種意義上，亞洲論述有助於重新瞭解自身，並面對他人。於此，孫歌也有相似的看法：「亞洲論述的真正意義在於幫助我們瞭解自己的歷史。正因為亞洲這個概念很難精確定義，才強迫我們正視歷史中的各種悖論。」（孫歌 2019：105）因此，我們不難理解為何 1990 年代之後亞洲的雙年展群起，除了與藝術全球化的背景相關，當代藝術的批判性和多元主張，提供了區域內各國面對自身歷史與身分重新檢驗的生產方式。在面對全球藝術景觀的同時，意識到自身與鄰近區域對話的必要性，其間既有競爭，亦有合作。

二、殖民現代性之下的亞洲

而另一方面，近年學界對於亞洲殖民現代性的反思，也提供我們理解、分析亞洲各地當代藝術雙年展內涵時重要的參照。1990 年代以來，批判研究領域力圖從歐美軸線以外改變現代性的各種論述。專研東亞殖民現代性的學者 Barlow 指出，二十餘年來，「殖民現代性」（colonial modernity）的研究重點在其如何於亞洲之間運作，而殖民主義與現代性密不可分（Barlow 2012: 623）。根據 Lee 和 Cho 的觀點，二戰之後，東亞快速工業化、都市化、資本主義發展，加以 1980 年代之後各地流行風潮興起，引發東亞各地的現代性表現「如何定義」、「由誰定義」、「為誰定義」等問題（Lee and Cho 2012: 601）。質言之，關於殖民現代性的研究，乃秉持「亞洲現代性並非靜態且連貫的」這一研究前提，重新審視各地的殖民現代性痕跡。他們提出殖民現代性作為東亞的「生活結構」（living structure）一說，認為如果要充分闡述殖民地現代性的歷史和現狀，那麼對於東亞當前多元且多樣的生活感知性涵義的探究，有其必要。而生活結構的概念指涉了從殖民化／現代化過程中衍生的各種現象，包括制度、文化、社會與個人生活、經驗與意識型態等。作為一種生活結構，殖民地現代性在東亞各地不斷

反覆展現（Ibid.: 603）。而東亞的殖民現代性有其特殊之處，其中包含兩個特徵，其一，並非體現出西方帝國主義那種殖民與被殖民者之間單純的二元性矛盾；其二，西方中心主義在東亞的自我意識中縈繞不去（Ibid.: 605）。

以上殖民現代性的觀點，有助於跳脫「歐美／亞洲」二分的視野，這一作為「局外人」脈絡下理論化的論述，可望闡明思想與地方之間的關係。前述 Lee 和 Cho 在提出所謂超越東亞脈絡的殖民現代性研究時，引用 Dipesh Chakrabarty 的說法，指出在這個區域之內「邊緣和中心一樣多」，並且「歐洲中心主義歷史仍是跨越地理邊界的共同問題」（Ibid.: 609）。這樣的視角，亦是思考亞際之間所主張的「亞洲」當代藝術或策展實踐時，需要意識到的歷史與空間背景。

雙年展作為當代藝術的事件形式，亦成為反映世界藝術景觀的重要場所。Hans Belting 在〈當代藝術即全球藝術：一個批判性的分析〉文中指出，1990 年代以後，世界政治與經濟發生巨大改變，當代藝術在此一背景之下不斷擴張，更挑戰了歐洲中心的藝術觀點。他以「全球藝術」（global art）一詞來論述當代藝術的景況，其特徵是脈絡或焦點的喪失，並以國族、文化、宗教等區域主義及部落化的方式反抗全球化，它具有批判性的特質，有意破除現代主義的歐美中心主義，取消西方藝術和異族藝術這種老舊的二元對立，而呈現出一種地緣政治的、甚至具有地緣美學的品牌模式（Hans Belting 2006）。

而關注後殖民論述的策展人 Okwui Enwezor 亦曾在研究中指出策展人在當代所面臨的工作挑戰，他以「後殖民星叢」（the postcolonial constellation）為名，指出「後殖民星叢」是對特定歷史秩序的一種理解，它構築了政治、社會和文化現實，以及藝術空間和認識論歷史之間的關係，其所揭示的不是相互競爭，而不斷地重新定義：

當今的當代藝術不僅由文化和歷史的特定地點折射出來，而且從更為批判的角度折射出複雜的地緣政治形態，這種形態界定了帝國主義後全球化帶來的所有生產和交換關係系統。我將這種地緣政治形態及其後帝國的變遷，稱為「後殖民星叢」〔……〕然後，也許可以將當代藝術帶入到定義全球關係的地緣政治框架中 —— 在所謂的本地與全球、中心與邊緣、民族國家與個人、跨國的與離散的社群、觀眾和機構之間 —— 提供有關後殖民星叢的清晰視野（Okwui Enwezor 2003: 58）。

Enwezor 認為，在後殖民的境況中，必須反省所謂的現代主體性是直接來自於帝國主義的融合與扭曲的結果，他引用 Michel Foucault 關於批判實踐的呼籲，提醒當代策展工作應意識到其所操持之事乃是以「藝術史」的話語機制為基礎，必須對作為西方學院特定學科的藝術史所慣用的、將所有藝術事務採用鳥瞰或全景的藝術實踐加以判斷、而後納入其話語領域保持警戒，甚至有所反動，亦即，當代策展應在這一點上顛覆其主觀性：

如果我們要正確地判斷策展人在這種情況下的適當角色，則應該對於展覽作為一種形式、類型，或媒介，及其作為異質行動者、公眾和物體之間的交流對話平臺，都需要進一步探討（Okwui Enwezor 2003: 59）。

以上觀點繼承自 Foucault 對於權力與知識建構的批判，特別是關於知識運作及其如何將不同的群體置入權力網絡，亦可作為研究亞際當代藝術雙年展政治的參照。1990 年代以後在亞洲興起的、透過策展所主張的「亞洲」，以作品和論述不斷強化某些發言與代言的位置。當這種必須訴諸專業、體制展現的大型藝術事件亦來自西方藝壇，亞洲各地

的策展人如何在這樣的背景下「訴說」亞洲而非「翻譯」亞洲，亦成了可以彼此較勁的權力場。

三、臺灣當代藝術主張「亞洲」的需要

1990 年代以來，臺灣的國際藝術交流在社會發展和藝壇內部發展的條件下逐漸興盛。張正霖分析，早在 1990 年代初期，國內對於美術主體性的論戰正盛之時，已有藝術工作者提及亞洲概念，但遺憾的是於此沒有太多概念與認識上的深化（張正霖 2010：106）。然而，若要談論臺灣當代藝術「宣稱亞洲」或者「追求亞洲」的背景因素，許多論者將之歸因於政治歷史與現實的需求。這一取向的論述認為位處大國邊緣的國家對於亞洲論述具備積極動機（王聖閎 2013），在此狀況之下，臺灣甚至是被迫在承認自己處在亞洲邊陲（地方性）的情形下和另一個同屬「邊陲」的地方進行對話（史金納 2013）。

高森信男認為，「亞洲」作為日、韓、中三地所共同主催的巨型看板，其實是逃避現代歷史和民族主義矛盾後的妥協結果。如從國際的文化交流視角來看，臺灣對於「亞洲」的宣稱和熱中，是一個政治局勢催化下的結果。因為二戰結束後，臺灣的政治外交處境致使臺灣和「東亞」地區的交流是其「國際」交流上的少數出口，但臺灣卻又在東亞藝術的版圖中位居邊陲。1990 年代的臺灣官方並無太多政治空間得以參與日、韓、中三地的藝術事務交流（高森信男 2014：68-69）。另一方面，張正霖則將臺灣發展「亞洲論述」的現象詮釋為「本土化論述之後願景重構的過程」。他認為，1980 年代以降，臺灣美術發展史上重要的主體性意識和論述，在 1990 年代面臨了瓶頸，臺灣藝壇必須尋找新的自我認識方式，而這一態勢圍繞著臺灣美術主體性概念的持續深化，以及跨亞洲區域與華人當代藝術平臺的拓展、對話、衝突而發展（張正霖 2010：106）。

　　無論從國家特殊處境或者臺灣內部的認同需求來看，亞洲論述在藝壇的興起受到政治現實的催化與影響。而這也可在臺灣 1990 年代以後辦理威尼斯雙年展臺灣館、台北雙年展、亞洲藝術雙年展等國際性藝術事件的主張及作法上得到印證，這一點後文將再議及。

1.3 亞洲主張下策展的可能

一、爭取發言權

　　基於以上「亞洲」作為一個被指認之「他者」的歷史，亞洲在 1990 年代迎來了「亞洲雙年展的時代」（Hong 2015），每每透過國家政策的支持或引導、策展人在論述與展示策略的展現，尋求自主發聲的可能性。在此，亞洲的雙年展所要面臨和挑戰，除了雙年展的重複與疲乏，還有全球藝術場域中的各種傾斜現實，包括歐美與其他地區、北方與南方的發言位階差異，亦即仍以歐美為主、以北方為首。

　　臺灣當代藝壇自 1990 年代也進入了雙年展時代，臺北市立美術館在 1995 年起主辦威尼斯雙年展臺灣館，並於 1996 年起開辦「台北雙年展」、在 1998 年起以國際雙年展的策略辦理。十餘年之後，國立臺灣美術館主持「亞洲藝術雙年展」，不應只是雙年展爆炸的再添一例。「為何雙年展？」這個問題歷來受到不少策展人的反思與質疑。曾策劃伊斯坦堡雙年展、光州雙年展的 Charles Esche 直言，當雙年展愈來愈多的時候就存在彼此模仿的危險（轉引自吳金桃 2006：110）。新加坡藝評人李永財亦指出，雙年展作為視覺慶典，是給予及接受注目的種種奇觀；這些活動是媒體炒作的材料，也是個浮誇宣稱藝術能夠療癒世界的發表場合。他追問道：到底在這個到處都是新事物、我們也不再感

到好奇的求知倦怠（post-curiosity）時代下，雙年展到底還要、還能給我們什麼（李永財 2014）？

　　吳金桃指出，目前世界上的雙年展仍存在疆界，即使號稱來自許多不同國家的藝術家參與，當代藝術社會仍是一個「扁平世界」，當代藝術的雙年展化體現著西方中心的傳統權力結構，不過是把「西方」這個字眼替換成「全球」罷了，所謂的「全球」事實上仍以西方為權力核心（Wu 2009）。而雙年展歷史明顯是北方所寫下的北方歷史，即使他們也會語帶批判地看待，但無損北方主導雙年展話語權的事實（Gardner and Green 2013: 443）。南方的雙年展始於 1970 年代初的拉丁美洲和南美，試圖將文化和經濟力量的軸心從北方轉移，並促進周邊區域的交流。同時，亞洲和澳洲的雙年展繼之而起，融入在地的藝術風貌，代表性的雙年展包括雪梨雙年展、孟加拉亞洲藝術雙年展等，其中雪梨雙年展更以聯合澳洲和紐西蘭，以建立亞洲和美國西岸之外的「第三角度」，塑造「太平洋三角」為目標（Ibid.: 449）。Gardner 和 Green 認為，南方的雙年展呈現出雙面的世界圖景，它們在戰後新殖民的全球主義中佔據了自己的位置，更重要的是，它們隨後又將自身翻轉成文化、藝術史、國際重建中的抵制者形象，因此南方的雙年展至今扮演著創造性的重要角色（Ibid.: 455）。但是，學者注意到「南方崛起」的態勢之餘，也不宜太過樂觀且簡化看待「南方」，或者誤認反對西方霸權即為政治正確（Wei 2013: 471）。許芳慈亦提醒，思考亞洲時，究竟它代表的是全球南方的對應面，還是地域主義的亞洲？臺灣在談論東南亞時，是為了突顯臺灣國族的獨立性而認識東南亞？或者是在歷史的維度基礎下有認識的需求？或僅是要與大中國區別所驅動的書寫慾望？這些都需要加以區辨（林怡秀、高愷珮採訪 2016：117）。

　　除了「南方」這個他者之外，相對於西方或歐美，「亞洲」亦在經濟發展全球化之下漸受重視。許多亞洲策展人從 1990 年代起有志一

同地想找出替代性的方法論，改變亞洲之於歐美原有的階級主從關係（Poshyanada 1999）。中國策展人皮力認為，亞洲當代藝術所承載的特性，在於對西方中心主義和狹隘的意識型態化的警覺。這種新的政治立場必須不以顛覆、破壞某種政體為目的，而是強調爭取具體的生存環境和明確的身分意識，其政治訴求往往表現出對於多元文化合法性的呼喚，對於世界問題的發言權爭取（皮力 2004：73）。

二、不可能的共同體

在當代藝術的策展中，「亞洲」是一個亟待被重新思考、釐清的概念。首爾美術館（Seoul Museum of Art）策展人 Leeji Hong 對於論及亞洲的策展樂觀看待，認為亞洲策展人總能以嶄新和獨立的角度，對過去由西方主導的「亞洲」重新定義。她強調策展人必須為特定地區的位置找到新的定義可能性，並以侯瀚如、Hans-Ulrich Obrist 於 1997 年至 2000 年策展的「移動中的城市：城市的混亂與全球變化，目前東亞的藝術、建築、電影」為例，認為這是翻轉過去西方觀點與偏見的亞洲策展代表。她認為透過亞洲之間多邊關係的建立，可望帶來新的團結契機，而不是簡單的地緣政治共同體（Hong 2015）。這樣的觀點和巫鴻呼應，他認為，假使「當代亞洲藝術」這個概念是成立的，其認同乃基於亞洲的當代藝術不再侷限於單一的地理區位，也不是由藝術家的種族來定義的（Mersmann 2013: 532）。

多數的策展人認為，對於亞洲當代藝術的研究和呈現不應該妄想製造一個固著的「亞洲形象」（皮力 2004；黃建宏 2015），亦即亞洲無法或不需（傳統的）定義。「亞洲」一詞不能單純地用「認同」來檢驗，因為「認同」正是歐洲以普世性之名所帶動的現代性災難，尤其二戰後在災難經驗與無法拋卻威權性格的狀態下，形成透過「反認同」檢驗自身與受支配者以延伸其支配關係的分裂症（黃建宏 2015：98）。黃建

宏強調亞洲的「不可能性」—— 不可能成為一個共同體、不可能消除其間的張力、不可能切割歷史等；在此正帶出了亞洲的可能 —— 跳脫以自由為名、卻帶著強烈支配性格的全球意識型態，亦即脫離「潛殖」的支配關係（Ibid.: 101）。

　　究竟「亞洲藝術」這個範疇指稱是否有效？孫歌認為「亞洲藝術」不僅存在，而且有其必要性。「亞洲藝術」是多樣性的存在，它沒有代表，也沒有統合為「一」的特質。在這一點上使其與歐美藝術有根本的差異。她認為，亞洲藝術存在各種「個殊者」，各種個殊者僅能透過相互理解、自我開放、超越自身來達成建立關係的目標，此其為亞洲藝術的實質（孫歌 2019：116）。亞洲藝術的提出將西方相對化，她甚至肯定當代藝術已經成為生產亞洲原理的一個重要平臺，重點在於必須深入開掘自己文化中的原理性，並以開放的相對化方式完成自我超越，方能彰顯所謂的亞洲性（Ibid.: 120）。在這點上，她的見解亦呼應了前述陳光興的亞洲方法論，從自身的存在與經驗出發，並有所超越；不是依循西方視野，也不是表面地談論自己，還必須進一步顯化自身的本質。

1.4　亞洲藝術雙年展的策展策略與亞洲論述

一、培植館內策展人，啟動亞洲策展人網絡

　　在臺灣，雙年展皆由美術館主辦，這對美術館的經營而言是兩條並進的路線。當雙年展已然取代博物館成為當代藝術的全球標的（李永財 2014：45），同時具備美術館館長與雙年展策展人兩種身分的 Charles Esche 認為，美術館基本上是處理記憶，雙年展是處理當下；雙年展的問題在於如何表現當代性，而美術館的挑戰則是歷時性的軸線，但

在這個時代中兩者必須混雜（吳金桃 2006：112-114）。而亞洲乃至全球風行的雙年展，也意味著策展人的崛起以及被賦權，他們往往是帶領雙年展視野的關鍵。策展人是藝術架構的基礎，任務包括勸服、監控，甚至有時能主導品味、決策。就亞洲藝術而論，有必要重新思索，看待文化上及策展上的仲裁調停做法與策略、階級結構和國家約束之間的關係。在此意義之下，美術館和文化機構需要策展人來彰顯功能（Poshyananda 1999）。Mersmann 認為，隨著雙年展機制的成熟，策展人在雙年展政治上被賦權，開始如同藝評家和革命家一般地行動。但是，當策展愈成為參與藝術創作、文化評論、自我行銷的場所，就愈解構自身，也失去其為了藝術的初衷，此為全球當代藝術雙年展策展當今面臨的威脅（Mersmann 2013: 535）。這是需要同時警覺的另一面。

事實上，國美館在 1990 年代末即注意到策展人對於當代亞洲藝術著力的能動性。1999 年，由臺灣省立美術館（今國立臺灣美術館）主辦的「亞洲美術策展人會議」，宣示了該館全面性考察當代亞洲藝術的開始。這次會議的訴求重點不在文化上的結盟，而是觀念及思惟上的互動、交流與瞭解，並且以區域主體性及文化主體性為前提，來談論國際藝術展覽中亞洲當代藝術及策展意識（倪再沁 1999：7）。這場會議邀集了臺灣、中國、日本、韓國、菲律賓、澳洲的策展人共同發表，分別就各自在亞洲的策展經驗交流，並闡述亞洲策展的可能取徑。這次的會議雖然規模不算大，但是對照 2007 年國美館主辦亞洲藝術雙年展的發展，顯得別具意義，它標示著國家美術館對於策展人介入亞洲藝術論述的動能具有敏銳度，更重要的是指出了著眼於「亞洲」的策展網絡意識。

然而當時，國美館館內研究員的工作，並未涉入雙年展策展的工作。「亞洲藝術雙年展」的開辦，是前國美館館長薛保瑕於 2006 年上任之後重要的政策。她被賦予國美館轉型及國際化的使命，思考著什麼

樣的展覽模式能使國美館成功轉型，同時考量該館國際化的需要（薛保瑕 2020）。她以館內研究員擔任策展人的方式，提升其工作的自由度與策展能力，包括累積個人的策展經驗和資源。同時，透過辦理雙年展，也促進館內不同部門之間的互動。薛保瑕認為，「整個國美館的轉型，不只是國美館的定位提升，而是內部專業也提升，才有機會達到真正的轉型」（Ibid.）。對此，博物館學界亦有相同看法，認為策展人的培育不只是議題論述能力的培養，還要給予實際操作場域的經驗，這是美術館培育策展人的責任（林平 2017：123）。就這一點而言，亞洲藝術雙年展在第 1 屆至第 6 屆皆由館內策展人擔綱，是美術館長期發展必要的策略。

　　近年歐洲和北美對於亞洲當代藝術的興趣不斷提高，這個亞洲轉向的動力來自策展人，因為當代藝術仰賴展覽現場的見證。但是，學者亦指出，西方透過雙年展認識亞洲當代藝術也存在一個危險，歐美策展人對亞洲的多個區域如果不能深入瞭解，很難發掘新興的藝術家。當他們依賴當地的藝術專家提供資訊，包括推薦藝術家名單，這樣一來策展人即要避免藝術市場所帶來的判斷影響（Clarke 2002）。在策展人之外，藝評家、藝術史的書寫也相當關鍵，Clarke 指出，在當今藝術史的寫作仍以西方為首的情況下，地方性的書寫需要長期深入的研究，不只作為特定文化景觀的觀察者，同時成為助其壯大的參與者（Ibid.: 242）。於此，菲律賓策展人 Apinan Poshyananda 亦有同樣看法。他強調建立亞洲策展人之間的跨文化對話方法和策略，包括藝術網路，策展人定期前往定點與同行和藝術家會面；策展人應該直接與藝術家接觸，不過度依賴二手資料，因為案牘作業的方式雖然速成，但容易陷入無爭議性的、既有被接受的、已組裝完成的展覽概念或作品認識（Poshyanada 1999: 73）。由此，國立臺灣美術館在推動「亞洲藝術雙年展」之時，最初起用館內策展人，並持續了五屆，深具臺灣觀

點的發言企圖，然而面對以「亞洲」為範疇的研究與論述，仍面對著 Clarke 及 Poshyanada 所提出的片面理解和開創性有限危機的挑戰。

另一方面，在開辦亞洲藝術雙年展時，薛保瑕重視雙年展應有亞洲館際之間密切聯繫、合作的連結，達成「美術館之間的共同體連結方式」，這在當今的雙年展策略而言是顯著的。因此 2007 年，國美館與韓國光州市立美術館締結姊妹館，簽署展覽交流備忘錄，在各自的國際雙年展期間，辦理對方的當代藝術策劃展，以促進交流（藝術家雜誌 2008：158）。最初，「亞洲藝術雙年展」以交流展覽、論壇等作法開拓展覽的動能，然而在第 6 屆起，本展一改由館內策展人擔綱的做法，加入了國際策展人共同策展。相較於臺灣視角的呈現，第 6 屆起更著眼於不同區域策展人在展覽中對於「亞洲」各項議題的合作及對話。這一作法也呼應了許多亞洲策展人所呼籲的，溝通及合作的必要性。

許多亞洲策展人都提到區域內部定期交流的重要性（Poshyanada 1999；Hong 2015）。對比於歷史上由日本、中國所主張的各種政治上的亞洲主義，1990 年代之後的雙年展策展，務實地強調溝通、合作、結盟的工作方式，以避免國家之間的競爭，試圖在政治背景和外交形勢之下找出新穎的批判方法（Hong 2015）。

在連續五屆由一位館內研究員擔綱策劃之後，2017 亞洲藝術雙年展「關鍵斡旋」邀請三位國際策展人與館內研究員林曉瑜共四人組成策展團隊，受邀策展的另外三位策展人包括日本的窪田研二、印尼的 Ade Darmawan、伊拉克的 Wassan Al-Khudhairi 這幾位策展人在本屆傾向各自表述而合作的工作方式，然而在策展的主題意識上，可視為前一屆「造動」的聚焦與延續。2019 年亞洲雙年展「山與海的異人」，首度沒有館內策展人擔綱，邀請許家維與新加坡策展人何子彥共同策展。

　　2017 年、2019 年兩屆亞洲雙年展在策略上採取外部策展人合作的方式，某種程度上紓解了館內策展人在兩年一度的雙年展策辦下密集生產的消耗性，而館內研究員除了策展之外，也肩負館務其他行政的推動，在實務上確實有長期投入大型策展的困難。王嘉驥曾批評，國美館侷限地以內部之力，在國際間難以創造出具有說服力的「亞洲藝術」見解及論述，尤其在館方自製的作法下，重複以單一館員策展，應引進外部活力、動能，注入想像力和創造力（王嘉驥 2017：68）。2017、2019 兩屆的亞洲雙年展也宣告了館內策展人培植階段的結束，進入其他亞洲城市雙年展策展的類似操作方式，館方未來如何在更高的角度統整雙年展歷年的累積與變化，再迎接當下亞洲藝術雙年展的新議題，仍需時間再觀察。

二、角色定位：對話與分享者

　　臺灣當代視覺藝術的國際交流成長於 90 年代，策展人張元茜分析此一時期的展覽多以「臺灣」為名，且以表現臺灣當代藝術的多元面貌為主。這些展覽的意義在於代表臺灣這個地方，亦即表明主體性，具有廣義的政治意涵，展覽的呈現以被看到、被重視為目的。這樣的展覽政策配合國際間盛行的多元文化主義，及主流國家對亞洲地區的期待（張元茜 1999：11）。持相同觀點的還有魏竹君，她曾以臺北市立美術館為例，在官辦美展的歷史背景下分析臺灣的雙年展文化，認為近年臺灣當代藝術的雙年展現象不僅帶有躋身全球藝術地圖的願望，更與官辦美展的革新有關。以臺灣參展威尼斯雙年展臺灣館為例，已經歷經 1995 年至 1999 年將自我定位為具有文化特色的「他者」、2001 年至 2003 年轉變為全球化時代的中間參與者，到了 2005 年至 2011 年則將自我定位為文化評論者和來自外圍的對話者，挑戰全球化邏輯和威尼斯雙年展的機制。這些變化和主辦單位的展覽政策、策展策略高度相關（Wei

2013）。王嘉驥亦認為，威尼斯雙年展臺灣館的策辦，早期聚焦於國家再現、表現認同的問題，直到 2000 年之後逐漸擺脫臺灣再現的意識型態（芮嘉勇紀錄 2008：57-58）。

　　如果對照此一臺灣當代藝術雙年展的實踐歷程，國立臺灣美術館於 2007 年開辦「亞洲藝術雙年展」時，當代藝壇對於國際雙年展的看待已非早期強調自我定位的展覽策略，而是作為全球脈絡中一個「對話者」的角色。這樣的觀察亦見諸亞洲藝術雙年展在談論「亞洲」時所展現的視野，可以相互對照。國美館前館長林志明認為，亞洲作為一個問題性的存在，是一個提問的對象，而非答案。它是不固定的，是一個浮動的、充滿問題、當代變動非常快的地方，因此從我們所在的這個區域出發，很難是一個固定的事物，但也不會是地域主義式的理解（林志明 2020）。

　　對於創展館長薛保瑕而言，如何以雙年展「回應過去全球化所討論的諸多問題，又如何能從自身比較，來探究深層經驗所涵構出來、覺醒的歷史，是國美館站在臺灣的位置上面對國際時必須的考量」（薛保瑕 2020）。因此，第 1 屆亞洲藝術雙年展以「食飽未？」為題，主張作為一個主體，人與他者之間以行動實踐出來的一種倫理價值：

> （第 1 屆亞洲藝術雙年展）聚焦在亞洲當代藝術的面貌，試圖由此展建立一個開放式的論壇場域，讓存在於亞洲的不同觀念、想法、信仰、價值觀能夠在這個平臺中溝通、交流與分享。……將有助於促進臺灣與亞洲各區域間相互的對話，並突顯臺灣當代藝術作為亞洲藝術整體發展一環的重要性。（薛保瑕 2008：3）

在這段序言中，明白點出亞洲藝術雙年展以「食飽未？」強調在不同於西方文化推演中所涵育的民族特性。策展人蔡昭儀亦在論述中提到：

> 對當代亞洲「食飽未」的提問，不只是在呈現亞洲人在變動的全球社會中對於「食飽未？」的自覺方式集差異詮釋，也同時想藉此問句的同理心與主動性，在現當代亞洲「溝通」與「分享」動態能量。（蔡昭儀 2007：247）

在這一屆的參展作品中，聚焦於城市意象、生活細節，以及對於傳統的再詮釋等面向。作品並未停留在主題所主張的問候表象，而是以問候的話語隱喻溝通的善意。第 2 屆雙年展再以「觀點與『觀』點」為題，深化來自自身地方知識的文化結構所涵構出來的觀點，探討「目前存在於亞洲的種種狀態如何演變而來？哪些影響了我們觀看事物的方法及意義之賦予？隱藏在外表之後的是什麼？事物如何出現意義？為何會那樣出現？是誰在觀看？又如何觀看？我們所『看到』的與我們所『相信』的如何關連？而『觀點』與『觀』點之間的脈絡、依存、補充、交互闡釋啟蒙，或者是歧義、誤讀、對抗、偏見或迷思又如何打造了今日的亞洲？」（蔡昭儀 2009：137）這屆展覽的參展作品以更多強調結構的樣態，在形式上隱喻觀點與框架的制約性、引誘誤讀的可能，例如劉國滄的〈美術館藍晒圖〉、建築繁殖場〈反轉視界〉、李操的〈人跡叢林〉、Subodh Gupta 的〈學校〉，或者 Hilla Ben Ari 的〈黛安娜〉等，以日常生活抽出的事件或物件，為觀眾的跨文化閱讀提供基礎，卻又帶來認知的衝擊。

第 3 屆亞洲藝術雙年展由黃舒屏策展，以「M 型思惟」為題，內容著眼於社會功能性的「斡旋調解」（Mediation），關注藝術家創作

意念和行為的「社會介入」特質，同時，從創作如何回歸自我實踐的心理面向，去理解「靜思調息」（Meditation）的精神意義，再度強調作為中介者的位置，而經驗與知覺，則是首要被傳遞的內容：

> 今日我們所談論的亞洲藝術，創作者所面臨的多元文化交涉，和當代美學的社會議題，皆脫離不了一個趨向文化調解的過程。藝術家本身就像是調解機構裡的「中介者」，在創作的實踐上，他／她將生活的視覺經驗、文化經驗透過藝術性的中介，而產生美學意義的轉化。（黃舒屏 2011：367）

在此，黃舒屏強調近年的「亞洲熱」除了標誌西方對於亞洲新興勢力的注目之外，也包括「亞洲對於自我的重新凝視」。這樣的主張與孫歌、陳光興等人的論述是近似的觀點。在自我觀看的內省方面，代表性的參展作品例如 Sara Rahbar 結合織品與物件的複合媒材創作，Tiffany Singn 的〈牛頓和炸彈〉等，再到袁廣鳴〈在記憶之前 II〉、Alexander Ugay 的〈紅線〉等，從自我的觀看銜接到社會、國家等機制。策展人張元茜曾在論述亞洲的策展方法時指出，「以臺灣為名」、主張自主性的策展策略和操作模式，展現的頂多是也能透過文字論述達成的「文化差異」，而非「身體感動」，後者才能真正和他者「相遇」（張元茜 1999：13）。對於身體投入的重要性，陳光興認為「亞洲」對他而言不是一個論述之物，而是實作。因此他主張「身體的亞洲」，沒有身體就沒有情感，要讓自己置身其中（陳光興、汪宏倫、藍弘岳 2011：147）。由以上論述觀之，亞洲藝術雙年展在起始的前三屆特別彰顯了這個「亞洲方法」，特別是「策展亞洲」的可能性。強調身體經驗與知覺，重新反思自身的思想軌跡，再推及他人。在此，藝術或者亞洲藝術顯現了分享與對話的意圖，藉由中介者的位置發散而出。

三、論述策略：關注「日常」

自 2007 年第 1 屆亞洲藝術雙年展以「食飽未」為題，即清楚點出了這項雙年展切入亞洲議題的策略，是從日常生活開始。在這個極富身體感、在各文化之間具備不同現實而可資詮釋及討論的主題之下，展現了亞洲藝術雙年展著眼亞洲內部諸種個別性、複數主體的觀照。這個方向的論述策略，回應了評論者提點的「避免落入將亞洲視為一個整體的思考陷阱」（王聖閎 2013：72），而能看到具體的論述成果。其中，由黃舒屏策展的 2013 年的「返常」，以及 2015 年的「造動」，這兩次的展覽透過重返生活現場，回應亞洲的例行日常以及事件式的社會抗爭，將日常的視野更指向政治的論述空間。藉由訴諸公共性的對抗，指出亞洲社會正在面臨的變動與重整。這兩屆雙年展更有回應社會情勢、展現亞洲這個富含變化的敘事場域。在日常瑣碎事物的微觀之下，無聊成為抵抗的內在隱性表現，例如 Roslisham Ismal 的〈常規〉、孫原和彭禹放大日常塗鴉的作品是為典型。此外，高俊宏的〈廢墟影像晶體計畫〉、崔廣宇的「城市按摩」系列，成為兩種極端回應日常政治的例證。2015 年的「造動」，強調藝術家的創造性及能動性，展覽特別關注藝術家與現實社會的互動關係，探討當今藝術創作如何透過感性經驗與創造的過程回應現實問題。這屆的參展作品更聚焦於「藝術如何突穿現實」，強調其作為審美物件之外，成為事件、媒介、行動、連結和轉化的可能性。姚瑞中＋失落社會檔案室的〈海市蜃樓：台灣閒置空間公共設施攝影計畫〉、李繼忠的多件行為創作、Raquel Ormella 的〈勞苦之財〉系列等，都是代表性的例子。

2017 年的「關鍵斡旋」四位策展人在共同的理念下提出展覽主題及各自的策展觀點，有意在亞洲的紛雜歷史、民族與文化脈絡之下，探討各地藝術家如何透過創作實踐反轉固有的思維與社會結構、體現對於公共事務的關心，以及面對社會與自然環境的變遷。本屆展覽延續前述

三屆的路線，著眼日常並且關注政治。然而，這幾屆的策展理念並未跳脫現有的國家分野，聚焦於藝術家處於社會中如何擾動現有狀態、鬆動社會內部的各種政治關係。2019 年由許家維、何子彥聯手策劃的「來自山與海的異人」，在策展理念中明言重新思考自我、社會、物種的界線，本屆主題探索當代藝術家對於亞洲政治、歷史、經濟、人文議題的重新解讀，並透過「非人」視野打破主流敘事，解構亞洲關乎政治與歷史的意識型態框架。兩位策展人以「贊米亞」（Zomia）、「蘇祿海」（Sulu Sea）為論述模型的核心，架構出一套觀看亞洲的新方法。展覽作品從現實到虛構，歷史到未來，緊扣著幾個相對性的概念而論。在策展方法上，一反前面幾屆著眼感知、日常、社會的焦點，轉向對於結構的重新定位。這樣的策展策略較近於亞洲論述中所提及的「對立性」創造，穿越地理學空間的傳統認同，將整體亞洲置於另一可堪平行討論的層次，加以論述。這是亞洲藝術雙年展在主題模型最為具體的一次，在展場中也透過林怡秀的研究，以文獻展陳的方式提供觀者閱讀展覽的擴充。這次的展覽挑戰「平地國家」的視野和思維模式，突破固有疆界，對於國家政治有結構性的反思。

四、突顯「非典型國家」的民主優勢

　　談及「亞洲」概念，自 19 世紀以來的政治論述備受爭議的核心便在民族主義的立場，導致談論亞洲性的不可能。在這樣的背景之下，亞洲各國在藝術表現上主張「亞洲」，在城市或者國家之間競爭及合作之際，最欲破除或避免的即是民族主義的視角。高森信男分析臺灣的獨特國家政治處境，認為臺灣本身作為一個獨立的政治實體，卻不被國際普遍承認，往往在國際文化交流上跳躍於「國家」和「地區」兩種身分。這樣的特性在某些需要訴求國族疆界破除才有作為的當代藝術論述發展上，具有優勢（高森信男 2013）。他指出，民族主義在東亞仍有影響

力，相較之下，臺灣卻因為缺乏強烈的民族主義而使自己的主體性相對模糊、匱乏的狀態，導致臺灣的藝術工作者必須透過對自身社會現實的探索來重建一種新興的多元主體性，也因此臺灣更具開放性格，尤其民間的能動性更高。臺灣很有利於亞洲內破除各自國族疆界、提倡重視地域差異和多元建構的亞洲未來藝術（高森信男 2014：70）。

在國家的政治現實之外，臺灣社會的民主與言論自由，為當代藝術的表現提供了很大的發展利基。這一點尤其可以在 2013 年、2015 年的亞洲藝術雙年展見得，由於主題的訂定，這兩屆特別聚焦關注的政治性創作，除了突顯藝術之於社群的動力之外，也挑戰亞洲藝術在各個區域內觸及的敏感問題。這除了是亞洲藝術的策展實務上容易面臨的窘境，一如 Poshyanada 所言：「談到當代藝術，興起於亞洲的策展理念通常必須優先考慮政治、經濟、貿易及宗教的層面。區域性認同也因而有別。但策展人經常受限於不應觸碰種族偏見、泛政治化、反宗教的主題。」（Poshyanada 1999: 71）然而，又特別因為臺灣在亞洲各國中相對具有更大的文化包容或民主基礎，高森信男曾經在評論新加坡雙年展時，提出「臺灣社會朝向多元、包容和開放的能力，及其發展，遠是星國所不能企及的，或許這才是藝術長遠發展所真正需要的培養皿」（高森信男 2013：289）。這兩屆的亞洲藝術雙年展，在政治性議題的反思上，反映了臺灣在議論亞洲上所具備的優勢。

1.5 結論：作為認識自身的途徑

全球化時代下，雙年展會帶動區域的藝術活躍，但同時這些展覽可能愈來愈相似。因此，展覽應該針對當地的文化條件、它的期待，以及可能無法期待的部分來構思（侯瀚如 2006：47-48）。亞洲藝術雙年

展在亞洲地區為數眾多的雙年展之列，試圖透過對自身經驗的覺知為基礎，挑戰西方長久以來滲透亞洲的知識形構、感覺結構。亞洲論述或者亞洲藝術的主張，在當今仍是變動的問題。亞洲本身即是一個開啟問題的手勢，當代的亞洲策展人、理論家，亦多同意這個被指認卻沒有一致的「共同體」，在 1990 年代之後具備提出有別於歐美的系統及實踐的能動性。在亞洲策展的方法論上，除了連結區域的藝術網絡之外，來自身體實踐的自我反思，是成就新方法的不二法門。

　　由國立臺灣美術館策辦之亞洲藝術雙年展，對美術館內部負有強化館內人員之策展能力及部門間橫向連結的提升，對外則進一步落實了該館在 1999 年即宣示的「全面性考察亞洲藝術」方向，透過雙年展的形式表現臺灣於此的態度和看法。可以說，透過亞洲藝術雙年展的策辦，國美館正式啟動了連結亞洲網絡的策展實踐及研究。亞洲藝術雙年展在初期起用館內策展人擔綱，除了前述的提升館內人員國際策展實戰經驗之外，亦有提出在地觀點的意圖。而後採取館內外策展人聯合策劃的作法，呼應了 2000 年代以來國際間亞洲地區的雙年展所採取的策展策略，包括：強調亞洲國家之間的交流和結盟、重視在地深入考察為基礎的展覽研究，在突顯「亞洲在地觀點」之外，亦著重不同國家和文化間彼此的對話關係。

　　長期來看亞洲雙年展在策展議題上的發展脈絡，「亞洲對於自我的重新凝視」成為重要的部分。這一核心精神特別在前三屆的亞洲雙年展可以看到，並且也呼應了當代學者所提出的亞洲論述，以經驗性的「身體的亞洲」為方法。在此之後三屆的雙年展，延續了從日常切入的觀察視角，更著重藝術對於社會、政治的各種批判或超越，至 2019 年的第 7 屆展覽，在關於政治的議題上，有更多結構性的反思。這些往往觸及意識型態或立場的藝術議論，突顯了臺灣在整個亞洲的當代藝術觀點表達上所具備的民主化程度，各種牽涉種族、政治、宗教的不同狀態都能

有所展現，展現臺灣當代藝術策展的優勢。

透過對 2007 年至 2019 年亞洲當代藝術雙年展的策展策略分析，我們觀察到該展在展覽論述的切入點，以及站在 21 世紀的臺灣發言的位置，對於亞洲論述提及的方法與可能性多有呼應。而當代藝術雙年展在實踐的過程中，在取得發言位置之餘、在當代的亞洲城市雙年展之間的政治關係之外，如何使這樣一個雙年展成為臺灣認識自我的途徑，或許才是支持亞洲藝術策展內在最大的關懷。

參考文獻

方振寧（1999）。〈亞洲美術在全球化趨勢的位置 —— 第一屆福岡亞洲美術三年展綜述〉。《藝術家》，287(4)：232-243。

王柏偉（2016）。〈串連亞洲當代的多重實在 —— 對 2016 關渡雙年展「打怪」的思考〉。《典藏今藝術》，290(11)：156-159。

王俊傑（1999）。〈溝通、信心與自律底層 —— 記第一屆福岡亞洲美術三年展〉。《藝術家》，287(4)：244-249。

王智明（2011）。〈貼近與錯身：作為情感的亞細亞〉。《文化研究》，12(春季號)：114-125。

王聖閎（2013）。〈作為幻影的「亞洲」，或作為媒介的「亞洲」：2013 年關渡藝術節「亞洲巡弋」觀察〉。《藝外》，50(11)：71-73。

王嘉琳（2007）。〈「亞洲」方興未艾 ——2007 亞洲雙年展的幾個觀察〉。《藝術觀點》，33(1)：10-13。

王嘉驥（2004）。〈亞洲概念與亞洲想像 —— 作為思考「亞洲策展人」的讀書札記〉。《當代藝家之言》，冬至號 (12)：75-83。

王嘉驥（2017）。〈「亞洲藝術雙年展」和「台灣美術雙年展」亟需變革！〉。《典藏今藝術》，296(5)：68。

史金納（2013）。〈以亞洲之名〉。《藝外》，43(4)：42-43。

皮力（2004）。〈個體：亞洲藝術呈現的第三種模式〉。《當代藝家之言》，冬至號 (12)：70-83。

吳金桃（2006）。〈雙年展的當代命題：從伊斯坦堡到光州 —— 專訪荷蘭凡阿比美術館館長及第九屆伊斯坦堡雙年展策展人艾薛〉。《典藏今藝術》，161(2)：110-115。

吳嘉瑄（2013）。〈該繼續亞洲，或者揚棄？ ——2013 亞洲藝術雙年展「返常」觀察〉。《藝外》，50(11)：48-51。

李永財、許芳慈（譯）（2014）。〈雙年展求索〉。《現代美術》，174(9)：41-46。

林平（2017）。〈反思雙年展 —— 策展制度的新視野〉。收錄於余思穎（編），《朗誦／文件：台北雙年展 1996-2014》（頁 108-144）。臺北市：臺北市立美術館。

林志明（2020）。筆者訪談。臺北，2020/9/9。

林怡秀、高愷珮採訪（2016）。〈重新思考亞洲與世界的關聯 —— 鄭慧華與許芳慈的對談〉。《典藏今藝術》，291(12)：144-147。

芮嘉勇（記錄）（2008）。〈2007 亞洲美術館館長及策展人會議 —— 綜合座談會紀錄〉。《臺灣美術》，73(7)：56-63。

侯瀚如（2006）。〈速度之外，亞洲之外〉。收錄於林志明、陳泰松（主編），《速度的政治經濟學：亞洲當代藝術論壇論文集》。臺北市：文化總會台灣前衛文件展推行委員會。

倪再沁（1999）。〈從「發現亞洲藝術新航線」出發 ——「亞洲美術策展人會議」序〉。收錄於蔡昭儀（編）（1999）。《發現亞洲藝術新航線 —— 亞洲美術策展人會議》（頁 6-7）。臺中市：臺灣省立美術館。

孫歌（2019）。《尋找亞洲：創造另一種認是世界的方式》。貴州：貴州人民出版社。

徐文瑞（2002）。〈亞洲迷思〉。《藝術家》，324(5)：130。

翁金珠（2007）。〈主委序〉。收錄於蔡昭儀（編），《食飽未？：亞洲藝術雙年展 2007》（頁 4）。臺中市：國立臺灣美術館。

高森信男（2013）。〈內部的亞洲〉。收錄於王俊傑（編），《2013 亞洲當代藝術論壇論文集》（頁 10-12）。臺北市：國立臺北藝術大學。

高森信男（2013）。〈亞洲的威尼斯？ —— 從威尼斯雙年展新加坡國家館到新加坡雙年展的大策略〉。《藝術家》，463(12)：286-289。

高森信男（2014）。〈重探東亞：台灣在「東亞」的位置，以及「微光 —— 亞洲當代工業圖景」及「亞洲巡弋」〉。《藝外》，52(1)：68-70。

國立臺灣美術館。「食飽未？ ——2007 亞洲藝術雙年展」新聞稿，網址：https://event.culture.tw/NTMOFA/portal/Registration/C0103MAction?useLanguage=tw&actId=51994&request_locale=tw（檢索日期：2020 年 11 月 14 日）

張元茜（1999）。〈台灣如何與他者交流〉。收錄於蔡昭儀（編）。《發現亞洲藝術新航線 —— 亞洲美術策展人會議》（頁 11-15）。臺中市：臺灣省立美術館。

張正霖（2010）。〈借問亞洲何處？ —— 台灣亞洲類當代藝術策展方法論反思〉。《典藏今藝術》，210(3)：106-108。

陳光興（2006）。《去帝國 —— 亞洲作為方法》。臺北市：行人出版社。

陳光興、汪宏倫、藍弘岳（2011）。〈如何亞洲、什麼情感：思考的侷限與知識的困境〉。《文化研究》，12(春季號)：138-156。

黃建宏（2015）。〈流態的千重台，多視角的亞洲生態圈 —— 從日常生活到生命政治〉。《藝術收藏＋設計》，90(3)：96-101。

黃舒屏（2011）。〈M 型思惟 ——2011 亞洲藝術雙年展〉。《藝術家》，437(10)：366-371。

葛兆光（2002）。〈想像的和實際的：誰認同「亞洲」？ —— 關於晚清至民初日本與中國的「亞洲主義」言說〉。《臺大歷史學報》，30：183-206。

樊婉貞（2006）。〈文化是外交的舞孃 —— 記 2006 年新加坡雙年展「信念」〉。《藝術家》，377(10)：190-199。

蔡昭儀編（1999）。《發現亞洲藝術新航線 —— 亞洲美術策展人會議》。臺中市：臺灣省立美術館。

蔡昭儀（2007）。〈食飽未？ —— 一種觀察亞洲的角度〉。《藝術家》，389(10)：244-247。

蔡昭儀（2009）。〈拆解「觀點」與「觀」點 ——2009 亞洲藝術雙年展〉。《藝術家》，413(10)：134-149。

薛保瑕（2007）。〈館長序〉。收錄於蔡昭儀（編），《2007 亞洲藝術雙年展論壇論文集》（頁 3）。臺中市：國立臺灣美術館。

薛保瑕（2020）。筆者訪談。臺中，2020/8/17。

鄭文琦（2010）。〈呈現什麼樣的「觀點」與觀看？ —— 談亞洲雙年展〉。《典藏今藝術》，210(3)：112-115。

藝術家雜誌（2008）。〈「感官拓樸：台灣當代藝藝術體感測」光州美術館展出〉。《藝術家》，401(10)：158。

蘇怡如記錄整理（2006）。〈亞洲、內爆及其全球化 —— 「速度的政治經濟學：亞洲當代藝術論壇」座談紀錄〉。《典藏今藝術》，167(8)：112-115。

龔卓軍（2015）。〈人造地獄的雙重亞洲視域 —— 朝向一個未曾抵達過的光州〉。《典藏今藝術》，277(10)：170-173。

Barlow, Tani (2012). "Debates Over Colonial Modernity In East Asia And Another Alternative." *Cultural Studies*, 26(5): 617-644.

Belting, Hans (2006). "Contemporary Art and the Museum in the Global Age." https://zkm.de/de/hans-belting-contemporary-art-and-the-museum-in-the-global-age

Clarke, David (2002). "Contemporary Asian Art and its Western Reception." *Third Text*, 16(3): 237-242.

Enwezor, Okwui (2003). "The Postcolonial Constellation: Contemporary Art in a State of Permanent Transition." *Research in African Literatures*, 34(4): 57-82.

Gardner, Anthony and Green, Charles (2013). "Biennials of the South on the Edges of the Global." *Third Text,* 27(4): 442-455.

Hong, Leeji. 2015. "New Possibility of Curation on the Subject of Asia." https://www.theartro.kr:440/eng/features/features_view.asp?idx=516&b_code=12. 2020/11/15

Lee, Hyunjung and Cho, Younghan (2012). "Introduction: Colonial Modernity And Beyond In East Asian Contexts." *Cultural Studies*, 26(5): 601-616.

Lee, Soh-I，周佩璇（譯）（2008）。〈文化全球化中的暴力、矛盾和多樣性：光州雙年展〉。《典藏今藝術》，192(9)：178-181。

Mersmann, Brigit (2013). "Global Dawning: The Gwangju Biennial Factor in the Making and Marketing of Contemporary Art." *Third Text*, 27(4): 525-535.

Poshyanad, Apinan (1999)。〈亞洲藝術網路 —— 亞洲美術策展人的新對策〉。收錄於蔡昭儀（編）。《發現亞洲藝術新航線 —— 亞洲美術策展人會議》（頁 69-74）。臺中市：臺灣省立美術館。

Wei, Chu-Chiun (2013). "From National Art to Critical Globalism: The Politics and Curatorial Strategies of the Taiwan Pavilion at the Venice Biennale." *Third Text*, 27(4): 478-484.

Wu, Chin-Tao (2009). "Biennials Without Borders?" *New Left Review*, 57(May/June): 107-115.

國際文化交流中臺灣品牌之建立 —— 以台灣國際藝術節 TIFA 為例

— 盧佳君 —

2.1 緒論

2009 年國家表演藝術中心（前身為兩廳院）首度舉辦台灣國際藝術節 Taiwan International Festival of Arts（簡稱 TIFA），以結合科技與藝術的「未來之眼」為主題，藉由強調臺灣原創精神而製作出跨界、跨國、跨文化與跨時空的演出，堪稱當時臺灣表演藝術界規模最大，節目最豐富的盛事。第 1 屆台灣國際藝術節一共推出 15 檔節目、56 場演出，其中包括 2 齣世界首演、5 齣亞洲首演以及 7 檔結合科技與藝術的演出，可說是當時亞洲最多元、最前衛、最具創意的藝術節，其「立足臺灣放眼國際」的企圖心清晰可見（國立中正文化中心 2010a：86）。第 1 屆 TIFA 從縱向一系列節目的安排與關聯性，到橫向參與的藝術家與藝術團體，皆呈現出豐富的多元化與跨領域性，除了成為當年表演藝術界的最大亮點，也催生出表演藝術界票房的亮眼成績，這包括來自 8 個國家的國內外 25 個藝術團體、全球超過 18 個國家的海外觀眾、10 萬 5,980 的購票入場人次、周邊活動的 5,694 參加人次，以及戶外演出聽眾共 6 萬 5,000 人，最終以 92% 之高票房紀錄創下佳績成功落幕（國立中正文化中心 2010a：86）。

TIFA 台灣國際藝術節從 2009 年至 2019 年已舉辦 11 年，直到 2020 年新冠病毒疫情的影響，才被迫中斷並全面取消演出。2021 年再度恢復舉辦。在這 12 年的舉辦的過程中，TIFA 每年的主題，從科技、永續到全球在地化等，激發了許多與當代生活相關的創新與想法，成功地建立起屬於臺灣自己的表演藝術節品牌。TIFA 作為藝術文化交流的中介者，藉由每一年在臺灣這個表演平臺，讓藝術家透過特定知識、文化與情感的傳達方式，將新的想法與創意經由詮釋、循環與再現，對當代的生活與藝術社群產生影響。文化交流助益於經濟、社會、文化發展以及強化連結（Sheffield 2019: xiii），而本身就是以跨文化

與跨領域為核心的 TIFA 藝術節，是如何實踐表演藝術品牌的建立？其核心價值與實際操作模式為何？

　　本研究方法，為透過質性研究詮釋資料中非量化的歷程，藉此發現原始資料間的關係與概念，進而組織成一個理論性的解釋架構（Strauss and Corbin 2001: 14）；透過分析台灣國際藝術節的內容、主題與特色，建構起表演藝術品牌建立的途徑與實務。並藉由紮根理論中，透過研究者的分析與詮釋，來回於資料與分析的研究歷程中，進而衍生出理論（Strauss and Corbin 2001: 14）；在此將台灣國際藝術節的品牌策略與文化交流相關理論交叉檢視，進而釐清品牌建立的社會連結與社會意義，以及凸顯品牌永續經營的困境與挑戰，並提出建議。

　　在探索國際文化交流與 TIFA 的品牌建立之間的相互關係之前，首先，本文試圖先釐清關於文化交流的幾個面向：一、文化交流與社會：文化交流是如何形成區域上的連結以及影響？亦即文化交流的過程中如何與社會以及在地社群的人事物，產生互動與連結並形成改變與影響。二、文化交流的過程：亦即當不同的文化從想法與論述，轉化為文化交流的實踐與創新的行動時，其過程中不同於往常的操作與轉變為何？而這樣的行動與實踐達成互惠程度的可能性有多少（Heritage 2019: xviii-xviiii）？三、文化交流在表演藝術中，是如何再現與反映？在這個再現與反映的過程中，如何激發藝術的創新以及永續發展的模式。當本文將這三個文化交流的面向，透過論述的爬梳與交互對應，將聚焦於關於 TIFA 藝術節的品牌建立的三個核心問題，亦即一、品牌的特色與社會的互動關聯為何？二、品牌核心價值中文化交流的再現與藝術的實踐為何？三、文化交流中臺灣品牌建立的困境與挑戰為何？透過釐清並整理出關於這三個問題的脈絡，本文的目的，在於架構起國際文化交流框架下，表演藝術節的品牌建立模式與實踐方式。

以下，將先探討文化交流從 20 世紀中期開始，在後工業化時代，當現代化以及全球化開始形塑並影響全世界的運行之際，關於不同文化之間的相遇、交互作用，進而演化到「文化交流」的相關概念、想法與論述。

2.2 從文化交流到表演藝術

身處在 21 世紀經濟、政治、文化、醫療、科技等體系緊密連結的全球化架構之下，我們透過錯綜複雜的網絡與溝通管道的建立進行交流與互動，彼此形成了密不可分的生命共同體。尤其在 2020 年新冠肺炎的全球襲擊之下，當一切被迫停擺之際，人類僥倖尚能依賴數位網絡的世界，勉強維持全球經濟體系的運作，經由空間的錯置進行知識、商品與文化的交流與流通。這樣的困境，使我們體認到人類必須更緊密的連結在一起。然而深陷在重大全球危機的同時，我們必須重新審視文化多樣性與文化交流的重要性，因為正是國與國之間的文化不平等所帶來文化交流上的障礙與隔閡，使得各國無法在第一時間以相同正確的態度去防堵病毒，以至於造成現今仍無法彌補的損失與無法解決的困境。在聯合國教科文組織 2005 年「文化表達的多樣性之保護與提倡」大會上，明確的指出倡導文化多樣性是定義人類最基本的特質，它豐富了文化的能力、強化了人類多重的價值，並且在社區、人類以及國家之間的永續發展上扮演重要角色（UNESCO 2015）。而文化交流正是以文化多樣性的理論為核心，強調文化皆是獨立且平等互惠的概念，自從人類開始有領土擴張的行動時，它就無所不在地存在於每一個商品交易、語言發展與文字紀錄中，因此理解文化交流的過程，將是理解當今社會困境的首要任務之一（Strozenberg 2019: 113）。以下將從文化交流與社會、文化交流的 過程、表演藝術中文化交流的再現與社會意義，以及表演藝術的品牌建立，探討當代文化交流下，表演藝術透過品牌的建

立，並且作為文化交流的平臺與媒介，對於文化、藝術與社會的意義與影響。

一、文化交流與社會

關於文化交流與社會的論述，源自於面臨全球化下，隨著革命性的資訊與科技接踵而來的多元化溝通模式與流量，對不同社會所帶來物質與想法上的交流。這樣的轉變，使得歷史學家從 1980 年代開始，試圖描繪文化交流的特性，其中 Michael Espagne、Michael Werner 以及他們的跟隨者，將文化交流聚焦於國族的文化轉移，藉此避免因比較歷史而衍伸出，例如轉移、接收與文化互滲等概念性的問題 (Kaufmann and North 2010: 13)。英國歷史學家 Peter Burke 卻質疑這樣的論點，並指出關於文化「轉移」，並不能充分地顯示出不同文化相遇時，複雜的資訊經由不同方向流通的情況，因此應該使用文化「交流」；另外，從社會學到文學上的許多研究皆指出，文化的接受並不是被動的，而是主動的過程。在文化交流的過程中，想法、資訊、手工藝品以及實踐等並不是簡單地被接收，相反的，它們被適應於新的所屬環境，並首先經由去脈絡化，接著再重新脈絡化與在地化，換句話說，它們被轉化了（Burke 2009: 69-77）。

對於兩個不同文化的交流或轉移，學者 Gesa Stedman 引用自 Hartmut Kaelble 的著作《Der historischeVergleich》（歷史的比較）中將文化交流或轉移定義為：

> 「……不應只是資金、勞力、貨物、想法與概念的轉移，而是鑲嵌了關於另一個社會的形象與辯論。這樣的論點，提供了對人更深入的探討，以及包括不同社會的發展、友善程度以及陳規」（Kaelble, 1999: 21；Stedman, 2016: 13）。

Stedman 進一步指出關於 Kaelble 這樣的論述，顯示出兩個重要的推論，第一，文化交流可能導向社會和文化的改變，它不再是一成不變的，而是帶來文化轉化的影響因素；第二，文化的象徵性，例如想法、概念、語言的形象以及陳規等，不能與文化的物質面，例如行動、產品、人物等分離（Stedman 2016: 13）。而另外一層關於選擇文化「交流」而不是文化「影響」的優勢在於，這樣的名詞所強調的是接收的過程，並聚焦於文化和社會的轉變，其更深層的意義在於，「交流」強調的是沒有一種文化優越於另一種文化（Stedman 2016: 13）。這也呼應了文化多樣性作為文化交流的核心價值。

承上述，文化交流刻印於社會的影響與轉變，除了來自於物質上如勞力、資金、商品、規格等可量化的轉移，也包括了不可分離的非物質部分，如想法、論述、知識、創意、美學等。因此若要分析文化交流鑲嵌於社會的程度，就必須更近一步地瞭解其過程與媒介。

二、文化交流的過程

關於理解文化交流過程的核心要素，在於如何能具體地描繪出非物質與物質間的互動關係，以及如何引導出所謂文化的轉化效應。然而困境在於，此互動關係涉及的範圍複雜且抽象，難以將其具體化。首先，我們可以參考 Burke 所提出參與文化交流主要因素的分類法，（一）兩個文化之間的親近程度，（二）文化相遇和整合時的狀況，（三）文化相遇時當下的結果（Burke 2000）。然而這樣的分類，仍然不足以提供有效的途徑，來概念化非物質與物質間的互動。Stedman 則提出一個相對彈性的方法，亦即經由強調語言和視覺的再現，並佐以實際物質過程與轉化的分析，透過脈絡中的「再現」與「反映」的呈現來概念化文化交流的過程（Stedman 2016: 14）。此方法非常重要的關鍵在於，「再現」此一名詞本身就包含著創意與建構的潛能，因為「再現」並不只是

單純的反射或接收「現實」，而是經由一連串複雜的社會化轉變，命令並導引著接收者的回應（Stedman 2016: 14）。而外在的物質條件，是如何在程度上影響文化交流過程中的「再現」與「反映」，則是此一方法必須釐清的重要步驟。因此，維持非物質與物質之間的區隔，是構成此方法成功的不可或缺條件（Stedman 2016: 14）。

　　釐清「物質」、「非物質」、「再現」與「反映」之間的交互關係，成為我們理解文化交流過程的重要條件。我們首先提出兩個問題，第一，非物質的部分如何影響著物質的部分？第二，物質的部分對非物質的衝擊又是如何？文化交流藉由「物質」的形式（例如書、劇本、手抄本或甚至表演等）的散播，透過作者有意的方式將其文化、智慧以及政治經濟狀況等非物質的內涵傳達給特定的接收者。所以在文化交流的過程中，物質的面向是關鍵的，它影響著人們如何思考、期望，並增長對話以及引導觀聽者的回應（Stedman 2016: 17）。另一方面，物質也影響傳遞者進行文化交流活動時所運作的「系統」，這個系統讓文化的轉移成為可行的，而它也正是所有物質與非物質的總和（Burke 2000: 22）。再者，關於文化交流過程中的「再現」，Stedman 以盛行於 17 世紀中的英國復興喜劇（Restoration Comedy）[1] 為例，該類型喜劇充滿著法國角色與文化的影響，說明了當「文字」作為文化交流的傳遞者時，它記錄了文化交流，甚至可以說，它代表了文化交流，因為作者

---

[1]　復興喜劇 Restoration Comedy 是一種英國喜劇，因為盛行於英國斯圖亞特王朝（Stuart Monarchy）的復辟時期（Restoration）（1660-1700）而得其名，英格蘭君主理查二世於 1660 年廢除共和制度並重登王位，始稱復辟時期。該時期以擴大殖民地貿易為特色，英國的戲劇和文學也得以復興並蓬勃發展。復興喜劇中的角色大多為上流社會中的貴族，劇中引用上流階層特有的禮儀和對話，並經常嘲笑試圖力爭上游的中產階級，劇中的角色充滿著慾望、貪婪、性愛與復仇等，以憤世忌俗和朝諷的口吻，來嘲笑當時貴族的婚姻以及生活。參閱 Discovering Literature: Restoration & 18th century 網站，網址：https://www.bl.uk/restoration-18th-century-literature/articles/an-introduction-to-restoration-comedy（檢索日期：2020 年 11 月 14 日）

寫下文字的當下，就已經接受並適應了外國的格式，這包括了角色的特質、分類、禮儀，以及對話的模式，因此最終當作品完成時，作者與劇中角色透過文字，將「反映」出「再現」以及「文化轉移」於一個超層次的境界（Stedman 2016: 16）。最後，關於分析文化交流架構中的「反映」，或者說是「二手的觀察」，亦即在文化交流的每一個過程中，二手的觀察都將反映出觀察者有意或無意間，透過自身認知的適度校正與調整，影響了文化交流的舊有模式，進而形塑下一個新階段的文化交流。因此，「反映」是推動文化交流轉變與進化的關鍵要素之一。

三、表演藝術中文化交流的再現與社會意義

承上述，文化交流中物質與非物質彼此之間的相互關係，影響著文化交流過程的啟動與延續性，而再現與反映，則是將過程中物質與非物質概念的總和，融合並轉化為具體的表象呈現出來，它們也是文化交流鑲嵌、影響、轉變社會的證明。然而，在這個過程中，我們仍然缺少了一個關鍵的角色，那就是文化交流中的「傳遞者」。當人作為「傳遞者」時，我們承載了物質和非物質的部分，亦即物質的媒介與形式，以及非物質的主觀意識、想法與創意等，因此當傳遞者從事文化交流活動並形成一個完整的運作「系統」時，文化轉移才能被實現並永續地進行下去。此運作系統，因為不同的文化交流形式，也將呈現完全不同的樣貌，它可能是外交的、政治的、貿易的，也可能是文學的、音樂的、戲劇的、以及民俗的。當我們檢視這些不同的運作系統時，其關鍵的相同點在於傳播者的社會涉入程度以及想法的發展，而它們和文化的傳播有著相同的重要性（Stedman 2016: 19）。想要瞭解傳播者在文化交流系統中所扮演的角色與其影響力，首先我們必須先檢視其社會條件（文化、政治、經濟的背景），再來是他們建構知識與傳播知識的手法，以及其身處的網絡（Stedman 2016: 19）。當我們將網絡連結到傳播者

運作的社會空間裡，檢視並分析該連結在象徵上以及實質上的社會框架時，傳播者才能被看見，而唯有強調傳播者與社會之間的連結，才得以彰顯物質與非物質的重疊處，以及文化交流的歷史位置（Stedman 2016: 19）。

　　當表演藝術作為文化交流的傳播媒介與平臺，藝術家作為傳遞者之時，我們首先要來定義關於表演藝術的各項物質與非物質的分類。表演藝術（performing art）不同於造型藝術 (plastic arts)，是以人作為表演者（舞者、演員、音樂家、藝術工程師），透過肢體、動作、聲音或表情來呈現作品，作品是即時的，屬於當下表演者、觀眾、與創作者之間互動共同完成，它和精緻藝術有最直接的關連。表演藝術的內容與形式，可分為來自西方文化的音樂、舞蹈與戲劇，以及漢族文化的傳統戲曲與傳統音樂。然而到了 21 世紀的今日，表演藝術之間的分類和區隔已經不再顯而易見，一齣戲劇，可能以西方交響樂團形式演奏歌仔戲的音樂與劇本，又或是一個舞劇，使用爵士舞、芭雷舞、原住民舞、古典音樂、流行音樂、電子音樂等多種素材創作；正如同我們在世界各地知名的表演藝術節如法國的亞維儂、英國的愛丁堡藝術節中所看到，跨界、跨媒材與跨文化已經成為當今表演藝術創作的主軸，因此若以一個當代全新的表演藝術創作為例，它本身就是文化交流的產物，其本質就是文化交流的印證，而該創作所需的專業技能、規格與需求，例如專業芭蕾舞者、古典音樂演奏家、舞臺的尺寸設備規格，以及燈光、聲控、舞臺的技術等，屬於「物質」的面向，而創作本身在語言、表演方式、美學論述，以及文化、歷史、社會、政治上的來源與引用，則屬於「非物質」的面向。當表演藝術創作的物質和非物質面向整合與交融一起，其重疊處顯示出「社會」的涉入程度與位置。以表演藝術為例，其涉入社會的位置為「藝文」界，影響的族群為藝術表演者、藝術工作者、藝術行政人員，以及藝文愛好著。以一齣結合國內外藝術家共同創作的演

出為例，該作品在文化、表徵、意義與概念上一切有形與無形的總和，經由創作者、表演者以及觀聽眾三者的互動，透過表演的當下，將文化交流中社會轉變與接收的「再現」呈現出來，而演出後觀聽眾的反應與迴響、樂評的回應、社群的討論，甚至到未來作品的修改、加演或再製作等，則是該作品的社會「反映」。因此，當跨文化表演藝術作品的「再現」與「反映」能夠清楚的呈現與串聯，並與當代社會形成連結與互動，將形成啟動文化交流永續發展的關鍵與開端。

　　回應前述關於 Stedman 談到文化交流中的「再現」，它並不只是單純的反射或接收「現實」，而是經由一連串複雜的「社會化」轉變，命令並導引著接收者的回應（Stedman 2016: 14）。再者，文化交流中經由物質與非物質的重疊處而呈現的「再現」，將顯示出其「社會」的涉入程度與位置。因此，要探討文化交流下表演藝術之於社會的意義，必須從作品中的「再現」切入。以 TIFA 為例，第 1 屆的《歐蘭朵》與第 2 屆的《鄭和 1433》皆是以跨文化、跨界與跨時空為素材而創作，作品的本身就是文化交流的印證，而表演藝術中文化交流的「再現」，則是直接經由作品的表演而呈現。這樣的「再現」，第一，代表著當代社會對文化交流的需求與接收，第二，它呈現出文化交流在當代表演藝術領域中，發聲與表達的方式。文化交流自古以來，便不斷的在發生，而表演藝術的創作與表演，只是將文化交流與當代社會的互動，透過美感藝術、創意創新的手法，或強調、或諷刺、或提問等，以表演的方式凸顯這些社會議題或社會現象，在舞臺上呈現出來。因此，表演藝術的社會意義在於，當跨文化的藝術家們共同成就一個創作時，在追求更新更有創意的藝術層次之同時，文化交流下重要的社會議題與意識型態，經由一個更感官、更即時的藝術衝擊傳達給一般的觀聽眾，並引起更多的重視、共鳴與討論。

承接上述，所有關於跨文化表演藝術創作實現的過程與條件，它需要一個平臺，而「藝術節」不只提供了這樣的平臺，更經由特定空間與時間的聚集，以及串聯來自不同文化的作品、創作者、表演者、策展人、觀聽眾以及評論者等，形成了一個完整的運作系統，讓文化交流與藝術對話可以在此系統中運作。「藝術節」不僅是文化交流的傳遞者、媒介與平臺，更重要的，它是串聯文化交流「再現」與「反映」並實踐文化交流永續發展的一切可能。而「藝術節」作為表演藝術在時間與空間匯集密度最高的平臺，其品牌建立勢必成為行銷與推廣的重要關鍵，以下就表演藝術品牌建立的相關論述加以探討。

四、表演藝術的品牌建立

當藝術節作為集結、統籌與再現表演藝術的平臺與媒介，那麼表演藝術的品牌建立，則是反映出文化交流的核心價值與象徵性。關於品牌的論述，近年來因為文化產業的興起，也漸漸地從與實體商品連結，擴展到更廣泛的文化體驗與社會連結。表演藝術屬於文化產業中較為抽象與象徵性的領域，當消費者觀賞完一場表演，所得到的是精神上與文化上的體驗與回饋，因此表演藝術的品牌特色，通常也更具有文化與藝術的特定性。以臺灣知名的表演藝術品牌為例，通常指的是一群藝術工作者所創造出，特定藝術領域與風格的創作與表演。例如「雲門舞集」是由知名舞者林懷民所創立表演並創作現代舞蹈的團體；「朱宗慶打擊樂團」是以古典音樂的打擊樂為基礎擴展到多元的當代打擊樂表演；「紙風車劇團」則是以兒童戲劇為主並專注於關懷偏鄉兒童美學教育之表演與推廣為主。從以上的表演團隊，我們可以看見成功的表演藝術之品牌，代表的是特定的文化與社會認同結合下的市場區隔，以及一種「產品與附加價值的全面結合」(Hill et al. 2004: 189)。

關於表演藝術的品牌建立，可以從三個核心結構談起，分別為藝術創作、文化連結以及社會連結。第一，藝術創作：透過強調該產品的藝術性與原創性，例如該產品是在哪一種藝術領域而創作，以及參與的藝術家、專業技術與背後的美學論述等，皆具有高度的專業性與區別性；第二，文化連結：透過彰顯某種文化的特殊性，此特殊性可以是具體的生活風格，或是無形的意識型態，並藉由消費產品與該文化連結；第三，社會連結：從文化連結，進而和一群喜愛相同文化的消費者產生社群的認同感，或是社會的歸屬感，透過產品形成一種具體的群體表達與發言。表演藝術的產品，藉由此三個核心結構彼此互相連結、互動與影響，形成了強烈而鮮明的品牌形象。然而，品牌建立與策略畢竟源自於市場取向的行銷理論，因此該如何將一般產品性的品牌策略運用在抽象的表演藝術品牌建立與連結？以下將透過兩位學者對產品以及品牌的論述，來進一步補充以上對表演藝術品牌建立核心結構的詮釋與理解。首先，表演藝術屬於高度自主性的藝術創作產品，其品牌建立和市場導向的品牌策略有所不同，經由學者 Hirschman 在「Aesthetic, Ideologies and the Limits of Marketing Concept」（美學、思想意識以及行銷概念的限制）文章中提到關於美學與思想意識產品的五大特性，可用來理解為何表演藝術的產品或品牌不適用於一般傳統的市場行銷理論。Hirschman 提到自發性的藝術創作或思想意識的產品，受制於意義與詮釋的影響大於功能與實用性，因此要瞭解美學與思想意識產品的行銷特性與限制，必須先瞭解其五大原生特點，分別為：（一）抽象（Abstraction）：產品能引發非物質本身的聯想或意義。（二）主觀（Subjectivity）：產品的藝術價值與思想意識都是經由主觀的體驗而產生，透過消費者不同的主觀詮釋，將會產生不同的情緒上與思想上的回應。（三）非實用性（Nonutilitarian）：產品的價值不是來自於它的實用性，而是來自於消費者主觀的反映與聯想。（四）獨特性（Uniqueness）：產品最大的識別性在於其獨一無二的內涵，並無法被

再複製或衍生出來。（五）整體性（Holistic）：因為每一個產品的獨特性，其美學與思想意識是同時相互依賴地存在，無法用一般行銷的屬性結構將其分開來分析（Hirschman 1983: 50-53）。再者，麥克‧蒙（Michael Moon）與道格‧米勒森（Doug Millison）則是提到成功的品牌所包含的四項元素，分別是（一）滿足感（Satisfaction）：它代表著消費者在購買或體驗該產品時的預期與希望有被實現，它可能是無形的想法、感受、身體感觸或是情感交流，任何形式所產生的歡愉和滿足。（二）合作感（Collaboration）：品牌的建立代表的是買賣雙方持續互動與互惠的合作。（三）關係（Relation）：合作的結果制定了消費者與生產者之間的關係。（四）故事（Story）：每一個品牌都訴說著一個故事，故事中穿插著買方與賣方的關係，有些品牌故事，更因此成為一群相似人群的專屬標記（Moon and Millison 2002: 14）。藉由以上品牌四項元素的分類與解釋，幫助我們更具體的釐清消費者、生產者以及產品這三者間的互動與關係。

　　本研究將表演藝術品牌建立的三個核心結構，結合美學／思想意識產品的五大特性，以及品牌的四項元素結合，整合為以下圖 1，透過建構由三個區塊形成的同心圓，來進一步解釋表演藝術品牌建立中各個不同面向與過程間的交互關係之結構圖。品牌的建立由第一個區塊啟動，消費者經由參與表演藝術的演出，透過「主觀」的體驗而產生「抽象」的聯想以及「非效用性」的價值，並經由期望的實現而產生「滿足感」，進而對該「藝術創作」的型式、藝術家、藝術網絡產生認知與興趣。接著，進入第二區塊，因為體驗藝術創作所帶來的「獨特性」，建立起買賣雙方持續的互動「關係」與「合作」，這樣長期的互動與交流形成了所謂「文化上的連結」。最後，第二區塊擴大為第三區塊，產品因為美學與思想意識所形成不可分離的「整體性」，建構一個完整的「故事」，此故事包含了消費者、創造者與產品間的角色關係與連結，並

且共享一個文化連結，進而與一群共同愛好者產生社群的歸屬感與認同感，並藉由社群的力量擴大意見的傳達與抒發，與社會互動並形成社會的連結。當品牌的第三區塊成形後，將會影響第一區塊，這意味著啟動新的藝術創作，或者是擴展原有的藝術創作型態，如此三個區塊彼此循環影響著，形成一個表演藝術品牌建立的永續發展模式。

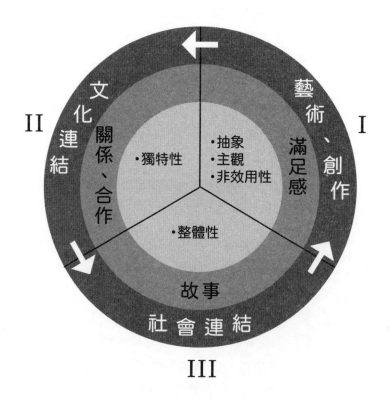

圖 1：表演藝術品牌建立結構圖

以下將以全球知名的表演藝術節「法國亞維儂藝術節」為例，分析以多元創新與文化交流為核心之下，其成功的品牌建立特色與模式為何。

2.3 國際表演藝術節之品牌建立：以法國亞維儂藝術節為例

一、亞維儂藝術節之介紹

1947 年，法國演員暨劇場導演尚・維拉（Jean Vilar）受邀至法國東南部歷史古城亞維儂執導劇作，因為有感於當時表演藝術界的觀眾侷限於社會中的菁英階層，維拉希望能夠開創新局，創作一個給一般觀眾欣賞作品（People's Theatre）的機會，同時，也希望能夠擺脫大量資源集中與美學觀點皆以首都巴黎為主的傾斜狀態，因而創立了「亞維儂藝術節」（Festival d'Avignon），希望藉由「去中心化」的過程（Decentralization），開創一個人人皆可參與，充滿實驗創新的藝術節。[2]

亞維儂藝術節於每年 7 月舉辦，節目類型多元，除了創始初期以戲劇為主、繼而有音樂與舞蹈陸續加入，之後也廣納裝置藝術、展覽、電影、論壇等各式活動。場地則是遍布全城，除了最知名的教皇宮（Palais des Pape）中庭以及亞維儂現有的劇院之外，藝術節期間，教堂、學校、修道院、體育館、博物館、甚至亞維儂近郊的石礦場，都化身成為專業的表演藝術舞臺。節目策劃則是遵循當年維拉的路線，以多元創新、前瞻實驗為主軸，至今不變。

---

[2] 參考自亞維儂藝術節官方網站，網址：https://festival-avignon.com/en/festival-609（檢索日期：2020 年 11 月 11 日）

　　而其呈現的內容，除了藝術節官方正式邀請的節目外，還有《外亞維儂》（OFF AVIGNON）之表演節目。外亞維儂是提供機會給許多有潛力、有心投入的表演者或表演團體一個自由開放的空間，1971 年由 Paul Pauax 成立了外亞維儂藝術節辦公室，各個表演者或表演團體只須租到演出空間，就能參與外亞維儂的活動，表演團隊必須自負盈虧，而演出場地則包括電影院、倉庫、咖啡廳、工廠改裝等，拓展了表演藝術在城市中呈現的各種可能性（蔡佩穎 2017：34）。1982 年「外亞維儂藝術節民眾協會」（Avignon Public OFF）成立，使其運作機制更完善，2007 年「外亞維儂藝術節暨團隊發展聯盟」（Avignon Festival et Companies，簡稱 AF&C），除了整合各方行政體系，更建立起民眾與表演團隊的橋梁，例如製作免費節目冊與劇場地圖、專業會員註冊機制、成立藝術活動基金會等（蔡佩穎 2017：35）。外亞維儂藝術節另一項重要的特點，是提供參與亞維儂藝術節之各國經紀人有發掘新秀的機會，而各式傳單及海報，玲瑯滿目、百無禁忌地隨處可見，形成一種不同於傳統藝術節的廣告風貌。在此期間，亞維儂整個城市全部投入藝術節的活動，其周邊商業產值帶動小城華麗轉身的翻轉機會。

　　時至 2020 年，進入第 74 屆的亞維儂藝術節，每年約有 50 檔法國及國際製作，推出超過 300 場的演出以及 400 多場的周邊相關活動，而演出的舞臺則是遍布城內外 20 個以上的場地，觀眾人次每年超過 14 萬人。亞維儂藝術節不僅是全球歷史最悠久的藝術節之一，更是當代表演藝術界最重要的國際盛事，同時，也因為藝術節的帶動，讓亞維儂不僅成為法國的表演藝術之都，也活化了城市發展，在文化觀光上帶來巨大的經濟效益。

二、亞維儂藝術節內容與文化交流模式

　　亞維儂藝術節之節目策劃以多元創新、前瞻實驗為主軸，其內容因不同年代、不同總監、不同策略而有所不同。草創前 17 年完全由創辦人也是靈魂人物 —— 法國劇場導演尚‧維拉（Jean Vilar）主導，他的動機源自於「去中心化」的思考，「在創作方面，希望年輕敏感的新一代能跳脫巴黎觀點，革新戲劇作品的創作方式；表演場所方面，希望能解放密閉空間，例如在建築物的大廳、地窖中或客廳表演；讓藝術能如黑夜繁星閃爍於自由的各個角落」[3]。他更想將菁英藝術推向人群中，在原創品質不變，但讓人人都有接近藝術的機會，也就是文化平權的實踐。這項革新的觀念影響整個法國，各地紛紛響應，而地方的領航者會帶著團隊，每年 7 月來到亞維儂朝聖，大家相聚互相切磋，對法國戲劇創作注入大量的生命力，形成一波新的文化運動。

　　1964 年維拉開始思考如何突破現狀，更上一層樓，遂開始邀請其他導演、製作人、演員們共同策劃。1966 年開始納入跨界的節目，例如舞蹈、電影、音樂劇……等作品，1967 年也拓展新的表演場所，這期間觀聽眾不斷增加，幾乎擠滿了整座小城，維拉開始警覺愈來愈難經營。1968 年法國發生革命性的學生運動，雖然維拉善於與年輕人溝通，但也受到革新派學生的挑戰與質疑，讓他十分沮喪，不幸於 1971 年逝世。在此同時期亞維儂出現《外亞維儂》（*OFF AVIGNON*）的藝術活動，來自四面八方的藝術家，只要能租到場地，就可參與亞維儂 7 月的表演，亞維儂已成為法國表演藝術創作的極地。[4]

3　參考自亞維儂藝術節官方網站，網址：https://festival-avignon.com/en/archives
（檢索日期：2020 年 11 月 11 日）

4　參考自亞維儂藝術節官方網站，網址：https://festival-avignon.com/en/archives
（檢索日期：2020 年 11 月 11 日）

　　1980 年新的藝術總監保羅・普歐（Paul Puaux）接手，並請伯耶・飛舞達樹（Bernard Faivred'Acier）為藝術行政總監，上任後首先建立維拉紀念館並革新行政制度，迎向新的趨勢潮流，運用最新科技技術。這一波改革，讓法國戲劇作品擴大範圍，各項創新作品源源不斷出籠，儼然成為現代創作最前衛的基地。1992 年更開放國際，邀請名導 Peter Brook 在藝術節中展演新作《Du Mahabharata》，自此藝術節敞開大門迎向世界，並在 1993 年宣布亞維儂為「歐洲戲劇極地」" l'un des poles europeens du theatre"[5]，接著邀請俄國、南美各國，亞洲包括日本、韓國、臺灣、印度，以及中歐、東歐等各國藝術家與團隊來亞維儂共襄盛舉，成為世界表演內容最豐富的交流平臺，開啟了以藝術文化互相觀摩的交流方式。

　　2003 年藝術節迎來 Hortense Archambault 和 Vincent Baudriller[6] 兩位新舵手，他們更有野心於開拓多元文化的相互撞擊；每年邀請一位或兩位相同或不同國籍的藝術家擔任策展人，並與法國藝術家協會討論，共同腦力激盪，尋求由不同角度來觀察藝術之未來發展及創作方向的躍進，這種方式締造出跨領域、跨國、跨文化、跨時空的國際文化交流成果，顯然多元文化正以乘法的方式迅速成長。而每年的策展主題也擴展至對社會及政治議題的省思；各國藝術家們紛紛以每年的主題為藝術節觀聽眾帶來新的原創作品，此時的亞維儂可謂原創的動力發電基地，成果令人驚豔。

5　參考自亞維儂藝術節官方網站，網址：https://festival-avignon.com/en/archives（檢索日期：2020 年 11 月 11 日）

6　參考自亞維儂藝術節官方網站，網址：https://festival-avignon.com/en/archives（檢索日期：2020 年 11 月 11 日）

2014 年至今，藝術家 Olivier Py 及 Paul Roudir 共同接手藝術節，他們提出「去中央化的三里路」"decentralisation des 3 kilometres" 之觀念，[7] 積極擴展觀聽眾的人數，更努力拓展文化藝術之疆土，開始舉辦巡迴演出並與各種露天舞臺結合，最強的致勝點是在亞維儂鎮的中心點，定點在藝術節期間每天有論壇的舉行，邀請社區居民、駐城藝術家、學校老師、學生及各種協會共同參與，這種互動從 7 月單月的時間演變成整年生活的日常。亞維儂藝術節的活動慢慢變成經年累月的生活內容及方式，這是漸進式公共文化治理最好的範例，亞維儂如實如質地成為文化城市。這種文化氛圍因科技的進步、互聯網的擴展，在數位政策已成為亞維儂重點政策之後，透過世界網絡，讓亞維儂獲得「亞維儂神話」的美名，[8] 它是各種文化的集散平臺，集結多元文化讓世界體驗，也讓各種文化散播至世界各個角落。它還在演變中，但永遠不變的是它多元創新、實驗前衛的精神以及原創為主的核心價值。

三、亞維儂藝術節之品牌特色

藝術多元創新、實驗前衛的核心價值，正是讓亞維儂成為世界藝術文化創作與集散平臺窗口的關鍵，也是亞維儂之品牌特色。

由「多元創新」說起，在草創初期長達 17 年的時間，創辦人維拉全心投入法國戲劇的創作與公演，奠定了藝術節「原創」的核心價值。2003 年後開創以當代議題與藝術專業每年設定主題、邀請各國策展人的方式，來迎接全世界的藝術家及藝術團體。其中，在邀請和遴選表演

---

7 參考自亞維儂藝術節官方網站，網址：https://festival-avignon.com/en/archives
（檢索日期：2020 年 11 月 11 日）

8 參考自亞維儂藝術節官方網站，網址：https://festival-avignon.com/en/archives
（檢索日期：2020 年 11 月 11 日）

團隊的過程中，秉持著文化民主化的原則，尊重並包容多元文化在表演與詮釋上的差異，並以該表演的原始語言呈現（沈芸可 2016：9）。受邀之各國藝術家依主題為亞維儂觀聽眾創作新的作品。隨著千變萬化的主題，加上藝術家們精彩的創意思維，確切讓藝術節的節目達到「多元創新的目標」。自 2013 年起迄今，為了以不同角度詮釋「藝術」，邀請駐城藝術家、藝術團體、社區居民、專家學者、學生及媒體朋友們，展開全年性的對話。這個城市就如此浸潤於文化氛圍中，藝術文化成為生活的日常，新穎的主題源源不斷的產生，大規模的文化運動就此形成。近年來隨著科技的進步，推出新的「數位藝術」政策，藝術與科技的結合已然成形，運用互聯網的威力，亞維儂藝術節之影響已遍布全世界。可以肯定的是藝術節在藝術探索、藝術詮釋、藝術思考、藝術創作及展演各方面，都如實如質的彰顯「多元創新」的價值。

在「實驗前衛」方面，從觀念、空間、藝術家與觀聽眾、菁英與普羅、法國與歐洲、全世界對焦之衝擊，在策略上均是最前衛、實驗的思考，也因觀念的前衛，所有的風險都被視為必然，不管是任何一方的體驗者均能享受探索與發現的驚喜，而作品呈現方式多樣多元，其前衛的趨勢正引領世界走向未來。

至於「世界藝術文化創作與集散平臺窗口」，亞維儂藝術節秉持「原創」的原則，每年演出約四分之三的全新製作，其中分為世界首演（créationmondiale）、全歐洲首演（créationen Europe）以及法國首演（créationen France）（沈芸可 2016：10）。這些新作透過亞維儂藝術節在節目品質上的把關，有機會和來自全世界的藝術平臺接軌，對鼓勵當代表演藝術創作，有著關鍵性的貢獻。另外以臺灣為例，1998 年文建會主委林澄枝領軍臺灣 8 個團隊，包括：亦宛然掌中劇團、復興閣皮影戲劇團、小西園掌中劇團、優劇場劇團、漢唐樂府南管古樂團、無垢舞蹈劇場、當代傳奇劇場、國立國光劇團進軍亞維儂

藝術節，首次大規模讓世界認識臺灣的藝術文化（文建會 1998：249-
251）。也因此次之曝光，牽成 2000 年 9 月文建會陳郁秀主委領軍臺灣
5 個團隊參加第 9 屆里昂國際雙年舞蹈節（文建會 2002：52-53），包
括：漢唐樂府、無垢舞蹈劇場、臺灣戲曲專科學校綜藝團、優劇場、雲
門舞集，並與 5 個團隊一起參加「里昂市封街舞龍大遊行」，開啟了日
後臺灣各藝術家與藝術團體巡迴世界各大洲、各國演出的濫觴，足跡遍
布莫斯科、巴黎、紐約、里昂、馬賽、西班牙、義大利、德國、愛爾
蘭……等地，因為亞維儂藝術節是個被世界認可的品牌，能在亞維儂表
演就是一種認證的過程，而它多元創新、實驗前衛的特質，始終不變，
成就世界藝術文化平臺窗口的美名。這，就是亞維儂藝術節品牌之特
色。

　　亞維儂不僅彰顯法國藝術文化的偉大，也為人類藝術文化催化了多
元多樣精彩的創作內容，是文化交流核心價值之文化多樣性的實踐與發
揚光大。

2.4 台灣國際藝術節 TIFA 之品牌建立

　　台灣國際藝術節（以下簡稱 TIFA）為國家表演藝術中心所主辦，
每年 2 月至 4 月，為期 3 個月一檔又一檔高密度的戲劇、舞蹈、音樂
與跨界的表演，輪番在國家音樂廳、國家戲劇院以及中正紀念堂廣場上
開演的國際藝術節。從第 1 屆「藝術與科技」、第 2 屆「多元與永續」
以及第 3 屆「愛與和平」設定藝術節主題並延續下去，TIFA 每年以該
年度主題為主軸製作旗艦計畫並邀請國內外團隊來臺演出，其中旗艦
計畫與國內藝術家與表演團隊方面，皆鼓勵具有臺灣元素、經驗與在地
特色創作為主軸，藉此創造並累積屬於臺灣的表演藝術品牌（陳玠維

2015：24）。在進入台灣國際藝術節 TIFA 的品牌建立之前，首先將先探討 TIFA 藝術節的重要性以及與國內其他藝術節的區別性。

一、TIFA 的重要性與區別性

面對後工業時代文化商業化趨勢的興起，藝術家為了行銷藝術作品，也面臨必須正視市場需求的挑戰。然而藝術消費的困境在於藝術活動本身分散化的趨勢，這使得藝術工作者必須找出創作概念與社會關係的連結，而藝術節正是一個行銷藝術的好方式（吳淑鈴 2001：109）。國內研究指出，過往文建會也曾積極為國內表演團隊爭取國外知名藝術節的表演機會，民間團隊也曾嘗試類似的藝術節整體策略聯盟（傅裕惠 2001：12-13）。可見國際藝術節是讓藝術家與作品獲得高度曝光與機會的有效管道，另外藝術節所具備時間、場地與表演高密度的特性，使得透過藝術節的名義來推廣藝術活動，在宣傳的效果與費用上都比較符合經濟效益（吳淑鈴 2001：110）。因此藝術節對表演藝術的推廣與行銷上，有著關鍵的重要性。然而在臺灣眾多的藝術節中，民間公司如牛耳藝術公司所舉辦的國際巨星藝術節，高價位的票價仍一位難求，雖然達到高度的文化商機，卻也令人反思是否淪為節慶式的商業活動，而藝術節經紀人則成為「買辦」的生意人（吳淑鈴 2001：112）。另一方面，由公家單位所舉辦的藝術節，其優點在於擁有充足的經費與資源，但缺點卻為受到繁複公家體制所帶來政治干預文化的現象以及法律上如《政府採購法》的限制，這些都侷限了藝術節運作的效率以及藝術性與原創性的發展（吳淑鈴 2001：118）。因此當我們透過國際藝術節讓臺灣有機會站上國際舞臺的同時，作為有選擇權的主辦者，更應該思考與規劃如何掌握自己文化的主體詮釋權（吳淑鈴 2001：116）。而 TIFA 的主辦單位國家表演藝術中心，作為國內第一個行政法人化的藝術機構，一方面擁有公家單位穩固與豐沛的財源，另一方面則是賦予專業藝

術在創作與策劃上自由發揮的空間，並免於受限過多的市場考量，形成了一個多元而穩健的系統。綜合上述，我們可歸納出 TIFA 藝術節的重要性在於，（一）是一個有效率並符合經濟效應的行銷藝術手法，（二）提供一個介於政府與民間，多元卻穩固的組織與平臺，作為國內表演藝術的培植與發展。

然而在臺灣如此開放與多元的環境下，常年可在各個藝術場館觀賞到國際級或臺灣本土傑出藝術家表演與創作，該如何區分 TIFA 與其他表演藝術場所主辦的藝術活動以及外租節目呢？以國內另一個以表演藝術為主軸的「NTSO 屯區國際藝術節」為例，該藝術節為國立臺灣交響樂團（以下簡稱國臺交）所主辦，從 2016 年的 7 月開始，為期 1 個月的藝術節。綜觀 2019 年「NTSO 屯區藝術節」的表演節目，其中 10 檔包括 3 場國臺交附屬的國際青少年管弦樂營相關音樂會、1 場國外合唱表演團隊、以及 6 場聲樂音樂會（其中 2 場為原住民合唱表演團隊）[9]。比較 TIFA 藝術節與「NTSO 屯區國際藝術節」，其相同處在於主辦單位的組織性質，皆為文化部的下屬單位並經營公有表演場所（國家表藝中心經營國家音樂廳與戲劇院，國臺交經營國立臺灣交響樂團演奏廳）；其相異處為規模性、原創性與多元性。規模性指的是從演出製作所需的經費、涉入的專業藝術團隊人數與專業藝術技能之分類，以及演出時所需的場地與技術支援等，TIFA 都高出許多；原創性上，TIFA 的旗艦製作如《歐蘭朵》、《鄭和 1433》，演出內容與呈現方式皆為世界首演全新之創作，而「NTSO 屯區國際藝術節」則是完全缺乏原創性的首演作品；多元性方面，從以下表 1 可見 TIFA 的演出涵蓋音樂、舞蹈、戲劇以及包含以上三類的跨界形式創作，反觀「NTSO 屯區國際藝

9　參考自國立臺灣交響樂團官網，首頁 / 最新消息 / 消息回顧，網址：https://www.ntso.gov.tw/information?uid=928&pid=100795（檢索日期：2021 年 06 月 14 日）

術節」的節目表演方式，只包含了音樂類別下的交響樂與聲樂，在多元性的廣度與深度上皆有很大的差異。

　　TIFA 它是一個有主體性的個體，一個以多元文化創作為核心的有機體，它在短時間內高密度的集結來自世界各國的創作者、表演者、藝術工作者與觀賞者，提供他們一個可運行的生態系統在此合作、碰撞並激盪出創意與創新的合體；相對的，國內許多同樣名為「國際」藝術節，大多只是引進國外表演，除了欠缺與國外表演團隊或經紀公司長期的合作關係，更遑論藝術與文化主體性的交流與創作。TIFA 的品牌價值核心在於「多元」與「原創」，而這兩個價值藉由跨國、跨文化、跨領域創作的世界首演作品實踐與呈現，另外多檔國外作品在亞洲首演，也透過 TIFA 的引進與 TIFA 主體性的呼應，乘載著西方文化與東方文化首次相遇的全新體驗（陳郁秀 2009a：390-393）。TIFA 是以多元文化的呈現為核心與發想的表演藝術節，其本質就是文化交流的實踐與體現。然而在文化交流的基本架構下，作為「台灣國際藝術節」的品牌要如何透過節目的特殊性與其他國際藝術節區分，甚至進一步建立起其重要性與代表性，這勢必要經由長遠品牌核心的價值建立以及永續的經營方法。因此關於 TIFA 品牌建立，本研究透過表 1 整理並列出 2009 年至 2021 年共 13 屆的節目主題與內容，其中特別整理出歷年跨國與跨文化的製作演出，並透過檢視、爬梳與分析 2009 年第 1 屆與 2010 年第 2 屆的展演理念、節目創新以及主題特色等面向，其中聚焦於 2009 年第 1 屆與 2010 年第 2 屆最具代表的 2 齣世界首演旗艦製作《歐蘭朵》與《鄭和 1433》，以及加拿大 4D Art 劇團《諾曼》、奧地利 3D 肢體狂想曲《春之祭》、原住民音樂劇《很久沒有敬我了你》等作品，來呈現文化交流中，表演藝術品牌之建構過程與實作。

◎ **表 1**：台灣國際藝術節 TIFA 2009-2021 年節目總覽表

年分	主題	節目	跨國、跨文化節目
2009	「未來之眼－科技與藝術： 2009 年兩廳院首度開辦「台灣國際藝術節」，以「未來之眼」為主題，讓「科技」躍身為舞臺表演的主角，邀請觀眾與世界同步，親睹最具前瞻性、指標性的 12 檔國內外重量級節目。	1. 兩廳院廣場藝術節《VGL 電玩交響音樂會》 2. 羅伯威爾森與魏海敏《歐蘭朵》 3. 瑪雅貝瑟多媒體大提琴獨奏會《明日世界》 4. 西班牙國家現代舞團《慾望之翼》 5. 菲利浦格拉斯與李歐納柯恩《渴望之書》 6. 加拿大 4d art 劇團《諾曼》 7. 義大利 T.P.O. 視覺遊戲劇場《魔毯上的秘密花園》 8. NSO 永遠的童話《鼠際大戰》 9. 優人神鼓《入夜山嵐》 10. 小西園掌中劇團《天波樓》、《周處除三害》、《古城訓弟》、《大破銅旗陣》 11. 俄羅斯馬林斯基劇院芭蕾舞團暨交響樂團《睡美人》、《天鵝湖》 12. 奧地利 3D 肢體狂想曲《春之祭》 13. NSO 旅人之歌《馳騁 66 號公路》 14.《大幻影》新媒體藝術展	羅伯威爾森與魏海敏《歐蘭朵》

年分	主題	節目	跨國、跨文化節目
2010	「未來之眼－多元與永續」： 2010 年台灣國際藝術節主題為「多元與永續」，旨在呈現世界各國及臺灣本島的多元文化，以及關注地球暖化、海洋污染等環保議題。而為鼓舞女性劇場工作者的國際劇場組織「瑪大蓮娜計畫」，也將首度與台灣國際藝術節連結，突顯女性於劇場藝術中的重要性。	1. 西班牙索爾比克舞團《火烤美人魚》 2. 原舞者《阿美族年祭歌舞》 3. 羅伯威爾森與優人神鼓《歐蘭朵》、《鄭和 1433》 4. 簡文彬、角頭音樂與 NSO《很久沒有敬我了你》 5. 法國普雷祖卡現代芭蕾舞團《白雪公主》 6. 英國喬治芬頓與 NSO《藍色星球》 7. 德國林美虹與達姆國家劇院舞蹈劇場《天鵝之歌》 8. 哥倫比亞集體創作劇團《艾蜜莉‧狄更生》 9. 王心心與心心南管樂坊《南管詩音樂 - 聲聲慢》 10. 雲門舞集《聽河》 11. 丹麥歐丁劇場《鹽》 12. 呂紹嘉、馬汀葛魯賓格與 NSO《鼓動‧心動》 13. 德國獨一無二劇團《米‧蒂‧亞》 14. 德國歐斯特麥耶與柏林列寧廣場劇院《哈姆雷特》 15. 譚盾、NSO 與 NCO《譚盾之臥虎藏龍》 16. 《繁星蒼穹》星空特展 17. 《燈夕茶會》展演	羅伯威爾森與優人神鼓《鄭和 1433》

年分	主題	節目	跨國、跨文化節目
2011	「愛與和平」： 在全球化與在地化激烈對話的時代，表演藝術作為各地文化的窗口，展現出更深層的心靈對話，並強調友愛與和平，希望表演藝術能成為世界各類文化的靈魂無疆界的溝通。	1. 戶外開幕演出 —— 十鼓擊樂團＆鴻勝醒獅團＆法國不具名劇團 2. 兩廳院旗艦製作：鈴木忠志《茶花女》 3. 華沙新劇團《阿波隆尼亞》 4. 西班牙出奇偶劇團《香蟹大飯店》 5. 黃俊雄電視木偶劇團《雲州大儒俠》 6. 明華園戲劇總團《蓬萊仙島》 7. 表演工作坊《那一夜，在旅途中說相聲》 8. 香港進念・二十面體 榮念曾實驗劇場《夜奔》 9. 比利時當代舞團《斷章取「藝」獻給碧娜》 10. 碧娜・鮑許 烏帕塔舞蹈劇場《水》 11. 克羅諾斯絃樂四重奏《太陽光輪》 12. NSO《佩麗亞與梅麗桑》 13. 萊比錫布商大廈管絃樂團 14. NSO 歌劇音樂會《艾蕾克特拉》 15. 極簡音樂教父史提夫・萊許《榮耀75》	兩廳院旗艦製作：鈴木忠志《茶花女》

年分	主題	節目	跨國、跨文化節目
2012	「傳承與開拓」： 2012 年台灣國際藝術節以「傳承與開拓」為主題，安排演出國內外大師的佳作，也開啟新的跨國、跨界製作，從中探討表演藝術創作者在面臨文化傳遞時，如何保護傳統的精髓，並拓展新時代的思維。	1. 俄國、法國、英國《暴風雨》 2. 人力飛行劇團《台北爸爸，紐約媽媽》 3. 無獨有偶工作室劇團《降靈會》 4. 巴黎北方劇院《魔笛》 5. 瑞士洛桑劇院《操偶師的故事》 6. 日本笈田ヨシ（Yoshi Oida）《禪問》 7. 澳洲淚湯匙劇團《深海歷險記》 8. 漢唐樂府《殷商王・后》 9. 國光劇團《艷后和她的小丑們》 10. 舞蹈空間＆法國艾維吉兒舞團《明天的這裡會有黎明嗎？》 11. 2012 兩廳院年度製作＆法國卡菲舞團《有機體》 12. 英國侯非胥・謝克特現代舞團《政治媽媽》 13. 以色列艾維・艾維塔曼陀林音樂會 14. 德國哈丁與巴伐利亞廣播交響樂團 15. 美國蘿瑞・安德森《妄想》 16. 臺灣 NSO 節慶系列《百年・風雲》 17. 美國＆臺灣吳蠻與原住民朋友 18. 臺灣 NSO 歌劇音樂會《修女安潔莉卡》	1. 舞蹈空間＆法國艾維吉兒舞團《明天的這裡會有黎明嗎？》 2. 俄國法國英國《暴風雨》

年分	主題	節目	跨國、跨文化節目
2013	「今典出航、藝揚國際」： 2013 年台灣國際藝術節以「今典出航、藝揚國際」為主題，不僅重現當代大師經典，也推出創新製作，在兩廳院舞臺輪番上陣。	1. 智利猴厲害劇團《魚不會飛》 2. 德國柏林人民劇院《賭徒》 3. 臺灣、法國飛人集社＆東西社《消失 —— 神木下的夢》 4. 臺灣國光劇團《水袖與胭脂》 5. 臺灣綠光劇團台灣文學劇場二步曲《單身溫度》 6. 希臘阿提斯劇院《普羅米修斯》 7. 臺灣、以色列變色龍擊樂二重奏與國家交響樂團《無限之旅》 8. 法國文生‧佩哈尼與弗朗索瓦‧薩爾克《吉普賽靈魂》手風琴與大提琴二重奏 9. 臺灣、德國 2013 兩廳院年度製作《落葉‧傾城‧張愛玲》 10. 臺灣江之翠劇場《望明月》南管音樂會 11. 臺灣、德國莎賓‧梅耶與國家交響樂團《純淨美聲》 12. 臺灣、德國、瑞典、澳洲國家交響樂團與台北愛樂合唱團威爾第《安魂曲》 13. 美國、以色列馬歇爾舞蹈劇場《金雞》 14. 臺灣、喬治亞共和國雲門舞集與魯斯塔維合唱團《流浪者之歌》 15. 臺灣、德國孫尚綺《浮‧動》 16. 臺灣、日本、印度、柬埔寨 梅田宏明《形式暫留》＆《觸‧覺》 17. 德國碧娜‧鮑許烏帕塔舞蹈劇場《穆勒咖啡館》＆《春之祭》	1. 臺灣、德國 2013 兩廳院年度製作《落葉‧傾城‧張愛玲》 2. 臺灣、德國孫尚綺《浮‧動》 3. 臺灣、日本、印度、柬埔寨梅田宏明《形式暫留》＆《觸‧覺》

年分	主題	節目	跨國、跨文化節目
2014	「玩轉世界、經典不設限」： 2014 年台灣國際藝術節以「玩轉世界經典不設限」為主軸，邀集國內外大師級與新生代的頂尖創作者，以高度創意在經典與傳統上開創新局，讓人感受表演藝術強大的活力。	1. 兩廳院年度製作白先勇《孽子》 2. 兩廳院與 KYLWORKS 跨國共製《幸運餅乾》、《季利安計畫》 3. 迪克蘭・唐納倫的《罪・愛》 4. 丹尼爾・芬茲・帕斯卡《華麗夢境—— 給契訶夫的一封信》 5. 法蘭克・迪麥可《愛情剖面》 6. Y2D Productions 及 Chamaleon Productions《李奧先生幻想曲》 7. 喬瑟夫・納許《伍采克》 8. 西班牙佛朗明哥舞蹈天后伊娃・葉爾芭波娜舞團《雨》 9. 安潔拉・休伊特鋼琴獨奏會 10. 伊凡・費雪布達佩斯節慶管絃樂團 11. 南法人聲樂團拉布蘭之心 12. 「來自印度的天籟」音樂會 13. 呂紹嘉＆國家交響樂團《英倫盛宴》 14. 胡德夫音樂會《種歌・眾歌》 15. 臺灣國樂團「王者之聲」 16. 「寂靜之眼跨界音樂會」 17. 唐美雲歌仔戲團《狐公子綺譚》 18. 山宛然與弘宛然布袋戲團《聊齋——聊什麼哉？！》 19. 二分之一 Q 劇場《風月》 20. 舞蹈空間與香港進念・二十面體超領域多媒體舞蹈劇場《如夢幻泡影》 21. 董陽孜《騷》 22. 林文中《慢搖・滾》	1. 兩廳院與 KYLWORKS 跨國共製《幸運餅乾》、《季利安計畫》 2. 舞蹈空間與香港進念・二十面體超領域多媒體舞蹈劇場《如夢幻泡影》

年分	主題	節目	跨國、跨文化節目
2015	「聲視浩大」： 2015 年台灣國際藝術節從多元的角度打破戲劇、舞蹈、音樂節目原有「看」與「聽」二分法，以「聲視浩大」作為主軸，從盛大卡司、宏觀視野，打破藝術界限，重新探索表演藝術的浩瀚和無限，不僅要帶領觀眾預測世界表演藝術風向，並企圖顛覆觀眾既有的框架，從頭定義表演藝術。	1. 沃德舞團《紅》 2. 碧娜‧鮑許烏帕塔舞蹈劇場《巴勒摩、巴勒摩》 3. 流山兒★事務所《義賊鼠小僧》 4. NSO《譚盾與朋友們》 5. 1927 劇團《機器人科倫》 6. 羅莎舞團 7. 戲曲大師裴艷玲《尋源問道》 8. 愛倫坡《黑貓》 9. Hotel Pro Forma《迷幻戰境》 10. 都蘭✕沖繩《海島風光》 11. 身體氣象館《長夜漫漫路迢迢》 12. 蜷川幸雄《哈姆雷特》 13. 三十舞蹈劇場《逃亡 2015》 14. 世紀當代舞團✕萊比錫芭蕾舞團《婚禮》、《Correntell》、《狂放的野蝶》 15.《成吉思汗》大型交響音樂史詩 16. 莎士比亞的妹妹們的劇團《理查三世》 17. NSO & 信誼永遠的童話系列《小黃點與四季》	世紀當代舞團✕萊比錫芭蕾舞團《婚禮》、《Correntell》、《狂放的野蝶》

年分	主題	節目	跨國、跨文化節目
2016	「聲歷奇境、與世界更接近」： 此系列主題，展現 TIFA 強大的包容性。從聲音出發的想像，超越形式與界限，淋漓盡致地發揮劇場魅力，實現無垠的創意和可能，這是國際表演藝術的發展趨勢。	1. 克利斯提安·佑斯特╳優人神鼓╳柏林廣播電台合唱團《愛人》 2. 國家交響樂團《馬勒第六》 3. 克里斯汀·赫佐《依據真實》 4. 人力飛行劇團《公司感謝你》 5. 心心南管樂坊「此岸·彼岸」 6. 雲門2《十三聲》 7. 班華·夏希斯與佳麗村真糟糕樂團「佳麗村三姊妹電影音樂會」 8. 歐利維耶·畢《李爾王》 9. 羅蘭·奧澤 & 阿露西·穆耿《印╳法交鋒》 10. 朱宗慶打擊樂團「第五種擊聲」 11. 丹耐夫正若 & 烏瑪芙巴剌拉菲「念念古調」 12. 當代傳奇劇場《仲夏夜之夢》 13. 賴翠霜舞創劇場《發聲》 14. 歌劇女神安娜·涅翠柯歌劇之夜 15. 西迪·拉比╳英國沙德勒之井劇院《米隆加》 16.《賣火柴的小女孩》 17. 艾密拉·梅頓賈寧三重奏「波士尼亞超凡女聲」 18. 英國侯非胥·謝克特現代舞團《Sun》 19. 楊輝《邊界》 20. 羅伯·勒帕吉╳機器神《癮·迷》	克利斯提安·佑斯特╳優人神鼓╳柏林廣播電台合唱團《愛人》

年分	主題	節目
2017	「時・差 (Everlasting)」： 以「時・差」(Everlasting) 作為主題，邀請所有觀眾走進劇場體驗藝術家於幕起之後的黝暗中創造出來的奇妙永恆，以表演藝術為介質，身歷各種時差，並品味「時間」這個永恆的創作主題。	1. 二分之一Q劇場《流光似夢》 2. 蘇黎世國家劇院《誰怕 沃爾夫？》 3. 加拿大蝸牛心偶戲團《烏鴉怎麼了》 4. 明華園戲劇總團《龍抬頭》 5. 奧斯卡・柯爾斯諾瓦✕立陶宛 OKT 劇團《哈姆雷特》 6. 果陀劇場《愛呀，我的媽！》 7. 四把椅子劇團✕簡莉穎《叛徒馬密可能的回憶錄》 8. 凱蒂・米契爾✕柏林列寧廣場劇院《茱莉小姐》 9. 阿姆斯特丹劇團《源泉》 10. 無垢舞蹈劇場《潮》 11. 瑪姬・瑪漢計畫《臉》 12. 驫舞劇場 蘇威嘉《自由步一身體的眾生相》 13. 尼德劇團《兩個錯誤間的時光》 14. 羅西兒・莫琳娜舞團《雅朵拉森林》 15. 羅莎舞團《時間的漩渦》 16. 兩廳院經典重現《大兵的故事》 17. 泰武古謠傳唱與佳興部落《太陽的女兒》 18. 皮奧特・安德佐夫斯基《安德佐夫斯基 鋼琴獨奏會》 19. 國家交響樂團《來自臺灣一 2017 歐巡行前音樂會》 20. 挪威 奧斯陸愛樂管絃樂團 21. 小巨人絲竹樂團《山水渲》、《風月染》 22. 朱宗慶打擊樂團《島・樂》 23. 葡萄牙 法朵天王 卡麥尼演唱會 24. 印度 煦珈康的北印度音樂旅程 25. 天籟美聲 安琪拉・蓋兒基爾與臺北市立交響樂團

年分	主題	節目
2018	「精彩 10 光・Perfect10」： 2018 年 TIFA「精彩 10 光 Perfect10」是新的開始。 兩廳院要與老觀眾一起回味、展望，與新觀眾一起嘗試、挑戰，與藝術家一起開創、實現。藉由 TIFA 耕耘臺灣成為國家的表演藝術搖籃，以及最有藝術理想及文化責任的表演場館，並以作為亞洲眾所矚目的下一波表演藝術為目標。	1. 傑夫・索貝爾《斷捨離的物件習題》 2. 拾念劇集超神話二部曲《蓬萊》 3. 河床劇團《當我踏上月球》 4. 莎士比亞的妹妹們的劇團《親愛的人生》 5. 法國聲光劇團《馬戲暗影》 6. 三谷幸喜《變身怪醫》 7. 皮寇拉家族劇團托馬・喬利《理查三世》 8. 克莉絲朵・派特✕強納森・楊《愛與痛的練習曲》 9. 一當代舞團 蘇文琪《從無止境回首》 10. 碧娜・鮑許烏帕塔舞蹈劇場《康乃馨》 11. 舞蹈空間✕伊凡・沛瑞茲《BECOMING》 12. 比利時文字舞團《喬望尼俱樂部》 13. 李祐室內樂團「鼓動韓潮」 14. 女高音迪・妮絲✕琉森節慶絃樂團「從莫札特到百老匯」 15. 加拿大 DJ 無尾熊小子《機器人情歌》 16. 三個人《3✕3 計畫》異常返響 17. 台北愛樂室內合唱團視覺合唱劇場「四季・台灣」 18. 國家交響樂團呂紹嘉與 NSO《馬勒第七》 19. 胡德夫與部落朋友《詩乃伊》胡德夫與部落朋友音樂會 20. 以色列亞馬樂團「盛滿繁星」

年分	主題	節目
2019	**重新定義「T、I、F、A」：** 2019 年是 TIFA 第十一年，作為一個新的啟程，重新定義「T、I、F、A」代表的重要特質：以滿溢的藝術才華（Talent）、具創意啟發的內容（Inspiration）號召眾人共享這場藝術的慶典；更藉著豐沛精湛的創作開展，帶領我們看見世界之趨、未來之勢（Foresight），深深驚艷（Amazing）每一位參與者！	1. 江蘇省蘇州崑劇院 白先勇經典崑曲新版系列《白羅衫、潘金蓮、玉簪記》 2. 小偶戲院《雞蛋星球》 3. 四把椅子劇團╳簡莉穎《叛徒馬密可能的回憶錄》 4. 莎士比亞的妹妹們的劇團《餐桌上的神話學》 5. 德國慕尼黑室內劇院《夜半鼓聲》 6. 明日和合製作所《半仙》 7. 國際政治謀殺學院 米洛·勞《重述：街角的兇殺案》 8. 喬治＆德弗《宅想新世界》 9. 黃翊工作室《長路》 10. 李貞葳《不要臉》 11. 克里斯汀·赫佐／法國蒙彼里埃國家編舞中心《家》 12. 驫舞劇場 蘇威嘉《自由步—一盞燈的景身》 13. 鄭宗龍╳雲門2《毛月亮》 14. 國家交響樂團 NSO 歌劇音樂會《托斯卡》 15. 尤洛夫斯基與倫敦愛樂管絃樂團 小提琴：茱莉亞·費雪 16. 心心南管樂坊「王心心作場—輕輕行」 17. 力晶 2019 藝文饗宴—齊瑪曼鋼琴獨奏會 18. 桑布伊演唱會 19. 基南·亞梅城市四重奏「一千零二夜」

年分	主題	節目	跨國、跨文化節目
2020	腦洞大開 To Inspire for ALL	（因應 COVID-19 疫情變化，以下節目全數延期，原訂演出節目、周邊活動、工作坊及講座取消。） 1. 樊宗錡《幸福老人樂園》 2. 阿姆斯特丹劇團《易卜生之屋》（演出取消） 3. 提亞戈・羅提吉斯╳里斯本國立劇院《銘記在心》（演出取消） 4. 提亞戈・羅提吉斯╳里斯本國立劇院《最後的提詞人》（演出取消） 5. 迪米特里・帕派約安努 新作（演出取消） 6. 奧雷利安・博瑞╳尚塔拉・詩琶林加帕《餘燼重生・aSH》（演出取消） 7. 表演工作坊《江／雲・之／間》 8. 王景生╳魏海敏╳陳界仁╳張照堂《千年舞臺，我卻沒怎麼活過》 9. 阮劇團《十殿》 10. 臺灣 TAI 身體劇場╳印尼艾可舞團《Ita》、《Ari-Ari》 11. 生祥樂隊《我庄三部曲》演唱會 12. 鍾玉鳳《擺度之外》（演出取消） 13. 高空彈跳劇團《當世界傾斜時》（演出取消） 14. 黃翊工作室 ＋《小螞蟻與機器人：遊牧咖啡館》 15. NSO 美聲系列《薇若妮卡・吉歐耶娃與 NSO》 16. 周書毅╳鄭志忠《阿忠與我》 17. 布拉瑞揚舞團《沒有害怕太陽和下雨》 18. 王佩瑤《浮光流影》音樂會 19. 楊景翔演劇團《我為你押韻 —— 情歌 Revival》	臺灣 TAI 身體劇場╳印尼艾可舞團《Ita》、《Ari-Ari》

年分	主題	節目
2021	給所有人的備忘錄 To Inspire. For All.	1. 樊宗錡《幸福老人樂園》 2. 阿姆斯特丹劇團《易卜生之屋》（演出取消） 3. 提亞戈・羅提吉斯✕里斯本國立劇院《銘記在心》（演出取消） 4. 提亞戈・羅提吉斯✕里斯本國立劇院《最後的提詞人》（演出取消） 5. 迪米特里・帕派約安努 新作（演出取消） 6. 奧雷利安・博瑞✕尚塔拉・詩琶林加帕《餘燼重生・aSH》（演出取消） 7. 表演工作坊《江／雲・之／間》 8. 王景生✕魏海敏✕陳界仁✕張照堂《千年舞臺，我卻沒怎麼活過》 9. 阮劇團《十殿》 10. 臺灣 TAI 身體劇場✕印尼艾可舞團《Ita》、《Ari-Ari》 11. 生祥樂隊《我庄三部曲》演唱會 12. 鍾玉鳳《擺度之外》（演出取消） 13. 高空彈跳劇團《當世界傾斜時》（演出取消） 14. 黃翊工作室＋《小螞蟻與機器人：遊牧咖啡館》 15. NSO 美聲系列《薇若妮卡・吉歐耶娃與 NSO》 16. 周書毅✕鄭志忠《阿忠與我》 17. 布拉瑞揚舞團《沒有害怕太陽和下雨》 18. 王佩瑤《浮光流影》音樂會 19. 楊景翔演劇團《我為你押韻－情歌 Revival》

資料來源：本研究整理。

二、品牌特色

　　TIFA 首屆以「未來之眼－科技與藝術」為標題，2010 年第 2 屆則是繼承相同的概念，並延伸至「未來之眼－多元與永續」。關於這樣的主題定調，時任兩廳院董事長的陳郁秀女士在專訪中提到，臺灣猶如「鑽石臺灣」，其多樣性生態與多元族群文化的特性就像鑽石切割面一般面面精彩面面發光，這些特質造就了我們對生命的核心價值上，一種熱情、敬天畏神，以及開放的態度，這種「生活態度」應該透過藝術節中被突顯、被看見，因此透過台灣國際藝術節作為臺灣的「靈魂之窗」，將藝術創作時所產生的文化力、競爭力與生命力傳達出去（廖俊逞 2008：73）。綜觀第 1 屆與第 2 屆的節目內容，可以看見其整體的品牌特色在「未來之眼」的大框架之下，包括，（一）突顯「跨文化」、「跨國」、「跨界」之作品，（二）強調「原創」與「自製」節目的首演，（三）重視藝術、科技與未來結合的表演形式，（四）強調並尊重多元文化的創意與創新發想（國立中正文化中心 2010a：86）。而「未來之眼」同時也代表著兩種層面的意義，其一為透過 TIFA 這個平臺，與世界同步，與未來接軌，其二為藉由跨國、跨文化與跨界的節目內容與維持原創自製的節目比例，實踐開放與多元的責任與使命。以下將聚焦於表演藝術品牌建立結構圖（圖 1）的第一區塊「藝術創作」，探討 TIFA 藝術節中「藝術與科技」的品牌特色，如何形塑出品牌建立的第一步，以及第二區塊「文化連結」之下，「多元與跨界」的品牌特色，如何啟動品牌建立的文化連結。

　　關於「藝術與科技」之品牌特色，為探討「藝術創作」中關乎專業藝術領域中表演的方式、技術以及背後的美學論述，從作品的誕生、成長到展演，如何受到科技的影響。從第 1 屆 TIFA 藝術節以「科技」為主軸，強調科技已成為世界藝術創作的主流，並藉此探究科技與藝術的結合，將如何影響創作者的創作形式與藝術思維的改變，尤其當藝

術家透過科技媒材，可以挑戰更引人注目的表演與表達方式，並獲得與觀聽眾的即時互動。科技創造了一種結合觀者與創作者的新介面，也因為科技的媒介，使得觀賞表演藝術的經驗可以進入一個身處現實與虛擬同時存在的世界（陳郁秀 2009b）。綜合上述對藝術與科技間的交互影響與關係之解析，以下將從「創作領域與媒材」、「表演形式」以及「綜合」此三大類別，探討透過藝術與科技結合而形塑的品牌特色。首先，在「創作領域與媒材」方面，指的是創作時所需的專業領域、技術、媒材、題材皆與科技相關，這樣的作品包括：2009 年第 1 屆結合大型交響樂團、遊戲經典影像與絢麗燈光的兩廳院廣場藝術節《Video Games Live 電玩交響音樂會》，以及利用數位軟體與技術創造出 12 件錄影藝術與 1 件裝置藝術的《大幻影》新媒體藝術展。接下來為「表演形式」，指的是藝術創作表演與表達的方式需大量依賴科技的運用，此創作類型包括：2009 年奧地利歐伯梅耶結合交響樂與即時 3D 數位舞者影像的劇場《春之祭》、2009 年結合多媒體播放與古典音樂的馬雅貝瑟多媒體大提琴獨奏會、2009 年諷刺科技帶來環境破壞並結合巨型人偶、鋼管舞者與多媒體播放的西班牙索爾比克舞團《火烤美人魚》，以及 2014 年將傳統書法透過舞蹈、多媒體與音樂 3D 呈現的董陽孜《騷》。最後為結合以上兩項的「綜合」類別，意即從一開始創作的專業技術、媒材、題材到完成後呈現與表達的方式，都以科技為主軸，這類創作包括：2009 年加拿大 4D Art 劇團以 4D 呈現虛擬實境動畫電影劇場的《諾曼》以及 2009 年義大利 Compagnia T.P.O. 視覺劇場的親子互動動畫電影《魔毯上的秘密花園》（國立中正文化中心 2008）。在藝術創作的領域中，科技與藝術結合的品牌特色，為表演藝術帶來最新的風貌。

接下來為「多元與跨界」的品牌特色。在此指的是從文本內容、藝術領域到表演的團隊與呈現方式，皆結合了不同的文化背景與藝術專

業。其中最具代表性的為以下兩個旗艦製作。2009 年第 1 屆的開幕旗
艦製作《歐蘭朵》，直接呼應了 TIFA「多元文化」、「跨國、跨界與跨
文化」以及「原創與自製」的核心價值，它是一個結合美國劇場巨擘
羅伯‧威爾森（Robert Wilson）與臺灣京劇第一旦魏海敏，改編自
英國女性主義作家維吉尼亞‧吳爾芙（Virginia Woolf）的小說《歐
蘭朵》。2010 年第 2 屆的旗艦創作《鄭和 1433》，再度邀請美國意象劇
場導演羅伯‧威爾森，結合奧斯卡金獎大師葉錦添的設計、歌仔戲名伶
唐美雲作為說書人、優人神鼓的舞臺表演，以及爵士大師歐涅‧柯曼與
爵士樂手迪奇‧蘭得利的音樂，創作出鄭和 1433 年第七次下西洋探險
與愛情故事的劇場史詩鉅作（國立中正文化中心 2010b：9）。另外，
以「多元與永續」為主題，則是從藝術多元領域延伸到與環境相關的主
題，其中以揭開 TIFA 第 2 屆序幕的西班牙索爾‧比克（Sol Pico）舞
團作品《火烤美人魚》為例，透過巨大的機器人偶舞臺裝置搭配鋼管舞
者，敘述人類破壞海洋生態後，美人魚所面臨的困境與危機的故事，藉
此提醒人類保護海洋生態與水資源的重要性。其他強調臺灣原住民多元
文化的如 2010 年原舞者《阿美族年祭歌舞》、2010 年簡文彬／角頭音
樂／NSO《很久沒有敬我了你》，以及關注地球暖化與海洋污染等議題
的英國喬治芬與 NSO 的《藍色星球》，皆是藉由涵蓋舞蹈、戲劇、音
樂以及戲曲的跨界演出，透過風靡歐陸舞臺的前衛之作以及源自臺灣本
土的傳統與創新作品，持續「原鄉臺灣」的自製原創節目精神的同時，
也形塑出「多元與跨界」的品牌特色。

　　從第 1 屆 TIFA 藝術節強調「藝術與科技」的結合，我們可以看見
其品牌定位的高度在於領導表演藝術往最新的方向前進，透過藝術與創
意的精選、淬鍊與轉化，讓藝術創作反映出最真實的當代生活與思維，
而藉由「藝術與科技」確立了品牌的主軸與內涵，啟動了品牌建立的第
一步「藝術與創作」。接著「多元與跨界」的品牌特色與內涵，指的是

表演藝術縱向與橫向地涵蓋各種藝術領域、文化、語言與歷史，藉由藝術創作與多元的文化產生互動，賦予表演藝術向下生根的力量，並產生歸屬感，進而帶動品牌建立進入第二區塊「文化的連結」。在表演藝術的品牌建立中，「藝術與科技」的品牌內涵帶領表演藝術向前走，「多元與跨界」的品牌特色則是向下紮根，其影響力並逐步擴展到社群與社會，進入品牌建立的第三區塊「社會連結」。

三、品牌建立與社會連結

　　成功的品牌建立，必須經由長時期累積而建立起與社會的連結和支持，才能永續地經營與發展。以下將結合 TIFA 的品牌特色以及品牌建立結構圖（圖 1）中的的第一與第二區塊，探討 TIFA 如何產生社會的連結。TIFA 每年持續的創作與表演，將核心價值如「尊重多元」、「跨國、跨文化、跨界」以及「原創」，與當代社會接合並產生互動與影響，它不只是一個靜態的場域或一次性的活動，更是一個持續動態的文化交流，將藝術與文化的創作引進與輸出。因此回到前述關於文化交流過程中，「物質」與「非物質」的重疊將顯現出其鑲嵌的社會位置與社會影響，在此，TIFA 藝術節正是將表演藝術「物質」與「非物質」重疊的總和，透過品牌特色的強調，經由戲劇、舞蹈、音樂所結合的表演藝術領域，與當代社會產生對話互動，進而和相同藝術喜好與文化理念的社群產生共鳴，形成社會的連結。

　　接著，進一步從創作的題材、創作的深度，以及創作的廣度來探究藝術節品牌與社會的連結如何產生。首先，關於創作的題材，以《歐蘭朵》為例，其取材自英國女性主義先驅作家維吉尼亞・吳爾芙於文學史上重要的的小說創作，內容敘述唯一的角色由男變女，且橫跨四百年的仿傳記體故事。就題材來說，傳記體、旁白式的獨角戲以及小說改編的文本我們並不陌生，可說是舊的形式，但是其中關於跨時空以及跨

性別的故事結構，卻是相當前衛與新潮的題材，尤其透過傳統京劇較為含蓄的旁白與內斂的肢體動作詮釋，使該題材以完全不同的方式呈現，因此可說是從各方面來挑戰，並激發出新與舊、東方與西方、傳統與前衛的火花與接合。再者，關於創作的深度，此處談的是各種表演藝術領域在創作時期創意與創新的涉入程度，以《歐蘭朵》為例，導演羅伯・威爾森以純粹的形式主義，呈現抽象與極簡的美學劇場，他強調後現代主義去中心、反詮釋的概念，在音樂上賦予王安祈老師自由發揮的空間，以東方戲曲的形式將音樂改編為國樂演奏、而劇中唯一的主角則交由京劇名伶魏海敏女士透過京劇的念腔與唱腔來創作旁白，因此西方的形式美學劇場、東方的戲曲音樂，以及東方京劇的表達呈現，此三個面向皆以自由且強烈的主體創意發想共同創作了《歐蘭朵》，在創作的深度上，是多元且深入的（羅伯・威爾森 2010：12）。最後，關於創作的廣度，以《鄭和 1433》為例，其創作的文本以東方的歷史故事「鄭和七次下西洋」為軸心，同樣是羅伯・威爾森導演抽象的、極簡的意象美學劇場，但這次的創作融合了各方的藝術領域與團隊，包括優人神鼓的鼓樂、優人神鼓的黃誌群飾演鄭和、爵士大師歐涅・柯曼與爵士樂手迪奇・蘭得利的音樂、歌仔戲名伶唐美雲的說書人旁白、服裝設計葉錦添，以及舞臺技術指導王孟超，如此豐富與多樣化的創作廣度，是表演藝術創作中相當少見且獨特的。

總結以上關於 TIFA 創作的三個面向，創作的題材讓歷史的、外來的文本得以結合新的議題與表演方式在當代社會發聲；創作的深度則是因為多元文化下主體性的自由發揮，讓藝術的表達可以再深化當代社會的創意與創新；而創作的廣度，則是透過藝術創作挑戰並克服文化差異的可能性，進而促進社會對多元文化的尊重與包容力。透過這三個面向，TIFA 驅動了品牌建立的第三區塊，並形成一個永續發展的模式，與當代社會產生了不可取代的連結。

四、從品牌特色到社會實踐

跨文化的表演藝術創作，其品牌特色的呈現，正如同文化交流過程中，意義與概念總和的「再現」，它代表著創作者將其政治與經濟背景有意的引導給接收者（讀者、買家、觀聽眾），並經由作品紀錄或反映出文化交流時所做出必要的校正與詮釋，因此當接收者欣賞作品並作出適當回應時，便傳遞與體現了文化的轉換。當創作的題材、深度以及廣度與當代社會產生接合與互動，TIFA 的品牌價值，因為新與舊、東方與西方、傳統與現代的激盪與融合，代表的是當代社會多元面貌的再現，而創作深度與廣度之豐富，則是品牌價值中最珍貴，且無可取代的「獨特性」。正如同前兩廳院董事長陳郁秀女士所說：

> 「創意，我覺得只有創意，是不可複製，無法買賣的，不必擔心其他劇院用經濟優勢來競爭。因為臺灣的特色就是無窮的創造力，不受拘束，我們能做的，就是給藝術家實踐它創意的條件」（耿一偉 2010：106）

當品牌價值透過創作與表演再現於社會，藝術的社會實踐便在於持續性的藝術原創與自製節目，以及透過品牌特色不斷地與當代社會產生接合與互動。

五、TIFA 藝術節的公共角色

從 TIFA 的品牌特色談到與社會的連結與實踐，那麼 TIFA 與社會的互動關係裡，其公共角色為何？與公部門的關係又如何？以下將先從 TIFA 所屬的國家表演藝術中心談起。

國家表演藝術中心的前身為「國立中正文化中心」，於 1987 年完成興建國家戲劇院與國家音樂廳兩個建築（通稱兩廳院），同年 10 月

正式啟用；1992 年行政院核頒「國立中正文化中心暫行組織規程」，然
而其組織規程一直未能在立法院完成立法，因此組織定位始終無法確立
（陳郁秀 2010：18）。2002 年行政院正式向立法院提出「中正文化中心
設置條例草案」，並於 2004 年 1 月於立法院完成立法程序，通過《國
立中正文化中心設置條例》，同年 3 月「國立中正文化中心」正式改制
為「行政法人」，其經營型態、治理模式以及組織定位，則擺脫了附屬
於公務機構下的關係，是為受教育部委託管理與監督，並執行公共任務
的行政法人，為國內第一個成為行政法人的機構（陳郁秀 2010：18）。
由 2009 年行政院核定的「行政法人法草案」中的總說明，我們可以看
出設立行政法人為政府因應世界共同趨勢而進行組織改造的具體作為，
其目的在於執行公共任務卻不適用於政府／民間二分法的組織，藉由鬆
綁現行人事與會計等法令的限制，在執行政策與業務上引進企業精神經
營，使其更專業、更講究效能（陳郁秀 2010：203）。根據 2011 年行
政院公布的《行政法人法》中，我們看見第二條，說明了公法人執行之
公共事務的規定為：具有專業需求或須強化成本效益及經營效能者、不
適合由政府機關推動或民間辦理者、所涉公權力行使度較低者。[10] 從
以上的定義，我們可以看見兩廳院組織在公共角色的定義上，是執行藝
術性高，且低公權力涉入的藝術表演活動，而表演藝術節目的製作與執
行，需要高度的藝術專業以及營運模式，並講求時效性與效率性，才能
與國外的藝術潮流發展同步，因此在本質上不適用於公家機構層層關卡
的制約。行政法人雖然不屬於公家單位，卻在某種程度上，受約制於政
府機關的監督，綜合第五條、第九條、第十條、第十一條以及第十五條
的說明，關於行政法人的內部運作如下：行政法人設董事會與監事會，
並均由監督機關聘任；董事會設置董事長一人，為監督機關提請行政院

---

[10]　全國法規資料庫／行政法人法，網址：https://law.moj.gov.tw/LawClass/LawAll.
aspx?pcode=A0010102（檢索日期：2021 年 6 月 11 日）

院長聘任，對內綜理行政法人一切，對外代表行政法人，另設置執行長一人，負責營運及管理業務之執行；董事會的職權包括審議年度目標、預算與業務計畫，而監事與監事會負責年度目標、預算與業務計畫的審核，最後則是由監督機關來核定該組織的發展目標、年度營運計畫的執行與預算的發放。[11] 以國立中正文化中心的例子來看，其監督機關為教育部，因此教育部對該組織的人事上有主導權，但在專業領域中的業務計畫、執行與預算，則是交由專業的人士來擬定，最後送與教育部併入教育部的年度預算中核定。因此兩廳院轉型為行政法人的組織結構，其公共角色雖然為當代藝術創作的領航者，但仍受制於教育部的監督，這樣的制衡機制，在賦予藝術高度的發揮與發展空間同時，也確保了國家藝術資源的公平分配以及運用。

國立中正文化中心於 2014 年再度改制，並升格為「國家表演藝術中心」（簡稱國表藝）。升格後的國表藝，除了原本的國家音樂廳、國家戲劇院以及國家交響樂團之外，更增加了臺中的國家歌劇院以及高雄的衛武營國家藝術文化中心兩場館，正式的整合了北、中、南國家級的藝文表演場所。以往大規模的藝術表演多以北部為主，最主要的原因來自於中南部缺乏符合國際規格的藝文場地。而隨著 2016 年臺中國家歌劇院以及 2018 年衛武營國家藝術文化中心的啟用，國表藝的成立，代表整合全國藝文資源平臺的建構，以及減少南北城鄉藝文差距的實踐。根據 2014 年行政院文化部頒布的《國家表演藝術中心設置條例》第一章總則中可見，國表藝組織架構仍然為行政法人，但監督機關由教育部改為文化部；其業務包括（一）兩廳院、衛武營以及臺中歌劇院場館的經營管理、（二）受委託展演設施之營運管理、（三）表演藝術活動之行銷與推廣、（四）表演藝術團隊與策劃，以及（五）國際表演藝術文化之

11　全國法規資料庫／行政法人法，網址：https://law.moj.gov.tw/LawClass/LawAll.aspx?pcode=A0010102（檢索日期：2021 年 6 月 11 日）

合作與交流。[12] 從以上的國表藝的業務範圍定義，我們可以看見其改變為（一）開始重視軟體的經營，例如表演團隊與表演藝術活動的經營與推廣、（二）企業化經營模式的啟動，例如表演藝術的行銷與推廣，以及（三）與國際接軌，例如重視國際文化交流與合作。國表藝在其發展方針中提到，透過專業資源的多元合作，回應表演藝術發展所需，並健全藝文生態性，將平臺累積的資源，如實地分配到表演團隊與社會大眾，使公共投資的效益最大化。[13] 要如何實踐此發展方針，國表藝則提出六大營運目標，分別為：（一）強化平臺效益：整合縱向與橫向資源、（二）主動投資團隊：形成表演團隊的支持體系、（三）培植專業人才：成為刺激、培植人才的匯集基地、（四）深化在地連結：與地方政府和人才合作，深植在地藝文特色、（五）拓展國際網路：秉持互惠原則，將表演藝術團隊推向國際，以及（六）提升文化近用：加深社會各界參與，成為民眾親近藝術的所在。

總觀上述兩廳院的二次的組織改造，我們看見作為國內第一個行政法人的藝術機構，其中公法人中對於藝術專業化與企業化的經營，以及文化公共資源的擴大，的確有顯著的效果，尤其升格為國家表演藝術中心後，透過北中南三個表演場地的串聯與整合，使得國表藝的公共角色更加強化，和文化部之間「臂距原則」（arm's length principle）文化政策的功能也得到實際的發揮。「臂距原則」是源自西方社會的公共政策原則，經常可見運用於法律、政治與經濟領域；臂距原則的目的，是為了形成政府司法、行政與立法三個部門在本質上的分離；另外也常見用於中央與地方上的權利分流（Chartrand and McCaughey

---

12 全國法規資料庫／國家表演藝術中心設置條例，網址：https://law.moj.gov.tw/LawClass/LawAll.aspx?pcode=H0000144（檢索日期：2021 年 6 月 11 日）

13 國家表演藝術中心／簡介，網址：https://npac-ntch.org/index.html（檢索日期：2021 年 6 月 11 日）

1989: 1）。隨著藝術的重要性以及在人口學上所反映出對政治與經濟影響力的增加，國際上對於適合運用公共資源來支持藝術的實作之討論也逐漸增加（Chartrand and McCaughey 1989: 1）。因此近年來，「臂距原則」經常被使用於公共政策來支持精緻藝術的發展（Chartrand and McCaughey 1989: 2）。1945 年成立於英國的大英藝術委員會（Arts Council of Great Britain）是第一個使用臂距原則的藝術機構，其目的就在於避免藝術的運作與經費受到政治和官僚的影響（Chartrand and McCaughey 1989: 4）。相對於大英藝術委員會，國表藝也是國內第一個行政法人組織，是文化部為了實行「臂距原則」文化政策而設置的藝術機構。

　　綜合上述對國表藝從組織改造到營運實作的描述與整理，我們可歸結出國表藝的公共角色，從組織結構來看，為「文化政策的推廣者」，其任務為藉由更彈性與更有效率的方式，擴大公共資源的效益並幫助文化政策的施行；從實際運作來看，可包含以下：（一）國內最大表演藝術平臺：藉由結合北中南表演藝術的資源，形成一個共享的平臺以及相互支持的體系，並擴大公共資源、（二）深化在地文化的連結：與地方政府合作培植在地藝術團體、人才以及藝術觀聽眾、（三）促進國際文化交流：將國外的團隊引進與國內團隊合作，並以互惠的原則將國內藝術團隊或創作行銷國際、（四）推廣文化平權：鼓勵在地企業的參與以及改善當地民眾的參與感與近用權，讓不同的文化族群有平等的機會可以接觸藝術。而 TIFA 作為國表藝的年度重要製作，也實踐了以上四個公共角色的實作任務，在「國內最大表演藝術平臺上」，TIFA 肩負三種重要的面向，其一為「藝術家交流平臺」，藉由歷年跨國製作以及多元跨界的表演，建立起藝術家相互交流與合作的機制（陳玠維 2015：81）；其二為「國際交流之平臺」，歷年 TIFA 藝術節皆會邀請國際策展人及國際媒體親臨觀賞，除了提升國內創作與表演團隊的國際能見度，

另一方面更開啟國際邀演的契機（陳玠維 2015：81）；其三為「共享公共資源之平臺」，高雄的衛武營國家藝術文化中心與臺中國家歌劇院於每年的 12 月至 4 月間，也同時推出具國際交流性質的相關節目策劃，例如從 2019 年開始以當代音樂藝術為主軸的「衛武營 TIFA 當代音樂平臺」[14]，以及自 2017 年開始以劇場表演為主的「歌劇院台灣國際藝術節」[15]。接著在「深化在地文化連結」與「促進國際文化交流」上，兩廳院的三齣旗艦製作，2009《歐蘭朵》、2010《鄭和 1433》以及 2011《茶花女》皆是以國內的表演藝術團隊為主，加上國際藝術家（團隊）的製作，以結合跨東西方文化的歷史、文學與表演方式，媒合出高藝術與創意品質的當代作品，並藉此吸引國外的經紀人與評論家的關注，將臺灣的表演藝術行銷到國際；最後在「推廣文化平權」上：其一為多檔的 TIFA 廣場藝術表演，透過免費以及開放的表演方式，讓民眾不受既定形式之限制，可以更輕易的接觸到藝術；其二為讓在地的藝術家或團隊，即便因為不符合一般的審查條件，仍然有機會到國家級的表演場所演出，例如 2010 年《很久沒敬我了你》音樂劇中，來自臺東卑南族南王部落的原住民兒童合唱團以及民歌手紀曉君、家家與南王三姐妹。[16] TIFA 藝術節藉由藝術與創作表演，實踐了品牌建立中的社會連結，並經由完整的品牌建立模式，將公共角色的權責活化與運用，透過一屆又

---

14 參考自衛武營國家藝術文化中心網站，網址：https://www.npac-weiwuying.org/news/5c20723a5a5bea0006f40010?lang=zh（檢索日期：2021 年 06 月 13 日）

15 參考自臺中國家歌劇院官方網站，網址：https://www.npac-ntt.org/tifa/（檢索日期：2021 年 06 月 13 日）

16 Lee, Lilias. 奔放生命力與嚴謹古典音樂的相遇：《很久沒有敬我了你》登上國家音域殿堂。《原住民族季刊》，2011(2)：28-33。https://www.cip.gov.tw/portal/getfile?source=DBE50CC4AED2CB00FAFB9859EF31AC3BF7F73AB93585A98D11C41C37ACAE381465291289403B4264317A5FF2AE704145BCF7B2BFFA53C034561305392436 47E0&filename=0D7F0319FEB91A784D24F85F4E7CCCF015E6A529B9D3427D（檢索日期：2021 年 06 月 16 日）

一屆不斷更新與進化的藝術節主題與內涵，永續地經營下去。

　　TIFA 國際藝術節至今進入第 12 屆，作為高密度優質的表演平臺，除了提升了國內表演藝術的廣度與深度之外，更重要的是它作為政府支持、鼓勵與推廣精緻藝術中的一座橋梁，並擴大了文化政策的效益，這就是它最重要的公共角色。以下將藉由比較法國亞維儂藝術節以及臺灣的 TIFA，整理出品牌建立的異與同，藉此凸顯文化交流下不同品牌建立的實作與影響。

六、從法國亞維儂到臺灣的 TIFA—— 文化交流下品牌建立的異與同

　　法國亞維儂藝術節為歐洲創立七十多年的藝術節，以亞維儂城市為主場域，由藝術總監主導組織而運作的年度藝術活動；臺灣的 TIFA 為 2009 年創立至今 13 年的藝術節，以兩廳院以及周邊廣場為主場域，由國家表演藝術中心所主辦的年度活動。兩個藝術節在組織、運作規模以及場域上，雖有著明顯的差異，但是在藝術節的主體內容上，卻是同為跨界與跨文化的表演藝術活動，因此在文化交流方面，亞維儂藝術節和 TIFA 有著相同的本質。亞維儂自 1964 年開始邀請國際的藝術家共同創作至今，已成為世界戲劇以及表演藝術創新的窗口，而 TIFA 自 2009 年第 1 屆的《歐蘭朵》旗艦製作至 2014 年的跨國製作《季利安計畫 —— 幸運餅乾》，也持續以國際多元共創為主軸。兩個藝術節的主體內容，皆是文化交流下藝術創新與創意的印證，以下將在文化交流的主體框架下，比較兩個藝術節在品牌建立上的異與同。

　　在品牌建立上，從亞維儂與 TIFA 藝術節的內容特色，可看見其相同之處在於「多元原創」。其中，「多元」的定義包括了跨文化與跨領域的部分，而「原創」則代表為藝術節首創並首演的作品。首先，關於原

創的部分，TIFA 第 1 屆的《歐蘭朵》、第 2 屆的《鄭和 1433》，以及第 3 屆的《茶花女》，皆是藝術節首創與首演的「原創」作品；亞維儂藝術節的原創作品，更是起始於草創之初，從首演創立者尚·維拉導演的戲劇開始至今。[17] 其次，關於「多元」的部分，TIFA 的兩部旗艦創作，《歐蘭朵》、以及《鄭和 1433》皆由多國藝術家所組成的製作團隊創作與表演，從演出形式的跨界（結合京劇、歌仔戲、西方劇場、爵士樂、歌劇等）到文本上的融合（西方的文本、東方的故事、東方的敘事等），皆呈現出多元創新的藝術高度與廣度；而亞維儂藝術節的「多元」面向，起始於 1966 年開始納入跨界的節目，例如舞蹈、電影、音樂劇等作品的加入，至 1993 年新的藝術行政總監伯耶·飛舞達榭宣布亞維儂為「歐洲戲劇極地」時，「跨文化」與「跨界」則是明確地成為核心發展的方向，自此藝術節敞開大門，廣邀世界各地的導演與藝術家至此表演。近幾年來，「多元」面向的發展，更加入了「科技」的部分。藝術透過與科技的結合，拓展了作品呈現的寬度與廣度，以 TIFA 為例，包括了 2009 年奧地利 3D 肢體狂想曲《春之祭》中，虛擬實境（VR）科技結合交響樂所帶來即時音樂與影像的創作，又或是 2009 年義大利 T.P.O. 視覺遊戲劇場《魔毯上的秘密花園》，透過觀聽眾參與而形成的互動劇場體驗；而亞維儂藝術節的部分，則是於 1980 年開始迎向新的趨勢潮流，運用最新科技技術，以應最新的劇場表演形式，例如上演當時由莫努虛金（Ariane Mnouchkine）所帶領法國陽光劇團（Le Théâtre du Soleil）的演出，[18] 以及 2020 年因應疫情而成立探討表演藝術與數位舞臺的「新的世界與新的寫作：從表演藝術到數位經歷」

17　參考自亞維儂藝術節官方網站，網址：https://festival-avignon.com/en/archives（檢索日期：2021 年 3 月 21 日）

18　參考自亞維儂藝術節官方網站，網址：https://festival-avignon.com/en/archives #section-15982（檢索日期：2021 年 03 月 21 日）

(New Worlds and New Writings: From The Performing Arts to The Digital Experiences) [19]。

　　在「品牌建立」的差異上，亞維儂藝術節與 TIFA 最大的不同處是與在地社群以及社會的連結。亞維儂藝術節創立之初，其宗旨「去中心化」為創造人人皆可參與，並鼓勵年輕、實驗與創新的藝術節。該宗旨於 1971 年《外亞維儂》（*OFF AVIGNON*）創立時具體的實現了，《外亞維儂》（*OFF AVIGNON*）為提供非官方正式邀請的表演團體，只要租到空間，便能參與《外亞維儂》（*OFF AVIGNON*）的表演，它不僅挑戰了官方與菁英式的標準，更讓藝術創作平民與年輕化，也開啟了一道發掘新秀之門。2014 年提出的「去中央化的三里路」 "decentralisation des 3 kilometres" 之觀念，更是徹底的實施「去中心化」的理念，並且將藝術帶入市民的生活，與社群和社會連結。「去中央化的三里路」觀念在於拓展藝術欣賞人口與族群，除了在城市中各種露天舞臺表演，讓藝術更接近人民之外，關鍵的是在藝術節期間，每天定點在亞維儂鎮的中心點舉行論壇，邀請社區居民、駐城藝術家、學校老師、學生等不同族群共同參與。反觀 TIFA 藝術節，在表演的場域上，除了旗艦計畫因為設備的需求，必須在國家音樂廳與國家戲劇院等專業的場地演出，以及第 1 屆與第 2 屆開幕時在兩廳院廣場所舉辦的免費表演之外，我們看不到 TIFA 試圖將表演拓展到不同場域與不同族群的作法。而在與社會和社群上的連結，除了每一屆藝術節開演前在《PAR 表演藝術》上（國家表演藝術中心的下屬單位），可以看見相關的介紹與報導之外，藝術節期間和結束後，並未看見相關的評論與報導，缺乏當代社群和社會對該藝術節的反應與回饋。而 TIFA 國際藝術

19　參考自亞維儂藝術節官方網站，網址：https://festival-avignon.com/en/edition-2021/programme/new-worlds-and-new-writings-from-the-performing-arts-to-the-digital-experience-65504（檢索日期：2021 年 6 月 16 日）

節，作為文化部隸屬的國家表演藝術中心所主辦之國際藝術節，明顯缺乏社會對此官方經費贊助活動的批評、反思與回應。

綜觀亞維儂藝術節與 TIFA 藝術節的異與同，我們可以看見文化交流下的品牌建立，雖然兩者在藝術創作與創新的方向雷同，但是亞維儂藝術節歷經了 6 代不同藝術總監的更迭，[20] 仍然驗證了，透過品牌的不斷延伸與蛻變，唯一不變的是讓藝術更加貼近人民生活，以及與城市和社會產生連結並引起更深化的認同，品牌的建立與影響才能更穩固與更長久，帶領藝術節永續的經營與發展。

2.5 結語：品牌永續經營的挑戰與困境

人類自古以來開始有遷徙的足跡，就啟動文化交流的模式，然而一直到有文字或物質上的紀錄，才得以窺視不同文化在社會上互動與轉變的奇妙刻印。本研究透過交叉檢視兩位學者 Peter Burke 以及 Gesa Stedman 對於文化交流的相關論述，試圖讓文化交流的脈絡更加具體化，並藉此連結「文化交流」、「國際藝術節」與「品牌建立」。Burke 認為文化交流中文化的接收應該是主動的，並經由去脈絡化以及再脈絡化與在地產生連結，而文化交流所需的系統，是物質與非物質的總和。Stedman 則是強調文化交流與社會間的連結，其中文化的「再現」與接收者的「反映」是一連串「社會化」的轉變與結果，它們使文化交流的過程概念化與具體化，而欲瞭解傳遞者從事文化交流所運行的系統，則必須從傳遞者的社會條件與社會涉入程度來切入。選擇以上兩位學者關於文化交流的理論，源自於他們擺脫了「文化交流」受限於近代歷史

---

20 參考自亞維儂藝術節官方網站，網址：https://festival-avignon.com/en/archives #section-15982（檢索日期：2021 年 03 月 22 日）

理論中國族主義和殖民主義的包袱，並提供一個相對彈性，且注重互動與脈絡的理論架構，因此在本質上更適合於來理解表演藝術中文化交流性質的活動。台灣國際藝術節，正是 Burke 談到文化交流中由物質與非物質總和而形成的系統，也是 Stedman 談到文化傳遞者所運行的系統；「品牌特色」則是 Burke 提及主動的文化接收以及 Stedman 所指出「再現」與「反映」在文化交流中的呈現，最後促使台灣國際藝術節的品牌建立是否能永續經營下去，也就是文化交流的過程是否能成功，其關鍵則在於 Burke 所談到文化交流的脈絡化、文化交流與在地的連結，以及 Stedman 所強調文化交流與社會的連結，這包括了社會化過程，社會涉入程度以及社會條件。台灣國際藝術節正是集結這些有形與無形的藝術文化交流之平臺與媒介，提供了來自世界各國與各領域表演藝術創作一個生產、交流、融合、轉化、再生以及循環的生態系統。而台灣國際藝術節對於社會的意義與價值，正在於此生態系統提供一個非常重要的窗口，除了引進國際藝術家與作品和在地藝術家接軌，更重要的是，它讓文化交流下臺灣在地生產的作品與成果，得以被記錄與被國際看見。因此它是一個雙向且持續動態的窗口，對於激發當代社會議題與思維，在藝術表達上的國際交流與文化創新，有著關鍵性的重要性。

本研究限制在於，台灣國際藝術節缺乏評論性或反思性的對話，其主要相關文獻，大多侷限於國家表演藝術中心的演出手冊、出版品與官網介紹，以及其下屬單位表演藝術雜誌於演出前的相關報導。因此本研究在缺乏文獻資料的多元性之下，只能就節目的主題與內容加以整理與分析，藉此歸納出其中關於文化交流下，品牌建立的脈絡與方向，以及與當代藝術思潮、社會議題之連結。另一個研究限制，為臺灣表演藝術界結構上的問題，亦即長期缺乏專業藝術評論的制度，加上相關的學術研討與藝術論壇也相對匱乏，因此無法從批判性的文獻中，看到社會對表演藝術圈已經舉辦 12 年的盛事，所產生的評價與回應。

　　從法國亞維儂藝術節的例子中，我們可以看到該藝術節超過 70 年的努力耕耘，所建立「多元創新」、「前衛實驗」的品牌形象與核心價值，其中「世界藝術文化創作與集散的平臺窗口」更是該品牌不可取代的世界重要性，也因此帶領著亞維儂藝術節穩坐表演藝術界的領導品牌。反觀 TIFA，我們從歷屆 TIFA 節目總表（表 1）的整理與歸納中可以看見，除了第 1 屆 2009 年的《歐蘭朵》、第 2 屆 2010 年的《鄭和 1433》以及第 3 屆 2011 年的《茶花女》，近幾年的節目創作雖然維持多元文化的內容，但大多淪為購買國外現有的節目，而「跨界、跨國、跨文化」此面向的藝術作品，也缺乏從題材根本面上文本的創新，亦即缺少「原創性」的旗艦製作。

　　本研究建議，在品牌建立上，台灣國際藝術節應當持續投入原創性的旗艦製作，並且提出核心價值，讓藝術節每年的內容雖然多元與多變，卻能在目標與方向上呈現一致性。另外，在強化與社會的連結上，台灣國際藝術節應當重視與不同層面的對話，這包括從核心的藝術家、行政與製作團隊，往外擴展到學術界、評論家，藝文愛好者，甚至到最外層的在地居民，藉由不同形式的論壇、對話與非主場域的活動，鼓勵更多的參與，並且積極地去開發與在地社群的互動與認同。從法國亞維儂藝術節的成功經驗中，我們看見「原創性的製作」，以及「深化社會的連結與認同」，才是藝術節品牌永續經營的關鍵條件。表演藝術的本質，就是透過即時的表演，反映出當代的藝術思維與文化行動。然而其創作需要高密度的創意、知識、技術與資金的集結，才能完整的呈現，因此建立起一個成功的國際藝術節，必須長期投入人力、組織、人才、創意、資金以及場域上的經營。期許未來的台灣國際藝術節能保持「多元與原創」的初衷，催生出如《歐蘭朵》、《鄭和 1433》等令人驚豔的跨文化跨領域的創作，朝品牌經營永續的方向努力，成為亞洲表演藝術創意無可取代的發想地與聚集地。

參考文獻

文建會（1998）。《文化白皮書》（頁 249-251）。臺北市：行政院文化建設委員會。

文建會（2002）。《響起國際文化交流的號角 2- 巴黎台北新聞文化中心工作紀實》（頁 52-53）。臺北市：行政院文化建設委員會。

沈芸可（2016）。〈文化觀光客類型與旅遊行為之探究：以亞維儂藝術節為例〉。國立臺灣師範大學國際與社會科學學院歐洲文化與觀光研究所碩士論文。

吳芝儀、廖梅花（譯）（2001）。《質性研究入門：紮根理論研究方法》（頁 14）（原作者：Anselam Strausss、Juliet Corbin）。嘉義市：濤石文化。（原著出版年：2001）

吳淑鈴（2001）。〈台灣國際藝術節建構之研究〉。國立南華大學美學與藝術管理研究所碩士論文。

林潔盈（譯）（2004）。《如何開發藝術市場》（原作者：Hill, Liz.、Catherine O'Sullivan、Terry O'Sullivan（編））。臺北市：五觀藝術。（原著出版年：2004）

耿一偉（2010）。〈有創意，才獨特：專訪兩廳院董事長談歐蘭朵之保存重演〉。《喚醒東方歐蘭朵：橫跨四世紀與東西文化的戲劇之路》（頁 106-107）。臺北市：國立中正文化中心。

陳郁秀（2009a）。〈當傳統經典與當代前衛相遇：記 2009 台灣國際藝術節〉。《藝術家雜誌》，490(6)：390-395。

陳郁秀（2009b）。〈序文：科技與藝術對話，經典與前衛交融〉。《2009 台灣國際藝術節未來之眼節目冊》。臺北市：國立中正文化中心。

陳郁秀（2010）。《行政法人之評析 —— 兩廳院政策與實務》（頁 18、203）。臺北市：遠流出版。

陳玠維（2015）。〈國家兩廳院「台灣國際藝術節」實施成效之研究〉。國立臺灣師範大學表演藝術研究所碩士論文。

國立中正文化中心（2008）。二〇〇九台灣國際藝術節 Taiwan International Festival of Arts 新聞稿。臺北市：國立中正文化中心。

國立中正文化中心（2010a）。〈未來之眼 —— 台灣國際藝術節〉。《兩廳院經營誌 —— 台灣表演藝術文創產業實務案例》（頁 86）。臺北市：國立中正文化中心。

國立中正文化中心（2010b）。《鄭和 1433：羅伯‧威爾森與優人神鼓的跨文化奇航》（頁 9）。臺北市：國立中正文化中心。

傅裕惠（2001）。〈跨越政權交替的新世紀 —— 文化事權的蹣跚之步〉。《中華民國八十九年表演藝術年鑑》（頁 10-19）。臺北市：國立中正文化中心。

廖俊逞（2008）。〈專訪兩廳院董事長 陳郁秀 談「台灣國際藝術節」：強調跨界、跨國、跨文化展現台灣創造力〉。《PAR 表演藝術雜誌》，192：72-42。

劉秋枝（譯）（2002）。《再造行銷大革命：建立品牌影響力》（原作者：Moon, Michael、Doug Millison）。臺北市：美商麥格羅‧希爾。（原著出版年：2002）

蔡佩穎（2017）。〈法國外亞維儂藝術節之後續發展研究〉。國立臺灣師範大學表演藝術研究所行銷及產業組碩士論文。

羅伯‧威爾森（Robert Wilson）著，耿一偉（譯）（2010）。〈序 歐蘭朵就是 2=1〉。《喚醒東方歐蘭朵 —— 橫跨四世紀與東西文化的戲劇之路》（頁 12-13）。臺北市：國立中正文化中心。

Burke, Peter (2009). "Translating Knowledge, Translating Cultures." In Michael North (Ed.), *KulturellerAustausch: Bilanz und Perspektiven der Frühneuzeitforschung* (pp. 69-77). Köln-Weimar-Wien: Böhlau Verlag.

Burke, Peter (2000). *Kultureller Austausch*. Frankfurt-Main: Suhrkamp.

Chartrand, Harry Hillman, and Claire McCaughey (1989). "The Arm's Principle and The Arts: An International Perspective-Past, Present and Future." In Cummings Jr. M.C. and Schuster Mark Davidson (Eds.), *Who's to Pay for the Arts: The International Search for Models of Support*. New York: American Council of the Arts.

Heritage, Paul (2019). "Introduction." In Heritage Paul et al. (Eds.), *The Art of Cultural Exchange: Translation and Transformation between the UK and Brazil (2012-2016)* (pp. xviii-xx). Delaware and Malaga: Vernon Press.

Hirschman, Elizabeth C. (1983). "Aesthetics, Ideologies, and the Limits of Marketing Concept." *Journal of Marketing*, 47(3): 45-55.

Kaufmann, Thomas D., and Michael North (2010). "Introduction-Artistic and Cultural Exchanges between Europe and Asia, 1400-1900: Rethinking Markets, Workshops and Collections." In *Artistic and Cultural Exchanges between Europe and Asia, 1400-1900* (pp. 13-22). New York: Routledge.

Sheffield, Graham (2019). "Foreword." In Heritage Paul et al. (Eds.), *The Art of Cultural Exchange: Translation and Transformation between the UK and Brazil (2012-2016)* (p. xiii). Delaware and Malaga: Vernon Press.

Stedman, Gesa (2016). "Introduction: Theories of Cultural Exchange." In *Cultural Exchange in Seventeenth-Century France and England* (pp. 12-28). New York: Routledge.

Strozenberg, Ilana et al. (2019). "The Art of Cultural Exchange: Open Endings." In Heritage Paul et al. (Eds.), *The Art of Cultural Exchange: Translation and Transformation between the UK and Brazil (2012-2016)* (pp. 113-123). Delaware and Malaga: VernonPress.

UNESCO (2015). *The 2005 Convention on the Protection and Promotion of Diversity of Cultural Expressions*. Paris: UNESCO. https://en.unesco.org/creativity/convention/texts (accessed November 9, 2020).

PART

II

臺灣國際藝文專業網絡與平臺的建立

工業遺產國際建制之研究：以亞洲產業文化資產平臺為例

— 李兆翔 —

3.1 前言

　　全球化的「後主權」（post-sovereign）時代，國家不再是國際間
唯一的行為主體（Scholte 1999），全球性的行動參與呈現開放且多元
地面貌。隨著全球化進程，非政府組織成為公民參與國際事務之媒介，
而新媒體科技的互動革新，正加速傳統組織結構的去中心化，賦予虛擬
平臺更多影響力，形成國際組織零碎化之趨勢，促成區域治理網絡之興
起。Cox（1990）指出各種國際交往已出現許多跨國協議、公約，以
及政府組織間的合作機制，針對各種全球議題進行著不同程度的操作。
國際社會的諸多議題總是涉及複雜的利益及衝突，各國政府與民間團體
在利害關係的相互依存下，必須共同尋求解決方案。這些解方往往需要
一種超越主權的框架，更需要國際組織、民間團體及私人企業等的支持
和協力。各國參與者彼此間並不存在獨立權威的法定權力，有賴政府體
制之外的專業社群、公民組織或專門機構參與社會、經濟與文化的調節
運作，本文所探討的國際建制模式[1] 即是一例。

　　就文化資產保存而言，有些議題適合地方處理 —— 例如我國「再
造歷史現場」的地方治理，有些議題適合國家處理 —— 例如我國《文
化資產保存法》的國家治理，有些議題則適合全球／區域性治理，例
如本文探討的「工業遺產國際建制」。國際上，為強化以文化實現「全
球永續發展目標」[2]，2019 年聯合國教科文組織（The United Nations

---

[1]　國際建制（international regimes）意指「在某個國際關係範疇內，一套潛在或明顯
　　的原則、規範、規則、及決策程序，或是包含或介於國際組織（國際法）間主導某一
　　議題的架構」（Krasner 1983）。

[2]　2015 年聯合國成立七十周年之際，發表《翻轉世界：2030 年永續發展議程（Transforming
　　our world: the 2030 Agenda for Sustainable Development）》文件，作為行動指
　　引，著眼於人、地球、繁榮、和平、夥伴關係等重要聯繫，促使全球團結努力，期盼
　　至 2030 年時能夠消除貧窮與饑餓，實現尊嚴、公正、包容的和平社會，守護地球環

Educational, Scientific and Cultural Organization, UNESCO）
發布「2030 文化指標報告」，將「文化資產支出」與「文化資產永續管理」列為前兩項指標，揭示文化資產在當前和未來扮演著重要角色。受限國際政治情勢，我國無法實質參與國際建制之世界遺產（始於 1972年）、世界記憶（始於 1992 年）與非物質文化遺產（始於 2003 年）等體系；然而，在國內文化資產領域的知識社群支持下，我國文化部門仍持續以臺灣世界遺產潛力點（2002 年推動）、確立《文化資產保存法》有形與無形二元體系（2005 年修法）與世界記憶國家名錄（2018 年推動）等積極作為與世界接軌。

2012 年國際工業遺產[3]委員會（The International Committee for the Conservation of the Industrial Heritage, TICCIH）三年一度大會在臺北舉辦，會後發布《亞洲工業遺產臺北宣言》，促成 2018 年我國文化部文化資產局成立「亞洲產業文化資產平臺（Asian Network of Industrial Heritage, ANIH）」，積極推進亞洲工業遺產保存的資訊交流與協力合作。本文以國際建制變遷之觀點探討、評析 ANIH 的建立與推動歷程，檢視目前臺灣推動亞洲產業文化資產國際交流工作的挑戰與機會，思考「我們如何能以不同的方式建立臺灣非政府組織與協力夥伴的產業文化資產國際交流網絡？」、「臺灣怎麼創造一個更好的產業文化資產國際交流運作模式？」以及「公私部門可以發展什麼樣的產業文化資產夥伴關係與合作模式？」等議題，盼能梳理、推進 ANIH 願景目標之落實。

境與人類共榮發展，以確保當代與後世都享有安居樂業的生活。為聚焦各項努力，更提出「永續發展目標（Sustainable Development Goals, SDGs）」，包括 17 項核心目標（Goal）及 169 項具體目標（Target）。

3 Industrial Heritage 國內早期譯為「工業遺產」，多指涉重工業之第二級產業，多用於國際組織、文獻引用，近年國內則多沿用文化部文化資產局名詞界定，統稱為「產業文化資產」。緣此，本文提及國際組織名稱與外文文獻以「工業遺產」為主，論及國內相關發展情形時，則使用「產業文化資產」以示區隔。

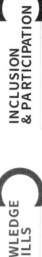

ENVIRONMENT & RESILIENCE
1 Expenditure on heritage
2 Sustainable management of heritage
3 Climate adaptation & resilience
4 Cultural facilities
5 Open space for culture

PROSPERITY & LIVELIHOODS
6 Culture in GDP
7 Cultural employment
8 Cultural businesses
9 Household expenditure
10 Trade in cultural goods & services
11 Public finance for culture
12 Governance of culture

KNOWLEDGE & SKILLS
13 Education for Sustainable Development
14 Cultural knowledge
15 Multilingual education
16 Cultural & artistic education
17 Cultural training

INCLUSION & PARTICIPATION
18 Culture for social cohesion
19 Artistic freedom
20 Access to culture
21 Cultural participation
22 Participatory processes

環境和復原力
1. 文化資產投入
2. 文化資產永續管理
3. 適應氣候變化和復原力
4. 文化設施
5. 開放的文化空間

繁榮和生計
6. 文化佔國內生產毛額之比重
7. 文化就業
8. 文化企業
9. 家庭支出
10. 文化產品和服務貿易
11. 公共文化資金
12. 文化治理

知識和技能
13. 永續發展教育
14. 文化知識
15. 多語教育
16. 文化和藝術教育
17. 文化培訓

包容和參與
18. 文化增進社會凝聚力
19. 藝術自由
20. 普及文化
21. 文化參與
22. 參與式進程

2 消除飢餓
6 潔淨水資源
9 工業化、創新及基礎建設
11 永續城鄉
12 負責任的生產消費循環
13 氣候變遷對策
14 海洋生態
15 陸地生態
16 公平、正義與和平

5 良好工作及經濟成長
10 消弭不平等
11 永續城鄉

4 優質教育
8 良好工作及經濟成長
9 工業化、創新及基礎建設
12 負責任的生產消費循環
13 氣候變遷對策

9 工業化、創新及基礎建設
10 消弭不平等
11 永續城鄉
16 公平、正義與和平

圖 1：UNESCO 2030 文化指標

資料來源：UNCESO WHC 官網，網址：whc.unesco.org/en/culture2030indicators/

3.2 產業文化資產保存的國際建制

一、國內外產業文化資產發展與交流實踐

（一）國際工業遺產保存沿革

　　1950 年代歐洲的產業考古學[4] 興起，帶動西方社會開始重視保存工業革命時期所建構發展的廠房、文獻、文物、土木設施、聚落、文化與自然景觀等。工業遺產的定義廣泛並持續演變，根據國際工業遺產保存委員會（TICCIH）與國際歷史場所與文化紀念物委員會（International Council on Monuments and Sites, ICOMOS）共同發布的《都柏林原則（Dublin Principles）》（2011），將工業遺產定義為：[5]

> ……包括場所、構築物、建築群、區域和景觀以及相關的機械、物件或文檔等，提供了過去或正在進行的產製過程、原物料萃取、商品化以及能源和運輸等基礎設施建設過程的證據。工業遺產反映了文化和自然環境之間的深刻聯繫，因為（無論古今的）產製流程都依賴於自然原物料、能源和運輸網絡來生產產品並配送至更廣闊的市場。它既包括不動產和動產，也包括無形資產，例如技術訣，工人和產業組織。

　　1980 至 90 年代，歐美各國陸續指定登錄各種類型的工業遺產，工業博物館與工業遺產相關觀光景點的數目也持續增加。這些工業

4　1955 年 Michael Rix 在《業餘歷史學家》（*Amateur Historian*）發表一篇名為〈產業考古學〉的文章，被認為是「產業考古學」的催生之作。

5　引用自 TICCIH 官網（https://ticcih.org/about/about-ticcih/dublin-principles/）。

遺址範疇涵蓋從聚落乃至單一建物，其指定從地方層級，以至世界等級；這些工業革命時代的發明、大規模建築及大量生產模式的場址已明確受到重視。2019 年 ICOMOS 增設「工業遺產國際科學委員會（International committee on Industrial Heritage, ISCIH）」；「歐洲工業遺產之路（European Route of Industrial Heritage, ERIH）[6]」正式被列入「歐洲文化路徑（European Cultural Route）[7]」，作為工業遺產主題路線的代表性國際網絡，更加提升工業遺產的能見度。自 1978 年至 2019 年，世界遺產累積 1,121 處，計有 66 處與工業遺產直接相關。

2000 年後，亞洲與歐洲以外地區的工業遺產有逐年上升的趨勢（見圖 2），這些地區反映出過去的殖民關係及商業貿易的歷史模式，例如臺灣、印度、伊朗等許多開發中的經濟體，儘管工業化進程的顯現較為緩慢，工業遺產的價值也開始受到關注，而許多國家正以歐洲為借鏡，尋求保護、管理及發展相關模式的啟發。隨著全球經濟大幅度地轉移至新興亞洲工業化經濟體和其他發展中國家，緊接而來的討論，便是聚焦於重新評估工業遺產對社會的價值與重要意義為何？[8] 未來（或目前）的工業遺產「生產者」，諸如中國和印度等工業國家，正剛開始見

---

6   2001 年歐盟推動「歐洲工業遺產之路」，旨在以歐洲整體的品牌推動產業遺產的旅遊體系，並強調主題性的網絡行銷（www.erih.net/index.php）。

7   歐洲理事會（Council of Europe）1987 年推動「文化路徑」，是一個結合人與地方以共享歷史和遺產的網絡，邀請遊歷和發現歐洲豐富多樣的遺產。其目的在於彰顯歐洲理事會的價值觀：促進人權、文化多樣性、跨文化對話以及跨境的相互交流。截至 2021 年，各種不同主題的文化路徑達 41 條（www.coe.int/en/web/cultural-routes/）。

8   該議題為國際工業遺產保存委員會（TICCIH）2022 年大會主題「工業遺產重載（Industrial heritage reloaded）」的重要議題之一（https://patrimoine.uqam.ca/evenements/ticcih2022/）。

證到某些領域的產業衰退。可以想像未來在亞洲區域所關注的，即是存在於各社會／社群中，與過去工業文化的遺構或遺跡之間的複雜關係。

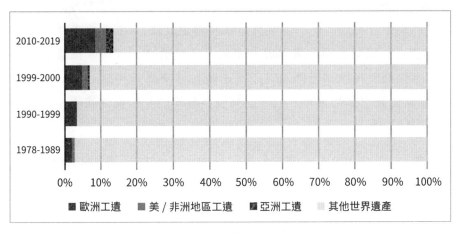

圖 2：世界遺產與工業世界遺產成長趨勢圖（1978-2019）

資料來源：作者整理。[9]

(二) 臺灣產業文化資產概況

臺灣產業自明清時期始有初步發展，1860 年淡水與安平開港後，茶、糖、樟腦的海上貿易逐漸開展。邁入 20 世紀以後，臺灣產業逐漸走向現代化，包括新式糖廠、茶廠與樟腦廠等的機械產製引進，加以鐵道、港口等交通運輸的革新，以及灌溉水利、電力系統的加速推進；1960 年代鋼鐵、造船、煉油等重工業建設的落成，逐步實現臺灣的近代化產業革命，隨著產業文化資產保存意識的提升，成就今日臺灣產業文化資產保存的多樣與多元面向。

9　整理自 UNESCO World Heritage Centre（whc.unesco.org/en/）。

1990 年代，國際間工業遺產保存思維與觀念，陸續為國內專家學者所引介（李乾朗 1994；林崇熙 1995；張譽騰 1996；王玉豐 1998）。2006 年行政院文化建設委員會文化資產總管理處籌備處（現文化部文化資產局）的「產業文化資產再生計畫」，首度提出「產業文化資產」一詞；民間與學界或有使用「工業遺產」或「產業遺產」等名詞。相較於指涉西方國家的工業遺產，林曉薇（2014：35）認為以「產業文化資產」[10] 更能說明在亞洲保存論述的完整保存範疇、獨特性與時間軸的擴展。

截至 2020 年 9 月，臺灣已指定登錄之有形文化資產總數達 2,682 案（不含古物），經筆者初步統計，其中核心與附加產業文資有 580 案，若加上廣義認定之產業文化資產，則有 711 案之譜，占全臺文化資產比例超過四分之一（圖 3），顯見其重要性已為社會大眾所普遍認同。臺灣產業文化資產保存的多元化與多樣性，以及跨領域的參與協作，持續地進行可適性再利用（adaptive reuse）的實踐與活化，不但形塑了臺灣產業文化資產的保存與治理架構，更引領臺灣文化資產保存的發展進程。總體而言，臺灣產業文化資產是從經營管理與績效表現的目的出發，基於當代社會意義的重視，面對過去 —— 重新發掘產業歷史文化，朝向未來 —— 企圖實踐產業精神永續。1980 年代臺灣產業遺址開始有文資指定登錄暨博物館化，1990 年代末已有文創經濟導向的跡象，2000 年後產業文化資產的觀光發展日益蓬勃，相關文資指定

10　依據文建會 2004 年《產業文化資產清查操作參考手冊》，將「產業文化資產」定義為：「為人類活動中與農、林、漁、牧、礦、工、商等經濟事業有關文化的活動，所產生具有文化價值的產品、結晶。本文所稱之產業文化資產係指產業所有之歷史資源，包括建築、空間、機具設備及員工等資源。」

登錄作業、[11] 博物館運籌 [12] 以及結合文創的經營模式 [13] 等（Li 2017: 229-245），亦持續推進著臺灣產業文化資產發展。

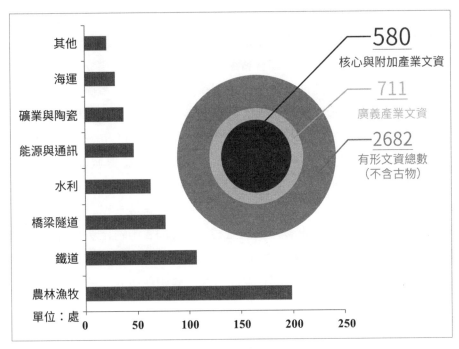

圖 3：臺灣產業文化資產數量與類別分布（至 2020 年 9 月）

資料來源：作者整理。

---

[11] 例如 2019 年阿里山林業鐵道登錄成為臺灣首處「重要文化景觀」。

[12] 例如 2019 年於國定古蹟臺北機廠成立國家鐵道博物館籌備處，以及於 2020 年 7 月開幕之「國立臺灣博物館鐵道部園區」（國定古蹟臺灣總督府交通局鐵道部）。

[13] 文化部於 2020 年 11 月宣布將針對轄下共五大文化創意園區（皆具備指定登錄之產業文化資產身分）提出「文化創意產業園區白皮書」（https://www.cna.com.tw/news/acul/202011110162.aspx）。

（三）近年臺灣產業文化資產國際交流發展

　　目前臺灣全國性且常態運作之文化資產專業團體，以臺灣文化資產學會、[14] 中華文物學會 [15] 與中華民國文化資產維護學會最具規模，三者皆多以對所屬會員與國內大眾之知識傳播與實務交流為主；檢視目前臺灣中央政府組織架構，各部會皆編列預算執行國際文化交流計畫，尚未見長期且持續性的跨部會的整合規劃和整體文化外交藍圖，針對文化資產的國際外交政策亦較少著墨。回顧歷年臺灣中央文化部門參與重要文化資產國際交流成果，文化部於文建會時期，2002 年曾協助修復捷克世界遺產 —— 克魯姆洛夫（Český Krumlov）歷史城鎮的一座 13 世紀古橋；並在 2008 年組成專業團隊，執行瓜地馬拉共和國安地瓜城（Antigua Guatemala）「安地瓜古城文化遺產維護工程」專案，皆具有深遠影響。文化部文化資產局成立後，於 2012 年結合產學各界與民間專業組織「臺灣文化資產學會」，共同支持舉辦臺北 TICCIH 第 15 屆會員大會，這是該會議首度在亞洲舉辦，會中並發表《臺北亞洲工業遺產宣言》（*Taipei Declaration on Asian Industrial Heritage*）；文資局亦加入國際文化紀念物與歷史場所委員會（International Council on Monuments and Sites, ICOMOS）[16] 成為國內首個團體會員，並於 2017 年由文資局組成專業團隊出席 ICOMOS 大會，於亞太區域會議分享臺灣文化資產經驗，並參與辦理國際科學委員會平行

14　臺灣文化資產學會：http://www.ths.url.tw/

15　中華文物學會：http://www.ccfa.org.tw/

16　ICOMOS 與國際自然保育聯盟（International Union for Conservation of Nature, IUCN）以及國際文物保護與修復研究中心（International Centre for the Study of the Preservation and Restoration of Cultural Property, ICCROM），同為聯合國世界遺產中心的主要諮詢組織。

會議。[17] 2018 年為實現《臺北宣言》的亞洲工業遺產網絡倡議，在文資局的支持下成立亞洲產業文化資產平臺（ANIH），積極促成亞洲產業文資網絡交流。2019 年文資局則辦理「馬來西亞檳城文山堂彩繪修復技術輸出暨人才培育計畫」與馬來西亞共同推動文化資產保存、修復之國際合作；以及 2020 年辦理 ICOMOS 6ISCs 線上聯合會議，[18] 匯集國際六個不同領域的文化資產專業社群。

除上述的積極參與國際事務之外，文資局陸續與英國伯明罕大學鐵橋國際文化資產研究所、澳洲遺產協會、馬來西亞檳州喬治市世界遺產機構等單位簽訂合作備忘錄，亦促成國內其他文化資產團體加入國際組織，[19] 使得臺灣文化資產保存經驗在國際間形成一定程度的聲量與夥伴關係。綜觀前述臺灣文化資產交流，多以專案推動或年度計畫性質方式執行，惟有承繼 2012 年 TICCIH《臺北宣言》倡議所成立的 ANIH 平臺，歷年皆有明確的目標願景設定與產業文化資產國際交流計畫，並定期召開跨國指導委員會會議，是目前國內文化資產領域常態運作且有一定國際參與規模的非政府組織。

二、關於國際建制理論

建制（regime）是管理行為者行為的社會制度，而國際建制（International Regime）[20] 概念可追溯自 1970 年代，最早應用於政

17　詳見 http://www.6isc2020ga.org/cii2017/

18　詳見 http://www.6isc2020ga.org/

19　例如阿里山世界遺產協會、成美文化園加入 ICOMOS、十鼓文創（仁德糖廠）、新平溪煤礦博物園區加入 TICCIH 等。

20　本文「國際建制」一詞引自張亞中主編之《國際關係總論》所用譯法（2007: 86-92）。

治經濟分析（Ruggie 1975）。Keohane 與 Nye（1977: 19）認為權力互賴（Power and Interdependence）與政府行動的相互作用，促成國際建制的形成。國際建制將行為者的預期目標與行為實踐加以連結，連結則是透過行為慣例或是社會公約所構成（Young 1983: 93-94）。國際建制的形成有許多不同模式，有些是暫時性質、有些是特殊需要而設立，或者是國際協商所達成的一種協議；[21] 或者為制度化與持續存在之國際合作模式，[22] 以及針對廣泛而不同的議程而集結的國際行為者。[23]

（一）國際建制的定義

　　國際關係領域中之文化交流相關語彙之釋義，諸如「文化外交」（Cultural Diplomacy）、「軟實力」（Soft Power）與「國際文化關係」等，可參見本專書《文化的製造與輸出：1970-80 年代史博館「中華文物箱」與臺灣文化外交的見證與反思》（陳嘉翎）、《文化外交：建立專業藝術網絡的一種路徑？》（王紀澤）、《博物館新媒體科技與文化外交：以國立故宮博物院郎世寧來華三百周年特展為中心》（郭鎮武等人），以及《國際軟實力評估框架研析及其對臺灣發展國際文化關係的啟示》（李映霖）等篇章，援引文化介入國際關係之「文化轉向」（劉俊裕 2013）觀點，梳理 Nye（2004）、李智（2003）、Cummings（2009）與郭唐菱（2019）等人之相關論述，說明國際政治劣勢下，以文化活動作為推進國際政治外交工作時的突破策略，係透過政府政策鼓勵和國際事務參與，來強化國家對外的正面形象及吸引力，以利促進軟實力開

21　例如 1815 年的維也納會議（Congress of Vienna），試圖為後拿破崙時代的歐洲建立平衡。

22　例如以全球性社群為目標的聯合國（United Nations）。

23　例如二十國集團（Group of Twenty, G20）高峰會，扮演國際經濟合作論壇角色。

展的同時，提升與其他國家的國際文化關係。本章試以「國際建制」作
為檢視國際文化關係經營成效的可能工具進行討論。

　　關於國際建置形成的背景，Bull（1977）的「無政府社會」
（anarchical society）和 Waltz（1979）的「無政府狀態」（anarchy）
都指出：「國際社會的本質是無政府狀態」；在此種狀態下，為達成國際
間的集體行動與形成共識，運用建制為中心的觀點來成立與運作相關原
則、規範、程序等協議，作為促進國際組織與各成員互動，以及凝聚參
與行為者關係的平臺。學者 Krasner（1983: 2）[24] 提出國際建制的定
義如下：

> ⋯⋯是基於參與者的共同期待，一套針對特定國際關係領域所衍
> 生之內隱或外顯原則、規範、規則和決策程序。⋯⋯其中，原
> 則（principles），是指對事實、因果關係與正當性的信念；規範
> （norms），是指依權利與義務所界定之運作準則；規則（rules），
> 是指採取行動時的明確規定或禁令；決策程序（decision-making
> procedures），是指做出與執行集體選擇時的主要作法。

　　Krasner 等人（Krasner 1983: 6-8; Haas 1989: 377-403; Hasenclever
et al. 1997: 3-6, 145）將國際建制區分為：基於權力（power-based）、
基於利益（interest-based）與基於知識（knowledge -based）等三個
不同取向，分別對應重視權力關係的「現實主義（realism）」，利益導向
的「新自由主義（neoliberalism）」，和強調知識動力、溝通與認同的
「認知主義（cognitivism）」，此三者的最大差異處在於對「制度主義

---

24 原文為：Regimes can be defined as sets of implicit or explicit principles, norms, rules, and decision-making procedures around which actors' expectations converge in a given area of international relations.

（institutionalism）」重視之程度，亦即國際機制所發揮作用之強弱，如下表 1。

◎ 表 1：國際建制類型取向比較表

類型 對照項目	現實主義	新自由主義	認知主義
主要變數	權　力	利　益	知　識
制度主義	偏　弱	中　等	強　調
理論屬性	理性主義	理性主義	社　會　學
行為模式	相對利益	利益優先	角色作用

資料來源：Hasenclever 等人（1997: 6）。

其中，認知主義（cognitivism）以知識為基礎，認為國家會認知世界政治的情形，依規則或規範作為行為準則，國家就像是一個「角色扮演者」（role-player），依其認知的角色行事。不同於理性主義的新自由主義與現實主義兩種類型認知主義將國家認同與利益視為外生既定的（exogenously given），強調以觀念（idea）與知識（knowledge）作為解釋國際政治的變數（Stein 1982: 301）。認知主義認為國際建制的需求處於一種變動的狀態。國家認同與利益是由決策者內心的主觀信念組成，透過學習獲得新的觀念或知識，從而對國家認同與利益有新的認知，產生對國際合作的需求，建制便有形成的可能（Wendt 1992）。

本文著重於對工業遺產／產業文化資產保存專業領域的知識交流，屬於「認知主義」理論框架，其角色定位與 Hermann（1987: 270）與 Walker（1991: 277）針對國際政策領域的「建制導向（regime orientation）」所提出的角色理論 [25] 亦有所呼應，將作為後續探討依據。

(二) 影響國際建制的因素 [25]

前述的國際建制形成過程，有可能受到幾項因素之影響，而朝向不同的發展方向。關於影響國際建制之建立與發展的因素，Krasner (1983: 11-20, 194-204) 提出以下五個因素：

1. **自利主義**（egoistic self-interest），參與行為者希望藉由國際建制達成協議，提供質量良好的資訊給行為者，降低成本以達到外溢（spill over）效果或減少其他跨區域間之成本，減緩行為者間共同利益的困境。

2. **政治權力**（political power）的運用可達成建制平衡。權力作為公共財（common good）使用，可促進共同利益達到最適狀態（pareto optimality），建制以約束與引導個別決策追求全體利益；權力也視作特別利益（particular interest），強權國家或因個別利益考量，提供公共財成立建制。

3. **規範與原則**（norms and principles）為特定國際關係議題界定範疇與提供說明，建制參與者之共通行為規範被視為建制的內在原則，若有個別行為之改變，則會影響到國際建制的發展。

4. **慣例**（usage and custom）指的是參與行為群體原先所遵守、沿用的習慣與風俗，經歷實質與長時間實踐，逐漸成為一種建制，並增強其所能達成之目的。

5. **知識**（knowledge），行為者個別或群體的認知與價值觀傳遞給予決策者，具有溝通的共識基礎後，形成指導方針以達成認知改變與實現目標。

---

25 Walker 針對國際關係所提出角色定位，包括消費者、生產者、抵抗者、促進者與挑撥者。

　　此外，學者 Puchala 與 Hpokins（1983: 63）將國際建制視為一種特定行為模式（patterned behavior），存在於國際關係的各個實質議題領域，其共同的特定行為模式都伴隨著相應的國際原則、規範與規則（Hahhard and Simmons 1987: 491）。依據前述國際建制理論探討，本文歸納出國際建制的構成應包括三個要件：一是共同的國際行為模式；二是協調國際關係的一套原則、規範、準則與決策程序；三是著重於某一特定議題領域；這些議題應體現出以下價值，包括環境與人身安全、經濟財富、尊重與身分、健康與福利、啟蒙教化等（Singer and Husdson 1987）。Walker（1991: 280）並從國際關係的角色理論觀點，提出建制形成的四個階段：凝聚共同價值的參與者交流階段、訂定願景與權責的參與者角色定位階段、不同意見的對立／溝通的衝突階段，以及經過協調後的建制成立／失敗階段（如下圖 4）。

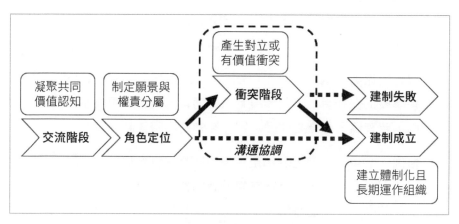

圖 4：國際組織建制的形成階段

資料來源：Walker（1991: 280）。

　　綜合上述，國際建制的理論成形是依據我們對這個世界的認知建構而成，是一動態學習過程不斷演進的結果。本文試從國際工業遺產保存的發展梳理，大致符合專業知識社群的興起、形成普遍認知、建立規範

與原則之關聯性，而由英國與歐洲主要工業國首先發起倡議，以至後續「歐洲工業遺產之路（ERIH）」等國際建制發展亦呼應政治權力[26]與自利主義因素。[27]

(三) 國際建制與知識社群

在國際關係中，其參與之行為主體不侷限於單一國家（state）或政治實體，還有其他像是知識社群（epistemic community）[28]、多國企業（multinational national corporations, MNCs）、媒體（media）、非政府組織（non-governmental organizations, NGOs）等也都參與其中；國際間政府組織的決策與倡議，亦可能各國機構或個人所採納、施行，成為國家政策的創新實踐。因此，國際建制存在於國際關係各個議題領域，每個行動參與者會遵守由菁英（即知識社群）參與制定之原則、規範（規則）和決策程序，以達成預期效果或解決衝突（Puchalaand Hopkins 1983: 62）。本文主題設定的國際建制，源自國際間體認到工業遺產保存的體系龐雜且涉及廣泛必須透過國際建制加

---

[26] 政治權力在此以文化霸權（cultural hegemony）的形式體現，西歐國家以其自工業革命以來所積累的工業遺產與技術文化，成為工業遺產國際建制中最具話語權的群體。

[27] ERIH 成立目的之一係基於振興歐洲文化觀光市場的經濟考量，並呼應歐盟歐洲一體化（European Integration）的政策方針，以泛歐洲工業遺產群組的網絡框架，推動國際觀光行銷與凝聚認同。

[28] 國際關係研究領域的「知識社群」（epistemic community）被視為一種研究途徑或取向（approach），Hass（1992: 18）認為知識社群是「一群專業者所組成之網絡（network），並且這些人在特定議題領域中各具備公認的專業知識與才能」。其具有一套共同的規範性信仰（normative belief）作為行動的價值判斷標準、一套共同的因果信念（causal belief）作為連繫行動選項及政策後果之判斷準則、一個共同的效度觀念（a nation of validity）以評斷其專業領域中有效知識的要件、一個共同的政策志業（policy enterprise）去推動其專業才能的應用，以解決其所關心之問題（轉引自黃偉峰 2000：47-69）。

以規範，包括工業遺產的定義、目的、方法與原則等議題。因為有共同利益（common interests），才能促成合作與協調（collaboration and coordination）（Hass 1983: 4）的國際建制。

以知識為基礎的國際建制強調建制的知識、價值、信念與學習等功能，補強以利益為基礎的建制缺失之處，行為者會經由學習以彌補因利益估計錯誤所造成的損失，透過新的共識來修正彼此之間的行為。另外，知識社群同樣地扮演重要角色，專家學者能夠提出意見減少國際合作之不確定性，並提供解決問題之方案，或是設定國際議題促使國家參與，甚至是協助國家制定相關政策以遵守建制的規範等。本文所探討的工業遺產保存國際建制，知識社群即扮演上述角色，提供資訊、界定問題、議題設定、形成共識、建議策略與協助國家界定利益等功能。

三、產業文化資產國際建制的組織與規範

回顧近代文化資產保存之國際建制，從 1931 年《歷史紀念物修復 —— 雅典憲章（The Athens Charter for the Restoration of Historic Monuments）》，到 1954 年《武裝衝突時文化財產之保護 —— 海牙公約（Hague Convention for the Protection of Cultural Property in the Event of Armed Conflict）》的呼籲，以及 1964 年《文化紀念物與歷史場所維護與修復 —— 威尼斯憲章（International Charter for the Conservation and Restoration of Monuments and Sites, The Venice Charter）》的倡議，促成 1965 年「國際文化紀念物與歷史場所委員會（ICOMOS）」的成立，逐步拓展全球遺產保存意識。1972 年 UNESCO 大會通過《世界遺產保護公約》（*Convention Concerning the Protection of the World Cultural and Natural Heritage*），逐步推動國際合作保護世界遺產，奠定了國際間普遍認同的遺產保存之共識，落實將世界上具有傑出普世價值

（Outstanding Universal Value, OUV）的自然或文化資產登錄於世界遺產名單之推動。

1978 年，波蘭維利奇卡鹽礦（Wieliczka and Bochnia Royal Salt Mines）成為首座被登錄的工業世界遺產；同年成立的「國際工業遺產保存委員會（TICCIH）」亦是第一個致力於促進工業遺產保護的國際性組織；TICCIH 並為 ICOMOS 提供工業遺產認定與審查的相關諮詢，而 ICOMOS 則是 UNESCO 針對文化類型之世界遺產項目審查的諮詢組織。

TICCIH 的目標是促進在保護、保存、調查、記錄、研究、詮釋和推廣工業遺產方面的國際合作，目前全球有包括臺灣在內共 46 國會員，包括成立前的兩屆工業古蹟國際會議（1973 與 1975 年），TICCIH 即將於 2022 年（原訂 2021 年，受疫情影響延期）在加拿大蒙特婁迎來第 18 屆大會。臺灣在各界專家學者積極參與之下，並於 2012 年爭取到在臺北舉辦第 15 屆大會（TICCIH Congress 2012），是 TICCIH 成立以來首次移師亞洲的年會。工業遺產保存國際建制之形成，與 TICCIH 所發布的三項指導原則與協議密切相關，茲概述如下：

（一）下塔吉爾憲章

2003 年 TICCIH 於俄羅斯下塔吉爾第 12 屆大會提出《下塔吉爾工業遺產憲章》（*The Nizhny Tagil Charter for the Industrial Heritage*），探討七個不同面向的課題，[29] 並對產業遺產的範疇與價值進行定義，並提供各國界定與保護產業遺產的依據，是國際間針對工業

---

29 包括工業遺產的定義、價值、鑑定、記錄和研究、法律保護、維護與保養、教育培訓、呈現與詮釋等八項。

遺產保存工作的第一份正式協議，是確立工業遺產普世價值與指導原則的重要文件。

(二) 都柏林原則

《都柏林原則》（*The Dublin Principles*）全稱為：「國際文化紀念物暨歷史場所委員會－國際工業遺產保護委員會聯合準則：工業遺產、構築物、區域和景觀的保護（Joint ICOMOS – TICCIH Principles for the Conservation of Industrial Heritage Sites, Structures, Areas and Landscapes)」。2006 年起在 ICOMOS 愛爾蘭國家委員會的推動下，於 2011 年位於法國巴黎的第 17 屆 ICOMOS 大會通過。該《原則》在《下塔吉爾憲章》的「真實性（authenticity)」基礎上，架構出對工業遺產「整體性（integrity)」的涵蓋，納入自然環境與無形文化資產守護議題，發揮工業遺產被動保存之外，主動積極的社會價值意義。

(三) 臺北宣言

2012 年，TICCIH 於臺北第 15 屆大會通過《亞洲工業遺產臺北宣言》（*Taipei Declaration for Asian Industrial Heritage*），為面對受威脅的亞洲產業文化資產保存發展，作出全球性的共同宣示。基於亞洲工業遺產的殖民背景、破壞性創新的特殊性，以及科技人文與自然資源連動的複雜性，在對象界定上應擴大包括受外來技術衝擊所衍生之各種人文與自然的變遷歷程；在時間範圍上，則應延伸至前工業革命和後工業革命時期的構造物與景觀環境。尤其具有重要意義的是，該《宣言》提出建立亞洲工業遺產網絡的呼籲。

《臺北宣言》作為亞洲工業遺產國際建制的濫觴，除了延續《下塔吉爾憲章》與《都柏林原則》相關原則、規範、程序等協議內容，應用於凸顯亞洲工業遺產的特性與價值意義，更呼應《世界遺產公約》、《威

尼斯憲章》以及《保護非物質文化遺產公約》（*The Convention for the Safeguarding of the Intangible Cultural Heritage*）[30]，更表彰亞洲工業遺產國際建制的重要性與必要性。

3.3 TICCIH《臺北宣言》的國際建制發展

一、《宣言》所彰顯的亞洲價值論述

隨著亞洲國家對於產業文化資產的保存已有顯著且多元之發展，TICCIH 的《臺北宣言》正式揭示在亞洲工業遺產的發展與西方的不同背景脈絡，檢視亞洲區域（或包括大洋洲地區）的近代發展，其國家的工業化進程和當地民族認同、生活型態、社群遷移、經濟發展以及自然資源和土地開發之間的關係網絡更加緊密且錯綜複雜；尤其大部分亞洲工業遺產，其早期所採用的關鍵技術或留存至今的機具物件，皆是由殖民者或從西方國家進口，深刻反映出殖民印記，更是後殖民主義的見證。以臺灣為例，筆者整理臺灣已指定登錄的 580 個核心與附加產業文化資產（圖 5），以自然資源與景觀環境的農林漁牧業比例最高（35%），推進原物料與技術／機具傳播主力的鐵道與橋梁隧道等交通建設次之；顯見，不同於西方世界以二級產業的重工業為主力，工業遺產在亞洲涵蓋第一級與第二級產業，甚至擴及第三級產業中的運輸與通訊服務。

---

30 2003 年 10 月 17 日在 UNESCO 第 32 屆大會上通過，旨在保護世界非物質文化遺產的國際公約。

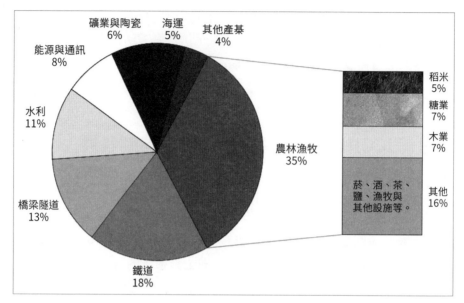

圖 5：臺灣產業文化資產類型比例分布（截至 2020 年 9 月）

資料來源：作者整理。

　　就《宣言》的框架而言，其著重於強化國際背景下亞洲工業遺產保存的普世價值，目的是確保亞洲工業遺產的價值能夠得到國際認可；《宣言》的 13 條條文（表 2）依內容描述可概分為以下六大重點：

（一）條文 I、II、XI，回應國際重要遺產保存公約與憲章之呼籲，確認工業遺產保存國際建制之必要，提出亞洲工業遺產網絡之倡議；

（二）條文 III、VI，界定亞洲工業遺產的有形文化資產範疇；

（三）條文 IV、VII，界定亞洲工業遺產的無形文化資產範疇；

（四）條文 V，說明亞洲工業遺產與自然資源與景觀環境之關聯；

（五）條文 VIII、IX，確認工業遺產價值優先與再利用之原則；

（六）條文 X，強調普世價值須透過教育推廣與民眾參與來傳承。

表 2：亞洲工業遺產臺北宣言全文

條文	內容描述
I.	本宣言認知聯合國教科文組織（UNESCO）通過的《世界遺產公約》、第 2 屆歷史建築專家及建築師會議通過的《威尼斯憲章》、國際文化紀念物及歷史場所委員會（ICOMOS）歷年來所通過的文化遺產相關憲章和宣言、國際工業遺產保存委員會（TICCIH）通過的《下塔吉爾憲章》、ICOMOS 與 TICCIH 共同通過的《ICOMOS-TICCIH 工業遺產地、結構物、地區與景觀維護原則》及聯合國教科文組織通過的《監護無形文化遺產公約》之存在與貢獻，並根基於它們的基礎與精神來發展宣言的內容。
II.	體認到亞洲地區由於都市擴張、土地開發、人口成長、產業結構、技術更新及生產方式的快速改變，導致許多位於都市或是市郊的工業遺產面臨閒置或拆除的命運，因此採取從國際層級、國家層級到地方層級的保護策略是必須立即執行的工作。
III.	體認到亞洲地區工業發展的歷程與西方世界有所不同。地方性的生產方式與設施的發展是當地歷史的一部分。工業遺產的定義在亞洲地區應該更加廣闊，包含工業革命前及工業革命後的技術、機器與生產設施、人造物與人造環境。
IV.	體認到亞洲地區工業遺產見證了所在國家或地區現代化過程，它們提供了這些國家與地區自明性的一種重要感知，是歷史不可分割的一部分。另一方面，亞洲地區工業化的成果，也經常是當地人民辛苦付出的成果。工業遺產與當地人民的生活史、記憶、故事及社會變遷密不可分。
V.	體認到亞洲地區工業遺產往往跟當地的自然資源、土地發展與風土經濟有著密切的關係。不管在都市或鄉間，亞洲地區工業遺產經常是一種綜合性的文化景觀。除人造環境外，還深刻地反映人與土地的互動，也具備有異質地的特色。
VI.	體認到亞洲地區工業遺產大都由西方國家或殖民者引入，廠房建築與設施在當時都是最先進的，具備當地建築史、營建史或設備史的美學與科學的價值，因此應該以整體性的方式保存。與廠房建築與設施密不可分的勞工住宅、原料產地及交通運輸設施等也都對其整體性有所貢獻，因此也應考量加以保存。
VII.	體認到亞洲地區工業遺產在當年運作時都牽涉到機械的操作及知識，經常具體呈現當地人民作為技術者的事實。保存工業遺產時，也應保存操作技術與相關的檔案及文獻。與工業遺產及當地人民關係密切的無形文化遺產，也必須被視為整體保護的一部分。

條文	內容描述
VIII.	體認到為確保亞洲地區工業遺產的永續發展，保存維護的策略與方法可以具有彈性。除非某些廠址及廠房具有高度的建築藝術價值而不宜大幅干預外，為確保工業遺產的維護，可適性再利用為新用途是可以被接受的。
IX.	體認到亞洲地區工業遺產的保存維護可以具備部分彈性，不過可適性再利用之新用途不能犧牲工業遺產的普世價值與核心價值。
X.	體認到亞洲地區工業遺產與當地人民的密切關係，每一處工業遺產的保存維護都應該鼓勵當地人民的參與及投入。
XI.	體認到國家與跨國間的工業遺產同等重要，且日後亞洲國家合作推動工業遺產保存維護之需求是極為關鍵的。因此，國際工業遺產保存委員會第15屆大會同意，有必要在該會的架構內建立一個亞洲工業遺產網絡。

資料來源：ANIH 官網，網址：https://anih.culture.tw/index/zh-tw/unique-values

在《宣言》發布之後，2014 年的「亞洲工業遺產區域網絡」（Asian Route of Industrial Heritage, ARIH）的籌組，在朝向實現建立亞洲工業遺產保存與跨國合作交流網絡的道路上，邁出了第一步。

二、ANIH 的成立與其國際建制框架

(一) 亞洲工業遺產區域網絡（ARIH）

2012 年 11 月於臺北市舉辦的國際工業遺產保存委員會（TICCIH）第 15 屆會員大會，於會後正式發布《亞洲工業遺產臺北宣言》，《宣言》條文中特別提及「體認到國家與跨國間的工業遺產同等重要，且日後亞洲國家合作推動工業遺產保存維護之需求極為關鍵。因此，國際工業遺產保存委員會第 15 屆大會同意，有必要在該會的架構內建立一個『亞洲工業遺產網絡』」。

隨後，在 TICCIH 國際與亞洲地區會員的支持之下，2014 年 9 月

接續在臺北華山 1914 文創園區辦理「亞洲工業遺產區域網絡國際論壇暨青年工作坊」，邀請 TICCIH、ERIH 與亞洲地區之專家學者共同商討建立區域網絡以及就未來相關組織合作發展等議題進行交流，於會中簽署合作備忘錄以作為籌組「亞洲工業遺產區域網絡（Asian Route of Industrial Heritage, ARIH）」之開端。面對亞洲工業遺產的特殊情境，在推展亞洲工業遺產網絡的過程中，從 2012 年辦理 TICCIH 年度大會的經驗中深刻瞭解到，臺灣能更積極主動扮演亞太地區「產業文化資產研究」網絡連繫與主導中心之角色，透過長期推動發展計畫，以持續提升臺灣在「產業文化」專業方面的國際能見度與亞洲連絡樞紐地位，並促進推動世界遺產之相關鏈結工作。茲將 ARIH 成立宗旨、目標，整理如下表 3：

◎ **表 3**：ARIH 成立宗旨與目標

成立宗旨	實踐 TICCIH 2012 大會通過之《亞洲工業遺產臺北宣言》，建立亞洲各國工業遺產保存之跨國資源整合、知識技術分享、聯合行銷推廣等進行串聯及合作之平臺。
目標	1. **保存工業遺產**：透過社群網絡、出版、工作坊、會議等方式提倡與推動工業遺產保存。 2. **推廣研究與教育**：建置保存與活化經驗分享與資源整合平臺，成立專業技術與資源網絡。 3. **強化體驗及旅遊**：建立品牌形象，經營旅遊資訊平臺，以工業遺產旅遊帶動區域經濟發展。
推動方向	1. 提升工業遺產的公共性與形象。 2. 實質增進工業遺產保存與活化品質。 3. 推廣工業遺產旅遊，振興區域經濟。

資料來源：作者整理。[31]

---

[31] 整理自《2014 亞洲工業遺產區域網絡國際論壇暨青年工作坊大會手冊》（未出版）。

2015 年 9 月在法國里爾第 16 屆 TICCIH 會員大會上，經亞洲區 TICCIH 理事們的協商、研議後，針對亞洲工業遺產在世界遺產範疇中的獨特性，以及自各區域工業化進程的不同與文化多元性，將運用 ARIH 平臺尋求連結與合作。區域網絡透過以日本、中國大陸與臺灣為主的 TICCIH 會員們為核心，推動區域工業遺產彼此對話與協作，將過去亞洲區域各自努力的成果串聯。

ARIH 的倡議與初期籌組，係以國內高教體系之建築領域師生與文化資產學者義務投入為主，在有限的人力、物力之下慘澹經營。然而，隨著文化部文化資產局於 2017 年啟動的「亞洲產業文化資產平臺（ANIH）」，ARIH 的階段性工作任務陸續執行完成，其功能與任務已逐漸為 ANIH 所取代。

(二) 亞洲產業文化資產平臺（ANIH）

2012 年《臺北宣言》揭示西方世界或殖民者引入亞洲產業近代化之關聯性，提倡亞洲區域性的產業文化資產保存，更揭示亞洲產業文化資產獨特價值與建立合作網絡的重要性。2017 年我國文化部文化資產局舉辦之「歐亞產業遺產網絡共識座談會」，會中國際學者肯定臺灣推動文化資產保存及再利用的成果，建議進一步建立國際文化資產交流平臺。依據兩次國內共識座談會的決議，正式於 2018 年 3 月 31 日在文化部文化資產園區雅堂館 E 棟，成立「亞洲產業文化資產平臺」（Asian Network of Industrial Heritage, ANIH），作為推動亞太地區產業文化資產交流合作的實踐場域。ANIH 願景與目標整理如下表 4：

表 4：ANIH 平臺之願景與目標

願景	期透過空間服務與資訊網站連結的機能，匯聚亞洲地區、國際間相關團體、專業者與關注者的力量，共同構築亞洲產業文化資產新願景。
目標	1. 多邊交流： 建構亞洲地區產業文化資產團體、專業者及關心者之間相互交流與合作的關係，辦理交流活動與發行電子專刊，積極成為推動亞洲區域網絡連結的據點。 2. 資訊共享： 在數位時代中，資訊共享是趨勢、更是國際交流互動的便捷途徑，藉由平臺官方網站的設立，以及 FB、電子報等資訊分享傳播的管道，希望提供以「亞洲產業文化資產」為主題的資料搜尋服務，讓亞洲地區產業文化資產的訊息獲得更多人的瞭解及關注。 3. 跨國協作： 亞洲地區產業文化資產具有共同的特質，彼此之間亦含有部分文化脈絡的聯繫，ANIH 作為網絡連結的推手，透過平臺交流分享彼此的知識和經驗，更希望搭起亞洲區域間、國際間共同促進產業文化資產合作保存的橋梁。

資料來源：作者整理。[32]

　　ANIH 自 2018 年成立迄今，每年辦理「亞洲產業文化資產論壇」，主題依序為糖業（2018）、鐵道（2019）與青年參與（2020）；發行電子報、專刊，以及不定期辦理的多檔展覽與會議論壇；並有韓國、印度、紐西蘭、越南、馬來西亞與臺灣之國際通訊員計有 11 位。此外，平臺運作的決策組織由亞太地區產業文化資產專家學者，或致力於產業文化保存的產業界代表等共 15 名組成，各國得有代表 1-2 名，並為延續工作推動所需，我國作為祕書處常設地得增列 1 席代表；委員會設置召集人 1 人、副召集人 2 人，召集人或副召集人其中 1 名需為祕書處

---

32 整理自 ANIH 官網內容（anih.culture.tw）。

所在地代表。每一任期為兩年，連選得連任；於任期屆滿前，由祕書處召開委員會議遴選產生。第一屆 ANIH 指導委員會（2020-2022）成員組成為八國 15 人，包括臺灣 7 人、日本 2 人、紐西蘭 1 人、緬甸 1 人、印度 1 人、韓國 1 人、尼泊爾 1 人、印尼 1 人。目前 ANIH 組織架構圖如下圖 6 所示。

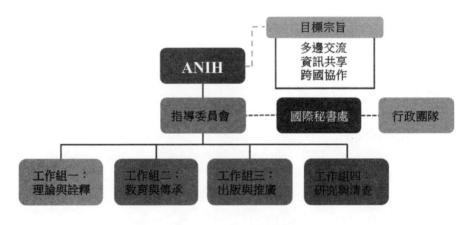

圖 6：ANIH 組織架構圖

資料來源：作者繪製。

（三）TICCIH 影響下的 ANIH 國際建制發展

TICCIH 作為聯合國教科文組織世界遺產建制體系中，工業遺產領域的政府間國際組織（Inter-Governmental Organizations, IGOs）之領頭羊，是國際工業遺產保存網絡的生產者（producer）。成熟的政府間國際組織所連結與組成的成員廣泛，涵蓋各級政府組織、非政府組織與專業社群團體及個人等（Karns and Mingst 2010: 21-25）。IGOs 所彰顯的「議題設定」（agenda-setting）能影響其建制體系內的國家或政治實體決策，因此，TICCIH 憲章公約即係國際間工業遺產保存推動的重要依據，其國際行動有賴成員（國）團體與個人的共同參

與。而 ANIH 的建制基礎，係源於 TICCIH 2012 年《臺北宣言》，對應國際建制之三大要件，兩者皆有專注於特定議題領域（工業遺產／產業文化資產）、依循國際間共同的一套原則、規範、準則與決策程序（《下塔吉爾憲章》、《臺北宣言》），以及共同的國際行為模式（TICCIH 成立以來，國際間工業遺產保存意識顯著提升，影響「歐洲工業遺產路徑」、「亞洲工業遺產區域網絡」以至「亞洲產業文化資產平臺」皆係透過跨國協作以達成更全面的保存實踐與提升更高的保存意識），茲比較兩者的國際建制框架如下表 5。

表 5：TICCIH 與 ANIH 國際建制比較

	國際建制要件			國際建制理論	國際關係角色扮演	發展階段
	特定領域	共同行為模式	共同原則			
TICCIH	工業遺產	透過跨國協作，以達成國際間更全面的保存實踐，與提升更高的保存意識	《下塔吉爾憲章》	認知主義	生產者	建制成立
ANIH	產業文化資產		《下塔吉爾憲章》、《臺北宣言》		促進者	角色定位階段

資料來源：作者整理。

3.4 ANIH 國際建制的變遷分析

一、國際建制的變遷分析觀點

當國際建制運作一段期間後，瞬息萬變的內外部因素，將可能影響其運作模式，進而促使其作出改變；「建制變遷」（regime transformation）是某一建制其權利與規則結構、社會選擇機制的特性、以及履約機制的本質發生改變（Young 1982）。Haggard 與 Simmons（1987: 491-517）對國際建制變遷提出以下分析切入觀點，包括效力、組織形式、範圍與配置模式之外，更提出四個有關國際建制變遷的理論途徑，[33] 其中又以認知理論（cognitive theories）較能反映出本文所探討的亞洲工業遺產國際建制變遷。該理論認為建制的形成與合作是因為行為者的知識、意識型態和價值（菁英或知識社群扮演重要角色），以及對於特定行為的認知等要素所促成，不同的意識型態就會促成不同的建制形成或合作。同時，該理論也提到學習的重要性，認為學習會影響國際規則與合作的呈現，而知識、意識型態則是可以取代行為者利益。因此，當行為者的知識、意識形態與價值轉變時，就會影響甚至導致到原先的建制運作或合作內容的改變。

---

[33] 結構主義（structuralism）的霸權穩定理論（the theory of hegemonic stability）、策略與賽局理論途徑（strategic and game-theoretic approaches）、功能理論（functional theories）與認知理論（cognitive theories）。

二、分析 ANIH 的國際建制變遷

(一) 過程分析

　　本文首先援引 Levy 等人（1995: 272）從兩個面向來檢驗國際建制制度化的程度，分別為「規則化的程度（the degree of formality of the rule）」，與「行為者期望的聚合程度（the expectation of actors converge）」，依此將不同層級的工業遺產國際建制進行劃分（如圖 7）。

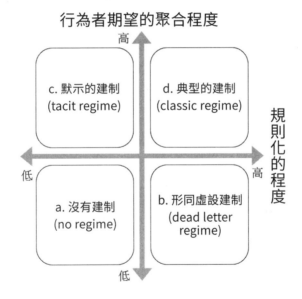

圖 7：國際建制制度化象限圖（Levy 等人 1995）

資料來源：作者繪製。

　　從上圖 7 中可以區分出四種不同情況，將工業遺產國際建制的形成，以及 TICCIH、ERIH、ARIH 與 ANIH 等不同建置體系的發展對應如下：

1. **沒有建制**（no regime）：建制規則正式化的程度低，行為者之間的期望聚合程度也低，例如 2000 年以後工業世界遺產增加，但歐洲以外的區域型工業遺產國際建制尚未形成的階段；

2. **形同虛設的建制**（dead letter regime）：建制雖存在明顯的規則，無論實體與程序上的規定，都清楚有文字的表述，但行為者之間的期望聚合程度低。例如在《臺北宣言》後成立的 ARIH，有正式的國際合作備忘錄與組織願景，但未能實質且延續運作；

3. **默示的建制**（tacit regime）：建制規則不明顯，或是非正式規則，但行為者之間有相互一致的共識，例如 TICCIH 成立前的國際工業遺產保存氛圍，2019 年以前的 ERIH 運作，以及發展中的 ANIH；

4. **典型的建制**（classic regime）：在特定的議題領域中，有明確建制規則，且有計畫性、持續性且普遍性的作為，例如 TICCIH 以及納入歐洲理事會「歐洲文化路徑」體系下的 ERIH。

前述的四種情況，對照 Walker（1991）國際組織建制的四個形成階段，圖 7 中的 a 屬於參與者交流階段，b 是介於角色定位階段與衝突階段之間，因缺乏更深入的交流推動而未能進入下一階段，c 則是處於衝突階段與建制成形階段，正處於溝通協調的進程，d 即是國際組織建制成熟的階段。

（二）內外部分析

國際建制變遷分析有內部與外部因素，建制變遷原因的內部因素，包含建制本身運作過程中產生的影響，茲將 TICCIH、ERIH、ARIH 與 ANIH 的發展，對應以下幾種可能情況（Young 1999: 149-150）：

1. 建制本身成功或失敗的結果，都會造成建制變遷；可能是結束或合併（如 ERIH 結合「歐洲文化路徑」），亦或者是轉型，包括縮減（ARIH 的停擺／被 ANIH 取代）或擴大（如 TICCIH《都柏林原則》擴大涵蓋無形與自然景觀；《臺北宣言》界定、主導亞洲工業遺產的論述）；

2. 建制缺乏運作成果，將成為驅動建制變遷的力量，例如民間為主的 ARIH，因缺乏資源挹注，未能延續其目標任務，使公部門挹注的 ANIH 得以取而代之；

3. 組織運作本身所引起的內部矛盾，例如早期的工業遺產固守傳統或凍結式保存觀念，常與環境永續發展、活化再利用策略產生衝突；

4. 存在於建制中的反對力量，讓建制不得不重視其聲音，否則將會癱瘓建制運作，鑒於過往臺灣參與國際組織的經驗，往往受特定國際政治霸權影響而左右參與涉入程度，中國在 TICCIH 與 ARIH 皆有代表參與，尚未加入 ANIH，就目前工業遺產國際建制運作而言，並未出現兩岸國際關係上的意見衝突；

5. 屬於一種社會學習（social learning）的情況，從建制運作經驗中學習以解決問題，如 TICCIH 持續透過調查研究掌握趨勢脈動，結合國際原則與協議的推陳出新，同時強化與 ICOMOS 的夥伴關係，以維持其國際地位與可信度；而 ANIH 也得以從 ARIH 的經驗中累積、調整運作模式；

6. 建制運作過程中使得成員利益出現變化，或是通過建制規定的制度規範導致成員數目增減等等，如 TICCIH 的成員組成從歐洲、北美逐步擴及亞洲、南美；ANIH 則從 ARIH 的經驗中學習，將成員從東亞拓展至東南亞與大洋洲的紐、澳等國，形成亞太區域的工業遺產保存社群。

　　誠如前文所述，工業遺產保存自 1950 年代以來，已在國際間形成一個專門知識領域，針對工業遺產保存的認知與價值觀，具有溝通的共識基礎，形成各項宣言與指導方針，以達成推廣國際工業遺產保存的目標實現，例如 TICCIH 的國家或區域會員代表依規則或規範作為行為準則，每一位會員就是工業遺產國際建制體系下的「角色扮演者」（role-player），透過學習獲得新的觀念或知識，並依其認知的角色行事，產生對國際合作的需求，例如參與／舉辦年度國際會員大會。

　　相較於內部因素而言，Keohane（1989）主張建制變遷的外部因素可以從「經濟進程」（economic process）、「世界總體權力結構」（overall power structure in the world）、「議題區域的權力結構」（power structure with issue areas）及「權力量能」（power capabilities）等四個面向觀察。以目前 ANIH 的建制運作，基本涵蓋亞太地區不同「經濟進程」的國家；[34] 就「世界總體權力結構」而言，全球 20 大經濟體（G20）中，亞太區的印度、印尼、日本、韓國、澳洲皆屬於 ANIH 網絡；至於「議題區域的權力結構」，在泛亞太地區，日本與中國擁有工業世界遺產數量皆為三處並列最多，印度二處次之，馬來西亞、澳洲各有一處，只有中國未在 ANIH 網絡內，而兩岸關係之錯綜複雜，既是威脅亦是機會，誠如本書〈文物有靈乎：論兩岸故宮競爭與合作〉（王慶康）與《國家符號的文化外交 —— 故宮國際交流展的詮釋與演變》（吳介祥）兩篇專文，皆論及兩岸詭譎莫測的文化外交競合關係。

---

[34]　包括已開發國家的日本、韓國、紐西蘭、澳洲、新加坡，開發中國家的臺灣、印度、馬來西亞、越南、印尼、尼泊爾等。

　　緣此，關於「權力量能」的部分，臺灣作為 ANIH 的主要推手，在國內外知識社群與文化部門資源的挹注下，是現階段 ANIH 建制運作的關鍵，未來隨著建制的規模與量能增加，是否會影響其建制變遷值得持續觀察。

(三) 綜合討論

　　前述分析大致梳理了 ANIH 國際建制的過程，以及影響其變遷的內外部因素。

　　值得注意的是，內部與外部因素並非完全獨立的，不僅可能會同時出現，更會彼此相互影響。Young（1999: 154-155）認為國際建制變遷是許多內外部因素同時運作、互動與相互影響的結果，是一種殊途同歸（equifinality）現象。然而，進一步探究建制變遷因素，建制變遷的近因（proximate causes）與社會驅動力（social drivers）亦扮演重要關鍵（Young 1999: 151）。不同於國際文化政策（international cultural policy）目標在對外關係促進特定政策、處理文化事務，以及國家文化的對外呈現，重視工具性和功能性，例如促進貿易、政治、外交和經濟利益（Mark 2009）；ANIH 更傾向於發展「文化關係」，文化關係（cultural relations）是一個對象範圍廣泛的政策名詞，Mitchell 將其定義為：「自然且有機地成長，未被政府特意介入的文化交流（1986: 4）」，出自於文化專業的需求，和國家政策和上位施政目標未有直接關聯，雖然無力扭轉重大的國際政治情勢，但能藉由增加國際間的瞭解和尊重，減緩國際關係的緊繃（Schneider 2010）。

　　建制變遷的近因是指能夠解釋建制變遷的表面力量，例如同樣有著知識社群的支持，ANIH 得以順利推進，而 ARIH 未能有效運作達到預期成果，是因為 ANIH 有來自文化部門的外部資源挹注，導入國

內建制框架的「規則化」，承接 ARIH 的「期望聚合」，促成 ANIH 國際建制的形成。社會驅動力則深入探討建制變遷的大環境因素，通常包括國際社會中技術、人口、制度、知識力量，以及結構性權力分配等相關發展，例如 ARIH 的早期知識社群聚合程度雖高，但成員較少，加以行為者多為學者，在資源有限下又必須為此付出額外成本的顧慮下，較難全心投入；ANIH 在公部門的介入下，透過既有建制體系與契約制度，加以臺灣社會多元族群的特性，更易於營造跨域對話與理解的平臺，此一多元共存的關鍵 —— 跨文化理解能力，在本書〈建構臺灣在當代東南亞區域發展的文化脈絡：以國立臺灣博物館之跨文化路徑為例〉（袁緒文）一文中有深刻的體現。隨著逐步且階段性地實踐亞洲產業文化資產國際建制近程目標，並向 TICCIH《臺北宣言》願景的實現穩步邁進的同時，更須留意公部門推動國際文化交流時的挑戰與限制，諸如階層式體系、整體戰略闕如、政策法令限制、人力資源與行政管理等問題，在本書〈臺灣政府海外文化據點之運作與轉型：以臺灣當代藝術家之國際專業網絡為例〉（郭唐菱）專文中，作者深刻地剖析第一線海外藝文交流的真實現場。

　　本文綜觀 ANIH 當前發展，茲就其對外關係與運作模式提出以下幾點觀察與發現。儘管 ANIH 係依據 TICCIH《臺北宣言》「在該會的架構內建立一個亞洲工業遺產網絡」的倡議下，所建構的亞洲產業文化資產國際建制。然而，目前 ANIH 尚未正式獲 TICCIH 體系認定為其「架構內的亞洲工業遺產網絡」，若未來遭遇以「政治權力之霸權途徑」所建立的新組織威脅，如何與之應對是一潛在隱憂。此外，ANIH 與個別國際夥伴網絡的長期合作模式尚不若 TICCIH 或 ICOMOS 般明確，應思考如何整合國際夥伴資源以強化亞洲產業文化資產國際建制。至於當前 ANIH 的運作，並未對應 TICCIH 的「會議交流」、「顧問諮詢」和「研究出版」三大主軸，亦非 ERIH 的「據點行銷資訊服務」與「專

案型工作任務」的雙軌制，而採取更接近 ICOMOS 的專責分工模式，分為「理論詮釋」、「教育傳承」、「出版推廣」與「研究清查」四組，隨著 ICOMOS 新近成立工業遺產國際科學委員會（International Scientific Committee on Industrial Heritage， 簡 稱 ISCIH），ANIH 與 TICCIH、ERIH、ICOMOS 以及 ISCIH 的互動方式，將會牽動 ANIH 未來國際建制變遷的發展。ANIH 目前聚焦／侷限於亞洲區域的產業文化資產網絡；而 ANIH 所屬國際通訊員以及其指導委員會委員 [35] 的背景，皆與上述國際組織關係密切（例如擔任組織要職或為決策成員），這是 ANIH 的一大潛在優勢與可能契機。

3.5 結論

本文回顧檢視自 ICOMOS、TICCIH、ERIH、ARIH 以至 ANIH 的發展歷程。在與國際社會互動交往的過程，臺灣經常處於有限的國際外交空間，在許多國際組織的實質參與上屢遭制肘，亞洲產業文化資產平臺（ANIH）自 2018 年成立，在文化部文資局積極推動與資源挹注下，延續 2012 年 TICCIH《臺北宣言》成果，實踐亞洲工業遺產保存的國際建制，更加拓展臺灣在亞洲工業遺產保存的話語權。ANIH 特別強調其定位為「交流平臺」，而「營造交流場域」正是國家期望藉由加入國際建制能獲得的關鍵因素之一，參與國際建制運作或是彼此的合作，國家可以獲得所需的公開資訊，不必再擔心有因資訊不對稱問題而損失利益的情況發生。同時，在協商個別項目的議題合作時，由於希望能夠減少彼此的交易成本，透過議題連結的方式，將相關議題串聯起

---

35 ANIH 指導委員會：https://anih.culture.tw/index/zh-tw/advisorycommittee

來，提高與其他國家合作的可能性。ANIH 亦彰顯出臺灣在亞太產業文化資產保存所扮演的樞紐角色，作為後殖民社會中最為積極的產業文化資產保存行動者，不僅能介接南北半球產業文化資產保存社群，更有機會協助弭平殖民與後殖民、已開發與開發中國家之間的緊張情勢。亞洲產業文化資產的區域性議題、社會趨勢亦有助於臺灣的對外文化交流的擴展，此一臺灣對外文化關係與文化交流新的新形式（跨國非政府組織網絡的國際建制），可視為近年來臺灣參與、主導實質的國際文化合作及交流的具體實踐之一。

國際建制的建立，會增加國家合作的意願，也會改變國家處理國際關係的方式，使其有意經由建制的規則與決策程序，協商解決國際問題，建制不全然都是有利於合作，但合作卻需要一定程度的建制來協助。臺灣具備幾項特點，如應變經驗多（颱風、地震、疫情、數位安全）、科技能力雄厚（資訊分享與運用）、企業活力與民間資源豐富，以及具包容與創新的社會氛圍等，對於 ANIH 所在亞太地區乃至於 TICCIH 因應國際工業遺產保存的努力，可貢獻其心力；臺灣文化部門以其既有建制體系與資源的主動介入實踐《臺北宣言》，可視作國際建制中善意霸權之存在，其領導與提供公共財的角色，促成亞洲產業文化資產國際建制之運作與蓬勃發展。Haas（1990）呼應認知理論提到學習（learning）的重要性，行為者若是在其他領域習得好處，則會試圖移轉相同的模式到其他領域，簡言之，行為者會透過學習而改變其國際合作的方式。從其他知識社群之經驗中，吸收到相關資訊與知識，強化相關的政策措施與借鏡其他行動者的經驗，亦是國際建制帶來的好處。ANIH 從 ARIH 的經驗學習的同時，面對持續變動的未來，亦應深刻理解 ICOMOS、TICCIH 與 ERIH 國際建制變遷的作法，適度適時地作出調整應變。然而，建制本身並非是一種中立的價值、而是一種行為者權力競合的結果（Young 1999: 148-151）。國家基於自身需求

而參與國際建制，冀望能夠藉此達成其預設目標。簡言之，國家的需求同時是促使國際建制不斷地完善其功能的重要關鍵因素之一。

在全球－亞洲工業遺產發展脈絡裡，在錯綜的產業文化資產譜系中，本文透過國際建制觀點，探討臺灣在國際工業遺產保存交流合作的角色扮演與定位，期能對本專書的提問做出貢獻。回顧 ANIH 的發軔歷程與發展現況，確實是「以不同的方式建立臺灣非政府組織與協力夥伴的產業文化資產國際交流網絡」的實踐嘗試，誠如本書第一篇章之《國際文化交流中臺灣品牌之建立 —— 以台灣國際藝術節 TIFA 為例》（盧佳君）之觀點，ANIH 即是國際交流中，由文化（產業文化資產資訊）傳遞者所運行的系統（Stedman 2016）之一；儘管「創造一個產業文化資產國際交流運作的可行模式」與「發展出整合公私部門且跨域的產業文化資產保存之夥伴關係與合作模式」的實現仍待醞釀與考驗，對應盧佳君所援引之論點：要讓文化轉移的系統持續可行，須發展具脈絡化且與在地連結的「品牌特色」（Burke 2000），在在說明 ANIH 應將「品牌化」視為次階段的主要工作，發展 ANIH 與臺灣文化特色結合的品牌化策略藍圖。

誠如 Keohane 與 Nye（1977）所言，國際體系乃是一複雜的相互依存關係。ANIH 作為知識導向的國際建制，發揮其國際社群交流與知識學習的平臺角色，是供給者也是需求創造者。目前 ANIH 正處於國際建制發展歷程中的角色定位階段，向亞洲區域夥伴積極傳播產業文化資產的最新知識與實踐，從而刺激其對產業文化資產之認同與利益有新的認知，繼而產生對國際合作的需求，朝向 ANIH 國際建制形成的階段邁進。正如 Alger（1965）所強調的，「非國家角色」（non-national role）的參與者個人才是關鍵，其發揮之影響往往能為世界帶來改變、提升認同意識，進而引起其他國家關注，與落實國際間組織本身的工作任務。在跨域整合的趨勢下，ANIH 的初具雛形，也象徵著

更多的機會，臺灣應積極整合擘劃已具會員身分或作為知識社群一員的國際文化資產組織之參與策略，例如 ICOMOS、TICCIH、ICOM、[36] IUCN 等，鼓勵公私部門之個人與團隊展開行動，以分享取代抗衡，正向積極地在國際舞臺發揮臺灣的影響力。

參考文獻

王玉豐（1998）。〈運用時空因素發展科學工藝博物館之展示策略〉。《科技博物》，2(1)：21-35。

行政院文化建設委員會（2004）。《產業文化資產清查操作參考手冊》。臺北市：行政院文化建設委員會。

李乾朗（1994）。《臺閩地區近代歷史建築調查》。臺北市：內政部。

林崇熙（1995）。《科技文物典藏研究的歷史參考架構》。高雄市：科學工藝博物館。

林曉薇（2014）。〈產業文化資產保存推展在臺灣的實踐與影響〉。《臺灣建築學會雜誌》，76：33-39。

張亞中（2007）。《國際關係總論》（第二版）。新北市：揚智文化。

張譽騰（1996）。〈生態博物館的規劃理念與個案之解析〉。《博物館學季刊》，10(1)：7-18。

黃偉峰（2000）。〈「知識社群」研究取向如何應用在歐洲與東南經濟暨貨幣整合？ —— 方法論的困境及其解決之道〉。《問題與研究》，39(5)：47-69。

劉俊裕（2013）。〈文化「治理」與文化「自理」：臺灣當代知識分子與文化公領域的結構轉型〉。2013 年文化研究學會年會：公共性危險。臺北市：臺灣師範大學。

郭唐菱（2019）。〈由威尼斯雙年展觀察臺灣文化外交政策〉。《藝術評論》，37：115-139。

---

36 International Council of Museums, ICOM 國際博物館協會。

李智（2003）。〈文化外交〉。《外交學院學報》，1：83-87。

Alger, Chadwick F. (1965). "Personal contact in intergovernmental organizations." In Herbert C. Kelman (Ed.), *International behavior. A social-psychological analysis* (pp. 523-547). New York: Holt, Rinehart and Winston.

Bull, Hedley (1977). *The Anarchical Society: A Study of Order in World Politics*. London: Macmillan.

Burke, Peter (2000). *Kultureller Austausch*. Frankfurt-Main.

Cox, Robert W. (1990). "Globalization, Multilateralism and Social Choice." *United Nations University Work in Progress Newsletter*, 13(1). Accessed November 15, 2020. http://www.nzdl.org/gsdlmod?e=d-00000-00---off-0ccgi--00-0--0-10-0--0--0direct-10--4-----0-1l--11-en-50--20-about--00-0-1-00-0--4---0-0-11-10-0utfZz-8-00&cl=CL2.7&d=HASH93f69d0c3aeebd0c477c48.3&gt=1

Cummings, M.C. (2009). *Cultural Diplomacy and the United States Government: A Survey*. Washington D.C.: Center for arts and culture.

Hass, Ernst B. (1983). "Words Can Hurt You or, Who Said What to Whom about Regimes." In Stephen D. Krasner (Ed.), *International Regimes* (pp. 23-60). Ithaca and London: Cornell University Press.

Haas, Ernst B. (1990). *When Knowledge Is Power*. Berkeley: University of California Press.

Haas, Peter M. (1989). "Do Regimes Matter? Epistemic Communities and Mediterranean Pollution Control." *International Organization*, 43(3): 377-403.

Haas, Peter M. (1992). "Introduction: Epistemic Communities and International Policy Coordination." *International Organization*, 46(1): 1-35.

Haggard, Stephan and Simmons, Beth A. (1987). "Theories of International Regimes." *International Organization*, 41(3): 491-517.

Hasenclever, Andreas, Mayer, Peter and Rittberger, Volker (1997). *Theories of international regimes*. New York: Cambridge University Press.

Hermann, Charles F. (1987). "Super Power Involvement in Africa: Alternative Role Relationships." In Stephen Walker (Ed.), *Role Theory and Foreign Policy Analysis*. Durham, NC: Duke University Press.

Hermann, Charles F., Rosenau, James N. and Kegley, Charles W. Jr. (1991). *New Directions in the Study of Foreign Policy*. Harper Collins Academic.

Karns, Margaret P. and Mingst,Karen A. (2010). *International Organizations: The Politics and Process of Global Governance*. Boulder, CO: Lynne Rienner Publisher.

Keohane, Robert O. (1983). "The Demand for International Regimes." In Stephen D. Krasner (Ed.), *International Regimes* (pp. 141-173). Ithaca and London: Cornell University Press.

Keohane, Robert O. (1989). "Neoliberal Institutionalism: A perspective on World Politics." In Robert O. Keohane, *International Institution and State Power: Essays in International Relations Theory* (pp. 1-20). Boulder, CO: Westview Press.

Keohane, Robert O. and Nye, Joseph S. (1977). *Power and Interdependence: World Politics in Transition.* Glenview, Illinois: Scot, Foresman.

Krasner, Stephen D. (1983). "Structural Causes and Regime Consequences: Regimes as Intervening Variables." In Stephen D. Krasner (Ed.), *International Regimes* (pp. 1-22). Ithaca and London: Cornell University Press.

Levy, Marc A., Young, Oran R. and Zürn, Michael (1995). "The Study of International Regimes." *European Journal of International Relations*, 1(3): 267-330.

Li, Chao-Shiang (2017). "Industrial Heritage Production in Taiwan: A Creative Economy Approach." Unpublished Ph.D. thesis. Birmingham: Univ. of Birmingham.

Mark, Simon (2009). A Greater Role for Cultural Diplomacy. *Discussion Papers in Diplomacy*. Netherlands Institute on International Relations 'Clingendael', April 2009. Available at: http://www.clingendael.nl/publications/2009/20090616_cdsp_discussion_paper_114_mark.pdf Accessed on the 23.03.2012

Mitchell, John M. (1986). *International Cultural Relations*. London: Allen and Unwin.

Nye, Jr. Joseph S. (2004). *Soft Power: The Means to Success in World Politics*. New York: Public Affairs.

Puchala, Donald J. and Hopkin, Raymond F. (1983). International Regimes: Lessons from Inductive Analysis. In Stephen D. Krasner (Ed.), *International Regimes* (pp. 61-92). Ithaca and London: Cornell University Press.

Ruggie, John G. (1975). "International Responses to Technology: Concepts and Trends." *International Organization*, 29(4): 557-584.

Schneider, Cynthia (2010). "Cultural Diplomacy: The Humanizing Factor." In J. P. Singh (Ed.), *International Cultural Policies and Power*. New York: Palgrave Macmillan.

Scholte, Jan Aart (1999). "Global Civil Society: Changing the World?" *Centre for the Study of Globalisation and Regionalisation Working Paper* 31/99.

Singer, Eric G., and Hudson, Valerie M. (1987). "Role Sets and African Foreign Policy Behavior:Testing an External Predisposition Model." In S. G. Walker (Ed.), *Role Theory and Foreign Policy Analysis* (pp. 199-218). Durham, NC: Duke University Press.

Stedman, Gesa (2016). "Introduction: Theories of Cultural Exchange." In *Cultural Exchange in Seventeenth-Century France and England* (pp. 12-28). New York: Routledge.

Stein, Arthur A. (1982). "Coordination and Collaboration: Regimes in an Anarchic World." *International Organization*, 36: 299-324.

Walker, Stephen G. (1991). "Role Theory and the Origins of Foreign Policy." In Charles F. Hermann, Charles W. Jr. Kegley, and James N. Rosenau (Eds.), *New Direction in the Study of Foreign Policy* (pp. 269-284). Boston: Allen & Unwin.

Waltz, Kenneth N. (1979). *Theory of International Politics*. Reading, Mass.: Addison Wesley.

Wendt, Alexander (1992). "Anarchy is What States Make of It: The Social Construction of Power Politics." *International Organization*, 46(2): 415-417.

Young, Oran R. (1982). "Regime Dynamics: The Rise and Fall of International Regimes." *International Organization*, 36(2): 277-297.

Young, Oran R. (1983). "Regime Dynamics: The Rise and Fall of InternationalRegimes." In Stephen D. Krasner (Ed.), *International Regimese* (pp. 93-114). Ithaca:Cornell University Press.

Young, Oran R. (1992). "The Effectiveness of International Institutions: Hard Cases and Critical Variables." In James N. Rosenau and Ernst-Otto Czempiel (Eds.), *Governance without Government: Order and Change in World Politics* (pp. 160-194). Cambridge: Cambridge University Press.

Young, Oran R. (1999). *Governance in World Affairs*. Ithaca and London: Cornell University Press.

CHAPTER

04

臺灣政府海外文化據點之運作與轉型：以臺灣當代藝術家之國際專業網絡為例

— 郭唐菱 —

4.1 前言

　　本文以文化部所轄之海外文化中心及駐外文化組（即題名之海外文化據點，以下簡稱外館），為研究主題，探討其運作及轉型。鑑於國際交流事務龐雜，本文聚焦於視覺藝術領域，首先介紹整體交流組織及政策，並討論外館營運現狀及問題。隨後聚焦於國際當代藝術，藉由理論文獻與訪談，指出國際當代藝術的經銷體系偏好以專業網絡傳達訊息，以及促成合作。以已經進入「國外指標型文化機構」之三位臺灣藝術家為案例，將藝術家的職涯發展結合社會網絡分析理論，探討其成功進入並持續經營網絡的原因，以此作為海外文化據點未來發展、轉型之建議。

　　本研究主要採用文件分析及訪談法，訪談對象包含資深海外文化行政人員、國際當代藝術專業人士，以及三位已進入指標型機構／展會、職涯已發展成熟、1960 年代出生之藝術家。這些藝術家已於國際當代藝術世界取得一席之地，並長期維持個人專業網絡的維度和強度。惟本文以 1960 年代出生之藝術家為案例，未能觸及當下青年藝術家之發展情形，為未來可延伸研究方向。

　　根據本文研究，臺灣藝術家之國際曝光有賴國際專業網絡的訊息傳播，爰建議外館轉型為以臂距原則運作之駐外文化機構（overseas cultural institute）。而中央政府對海外文化據點之治理，以網絡治理模式，加強運用人才為關鍵。[1]

1　本文感謝葉瑋妮、吳家祺協助審稿。

4.2 交流現況

一、組織及政策

　　臺灣政府長期由上而下挹注資源，除設立各項獎補助計畫之外，以國家建設計畫興建公立館舍，以政策引導文化發展，扮演贊助國家（patron state）的角色（Cummings and Katz 1987；Lee 2018）。其中臺灣當代藝術之發展，已與公立美術館營運及國家補助計畫密不可分（王嘉驥 2001；謝東山 2001；McIntyre 2018；王聖閎 2019）。現今臺灣當代藝術國際交流組織已百花齊放，然而出國交流成本高昂，政府部門和近政府組織因具穩定經費來源，較能夠長期運作對外交流專案。

　　目前視覺藝術的多元交流組織中，政府組織以前言所提之文化部及其外館、各縣市文化局、公立美術館、公立文化中心、公立藝術村、各級學校為主。近政府組織則以國家文化藝術基金會（以下簡稱國藝會）、各類政府委託經營的美術館及藝文空間（例如台北當代藝術館、臺灣當代文化實驗場 C-LAB）、行政法人博物館為主。私部門則以藝廊、私人藝術村、私人美術館、替代空間、協會、基金會、藝術家工作室等公司或團體方式運作。

　　文化部為制定政策的中央政府部會，多以資源分配式的補助政策（劉宜君等 2009）[2] 推動對外文化交流。業務執行有賴外館、美術館、

2　檢討文化部法令，視覺藝術的「出國」交流方面，針對駐村和產業設有「文化部選送文化相關人才出國駐村交流計畫作業要點」及「文化部補助視覺藝術產業辦理或參加國際藝術展會作業要點」。綜合性國際交流設有「文化部補助文化團體及個人參與多面向拓展文化交流處理要點」，補助常態性、不特定之出國申請案。此外尚有專案式、大規模、跨域式的補助涉及國際交流：「文化部跨域合創計畫補助作業要點」（已移撥至國藝會）及「文化部科技藝術創作發展補助作業要點」。另亦設有以地區為分

國藝會、學校等第一線文化機構。國藝會除設有常態性及專案式國際交流補助外，2018 年創立 ARTWAVE 平台（執行模式於下節說明）。

公立美術館規劃之「國際交流」，焦點為國內發生之國際藝術活動，例如各種國際雙年展及藝術家大展。雙年展對於臺灣與國際當代藝術世界的連結頗具貢獻，許多重要專家因雙年展而來臺，為臺灣藝術家創造了「被看見」的機會。美術館出國交流之規劃，除了與國外博物館的館際交流展之外，還有行之多年、例行性的《威尼斯美術雙年展》及《威尼斯建築雙年展》。威尼斯雙年展臺灣館，初期為政治外交導向，現為專業當代藝術交流。其餘尚有政府主辦之海外團體展覽，例如臺北市立美術館、國立臺灣美術館及高雄市立美術館，長期與外館合作於歐美主要城市辦理臺灣藝術家群展（McIntyre 2018）。

針對百花齊放的現狀，應以去中心化的「網絡治理」（network governance）來解釋視覺藝術的國際交流。「網絡治理」強調分權、參與、合夥、協力、合作互惠，以及自我組織、調節等概念（劉俊裕 2014：13）。「治理」意指政府並非是單一的行動者，而是許多機構合作協調的綜合體，而對外，政府並非公共權威與社會控制唯一的中心，而是許多能動者或是利害關係人互動的過程（劉俊裕 2014：13）。而「網絡治理」意指公共政策在決策和執行上，納入了更多元的參與者，不若以往上下關係的科層體制，形成了多向決策的網絡關係。

配的交流補助要點：「文化部辦理東南亞地區與臺灣文化交流合作補助要點」、「文化部辦理亞西及南亞地區與臺灣文化交流合作補助要點」、「文化部辦理臺灣與拉丁美洲文化交流合作補助要點」。

二、政府執行模式

臺灣政府直接或間接支持的視覺藝術向外交流模式為：常態性補助；選送人才出國駐村；引介藝術家進入政府或近政府組織建立的國際專案（例如國藝會 ARTWAVE）；公辦出國展覽，以及各種專案式的出國補助。「外賓邀訪」亦為臺灣國際交流、增加藝術家國際能見度之重點計畫，由前述各類型組織透過各種不同名目辦理。

不管出國交流的樣態為何，藝術家已難以憑一己之力單獨對外交流，「組織」已成為必要協助者（陳晞 2019）。出國展示藝術家需負擔高額的運輸、保險、裝置、宣傳、佈卸展等費用，需要「組織」的資源。這些資源包括公或私部門的資金申請、行政協助及專案管理、作品佈卸展專業，及各方之間的溝通協調成本等。

具長期對外交流「執行能力」的政府或近政府組織，以公立或法人美術館、國藝會、外館為主。依據文化部官方網站[3] 顯示，現有外館共計 15 處，執行能量各有差異，其中較具規模、員額充足者為歷史悠久的紐約臺北文化中心（以下簡稱紐文中心）及巴黎臺灣文化中心（以下簡稱巴文中心）。

外館為前線開拓業務之單位，實質推薦藝術家名單或策劃展覽，可由國內文化機構協助。以 2019 年 Performa 藝術節臺灣館為例，策展人 RoseLee Goldberg 由紐文中心人員聯繫，並多次應邀來臺參訪洽談。在內容策劃上，則由策展人、臺灣當代文化實驗場與臺北市立美術館共同選擇藝術家及策展（典藏藝術網 2019；陳晞 2019）。

---

3 詳文化部英文網站：https://www.moc.gov.tw/en/content_125.html

　　然而，理想上外館人員須具備可直接向館舍推薦臺灣藝術家名單或策展案之專業能力。以 2019 年龐畢度藝術中心《世界大都會 #2——再思人類》雙年展為例，由巴文中心推薦龐畢度策展人 Kathryn Weir 及其策展團隊臺灣藝術家名單，共計促成 8 位臺灣藝術家獲邀展出（曾婷瑄 2019）。此次的成果亦是巴文中心長期且多次，與龐畢度策展人經營關係的成果。中心已與龐畢度中心達成數次合作拜會，也數次邀請策展人訪臺。[4] 而策展人對臺灣的好感及興趣也是長期培養出來的，Kathryn Weir 曾擔任過第 16 屆台新藝術獎之評選委員，後續亦擔任 2020 Taiwan Season Edinburgh Festival Fringe 網路論壇與談人。

　　國藝會 2018 年成立 ARTWAVE 平台，強調「開拓」、「連結網絡」的目標，給予藝術家國際露出的渠道，省去許多藝術家「單打獨鬥」的成本（例如自行接洽國外機構和申請獎助）。其執行方式是由國藝會與各外國藝術節組織、博物館、文化中介組織簽定合作備忘錄，建立雙方合作意願，隨後國藝會推薦國內團隊或藝術家自行與該單位共同策劃展演或專案。已簽定合作備忘錄的單位包括英國文化協會、日惹雙年展、澳亞藝術節[5] 等。例如國藝會主動與日惹雙年展基金會總監 Alia Swastika 聯繫，共同促成 2019 年在日惹雙年展中設置臺灣館的目標（林曼麗口述、陳晞整理 2019）。

4　黃意芝，電話訪問，2018 年 7 月 31 日。

5　國家文化藝術基金會。「What We Do」，ARTWAVE，網址：https://artwave.ncafroc.org.tw/what_we_do（檢索日期：2020 年 10 月 12 日）

4.3 問題討論

一、整體問題討論

　　視覺藝術的國際連結有賴二個以上的單位先行媒合，才能開始一個具體的展覽計畫。作為一個從無到有的生產過程，具一定規模的展覽，通常需要二年以上的時間。[6] 表演藝術界已有國際經紀人／團隊／公司、策展人、場館可彼此串聯，然而視覺藝術界仍欠缺這些有力的中介組織。公立文化機構出國預算受法令規範，且習慣委託國際交流案予外國機構或策展人，使得相關的網絡資源及經驗累積無法回歸到機構（高森信男 2020）。

　　總而言之，「視覺藝術」所需的「向外」資源，仍需不斷加強及關注。中央政府施政仍以國內發生之計畫為重心，經查 2016 年至 2019 年之文化部施政計畫，重點集中於國內發生之計畫成果，無列出海外文化據點之績效。以 2019 年文化部預算書為例，對外交流相關經費佔文化交流司預算 27%；海外文化據點營運佔總預算 36%，這些預算支援各類型文化活動，視覺藝術僅佔其中一小部分。[7] 以受文化部預算捐贈之國藝會 2019 年預算書為例，針對視覺藝術、計畫內容涉及實質出國交流為「視覺藝術策展專案」，業務費及補助費總計 965 萬元。其

6　連俐俐，作者訪問，巴黎，2018 年 10 月 29 日；賴秀如，作者訪問，臺北，2019 年 8 月 26 日。

7　其餘部門編列之視覺藝術「對外交流」相關計畫，例如藝術發展司之「視覺藝術之輔導與推動」項下：「辦理全球重要藝術村交流網拓展計畫」2,950 萬元，下分為選送藝術文化相關人才出國駐村交流計畫、國內藝術村營運扶植計畫（含資本門）、國際藝術村線上交流平臺維運等，無法僅從預算書正確瞭解細目，且藝術村包含各種藝術類型。

餘三項「向外」相關計畫為各藝術類型共享經費，共計 3,384 萬 1,000 元。[8] 各級公立或法人博物館雖然時常於國內舉辦各種國際大展，卻較少有出國交流展出的計畫。

二、海外文化據點之問題討論

臺灣的專業機構如美術館、藝術村、國藝會等，長久以來已自行建立國際交流專業網絡，已累積不少公共及學術討論。然而公共領域少見有關駐外文化機構之討論，外館具備有利之地緣條件，卻仍面臨以下幾點問題限制。

(一) 階層式政府部門、缺少整體戰略

目前外館任務強調「中介」、「串聯」的角色，意即與當地藝文機構交流合作、參與當地重要藝文節慶等。然而外館年度計畫須經文化部審核與監督，每年 10 月將下一年的年度計畫送文化部核定，活動前 2 個月檢送細部計畫。[9] 此舉為配合國內預算核定時程，卻未能配合外國活動週期。

外館看似自主運作，但其身分為政府部門，預算由文化部發給，爰計畫是否順利成案，取決於文化部最後核定權。例如文化部可刪減外館呈報之計畫經費，或是以行政命令要求修改計畫執行內容等。因此外館人員對外洽談時，公務行政的考量容易超過專業決策考量，無法積極或即時給予承諾。此外，文化部決策的原則或原因為何，外館往往不得而

---

8 此三項計畫為：「海外藝遊專案」預算為 335 萬 4,000 元；「跨域合創計畫補助專案」預算為 1,028 萬 7,000 元；「國際交流（含 ARTWAVE）」預算為 2,020 萬元。皆為補助費及業務費合計。

9 匿名受訪者 #1，作者訪問，臺北，2018 年 3 月 2 日。

知，如此加深雙方間溝通隔閡。 [10] 外館所能因應之辦法，為積極、加強與國內本部溝通。 [11] 然而外館忙於對外業務，難以掌握部內資訊及國內重要政策。 [12]

進一步來說，文化部並未給予各海外文化據點明確目標任務，僅要求外館自行規劃和回報，或是強調某地區成功案例要求他館效法。 不同地區的觀眾及專業藝術圈，都有自己的習慣及品味標準，但政府推動國際交流時卻未制定因地制宜之策略及目標，等於無整體國際交流戰略（高森信男 2020）。

(二) 國際交流受國內法令限制

外館執行業務時，規定依政府採購法令辦理，不利第一線作業執行（Wei 2017）。例如，與國外大型機構合作時，外館採取部分出資的合辦方式，因業務費超過國內《採購法》規定之上限，須配合法規取得議價決標紀錄。 [13] 然而外國大型文化機構通常無法配合簽名之需求，故實則增加人員推動業務之困難。此外，臺灣的機構、組織或計畫常使用國內的標準來看國際業務，例如補助機制中過分強調對等（高森信男 2020）。 [14] 然而臺灣國際地位低落，有賴政府更主動、積極地投入資源彌補劣勢。

---

10 匿名受訪者 #4，作者訪問，臺北，2020 年 11 月 11 日。

11 賴秀如，作者訪問，臺北，2019 年 8 月 26 日。

12 連俐俐，作者訪問，巴黎，2018 年 10 月 29 日；賴秀如，作者訪問，臺北，2019 年 8 月 26 日。

13 匿名受訪者 #2，作者訪問，紐約，2018 年 5 月 22 日。

14 匿名受訪者 #3，電話訪問，2018 年 7 月 31 日。

（三）人力資源挑戰

人力資源長期為外館面臨的挑戰，過往文建會時期，僅有 3 處海外文化中心，曾有駐外人力不足、缺少明確外派制度之問題（佟立華 2007）。目前已擴增至 15 處，但 2012 年升格改組後持續面臨不同部會職務轉換、[15] 專業人才數量不足之問題（Wei 2017），尤其是德、西、義語等第二外語人才不足，爰增開高考文化行政二級外國語文專業科目。

目前外派人才之甄選，由現職公務人員及約聘人員中選出。現職公務人員經由國家考試取得資格，工作內容多為處理公文及行政程序，是否能符合駐外第一線推動業務之需求？巴黎天主教大學教授兼漢學家 Emmanuel Lincot（2015）解釋現行臺灣文化行政人員考選制度不足之處：

> 臺灣只有一種籠統的文化行政高普考類科。相比較下，法國文化部每年舉辦數十種甄試，針對不同的文化藝術類別與專長遴選和培育人員。臺灣文化部看不到這種活力，而且不少藝術類別的專才根本不存在。其次，臺灣的公務體系缺乏積極主動精神，而且不同單位間嚴重的各自為政與缺乏互動也都導致這種惰性。

目前文化部賦予外館的業務，除了表演藝術及視覺藝術外，尚包含文學、文創、工藝、博物館等各文化領域之國際交流。且外館須處理各項行政交辦業務，如駐在國情資彙蒐、調查研究案等。大部分外館員額僅為 2 至 3 人，恐無法兼顧各領域之策劃專業，又同時兼辦行政庶務。

---

15 意指文化部由文化建設委員會、新聞局、研考會及教育部部門合併升格而成，產生原不同部會人員轉換業務、適應、溝通困難之問題。

此外，主管機關是否能提供駐外人員專業且深入的培訓？國際交流案件委外的作法，例如外賓邀訪「外包」，不利承辦人累積經驗及學習知識。[16] 根據實際田野調查，部分專業性高之外派人員為文化部約聘人員，過去為文建會人員，且具專業背景，故保留過往的駐外經驗及知能。然而這些人員可能在外派期滿回國後至其他機構服務，造成文化部機構知識斷層。另，外派甄選委員會由部內長官組成，缺少外部專家學者意見。政務主管職為政治任命，而非公開選賢舉能。[17]

人員輪調為政府外派準則，但不利外館與當地機構及重要人士維持長期關係，也不利外館累積及傳承經驗（佟立華 2007）。目前外派期限為 3 年，可延長至 4 年。然而第一年可能是外派人員熟悉當地業務時間，至人員精熟業務及社交技巧後即將任用期滿。惟當地雇員無任期限制，可能彌補人員輪調之缺點（Wei 2017）。

（四）行政管理挑戰

根據《駐外機構統一指揮辦法》，代表處人員由大使統一指揮，因此文化組業務亦受大使監督，大使具決定代表處資源分配之最終權力。外館人員出差權利掌握於大使手中，等於人員無出差拓展業務之自主性。[18] 此外，因外館與代表處多為合署辦公，外館人員需分擔代表處行政工作，不利專注於文化交流業務。佟立華 2007 年針對紐文中心之研究指出，組織容易發生權責不分明、管理鬆散、單打獨鬥等問題，目前行政管理問題仍未完全消失。

16　匿名受訪者 #3，電話訪問，2018 年 7 月 31 日。

17　匿名受訪者 #4，作者訪問，臺北，2020 年 11 月 11 日。

18　張書豹，作者訪問，紐約，2018 年 5 月 11 日。

4.4 案例研究：臺灣當代藝術家的國際專業網絡

一、國際當代藝術之生產脈絡

以「文化菱形」來看國際當代藝術世界的文化生產，經銷體系以市場為重心，中介者包含藝廊、美術館、藝術經理人、藝評家、策展人，效力於藝術商品化的流通，主要消費者為私人藏家和機構收藏，其次才是愛好藝術的一般觀眾（Alexander 2006: 65）。當代藝術作為一種文化商品，受到生產與經銷它的人或體系所過濾及影響（Alexander 2006: 65），因此由市場觀點切入，較能瞭解國際當代藝術世界之中介者選擇商品的邏輯。

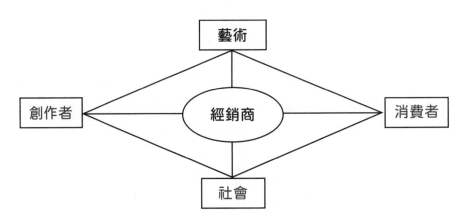

圖 1：文化菱形（Alexander 2006: 61）

在世藝術家的國際當代藝術作品流通之處為前衛藝術市場（Zorloni 2005），這個市場由一小群明星藝術家所組成。以一小群頂級商業藝廊為代表，提供作品給少數的重要藏家及機構收藏。博物館、雙年展等單位，同時扮演確認作品價值的重要角色（Zorloni 2005）。仲裁者多為

世界一級館舍，例如泰德現代美術館、古根漢美術館、惠特尼美術館及現代藝術美術館（MOMA）等。Zorloni（2005: 64）解釋市場特性：「這個市場由一小群主要現代和當代美術館的策展人、藝術經理人、藏家和藝評家組成。一起建立藝術家的品牌，並賦予他或她在當代藝術史一個地位。」

國際藝術世界的權力分布反映了美國和歐洲的全球政治經濟領導權（Robertson 2015），因此交易和價值裁量的中心主要為紐約、倫敦和巴黎等歐美城市。地理上以歐美為中心，博物館、藝廊和平台像是雙年展、三年展等，共同組成藝術商品流通的全球分配系統。頂級藝廊與各大公私立美術館或展會享有緊密關係，共同認證作品的象徵價值。

即使全球化、去國界是當代藝術界的流行觀念，國際當代藝術世界仍然非常具地域性、國家階層性（Quemin 2018:265）。Quemin（2018: 265）以實證研究調查藝術家的國籍或居住國家對於藝術成就之影響，研究結果顯示：「即使全球化應該是藝術領域的規則，國籍仍然重要，並且國家之間仍存在著強力階層性。」分析二大當代藝術指南[19]上排名前 100 名的藝術家，結果呈現強烈的地理集中效應，大部分的藝術家來自美國和西歐（Quemin 2018）。在這 100 名藝術家中，有一小部分藝術家來自對歐美藝壇而言相對「邊陲」的地區，然而他們實際上長年居住於美國，在美國藝術界十分活躍（Robertson 2015: 9）。

國籍背景的影響也會反應在作品的市場價值上[20]（Robertson 2015: 16），多次參加國際展覽的臺灣藝術家陳界仁表示，藝術家參與學術型的國際展覽與進入國際藝術市場是兩件事，即使他頻繁參展，作品仍然

19　研究對象為 Kunstkompass 和 Artfacts 等二大藝術指南。

20　曾文泉，作者訪問，臺北，2021 年 2 月 22 日。

很少被歐美藝廊購買（秦雅君 2018）。他表示：「但對西方畫廊而言，代理一個臺灣藝術家，要賣回給誰？這是一個很殘酷的現實，與作品好壞沒什麼關係。比我年輕一輩的臺灣藝術家也都經歷過相似的遭遇。」（秦雅君 2018）

承上，國際當代藝術世界以全球政治金融作為分配規則，國家政府幾乎不可能直接介入。然而，協助藝術家受到非由商業邏輯主導的合法性機構（legitimate bodies）認證（Martin 2007）[21]，例如博物館、雙年展、重要藝術村、重要文化機構等，是政府可努力之目標。國際當代藝術中的重要中介者如策展人、經理人及館長等，在全球化的脈絡下形成專業性高、封閉性的人際網絡，成員約三、四十位，[22] 習慣經由人際網絡分享意見，臺灣藝術家如能「被看見」，作品訊息則容易於網絡中流通，創造後續機會。

國際級、明星級，或重要機構內之策展人，例如 Hans Ulrich Obrist、RoseLee Goldberg 等人，亦為重要對象，政府或近政府組織可藉由外賓邀訪或合作案把握。國際當代藝術場域的權力結構中，策展人能掌握重要權力，判斷全球藝術品是否符合「中心」或「邊陲」的標準（Ramirez 1996: 16）。策展人作為「認同掮客」（identity broker），藉由在展覽和展覽專輯中，選擇、框架和詮釋位於邊陲地區的藝術品，為各地藝術家開啟全球化的管道（Ramirez 1996: 16）。

---

21 〈視覺藝術家如何進入法國當代藝術市場 —— 基於試驗網絡的動態取徑〉一文指出，藝術家能成功進入藝術市場，需經過一系列藝術市場中由合法性單位（legitimate body）而來的測試（test），認證藝術家的「身分」（identity）和「地位」（status）（Martin 2007）。本文描述國際當代藝術世界的生產體系，採用此研究所定義之觀念，如合法性單位、測試及驗證等用法。

22 李明維，電話訪問，2018 年 7 月 26 日。

二、藝術家案例研究

(一) 旅外藝術家：李明維

本文以多次進入國際一級館舍展覽的臺灣藝術家李明維為代表性案例。李明維 (1964) 為國際知名藝術家，作品以參與式藝術和關係美學聞名。他的作品多為參與式裝置，經由一對一的活動像是用餐、共寢及對話，邀請觀眾沉思並探索信任、親密、自我覺察等議題。李明維 1964 年於臺灣出生，12 歲離臺赴美唸書，1997 年於耶魯大學取得藝術碩士學位，目前居住和工作於紐約和巴黎。

李明維為風格成熟之藝術家，持續於許多指標型美術館及雙年展展出。1998 年已在惠特尼美術館展出個展，其他一級館舍展出包括大都會美術館（2015《聲之綻》；2020《如實曲徑》）、龐畢度藝術中心（2017《如實曲徑》；2018《聲之綻》），以及 2017 年威尼斯雙年展（LEE Studio 2021）。曾於 2014 年於日本森美術館舉辦《李明維與他的關係》個人回顧展，且該展又至臺北市立美術館、紐西蘭奧克蘭美術館展出 (Ibid.)。2020 年李明維獲英國泰德美術館收藏其作品《如實曲徑》，且於德國葛羅皮亞斯博物館（Gropius Bau）舉辦第二次個人回顧展《李明維：禮》個展，採數位 [23] 及實體方式展出 (Ibid.)。

李明維作品持續受指標型機構青睞，有多重脈絡性原因可探討。學術上，「關係美學」和「參與式藝術」的理論日漸發展成熟，創作者也不斷增加；市場藝術品味上，全球藝壇增加對亞洲藝術、東方哲學關

---

23 《李明維：禮》原訂展期為 2020 年 3 月 27 日至 6 月 7 日，因全球疫情開幕一度延至 4 月 19 日，爾後再延，正式展覽期間為 5 月 11 日至 7 月 12 日。館方於此段期間推出二件數位計畫，包括《給自我的一封信》和《邀請曙光》，而《邀請曙光》自 4 月 7 日起至 7 月 12 日展演，演出時段分別由葛羅皮亞斯美術館、李工作室主持（資訊來源：李工作室，2021 年 3 月 19 日）。

注；機構生產上，博物館更加注重行為藝術的典藏與研究，並且在經營
方向上強調民眾參與、擴大觀眾類型，這些脈絡可說與他的職涯發展相
輔相成。

　　本文重點為探討藝術家作品認證及流通之專業網絡（Martin 2007），
李明維長年工作及居住於歐美，英、法文皆十分流利，且與國際當代藝
術世界中的重要策展人、館長皆維持長久、良好、有機的關係。李明維
工作室經理朱雨平表示，1999 年李明維參加澳洲昆士蘭現代美術館的
《亞太三年展》後，持續與當年策展團隊成員維持關係。當年策展團隊
的成員中，有些至知名機構服務，有些成為了館長（李孟學 2020），皆
是李明維專業網絡中的重要成員。

　　前巴文中心主任連俐俐 [24] 以及臺灣收藏家暨策展人曾文泉 [25] 表
示，李明維具有非常獨特的個人魅力，非常受合作夥伴歡迎。李明維也
解釋與機構的合作經驗十分重要：[26]

> [⋯⋯] 第一次合作大家都很愉快，就是希望下次還有合作的機會，
> 當他們發現說跟這個藝術家合作，他作品還 OK，然後人也不會很
> 麻煩。[⋯⋯] 這個藝術家他後面的一些資金的贊助比較不會有問
> 題，[⋯⋯] 所以我們合作起來可以說第一次，接下來就有第二次甚
> 至三到四次的合作。

　　綜上所述，李明維的個人專業網絡，有賴藝術家之個人特質，長
久經營且有機形成，且不斷促成更多合作機會。以李明維 2015 年於大

24　連俐俐，作者訪問，巴黎，2018 年 10 月 29 日。

25　曾文泉，作者訪問，臺北，2021 年 2 月 22 日。

26　李明維，電話訪問，2021 年 1 月 15 日。

都會美術館展演的《聲之綻》為例，合作緣起為「亞洲當代藝術週」策展人首先向李明維提議合作，進而向大都會美術館當代藝術部門策展人提案，最終由 Met Live Art 部門統籌執行，並由紐文中心贊助部分經費。而 2017 年威尼斯雙年展策展人 Christine Macel 於 2015 年在大都會美術館親自觀賞《聲之綻》的演出後，邀請李明維至雙年展展出《補裳計畫》和《不期之美》[27]。

有關藝術家專業網絡的重要性，另一個例子是 2017 年在龐畢度藝術中心展演的《如實曲徑》。李明維搬至巴黎後，甫上任的龐畢度「文化事務推廣部」前副總監 Kathryn Weir 曾與李明維合作 2008 年澳洲昆士蘭現代美術館《菩提計畫》，因此二人決定再次共同合作。[28] 此外，2018 年李明維在法國國立現代美術館[29] 展演《聲之綻》，也是經由龐畢度藝術中心不同部門的策展人協助促成。

龐畢度藝術中心長期負擔自籌經費之壓力，因此李明維的展演計畫尋求巴文中心之經費贊助。也開啟了巴文中心與龐畢度中心合作的契機。Kathryn Weir 專責之部門橫跨當代藝術、電影、舞蹈、行為藝術、視覺文化及當代思潮等。後續巴文中心促成一系列合作計畫，如余政達作品映演、建築論壇、雙年展等，也成功邀請多位館內策展人訪臺。[30]

---

27 李明維，電話訪問，2018 年 7 月 26 日。

28 Ibid.。

29 龐畢度中心為行政法人，轄下包含公共資訊圖書館（Bibliothèque Publique d'Information）、法國國立現代藝術美術館（Musée National d'ArtModerne）與聲學、音樂研究和協作學院（Institut de Recherche et Coordination Acoustique/ Musique）等三單位。能於法國國立現代美術館展出普遍被視為藝術家之殊榮。

30 黃意芝，電話訪問，2018 年 7 月 31 日。

　　李明維堅持創作參與式、觀念性、行為藝術將近 20 年，此類行為藝術的裝置作品不利於收藏及市場流通，但頗具學術價值，因此李明維多與美術館合作，但不太受到前述商業畫廊支持。藝術家與歐美館舍的合作，外部經費贊助十分重要。[31] 面對歐美博物館普遍的資金需求，經由藝術家串聯而成的贊助機會為臺灣政府可把握之方向。

圖 2：《補裳計畫》。2009/2017。複合媒材互動裝置。
2017 年於威尼斯雙年展《藝術萬歲》展出現場
圖片來源：李工作室。攝影：王世邦。

31　李明維，電話訪問，2021 年 1 月 15 日。

（二）國內藝術家：袁廣鳴、陳界仁

本節研究分析以臺灣為工作和生活基地的藝術家，受邀至歐美指標性機構展出的案例。藝術家袁廣鳴（1965）為臺灣代表性科技藝術家，多次於日本展出個展與群展，受邀參加過 2015 年里昂雙年展及許多歐洲電子藝術節，2018 年於國際當代藝術界指標性機構倫敦海沃德藝廊展出《明日樂園》個展，並配合藝廊特別活動 Art Night，通宵於南岸中心外牆播放《棲居如詩》作品投影。本展經由館長 Ralph Ruguff 邀請而成行，Ralph Ruguff 曾受臺北雙年展邀請來臺，對臺灣並不陌生。他至日本參訪時，看到袁廣鳴於 2014 年福岡亞洲藝術三年展的作品，以及於三菱地所的個展，經由介紹後邀請他至倫敦海沃德畫廊舉辦個展。

儘管袁廣鳴已累積不少參與國際聯展的經歷，但都是被動接受國外展會、策展人邀約，合作次數皆為一至二次。[32] 當 Ralph Ruguff 在日本第一次注意到他的作品時，袁廣鳴表示：「他跟我講說，很抱歉我現在才知道你。這句話就代表臺灣很多跑國際展覽的藝術家的心聲。」[33]

另一位藝術家陳界仁（1960），累計受邀出國展覽經歷超過百次（秦雅君 2018）。然而陳界仁並沒有個人網站，本人不具備外語能力，作品卻多次受邀至國際大展中。[34] 陳界仁表示，90 年代末期歐美藝壇開始批判全球化下的新自由主義，需要其他地區觀點，他的作品剛好符

32　袁廣鳴，電話訪問，2021 年 3 月 3 日。

33　袁廣鳴，電話訪問，2019 年 8 月 28 日。

34　陳界仁，作者訪問，倫敦，2020 年 3 月 4 日。

合這個潮流。[35] 1998 年陳界仁的作品《魂魄暴亂 1900-1999》在台北雙年展露出，受聖保羅雙年展的策展人之一邀請參加聖保羅雙年展，從此一路開始了國際參展之路（秦雅君 2018）。陳界仁認為自己本身沒有國際化的條件，先前也不認識任何外國策展人，但許多外國策展人主動邀約他見面。[36]

2020 年英國臺灣電影節與泰德美術館合作，以《殘響世界》為主題在館內播放一系列陳界仁作品。以上二個單位於 2019 年開始合作，第 1 屆播映蔡明亮的作品，第 2 屆由泰德美術館策展人指定放映陳界仁的作品。[37] 陳界仁已具國際能見度，於歐洲知名場館 [38] 舉辦多次個展。政府以另一種方式促成他在英國泰特美術館的個人放映，經由臺灣電影節 —— 一個由臺灣政府資助、具文化外交意義（郭唐菱 2019）、不同藝術領域的計畫，而不是他早已熟悉的雙年展或美術館等機構網絡。因此，進入指標型機構雖有賴網絡訊息的傳遞，卻也可經由多元的組織策略和資金推動促成。

(三) 綜合分析

本文的藝術家案例各自在國際當代藝術世界的專業網絡中佔據不同的位置，旅外藝術家如李明維主動建立個人專業網絡，而袁廣鳴、陳界仁則是被動成為網絡的一員。國際當代藝術世界有賴人際網絡傳達訊息，網絡亦為一種能夠獲得地位的「社會資本」（林南 2007），身處於

---

35 Ibid.。

36 Ibid.。

37 陳繪彌，作者訪問，倫敦，2020 年 3 月 4 日。

38 知名場館包含盧森堡現代美術館、馬德里蘇菲雅皇后國家美術館及巴黎網球場國家畫廊。

專業人際網絡中的藝術家通過一連串藝術測試後，透過推薦，或展演傳遞信息，而得到不斷曝光的機會。

　　大部分非旅外的臺灣藝術家，和國際當代藝術世界容易僅維持著「弱關係」（weak ties）網絡（Granovetter 1973）。「弱關係」是指偶然發生，沒有精心培育的社會關係，然而卻能較快、高效能地傳遞非重覆性訊息。許多在臺灣的藝術家一開始是經由「弱關係」進入歐美主流機構或展會。「能見度」為其進入網絡的關鍵因素，國際策展人因來臺參訪而看到藝術家及其作品，或是在某一國際展會中發現其作品，或是由中介組織推薦，不論經由何種方式都是短期認識、交情淺薄的弱關係網絡，成事的機率和後續的維持無法掌握。

　　陳界仁現在已成為國際當代藝術網絡固定成員，以網絡分析而言，進入網絡後仍須維持網絡的強度，關係的強度和交往時間有關，而關係維度和交易範圍和業務項目數有關（周雪光 2003）。因此進入網絡後必須維持長時間、多項目、多次數合作，而非一次性專案合作，方能成為固定成員。雖然藝術家陳界仁並未主動經營網絡關係，分析其長期國際曝光之原因，可能因其作品具高度風格化的美學語言、堅持前衛批判精神。其持續關注之殖民性、資本主義全球化、弱勢族群處境，至今仍是國際策展中的顯學、在各地社會文化中皆可引發共鳴（嚴瀟瀟 2020）。

　　本文所研究的藝術家皆是經由個人努力進入和經營網絡，處於「單打獨鬥」的狀態（林曼麗口述、陳晞整理 2019）。然而由本文案例來看：外館贊助李明維的展演，並開啟後續與更多館舍合作之機會；政府支持之英國臺灣電影節促成陳界仁個人影展成案，表示政府仍有諸多可著力之處。鑑於國際交流日漸頻繁，本研究建議臺灣政府以專業中介組織的形式，設法成為專業網絡的一員，將可更積極、長期、有效率地協助更多藝術家。

4.5 未來建議及結論

一、外館組織及治理模式轉型

臺灣與各國正式外交關係受限，專業的藝術文化交流，有助突破政治的限制（郭唐菱 2018）。歐洲國家常以「臂距原則」（arms-length principle）設立近政府組織作為駐外文化機構（overseas cultural institute），較能減輕政治敏感度，且不受政府會計及人事法規限制，能建立專業導向的工作網絡。以英國文化協會（British Council）為例，由英國外交、聯邦及發展事務部（Foreign, Commonwealth and Development Office, FCDO）部分出資且監督，然而該協會宣告其身分登記為獨立非營利組織，由董事會管理。該協會宣稱與 FCDO 並非上下關係，且與不同政府部會，如教育部和數位、文化、媒體、體育部等單位長期互動合作，不受政府部會本位主義之限制（Kizlari 2019: 152）。

前述研究顯示，國際當代藝術世界有自成一格的網絡特徵，國家政府最低限度的工作，是保障藝術家的國際曝光機會（Robertson 2015）。本文所研究之藝術家已是政府直接或間接補助的受益者，然而，各國政府積極的對外交流策略，包含強勢的駐外文化機構，例如日本文化交流協會、英國文化協會、歌德學院等，與當地網絡成員互動，主動推薦藝術家或促成跨國合作（Robertson 2015）。

歐美主流文化機構通常具有強烈的美學自主性，對於政府部門傾向保持距離，未必能接受由政府部門主動推薦或行銷的活動。[39] 外館作為政府部門，藝術專業能力恐怕難以受到當地文化機構信任。[40] 李明

維 **41** 曾解釋：「文化機構有自己的專業美學，他們很難相信政府單位的策展能力。」耕耘已久的巴文中心及紐文中心，雖然在當地文化圈已建立機構聲譽，卻因為政府部門的身分，受前述政府組織及行政之限制。

此外，目前文化部以中央集權式、行政官僚式、階層式、由上而下的「命令模式」（command mode）（Jessop 2016）治理外館各項計畫。考量國際藝文網絡中成員皆具高度自主性，建議中央政府以對話和多元性取代單向決策。以持續的溝通、公開流通的資訊為基礎，和各網絡成員建立共識、資源互享，達成一致性的行動和長期互信關係（Jessop 2016），以「網絡／對話模式」（network/dialogue mode）（Jessop 2016）治理對外文化交流為宜。

臺灣政府設立之駐外文化機構，為增進專業性，應具自主性和明確的組織任務，對外以正式協定、長期計畫合作，並編列長時間發展的穩定經費，且預算可跨年度運用（蔡淳任 2017；Wei 2017）。而中央政府則專注於國際定位、整體戰略和區域策略規劃，並增加政策的學術研究基礎（Wei 2017）。爰此，建議外館轉型為以前述臂距原則操作之駐外文化機構。

然而，前文提及之強勢日、英、德等駐外臂距組織，皆設有語言學習業務，為重要自籌財源，故能削弱中央政府控制力度。目前臺灣政府外館預算並不充裕，由外館和國際策展人密切共同合作，可能是短期內較易執行之方法。

39　連俐俐，作者訪問，巴黎，2018 年 10 月 29 日。

40　李明維，電話訪問，2018 年 7 月 26 日。

41　李明維，電話訪問，2018 年 7 月 26 日。

二、以人才為經營專業網絡之關鍵

進行國際交流的中介組織，如能成為當地專業網絡的成員，在訊息交換、合作機會、長期關係維持方面將更有效益。除前節所述之要點外，維持網絡關係有賴長時間不斷創造合作機會，推薦適合之藝術家及策展主題，而非僅是給予經費贊助。爰此，以視覺藝術為例，外館人員須具備開拓業務及維持關係之專業能力，如下簡述：

- ✅ 具視覺藝術專業知能並熟稔臺灣藝術發展，能依照當地機構的需求和品味推薦臺灣藝術家人選。

- ✅ 具備與當地文化機構開啟對話、社交、分享訊息的能力。

- ✅ 能穩定、長期與當地文化機構經營關係。

- ✅ 能為外館營造專業的組織形象和聲譽。

網絡中的關係維持有賴人才之間的聯繫，封閉性的當代藝術網絡中，成員的同質性高，故需任用具高文化資本、高度交流能力之文化行政工作者。另一人才培育之重點是培養臺灣的國際策展人，由臺籍（或支持臺灣的）策展人擔任「文化掮客」角色，直接進入網絡核心，引介臺灣藝術家。

目前已逐步看到政府對國際交流人才之重視，預算書已編列國際及兩岸文化事務人才培訓之科目。然而承上述研究結果，政府部門人事任用雖已有特定規範，離專業培訓及招募尚有一段距離。

三、結論

臺灣當代藝術國際交流日漸蓬勃，海外文化據點在現行政府人事及組織運作的框架下，如何面對國際當代藝術世界中同質性高、極度專業

化的人際網絡？建議海外文化據點之組織身分、任務及營運模式朝下一階段轉型邁進。駐外文化機構如何設立、績效指標如何訂定、人事甄選任用及考核、如何自籌財源營運，政府如何落實網絡治理且避免控制治理的官僚慣習等等，尚待更多公共管理與文化政策研究，是臺灣政府下一步努力的目標。

參考文獻

ARTouch.com。（2019）。〈「Performa 藝術節」臺灣館現蹤：專訪 Performa 創辦人蘿絲李談臺灣館策展概念〉。典藏 ARTouch.com，2019 年 10 月 31 日，網址：https://artouch.com/people/content-11811.html（檢索日期：2020 年 9 月 8 日）

文化部（2013）。《全球佈局行動方案 102-105 年國際交流中程計畫》。新北市：文化部。

文化部（2019）。《中華民國 108 年度中央政府總預算案文化部單位預算》。新北市：文化部。

王聖閎（2019）。〈藝文科層體制如何生產出卓越的你？ —— 關於一場所有人都正在經歷的文書風暴〉。《劇場‧閱讀》，45。

王嘉驥（2001）。〈台灣的位置 ——1990 年代台灣當代藝術的狀態（二）〉。《典藏今藝術》，98：160-163。

佟立華（2007）。《從文化外交角度探討文建會駐紐約台北文化中心之轉型》。元智大學藝術管理研究所碩士論文。

呂育誠（2006）。〈網絡治理與治理網絡：政府變革的新課題〉。《臺灣民主季刊》，3(3)：207-12。

李工作室（2020）。〈新聞稿：李明維「禮」德國柏林葛羅皮亞斯博物館啟動二項數位作品〉。李工作室。

李孟學（2020）。〈臺灣藝術家的國際活動與發展前景〉。文化內容策進院，網址：https://taicca.tw/article/18b9236f（檢索日期：2021 年 2 月 5 日）

周雪光（2003）。《組織社會學十講》。北京：社會科學文獻出版社。

林南（2007）。〈社會資本理論與研究簡介〉。《社會學論叢》，1(1)：1-32。

林曼麗口述、陳晞整理（2019），〈讓世界知道，臺灣的臉是甚麼模樣 —— 專訪林曼麗談「ArtWave」的橫向鏈結與垂直整合〉。非池中藝術網，網址：https://artemperor.tw/focus/3005?fbclid=IwAR2xfa0UJDXliY_S4P8ARjUyRDhKqoKMsox73ro6Sma6sYnQh5_NH8FIA1E（檢索日期：2020 年 10 月 12 日）

秦雅君（2018）。〈一個相信「佛法左派」的藝術家：陳界仁在現實裡的持續創作之路〉。典藏 ARTouch.com，網址：https://artouch.com/view/content-2085.html（檢索日期：2020 年 10 月 12 日）

高森信男（2020）。〈臺灣缺的是國際策展人？關於國際交流與策展人在島上的角色〉。典藏 ARTouch.com，網址：https://artouch.com/view/content-13283.html（檢索日期：2020 年 10 月 14 日）

國家文化藝術基金會（n.d.）〈What We Do〉。ARTWAVE，網址：https://artwave.ncafroc.org.tw/what_we_do（檢索日期：2020 年 10 月 12 日）

國家文化藝術基金會（2019）。《財團法人國家文化藝術基金會 108 年度預算書【含業務計畫書】》。國家文化藝術基金會。

郭唐菱（2018）。〈以文化藝術突破政治現實的文化外交〉。《新社會政策》，56：40-49。

郭唐菱（2019）。〈如何讓台灣的故事被聽見？首屆「冰島／英國台灣電影節」文化外交成功出擊〉。典藏 ARTouch.com，網址：https://artouch.com/view/content-11286.html（檢索日期：2020 年 10 月 12 日）

陳巨擘、張正霖（譯）（2006）。《藝術社會學：精緻與通俗形式之探索》（原作者：Alexander, Victoria D.）。臺北市：巨流圖書。（原著出版年：2003）

陳晞（2019）。〈藝術外交的表與裏（下）出國了，然後呢？在機關本位與積極中介之間，對話性如何可能？〉。非池中藝術網，網址：https://artemperor.tw/focus/2994?page=5（檢索日期：2020 年 10 月 12 日）

曾婷瑄（2019）。〈龐畢度世界大都會雙年展 8 台灣藝術家受邀〉，中央通訊社，網址：https://www.cna.com.tw/news/acul/201910200011.aspx（檢索日期 2020 年 10 月 12 日）

劉宜君、朱鎮明、王俐容（2009）。《我國文化藝術補助政策與執行評估》。臺北市：行政院研究發展考核委員會。

劉俊裕（2017）。〈中介組織翻轉文化治理。文化部，您真的準備好了嗎？〉。典藏 ARTouch.com，網址：https://artouch.com/view/content-3911.html（檢索日期：2020 年 11 月 8 日）

劉俊裕（2014）。《全球都市文化治理與文化策略》。新北市：巨流圖書。

蔡淳任（2017）。〈臺灣對外文化政策的策略研究 —— 以文化部之政策為核心〉。國立臺灣藝術大學藝術管理與文化政策研究所碩士論文。

謝東山（2001）。〈國際化倫理與台灣前衛藝術 —— 以裝置藝術為例〉。《藝術觀點》，2001 年秋季：4-7。

嚴瀟瀟（2020）。〈【藝術國家隊專題】國際藝術舞台如何「看見台灣」？台灣當代藝術「國家隊」Top100〉。典藏 ARTouch.com，網址：https://artouch.com/views/issue/%e3%80%90%e8%97%9d%e8%a1%93%e5%9c%8b%e5%ae%b6%e9%9a%8a%e5%b0%88%e9%a1%8c%e3%80%91%e4%bb%a5%e8%a8%88%e9%87%8f%e6%95%b8%e6%93%9a%e5%9f%ba%e7%a4%8e%e6%89%93%e9%80%a0%e8%97%9d%e8%a1%93%e5%9c%8b%e5%ae%b6/content-12763.html（檢索日期：2021 年 3 月 17 日）

Cummings, Milton C., and Jr Richard S. Katz (1987). "Government and the Arts: An Overview." In *THE PATRON STATE: Government and the Arts in Europe, North America and Japan*. New York: Oxford University Press.

Granovetter, Mark S. 1973. "The Strength of Weak Ties." *American Journal of Sociology*, 78(6) (May): 1360-80.

Jessop, Bob (2016). Government+Governance in the Shadow of Hierarchy. In *The State: Past, Present, Future* (pp. 144-160). Cambridge, England; Malden, Massachusetts: Polity Press.

Kizlari, Dimitra (2019). *Foreign Cultural Policy through the Work of the National Institutes of Culture: A Comparative Study on Instrumentalism*. Doctoral thesis., University College London.

Lee, Hye-Kyung (2019). *Cultural policy in South Korea: Making a New Patron State*. Online: Routledge.

LEE Studio (2021). Lee Mingwei's CV. Accessed 15 March 2021. http://www.leemingwei.com/cv.php

Lincot, Emmanuel (2015). Existe-t-il UN «SOFT POWER» TAWANAIS? *Monde Chinois*, 4(44): 129-32.

Martin, Benedicte (2007). "How Visual Artists Enter the Contemporary Art Market in France: A Dynamic Approach Based on a Network of Tests." *International Journal of Arts Management*, 9 (3) (Spring 2007): 16-33.

McIntyre, Sophie (2018). *Imagining Taiwan: The Role of Art in Taiwan's Quest for Identity.* US: Brill.

Ministry of Culture. n.d. Overseas Offices. Accessed 29 November 2020. https://www.moc.gov.tw/en/content_125.html

Quemin, Alan (2018). "The Uneven Distribution of International Success in the Visual Artists Among Nations, According to the Rankings of the 'Top 100 Artists in the World." In Victoria Alexander, SamuliHägg, Simo Häyrynen and ErkkiSevänen (Eds.), *Art and the challenge of markets. volume 1, National cultural politics and the challenges of marketization and globalization* (pp. 249-275). Cham, Switzerland: Palgrave Macmillan.

Ramírez, Mari Carmen (1996). "Brokering identities- art curators and the politics of cultural representation." In Bruce W. Ferguson, Reesa Greenberg and Sandy Nairne (Eds.), *Thinking about exhibitions* (pp. 15-26). London; New York: Routledge.

Robertson, Iain (2016). *Understanding Art Markets: Inside the world of art and business*. Online: Routledge.

Wei, Chun-Ying (2017). Taiwan's Cultural Diplomacy and Cultural Policy: A Case Study of Focusing on Performing Arts (1990-2014). Doctoral thesis., Goldsmiths, University of London.

Zorloni, Alessia (2005). "Structure of the Contemporary Art Market and the Profile of Italian Artists." *International Journal of Arts Management*, 8 (1): 61-71.

「文化外交」：
建立專業藝術網絡的一種
路徑？

― 王紀澤 ―

5.1 前言

以藝術文化工作從事國際關係之建構，原本應該是偶一為之，特殊情況下之案例，但當沒有正式之外交管道，或是常態性外交工作無法發揮原有之互相溝通、增進理解功能時，藝術文化因其形式靈活，且較不具侵略性，經常成為與國際人士溝通之非正式管道。

尤其近年來，學者試圖以量化方式，以外國學生人數、外國投資金額，還有在聯合國大會的影響力，呈現 G20 國家「軟實力」（Singh, J.P., MacDonald'S 2017），或是「全球軟實力研究報告」（The Soft Power 30）[1]，納入傳統菁英文化或大眾文化表現，並加入社會政治經濟的其他許多面向，例如教育制度、政府民主、數位化程度、海外招商是否友善等等指標。上述所謂的「軟實力」，是搜集了各種不同的數據之後，經由演算法綜合才形成之排行，不同之指標定義及演算方法皆有不同，但是其涵蓋範圍，通常皆相當廣泛，超越一般人認知的小眾及大眾文化藝術，目的在於勾勒出一個國家在國際上造成的普遍印象及影響力。

在我國正式外交管道受限，對外發聲管道有限的前提下，政府似乎企圖仿效鄰近國家韓國的「韓流」（hallyu）[2]，學習在廣義的藝術文化上，吸引國際目光，進而在國際社會上形成部分的「軟實力」。我國

1　網站上有完整版之報告，包含指標以及詳盡之計算方式：https://softpower30.com/。另有關國際上對於「軟實力」的各式研究及其淵源，以及未來臺灣若要發展在國際上發揮「軟實力」之方向，可詳見本書收錄文章之深入分析（李映霖 2021）。

2　依據韓國文化部的文化與資訊服務機構（KOCIS）於 2011 年的宣傳刊物裡指出，「韓流」這一名詞，最早為北京的新聞記者在 1990 年代中期，為形容韓國娛樂在中國的歡迎程度，特別發明的，也就是說這個詞彙其實是由中文翻譯到韓文（Chung 2011）。

2019 年成立之行政法人「文化內容策進院」，其組織架構及目標，也參考了韓國推行「韓流」的「文化內容振興院」（郭秋雯 2017）[3]。由文化內容策進院的成立目的及規模觀之，推論政府應是有意仿效韓國成功經驗，有系統及規模地輸出本國文化創意產業。[4]

以外交觀點言之，臺灣在國際關係中處境艱困，可運作之空間受限，的確可以理解中央政府企圖以文化角度，打入國際市場，尋找新方式建立關係；而以甫成立之文化內容策進院的角度而言，似乎是想如同經貿工作般，將文化創意產業及其產品，仿效其他行業，[5] 在國際商展上有系統的進行推廣、販賣，姑且不論文化創意產業之定義及其範疇，以及文化內容策進院想要推進之產業類別，揀擇標準為何，如想要仿效韓國，推進臺灣版的流行風潮「臺流」[6]，與各級公部門以及私人機構理解的「文化外交」工作，是否是類似的概念？而從「文化外交」到「臺

3　文化部對於韓國「文化內容振興院」，早有關注且有意仿效其設立新的單位。這個於
　　2017 年發表，但實際執行期間應該更早的研究案，即是受文化部委託進行，內容包
　　含了韓國「文化內容振興院」的組織架構及詳細執掌。

4　根據文化內容策進院網站下載的「2019 文策院簡介手冊」第 7 頁，該院業務所涵蓋
　　的，包含流行音樂、出版、影視、動畫、遊戲、漫畫、時尚設計、未來內容體驗經
　　濟、藝術產業等 9 大類別（文化內容策進院 2019），與韓國內容振興院的推廣內容：
　　廣播、音樂、遊戲、漫畫、動畫、角色授權、時尚、文化科技研發、未來內容等，大
　　同小異；韓國之「文化內容振興院」有 CEL 學院，文策院也有 TAICCA School（韓
　　國文化內容振興院 2018）。

5　在推展國際貿易時，經濟部於 1970 年成立的財團法人「中華民國對外貿易發展協
　　會」（貿協）對比於甫成立文化內容策進院而言，似乎是明顯之範例。從現任之董事
　　長黃志芳，為職業外交官出身之外交部前部長擔任，可見該會與我國外交工作之緊密
　　（中華民國對外貿易發展協會 2020）。

6　這個詞彙頻繁地出現在文化內容策進院的對外論述中，例如網站「展會國際線」頁面
　　提到：「打造『國家隊』的品牌，同時拓展『臺流』的海外能見度」，或是手冊的封底
　　也有「打造世界新臺流」的字樣（文化內容策進院 2019）；學術論述方面，可見韓國
　　國際文化交流促進局於 2019 年分析臺灣文化內容策進院的專文中，甚為詳細的比較
　　了「韓流」以及文化內容策進院想要仿效的「臺流」（朴炳善 2019：161）。

流」，這些論述的改變，其中又涉及何種概念的轉化，以及目標設定之改變？

　　筆者關心這些問題，在於本身曾在地方政府之文化局，推行以藝術家互動為主之國際關係交流業務，也許就是一般人認為的「文化外交」工作；但以筆者之經驗而言，在活動現場，藝術家所關心之焦點，似乎與「文化外交」這項以建立國際關係為目的，輔以文化輸出或交流的工作，有所差距。現今在諸多類似的藝術文化實務工作上，較多可見的是建立「網絡」、「交流」、「連結」或是「合作」[7]；雖說在實務上使用的字樣，與未來目標的設定，本就會有層次上的落差，但文化政界人士在制訂未來文化政策時，是否誤認為以國家政策帶領文化藝術工作，就會蔚為風潮？又或是在 21 世紀全球化時代，當歐洲各國檢討殖民時代的用字及作為，避免單向輸出或是強調讓人對殖民有直接聯想的字樣時，如果還沿用前殖民時代之用語，是否脫離國際現實過遠，而落入重蹈以經濟發展擴張國力思維的危險中？

　　因此，確認並且判斷我們在討論的到底是哪些事項，就顯得相當重要，廣義地將所有文化或藝術上的國際交流行為，冠上「文化外交」如此冠冕堂皇的名詞，自然會忽視其中差異。而不同的文化活動或是文創產業，與國際人士進行建立關係，其活動方式及資金流動，都相當不同，這其中涉及了幾個複雜且牽連甚廣的題目：例如，純藝術之畫家、純文學小說家、舞臺劇演員與電影電視業者，是否為同一領域、行業的從業人員？當文創產業工作者從事的工作，實質上也與其他產業相同，講求產值、量化效益、投資報酬時，文化或是文創是否依舊存在其特殊

---

[7]　例如文化部「文化交流司」之組織概要為：「建構文化部國際及兩岸文化交流平臺，以文化跨域連結、世界夥伴關係、海外文化網絡等政策，拓展與各國政府、國際組織及藝文機構之合作，以文化與國際互動、促進兩岸瞭解。」（文化部 2020）

性，能作為一種特別的產業，作為進行國際外交的特殊管道？[8]

由上揭討論，可見「文化」活動或是法律規定裡的「文化創意產業」，其定義有不停變動的情形，更不用談以「文化」進行的「外交」或是以「文化」建立的「國際關係」，其定義也會隨不同的時間、人、事而變化；但另一方面，這些名詞的頻繁使用，也說明了許多人相當關心這一領域，所以創造出許多看來類似、彼此相關，且意義重疊之詞彙。

為了順利進行討論，在本文第一部分，將初步整理在英文學術文獻裡，幾個高度相關之名詞，如「文化外交」、「軟實力」及「國際文化關係」，參考其論述，推敲出本文可使用之名詞；在第二部分將以筆者曾經實際參與之「亞洲表演藝術節」作為案例，說明在所謂的「文化外交」上，藝術家進行的實際工作為何，以及他們在執行工作時的期盼及具體目標。最後，將總結上述討論，討論現行的「文化外交」工作，就是目前國內許多公部門或是半公部門在從事的專業藝術人士交流，其性質是否與大規模的文化或文化產品單向輸出類似，希望於結論部分回答以下問題：是否需要以國家經費大力操作介入，效法已經在進行類似工

---

[8] 這兩點在中文語境裡的論述，尤其在臺灣，與 2010 年公告實行的《文化創意產業發展法》高度相關，但這牽涉到制訂法律條文之歷史脈絡，以及後續的廣泛影響，在此僅提出兩點討論：《文化創意產業發展法》制訂頒布以來，對廣義的文化業，影響極大，其缺點經常飽受各界批評，例如對於所謂 15 加 1 的文化創意產業類別，似乎重產業發展而輕原創內容；而對於某些產業定義不清、類別重複，更造成政府統計或研究人員無法確切理解產業發展情況，徒增困擾（于國華、吳靜吉 2012：84）；而「文創」二字被濫用，定義越形模糊，例如各大「文創園區」業者於古蹟或歷史建築中進行餐廳經營、紀念品販售等商業行為，而帶有藝術氣息的咖啡店、旅店民宿、市集，也往往被一般人視為是「文創」業；有研究報告分析了自《文化創意產業發展法》頒布後，新聞裡對於「文創」二字用法的趨勢，結論顯示，國內媒體使用「文創」兩字有日常化及展演化的趨勢，尤其在地方新聞版面，幾乎什麼活動都可以冠上「文創」（劉蕙苓 2017：129-30）。

作的國家，進行單一面向的文化及文化產品輸出？又或是，支援藝文專業，使其成為可以自給自足，自行進行對外合作，創建專業藝術網絡更為重要？

5.2 「文化外交」、「軟實力」、「國際文化關係」

實務上，往往把使用官方身分或經費援助，以國家或城市派遣、藝術家組團出國參加大小型藝術活動之行為，冠上「文化外交」的稱號；又或為了對比由官員出席，如聯合國等需要以國家名義加入之組織，或是各國之軍事武力等「硬權力」，強調文化在國際上的活動以及其表現，以「軟實力」來形容類似的活動；而「國際文化關係」，算是這三者當中，較為清楚明白的將事件發生地點（國際）、事件類別描述（文化）、以及目的（創造關係），都描述清楚，且一般人較能望文生義，可以立即接受的詞彙。

仔細探究，「國際文化關係」相較於我們常聽到的類似名詞「國際關係」，雖僅有「文化」二字之差別，「國際關係」已為大學裡政治學系中之一特定分組，其相關知識已納入學界裡被有系統性地討論、傳授，而「國際文化關係」看似與國際關係有關，但在學術討論上，往往不是學術領域「國際關係」討論的主題，[9] 實務操作上也與「國際關係」對應之國家正式外交工作不同，往往由非外交體系之公部門主導及贊助，或不定期由民間單位執行；牽涉之政府單位或有中央及地方政府之文

9　如作為「國際傳播」（international communication）其中一種工作，將文化活動簡化為國家對外宣傳的其中一種工具（賴祥蔚 2020），實務上或強調「軟實力」的表現，亦是簡化為宣傳工作的一部分（外交部 2014）。

化、觀光、教育單位，甚至是目前較為式微的僑務單位；與政府單位長期有合作關係之民間社團及基金會，可能因其民間身分，使用款項及人事較公部門靈活，也經常由政府編列公務預算，補助或是委託這些團體從事類似的工作。**10**

上述的名詞，如果將英文學術圈之討論納入，例如廣為人知，由美國學者 Joseph Nye 提出的 soft power「軟實力」一詞，生動形容「實力是透過影響他者，而得到自己想要的結果。而影響他人的方法，有威脅逼迫（棍子）、金錢利誘（蘿蔔）以及吸引別人跟你想要一樣的事物」（J. Nye 2008: 94）。

他並且認為，國家表現實力的方法，主要是透過「文化（可以吸引人的地方）、政治價值（在國內外展現）以及涉外政策（當其具正當性且具有道德高度）」。此定義中的「軟實力」之涵蓋範圍相當廣泛，且強調「道德高度」及「價值」，且形成典範，吸引他人仿效親近；而上述所指的「文化」，Joseph Nye 也說明，並不限於傳統定義的菁英藝術，大眾娛樂也是其中之一（J. Nye 2008: 96-97）。

另一個常與「軟實力」一起使用的 cultural diplomacy「文化外交」（I. Ang, Y. Isar and P. Mar 2015: 365-381），常互相混用，有英國學者為釐清兩者之差異，對聯合國外交官進行訪問：研究結論指出，「文化外交」偏向於「伸出」，而「軟實力」則強調「突出」，前者

---

10 相關工作的執行者相當多元，除了政府機關、行政法人之外，有些由政府定期編列公務預算補助的基金會，也會執行類似活動。例如近年來相當活躍的「中華文化總會」（簡稱「文總」），也是執行者之一。該單位於 2017 年前，雖辦理「漢字相聲」、總統文化獎等文化相關活動，卻沒有辦理相關「文化外交」活動之歷史，而近年積極辦理的活動，如在東京舉辦的「台灣 PLUS 文化台灣」，以及 2021 年辦理日籍畫家奈良美智在臺巡迴畫展，的確有以文化活動，行銷國家形象的目的（中華文化總會 2021）。

著重溝通、社交、教育等工作；後者則強調自身立場，且運用外交、商務等手段軟硬兼施（M. Nisbett and J. Doeser 2017: 15）。

因本篇文章討論地方政府的實務工作，且著重在與國際友人溝通、同時進行社交、宣導並且培育本國藝術家等面向，本篇接下來的討論，在「文化外交」及「軟實力」之間，使用「文化外交」一詞，較為合適；同時「文化外交」也暗示了在臺灣因正式外交工作困難，的確在宣導推廣文化藝術的場合，原本的文化活動有機會成為進行國際政治外交工作時的突破點及必要手段。

在主責機構上，於歐洲國家，如英國的 British Council、德國的 Goethe Institute、法國的 Alliance Française，為國際能見度高且歷史悠久之「文化外交」單位；韓國有「韓國文化振興院」（KOCCA）推廣「韓流」，另外也有「韓國電影振興會」（KOFIC）、外交部駐外辦事處等單位協力進行；但有韓國學者指出，韓國於二戰獨立後，各部會難以切割權責，才造成外界認為推廣「韓流」的工作，是由政府各單位投入各項資源的結果；他認為「韓流」的成功，不應等同，也不宜簡化為政府就單一專案投入大量資源的結果（Kang 2015: 433-447）。

又如同英國 British Council 及科技博物館聯盟，委託 ResPublica 智庫進行的研究，建議英國知名博物館、高等教育機構及語言教學單位，應先形成共識，方能在脫歐之後，持續發揮「軟實力」，樹立典範。至於如何在眾多單位中尋求共識？該智庫認為，此議題的討論，應由英國引以為傲的公民力量出發，政府的外交部門可從中扮演斡旋協調的工作，召開定期會議，加強各部會及各相關單位間的溝通討論（Blond, Noyes and Sim 2017: 32-33）。

上述韓國與英國學者的建議，與公共政策領域提出的「網絡治理」（劉俊裕 2013: 13），似乎相當類似。「網絡治理」不用傳統由上對下，

集權式的角度來看公共政策的形塑，而認為各部會、單位、機構以及民間利害關係人，在彼此協調、討論、合作、參與的過程中，會自我調節，彼此協調溝通，形成夥伴關係；在這個網絡中，各個利害關係人都有潛力發揮動能，影響最終政策的執行方向。

「文化外交」的複雜性，也許就在如此。因為各個利害關係人有不同的目的，對於不同的參與者，可能有不一樣的意義；也因為如此，「文化外交」隨著參與者以及彼此的利害關係而變化，即使是每年舉辦，看似類似的活動，也會隨著「網絡」的變化而轉變。

在這其中，最鮮明的兩個角色就是藝術工作者以及政治外交工作者了。「文化外交」雖然目的以政治、外交為主，但是實際執行上需要藝術家參與；也就是藝術工作者雖然看似是陪襯，實際上於「文化外交」活動中，是不可或缺的人物。在某些「網絡」裡，藝術家甚至可以主導「文化外交」活動，將藝術的專業交流，巧妙地凌駕於政治外交之上。在國內學者對於威尼斯雙年展臺灣館的研究中可以看見，藝術界人士對於外交或者政治目的，並不特別重視，主要關注的是如何彰顯藝術家之專業，拓展臺灣藝術於國際藝壇之影響力，甚至會聘請外籍重要關係人，居間協調串聯（郭唐菱 2019：133）。

上述研究所描述的臺灣藝術家，積極藉由國際展覽之機會，串聯並且形成國際網絡，這樣的藝術家動能，在有正式外交途徑的國家，也經常可見嗎？而國外的政治外交官，尤其是在可與他國締結正式外交關係的外交官員，又是怎麼在這個複雜的網絡裡，與藝術家互動，運用藝術家力量，達成「文化外交」目的？

本篇文章接下來，將討論臺北市政府與日本東京的一項城市外交活動，在藝術家的巧妙置換下，一度轉變為以藝術為主軸的藝術交流活動，然後又再度轉變為日本中央政府作為文化外交的平臺。本文希望從

這項案例的討論中，顯示「文化外交」活動，會因為「網絡」裡的參與者、資源提供者、介入程度而改變方向，或是因為重要利害關係人改變，改頭換面，成為目的及宗旨完全不同的活動。

5.3 多樣的「國際交流」樣貌

臺北市政府運用藝術文化，以城市名義進行國際關係之建立，在馬英九市長於 1999 年邀請龍應台擔任全臺第一個地方政府文化局局長時，特別為人所知。龍應台局長提出的幾項重要政策，例如與駐臺使節定期進行座談、設置藝術村邀請國際藝術家進駐，遴選藝術家出訪法國巴黎，以臺北市文化局局長身分出訪瑞典首都斯德哥爾摩等等，皆是以城市名義，實質經營國際關係之著名範例；這幾項文化局草創時間的工作架構，亦延續至今。筆者於 2011 年至 2019 年於文化局工作時，負責之「國際交流」業務，即為藝術家駐村、遴選藝術家出訪、首長出訪及參與國際會議等。

上述工作雖然都在建立國際關係，但有的活動以藝術家為主，有的活動以政治家為主，建立的關係人脈以及目的，大不相同。以藝術家駐村為例，藝術村以藝術進駐機構名義，參加國際藝術村聯盟「Res Artis」，並且長期與日本東京、橫濱、韓國釜山、新加坡等多個城市之藝術村建立合作關係，互相推介藝術家進駐，可說是以藝術為主，國際交流為輔助。此項「國際交流」與郭唐菱對於威尼斯雙年展的分析類似，參與此專案的各國藝術家，在乎的是如何彰顯藝術專業，對於外國駐村，強調的是專業性的提升，與政治外交工作幾無關聯（李曉雯編 2019：12-35）。

在上述臺北市文化局這些「國際交流」業務中，有政治外交意味濃厚的，也許可以稱之為「城市外交」的活動，例如派遣表演團隊至首爾參加「首爾友誼節」。這個活動由首爾市政府主辦，每年皆定期邀請「姊妹市」[11] 之藝術家參加，活動在首爾市政府廣場舉辦，有遊行、各國表演、園遊會市集、各國小吃攤及文化推廣旅遊展示攤位；以 2019 年來看，首爾市政府邀請了 42 個國家參加，可以說是為了向首爾市民以及駐韓外國人展現該市之國際化程度，建立並且鞏固彼此關係，以城市名義進行之大型外交活動（韓國市政府網站 2019）。

5.4 於文化外交工作中，建立藝術網絡：亞洲表演藝術節（Asian Performing Arts Festival）

另一個政治外交性質極強的活動「亞洲表演藝術節」，甚至是先遵循外交慣例，建立上層之「亞洲主要都市網」（Asian Network of Major Cities 21）聯盟，後續才依循其宗旨辦理節慶活動。該城市聯盟於 2000 年在日本東京市政府首長石原慎太郎的主導下成立，運作長達 20 年，為當 [時] 亞洲主要城市間的外交聯盟，參加城市不僅僅在象徵層面上進行拜會，於各單位皆有人員及業務之實質交流。

第一階段的「亞洲表演藝術節」於 2001 年至 2009 年，每年跟隨大會一起召開，由主辦城市東京、德里、河內、臺北、馬尼拉、首爾輪流辦理。例如於 2006 年在臺北辦理時，以「亞洲『演』變中」為主

11　姊妹市之締結，通常為宣示兩個城市彼此之友善關係，為城市外交其中之一項策略。臺北市於 2020 年與布拉格締結為姊妹市時，上海因此解除與布拉格之姊妹市關係，可見姊妹市之締結，具有外交敏感度，確實可歸類於政治外交工作之一環（中央社新聞網站 2020）。

題，在 11 月 30 日大會開幕至 12 月 3 日大會閉幕為止，邀請臺北及會員城市之表演團隊，免費演出供大會參加者以及市民欣賞。以專業表演團隊而言，演出完整作品後工作即完成，人員若要交流僅能把握私下機會，但因演出方式以及專長不同，交流有限。[12]

第二階段始於 2009 年至 2019 年，主辦城市東京邀請宮城聰導演擔任藝術總監後，活動每年由東京「亞洲主要都市網」祕書處辦理，城市外交的外衣逐漸褪去，轉變為藝術家交流。

第三階段由 2019 年至今，「亞洲表演藝術節」轉型成為實驗性更強的「亞洲表演藝術農莊」（Asian Performing Arts Farm，亦簡稱 APAF）藝術家交流。此一階段看似以藝術家人才培育為主，費用卻幾乎來自日本外務省成立之公法人「日本交流基金」，參加者幾乎僅限於東協國家。此活動在這一階段已轉變為日本中央政府外交政策的支援活動，作為親善東南亞人才的培育活動。

在第一階段中，「亞洲表演藝術節」主要以「亞洲主要都市網」的平臺運作，目的為進行城市外交。例如 2006 年臺北辦理大會的緣由，市長馬英九積極爭取佔了相當大的因素；為此，北京退出此國際組織，引發軒然大波，發起人東京都知事石原慎太郎甚至親自協調。事件演變至此，辦理「亞洲主要都市網」年會的焦點，都在複雜的國際政治以及臺灣外交困境上，2006 年大會陳水扁總統開幕致詞時，也強調此事（陳水扁 2006）。當年所謂的「亞洲表演藝術節」，實際上僅為大會的免

12　2006 年之演出團隊，臺北有舞鈴劇團、舞蹈空間、采風樂坊；馬尼拉有 AlunAlun 舞集；東京有超前衛現代舞團體 KATHY、跨國身聲異人；曼谷派遣曼谷大都會舞蹈團；首爾則協助邀請大都會舞蹈劇場暨傳統管弦樂團。表演種類有舞團、樂團、交響樂團、傳統音樂等等，節目安排目的在於展現各國特色，進行城市外交，焦點不在專業藝術人士的藝術交流（臺北市政府文化局網站 2006）。

費表演，陪襯性質濃厚。

在第一階段後期，因為各城市辦理意願不高，主辦城市東京都文化局將活動轉型至第二階段，東京市政府自 2010 年至 2019 年，行政上將此活動交由「亞洲主要都市網」祕書處主辦，實質上邀請靜岡表演中心（Shizuoka Performing Arts Center，簡稱 SPAC）的宮城聰（Miyagi Satoshi）擔任此一活動的藝術總監。實際承辦、邀約、與藝術家溝通大部分的工作，皆在藝術創作的框架下完成；「亞洲表演藝術節」在宮城聰策展人的理念下，實際工作方式為邀集亞洲青年創作者共同學習、工作，甚至在此之中形成小型藝術網絡，目的在於營造友善的實驗平臺，讓年輕新秀彼此交流，培養其創作及溝通能力。

實際操作上，由東京市政府藉由「亞洲主要都市網」，邀請亞洲各主要城市，請各城市派遣適合之藝術家，前往東京約三週時間，在排練場與各國藝術家合作，最後在東京藝術劇場實驗劇場（Theatre West, Tokyo Metropolitan Theatre）進行約 20 分鐘的成果發表；主辦單位同時也邀請官方代表參與，官方代表通常於演出前五天到達東京，觀賞各國藝術家創作的節目，最後一天與其他城市代表，共同參與官方會議，對於未來舉辦方法、本次交流成果等進行討論。宮城聰導演在 2010 年初次擔任策展人時在節目冊裡說明自己的理念：「我們今天要瞭解到，我們需要國際協作，也迫切需要亞洲各國人才的『友善競爭』。」（宮城聰 2010：9）他有意識地對藝術家強調「國際舞臺」，也就是希望不論是日籍還是外籍藝術家，在這個創作平臺領略到國際同儕的存在，並能與其互動串聯。

宮城聰導演有系統地在此平臺上，將日本已經有部分資歷正在崛起的青年藝術家，推介給國際藝術社群。目的在於培養其與國際同儕溝通合作的能力，或在美學觀點上，經由不同的文化衝擊，得到啟發，方有

機會延展藝術創作生命。其推介的幾位日本藝術家，經由這個平臺，確實與許多國外機構、創作者、演出單位，建立起較為長久，以年計算的合作關係。

例如「off-Nibroll」創團者及編舞家矢內原美邦於 2012 年至 2013 年持續來臺，密集與淡水「身聲劇團」進行《全世經驗戀歌》的劇本發展與排練，與劇團及演員建立密切的默契與工作情誼。因矢內原美邦本身曾於 2005 年於台北國際藝術村駐村，《全世經驗戀歌》在排練時期，即得到台北國際藝術村多方支持，並且在藝術村進行首演；2013 年矢內原美邦又再次發展此件作品，邀請『身聲劇團』的原班人馬，於東京藝術劇場進行演出。創作者本身的舞蹈背景，以及其對於影像的愛好，在東京演出時，吸引了當年參加「亞洲表演藝術節」臺灣舞團『世紀當代舞團』總監姚淑芬的注意，後續邀請「off-Nibroll」新媒體創作者高橋啟佑，於 2014 年在北師美術館進行的《誓‧逝》大展中，展出與日本 311 大地震有關的視覺藝術作品《a quiet day（安靜的一天）》。[13]

這一串前後自矢內原美邦來臺北駐村開始，到在北師美術館的展覽，長達 9 年形成的綿密合作關係，參與者包含了東京及臺北市政府、公立藝術機構（劇場、美術館、藝術村）、私人藝術團體、藝術家、演員、舞者、策展人等等，他們的合作並不全然在「亞洲表演藝術節」的框架中發生；而是因為「亞洲表演藝術節」的平臺，支援藝術家移地共同創作、密集排練、完整發表的機制，使得藝術家有更多機會與時間，在正式或非正式的場合，探索彼此文化、尋找合作夥伴、建立默契及討

---

13 筆者因長期關注日本編舞家矢內原美邦之創作，對於其衍伸出的網絡連結及創作作品較為熟悉，其中檯面上檯面下各式網絡連結，此例僅為其中之一。在此平臺中，若藝術家本人之創作技巧純熟且能量豐沛，有助其跨越不同領域，吸引各界人士合作。

論創作概念，與此同時延伸出新的人際關係，觸發了許多後續合作機會。

在這個由藝術家主導的階段，除了國際藝術網絡之外，「亞洲表演藝術節」之網絡又得力於政治外交資源邀請藝術家。例如 2013 年東京市政府透過臺北駐東京文化中心，邀請臺北無垢舞蹈劇場（東京藝術祭執行委員會 2002-2018）在藝術總監主導之下，引入政治外交資源，讓專業藝術網絡的支援體系更加豐厚。

但從另一個角度而言，像這樣的「文化外交」活動，資金源頭的些微調整，就能影響活動的舉辦方式及邀請機制。此活動的第三階段，始自 2019 年東京市政府結束國際城市組織聯盟「亞洲主要都市網」之運作，在上層城市外交聯盟不復存在後，活動的調性、邀請人員、舉辦方式，都有大幅度的改變。在藝術總監更換為多田淳之介之後，就主要與專門支援東協的日本「國際交流基金 Asia Center」（Japan Foundation Asia Center）[14] 合作，邀請對象不再是已經消失的「亞洲主要都市網」會員城市，而是東協 10 國藝術家。

此一決定不僅僅是更換藝術總監而已，「亞洲表演藝術節」的名稱，雖然維持英文的原名縮寫 APAF，但實驗性質更強，更強調作品研發以及培育藝術新秀，並且搭配東京藝術節的正式表演，作為東京藝術節的周邊活動。

---

14 日本的國際交流基金為日本外務省成立的行政法人，以半官方的身分，代表日本與世界各國進行國際文化藝術交流。國際交流基金在世界各國推廣日文以及藝術，目前有幾項大型合作計畫，合作區域分別有美國、中國、以及東協。在《日本 —— 東協全面性經濟夥伴協定》（Japan-ASEAN Comprehensive Economic Partnership, JACEP）於 2013 年簽訂完成後，專門提供東協文化藝術交流資金的「國際交流基金 Asia Center」於 2014 年成立（日本外務省 2020）。

以「文化外交」的角度而言，此一活動，也就從城市外交聯盟的方向轉變，成為系統性支援日本政府與東協進行的國際外交活動之一。以國際政治現實來說，臺北至此與東京市政府，已無正式之官方關係，東京市政府無需對臺北市藝術家挹注資源，取而代之的，是日本中央政府重視的東協區域，因此本活動由與日本外務省關係密切的國際交流基金大規模、有系統的支援東協國家藝術家。對於東協藝術家而言，此項支援大大減輕財務負擔，[15] 也提高出席機率；而臺北市政府因為與東京市政府關係良好，仍持續被邀請推薦新秀藝術家，也在此階段成為唯一由推薦國家出資參與活動之團隊。臺北藝術家至東京後，在與其他藝術家互動時，方得知此事，雖略感不公平，但也深感國際政治之現實，以及領略到他們的出席及積極參與，確實有部分是「文化外交」工作（演摩莎劇團 2017）。

以藝術交流工作的角度而言，「亞洲表演藝術節」第三階段將事權回歸藝術領域，由東京藝術節（Tokyo Festival）一併統籌規劃，串聯 11 月東京都豐島區內的大小相關活動，去除政治外交使命，對大多數東協藝術家而言，反而較為單純，相關人員也會藉此機會，參加日本關東地區另一個規模越來越大，每年皆有 700-800 人參與的表演藝術國際交流活動，「TPAM 表演藝術會 in 橫濱」（Performing Arts Meeting in Yokohama，簡稱 TPAM），與業界相關人士多所交流。

TPAM 近年來轉型為亞洲區大型專業表演藝術領域之專業交流平臺，國內之專業藝文機構，如國藝會、臺北藝術中心、國家表演藝術中心自 2016 年起每年前往，洽談合作機會，在此活動中政治色彩淡薄，

---

15 藝術家在東京至少 3 週，不包含往返機票交通費用，以臺北市政府支付藝術家的標準來看，約需 6,000 美金的住宿費及生活費；東京主辦單位雖然會協助尋找適當的短租公寓，但對東協藝術家而言，上述金額仍為一筆相當大的開銷。

而多強調專業藝術交流。除了藝術家之外，場館經營者、策展人皆會參加，因此此活動也成為藝術機構引進新作品，或是討論跨國合作機會的平臺。因有場館端、資金端的介入，在此平臺談成的合作事項，幾乎可確保實現機會，就此點而言，此平臺可以說是專業藝術行政、策展人、創作者的作品交易平臺，[16] 除了形成藝術家的人脈網絡之外，也有專業場館、經理人及策展人等藝術行政的專業人士網絡，因此在專業藝術領域，影響力極大。

在臺灣的表演藝術圈內，於 2017 年後亦有類似的國際交流活動，例如臺北藝術中心的「亞當計畫」，邀請亞洲各國，尤其是東南亞國籍的藝術創作者、場館經營者、策展人來臺，進行論壇、展演、會議等活動，目的在於建立與多國籍、跨領域藝術家，建立專業網絡、培養專業且深度合作關係（臺北表演藝術中心 2017-2020）。因臺北藝術中心將於 2022 年開幕，此活動的目的，可視為專業藝術機構長期培養藝術家，與其他場館及藝術機構進行合作及合製節目、以及於國際上尋找長期合作夥伴等等。由於此計畫是國內各表演藝術機構中，唯一以機構名義主辦，且持續經營之國際表演藝術平臺，其於表演藝術專業領域的重要性，預期將逐漸浮現。

或許，當一個國家的藝術政策發展較為成熟，有長期穩定經營的藝術場館以及專業藝術補助機構，支持藝術社群，較有可能與國外的專業藝術機構對接，有能量長期合作，甚至是進行專業的國際藝術交流，討論合作項目、交換計畫、人才培育、甚至是作品交易，如上述的「TPAM」或「亞當計畫」，此時進行的是文化藝術專業活動，外交成分

---

16 國家文藝基金會與「橫濱 TPAM」長期合作，且遴選藝術家出團時，都會發新聞稿，似乎是想組成代表臺灣的「國家隊」，如此的辦理方式及目的，非常類似「文化外交」活動（國家文藝基金會 2019）。

較少；而當藝術政策尚未成熟，或是雙邊或多邊條件不對等，藝術交流在此前提下，多半為政治外交活動的錦上添花，為短期、不穩定、偶一為之的方法進行，此時政治外交為主軸，藝術家為陪襯，較像「亞洲表演藝術節」，為政治外交網絡下的次要工作。

但沒有前期的「文化外交」紮根，創造合作機會，學習他人工作經驗，[17] 後期的專業藝文平臺建立以及深度交流可以說是緣木求魚；於國際交流的場域中，可以說是「文化外交」在國際舞臺上打先鋒，待國內能量累積至一定程度，較有可能順利轉變為專業藝術交流機制，其中之人員、經驗，如能移轉，較有機會建立專業之藝術網絡。

5.5 結論

綜觀「亞洲表演藝術節」的三個階段，第一階段由東京主導的城市組織聯盟「亞洲主要都市網」為主體，以城市為單位進行交流，無庸置疑是以文化活動進行外交，也就是「文化外交」活動；在二階段開始，逐漸由藝術家主導，引進專業人才及技能交流，此階段「外交」的色彩較為淡薄，似乎朝向專業的藝術社群交流；而在第三階段，當此活動主辦單位承襲外交脈絡，開始系統性地與日本交流基金建立合作關係，支援東協藝術家，此活動又回歸至「外交」的一環。

---

17 「亞當計畫」巧合的是與宮城聰主導時期的「亞洲表演藝術節」相當類似，都有展演、論壇以及跨國藝術實驗。然臺北表演藝術中心的總監王孟超以及主要策劃藝術家林人中，對於轉型前後的「亞洲表演藝術節」活動以及人員並不熟悉，由筆者於2019 年轉介東京方面人員拜會時方有初步接觸。

　　至於「文化外交」到底是傾向專業藝術交流、或是維繫外交關係，落實國際政治意圖？也許這個問題在不一樣的族群當中會有不一樣的答案，以「亞洲表演藝術節」來說，國內外交界人士也許很羨慕日本以及東京在國際上的地位，他們可以在國際舞臺上，號召成立城市聯盟，並且為此成立長期運作的涉外單位，切實投入資源，保持長久之國際關係；而例如「亞洲表演藝術節」的第三階段，更是由日本外交界先簽訂外交協議、條約的前提下，才能以日本外務省成立的交流基金，有系統的支援特定區域人士，長期而且大規模的發揮日本在他國的影響力，甚至是培植親日人才。

　　這也是「文化外交」的複雜性，以及在臺灣受到矚目的原因。在缺乏正規外交管道的臺灣，僅能以各領域專業人士的國際交流，含蓄帶出外交目的；而國內藝術人士，在往昔整個產業尚待培植，仰賴國家補助，動能不足時，對於目的並不在發展藝術專業的「文化外交」活動，往往來者不拒，甚至是引以為榮；兩者之間，可說相互幫襯，各取所需。而近年來，默默依附在政治外交意圖上的藝術專業人士，在國內專業藝文機構逐漸建立制度的情況下，專業人士也培養了相當之藝術行政經驗後，前期建立的網絡以及關係，逐漸成形，逐步在政治外交場域中得到發言權，以藝術文化專業形成國際網絡。

　　也許從這個觀點，比較能理解「文化外交」以及仿效「韓流」而喊出的「臺流」口號：如果說文化外交活動，是政治外交作為主體，文化藝術界人士作為陪襯的話，那麼近年來文化藝術界，甚至是廣義的文創工作者想要做到的「臺流」，則是幾乎以文化作品作為主體，造成風潮，甚至引發後續的經濟效益，至於是否能夠對於外交工作有所助益，締結合約，倒不是藝文界人士真正關心的事項。也就是說，「臺流」這個名詞的興起，某種程度上也代表了本國已蓄積了一定的藝文專業及行政人員，能夠以此溫飽，長久地在同一產業內工作，也有一定的國際能

力及資本，對於在國際上進行大規模行銷並不感到陌生。從「文化外交」到「臺流」，可以觀察到的是，臺灣藝文從業人員，已累積了信心與實力，不想再作為政治外交場域裡的配角，而在國際舞臺上有旺盛企圖心，希望建立專業形象，繼而以專業人士的身分，與國際專業從業人員交流形成網絡，進而合作。政治外交意味濃厚的「文化外交」活動，在專業藝術領域形成後，對藝文人士而言，也許會變成偶一為之的活動，而不必然是專業藝術網絡形成的主要因素。

參考文獻

于國華、吳靜吉（2012）。〈台灣文化創意的現狀與前瞻〉。《二十一世紀雙月刊》，10: 84。

中華文化總會（2017）。中華文化總會網站，網址：https://www.gacc.org.tw/（檢索日期：2020 年 10 月 2 日）

中華民國對外貿易發展協會（2020）。中華民國對外貿易發展協會，網址：https://about.taitra.org.tw/Team.aspx（檢索日期：2020 年 10 月 2 日）

文化內容策進院（2019）。《2019 文策院簡介手冊》。文化內容策進院網站。（檢索日期：2020 年 10 月 2 日）

文化部（2020）。文化部網站，網址：https://www.moc.gov.tw/content_281.html（檢索日期：2020 年 10 月 2 日）

中央社新聞（2020）。中央社新聞網站，網址：https://reurl.cc/zezL27（檢索日期：2021 年 5 月 31 日）

日本外務省（2020）。ASEAN-Japan Comprehensive Economic Partnership，網址：https://www.mofa.go.jp/policy/economy/fta/asean.html（檢索日期：2021 年 3 月 11 日）

臺北表演藝術中心（2017-2020）。亞當計畫網站，網址：https://adam.tpac-taipei.org/（檢索日期：2020 年 10 月 2 日）

臺北市政府文化局（2006）。臺北市政府文化局網站，網址：https://is.gd/41IeIf（檢索日期：2021 年 3 月 15 日）

外交部（2014）。國際傳播綜覽，網址：https://is.gd/lNX8Pl（檢索日期：2020 年 8 月 22 日）

朴炳善（2019）。〈臺灣文化革新與內容產業發展的新方向：文化內容策進院的設立與涵義〉。收錄於曹小永（著），《韓流，之後》（頁 138-165）。首爾：韓國國際文化交流促進局（KOFICE）。

李曉雯編輯（2019）。《臺北國際藝術村年鑑》。臺北市：財團法人臺北市文化基金會藝術村營運部。

李映霖（2021）。〈國際軟實力評估框架研析及其對臺灣發展國際文化關係的啟示〉收錄於劉俊裕、魏君穎（編），《文化作為方法：臺灣的國際文化關係與文化交流》。臺北市：群學出版社。

杜麗琴、李文珊（2019）。補助成果檔案庫國際文化交流專題。國家文藝基金會，網址：https://archive.ncafroc.org.tw/culturalexchange/chart（檢索日期：2020 年 10 月 2 日）

東京藝術祭執行委員會（2002-2018）。亞洲表演藝術節資料庫，網址：http://butai.asia/en/archive/（檢索日期：2020 年 10 月 2 日）

宮城聰（2010）。《Concept. 2010 亞洲表演藝術節報告》。東京：東京市政府。

國家文藝基金會（2019）。國家文藝基金會，網址：https://artwave.ncafroc.org.tw/news/detail?id=297eb68f68e15c0a0168e4a4840f0000（檢索日期：2021 年 3 月 11 日）

郭秋雯（2017）。〈韓國文化內容產業中介組織設置現況 —— 以行政法人「韓國內容振興院 (KOCCA)」為例〉。《文化越界》，12。

郭唐菱（2019）。〈由威尼斯雙年展觀察臺灣文化外交策略〉。《藝術評論》，4：115-139。

劉俊裕（2013）。《全球都市文化治理與文化策略》。新北市：巨流圖書。

劉蕙苓（2017）。〈文化創意產業的媒體再現：2002-2012 歷時性框架分析〉。《新聞學研究》，1：129-130。

賴祥蔚（2020）。〈國際傳播的趨勢與挑戰〉。收錄於張亞中、張登及（著），《國際關係總論》（頁 521-33）。新北市：揚智文化。

總統府（2006）。總統府網站，網址：https://www.president.gov.tw/NEWS/10344（檢索日期：2021 年 3 月 11 日）

韓國文化內容振興院（2018）。韓國文化內容振興院英文版網站，網址：
http://www.kocca.kr/en/main.do（檢索日期：2020 年 10 月 2 日）

韓國首爾市政府（2019）。韓國首爾市政府英文版網站，網址：http://
english.seoul.go.kr/seoul-hosts-seoul-friendship-festival-2019-in-
seoul-plaza/（檢索日期：2021 年 5 月 31 日）

演摩莎劇團（2017）。〈亞洲表演藝術節結案報告〉。《結案報告》。臺北。

Chung Ah-young. "K-Drama: A New TV Genre with Global Appeal."
Korean Culture and Information Service, Ministry of Culture, Sports
and Tourism (pp. 13-14). [KOCIS]2011.https://reurl.cc/LbdqRa（檢
索日期：2021 年 4 月 25 日）

Cummings Milton. "Cultural Diplomacy and the United States
Government: A Survey." Americans for the Arts. 2009 年 6 月 26 日.

D. Heddon and J. Milling (2006). *Devising Performance: A Critical History*.
Basingstoke and New York: Palgrave Macmillan.

I. Ang, Y. Isar and P. Mar (2015). "Cultural diplomacy: Beyond the National
Interest?" *International Journal of Cultural Policy*, 8: 365-381.

Kang Hyungseok (2015). "Contemporary Cultural Diplomacy in South Korea:
Explicit and Implicit Approaches." *International Journal of Cultural
Policy*, September: 433-447.

M. Nisbett and J. Doeser (2017). *The Art of Soft Power: A Study of Cultural
Diplomacy at the UN Office in Geneva* (p. 16). London: King's College.

Nye, Joseph S. (2008). "Public Diplomacy and Soft Power." *The Annals of the
American Academy of Political and Social Science*, vol. 616: 94-109.
Accessed 31 May 2021. JSTOR, www.jstor.org/stable/25097996

P. Blond, J. Noyes and D. Sim (2017). *Britain's Global Future: Harnessing the
soft power capital of UK institutions*. London: ResPublica Trust.

Singh, J.P., MacDonald, S. (2017). *Soft Power Today: Measuring the Influences
and Effects*. London and Edinburgh: British Council and University of
Edinburgh.

PART

III

臺灣文化外交的
主體性建構與再造

CHAPTER

06

文化的製造與輸出：
1970 至 80 年代史博館
「中華文物箱」之於臺灣
文化外交的見證與轉化 *

― 陳嘉翎 ―

* 作者感謝國立歷史博物館廖新田館長啟發以「中華文物箱」為
題進行個案研究，且給予指導及鼓勵。此外，亦感謝匿名審查
委員提供諸多寶貴意見以拓展寫作觀點，對本章助益甚多。

6.1 前言

　　自二次戰後以來，臺灣由於特殊的國際地位，外交關係也歷經幾番波折與變遷；政府在不同階段致力於運用不同方式拓展文化交流，積極透過各種途徑來建立及扭轉艱困局勢與形象，並實踐國家利益的迫切需求。因此，源自於西方以博物館作為推展國際文化交流的有效策略，也被我國運用於外交領域：由中央設置與治理的國立博物館，因兼具文化與政治的雙重屬性而成為最佳文化大使，代表國家走向國際，協助政府擺脫國際孤立狀況並締造連結，且獲致相當的成效。是以，作為中央政府遷臺後成立的第一座國立博物館[1]──國立歷史博物館（以下簡稱史博館），其於 1955 年創建至 1987 年我國解嚴前約 30 年間，奉令[2]以歷史文化機構的立場，在國內作為建構國族認同的場域，並對外代表國家參加國際博覽會、藝術雙年展及辦理世界巡迴展的這段歷程，可謂是國立博物館為國家利益服務的經典範例。而在史博館協助政府建構對外文化關係的眾多實務中，筆者認為尤以 1969 年至 1986 年「中華文物箱」計畫最為特殊，可作為跨國文化交流形式的代表。該案以「文

1　依據《我國國立博物館組織定位與經營模式之研究》對「國立博物館」的定義，是指由中央主管機關依法所設立之博物館，尤其在經費上由中央政府編列，須經立法院審議通過，其館長也須由政府派並有一定的任期，為政府文化治理的場域，肩負知識的傳遞、國家認同的塑造、美學素養的提升、精神生活的增進，成為各國博物館界的領導者，並且有義務引領博物館的發展方向；「國立博物館」的宗旨闡述了國立博物館應具備的功能（行政院研究發展考核委員會 2011：1、29）；其象徵執政者的意識型態，在政治權力更迭中與執政黨的國家認同呈現一致性（McLean 1997: 28-30）。

2　首任館長包遵彭奉第六任教育部部長張其昀的社會教育政策指示籌設史博館，教育部臺（45）社字第 15084 號令公布其建館宗旨是：「教育部為加強民族精神教育，促進國民心理建設，特依社會教育法設置國立歷史文物美術館，掌理關於本國歷史文物美術品之蒐集、展覽及有關業務之研究考訂等事宜。」（教育部檔案）

246

化的製造與輸出」[3] 之運作理念，以「箱子」承載中華文物的仿製品及臺灣民主經濟繁榮文宣品，在政府面臨艱困外交之際適時作為一種文化載體，傳遞「中華民國在臺灣」是「唯一正統中國」的國族意象，在海外進行長達 18 年的文化外交，傳播範圍跨足 5 大洲、30 餘國、40 餘處，充分落實蔣中正主政時期的「鞏固外交」（1949-1971）與蔣經國主政時期的「彈性外交」（1971-1987）之國家政策。中華文物箱於1980 年代中期以後，隨著我國解嚴國家政策轉向「本土化」而消逝，直到 2004 年又有行政院文化建設委員會（以下簡稱文建會）為落實陳水扁主政時期，以臺灣意識及多元方式強調對外關係的「全民外交」政策（2000-2008）而製作的「臺灣文化百寶箱」，其在實體形式及創製精神上可謂是中華文物箱的「延續」，但兩者的文化內涵卻截然不同，此也隱喻了在不同政權下「文化主體性」的轉化議題，值得我們思考。

　　以今日的眼光來看，中華文物箱反映了 1970 至 80 年代我國文化外交及史博館（作為我國國立博物館的代表之一）發展的四個面向：一、博物館首次以跨部會合作推動的方式，共同製造與輸出文物箱，建立國際交流網絡，協助政府拓展文化外交，具有時代創新價值；二、記錄我國在解嚴前，處於國際後冷戰時期及兩岸競爭下臺灣文化外交的艱困軌跡，為今日臺灣建構國家記憶的重要組成部分；三、中華文物箱於本土化潮流的衝擊下消逝，繼有臺灣文化百寶箱承續用以推展文化外交，成為國家政策從中華文化的投射轉向臺灣文化主體的轉折與表徵；四、顯示史博館／國立博物館在協助政府拓展文化外交時，如何運用

3　史博館創館初期因為空無一物，館長包遵彭秉持「以歷史的演進為中心，透過美術的手法，藉各種實物作具體的表現，融歷史、文物、美術於一爐」的「製造」理念，重現五千年中華民族的歷史與文化，塑造新的國家形象；又以史博館早期獨創「把知識送上門」的延伸。其源自於 1967 年包遵彭館長為加強中華文化復興運動，同時增進社會美術教育，遂效法歐美各國，運用「博物館巡迴展覽車」（museum bus）到各鄉鎮展出歷史文物，以擴展博物館的展示效益（包遵彭 1956a：1；1969b：12）。

博物館專業與政治內涵互為消長的能動性，即展現專業自主與反思能力（劉婉珍 2010：5）。基於上述，筆者以目前尚未被考掘的中華文物箱計畫為題，[4] 旨在透過政府檔案[5] 的整理及歸納，輔以相關人士的口述訪談及海外現存仿製文物調查，試圖達到以下目的：一、闡述我國國立博物館成為文化外交途徑的源流及導向；二、以史博館為例，說明其在我國解嚴前國立博物館在奉行國家政策下為國家利益服務，進行文化外交的一段歷史過程；三、解讀曾經重要卻被遺忘的中華文物箱，其製作動機、時代背景與輸出傳播，揭示 1970 年至 80 年代我國官方機構與海外民間團體如何協助政府拓展對外關係，以及史博館居中所扮演的角色；四、從中華文物箱到臺灣文化百寶箱呈現「文化主體性」的轉化及差異性認同，進而思考今日的國立博物館在面臨不同政體時應如何轉煉政治內涵，以政治主流文化以外的核心價值，[6] 將文化再脈絡化，回應時代社會的需要，作為拓展文化外交領域的憑藉與跨越，在國際間開啟更多的可能並締造連結。

4　2020 年 6 月 18 日，史博館廖新田館長首次以「開箱文：史博館中華文物箱」為題，應邀於國史館做一場專題演講，概述史博館於 1970 年代執行文物箱計畫的始末，對於未來的文化外交，有重要的參照。

5　依據中華民國《檔案法》第一章第 2 條，本法用詞其定義如下：一、政府機關：指中央及地方各級機關。二、檔案：指各機關依照管理程序，而歸檔管理之文字或非文字資料及其附件。三、國家檔案：指具有永久保存價值，而移歸檔案中央主管機關管理之檔案。四、機關檔案：指由各級機關自行管理之檔案。網址：https://law.moj.gov.tw/LawClass/LawAll.aspx?pcode=a0030134（檢索日期：2020 年 11 月 1 日）

6　例如：中華文化早以歷史文化事實交疊於臺灣本土上，已然成為臺灣文化主體的養分之一（楊儒賓 2015），並與原住民文化、閩臺文化、客家文化，乃至於新住民文化，共構成為臺灣主體文化的核心價值。

6.2 開端：國立博物館作為文化外交的一種途徑

　　2020 年 10 月 10 日，總統蔡英文在國慶大會中以「團結臺灣，自信前行」為題發表的演說中指出，「我們正面對數十年來最大的內外變局，臺灣會持續展現韌性……也為臺灣的多元文化，做出最好的詮釋。」[7] 蔡總統的這段話，觸及了臺灣正面臨國際瞬息多變的外交情勢和文化主體性等重大議題，亦讓人不禁回顧我國外交施政的歷史脈絡，從中華民國政府播遷來臺迄今，始終隨著艱困情勢而做出必要的轉變：1949 年蔣中正時期的鞏固外交、1971 年蔣經國時期的彈性外交、1988 年李登輝時期的務實外交、2000 年陳水扁時期的全民外交、2008 年馬英九時期的活路外交，以及 2016 年迄今蔡英文主政的踏實外交。以上在在顯示了我國政府自 1950 年代以來，亟待思考透過各種途徑來建立及扭轉臺灣在國際的特殊地位及形象，並實現國家利益的迫切需求；從官方到民間，公私部門、藝術家、文化工作者、學術界、影視媒體、文化企業等亦肩負起這些挑戰，共構出臺灣文化外交的「另類—主流」途徑，而由中央設置與治理的國立博物館，自此也在這個行列中扮演重要角色，象徵著國家主權的博物館權威。

　　20 世紀初，全球在美蘇競逐的冷戰局勢下，開始以「文化外交」作為國家在公眾外交（public diplomacy）事務上，有別於國家硬武力之外的「最有效武器」（the most effective weapons）[8]，藉以

7　參閱 2020 年中華民國總統府官方網站，網址：http://president.gov.tw（檢索日期：2020 年 10 月 15 日）

8　此為形容冷戰時期美國公眾外交事務中著名的「傅爾布萊特計畫」（Fulbright Program）對文化外交的巨大影響力，於 1946 年由時任阿肯色州參議員 J. William Fulbright 提案設立。該計畫是一項由美國政府推動的國際人員交流計畫，資助專業人士前往美國進行教育、文化和研究，增進相互瞭解，促進世界和平，實施後效果宏

突破政治壁壘。美國政府提出對文化外交的官方定義，「在國家和人民之間的理念、資訊、藝術和其他層面的交流，以促進雙邊的認識。」（Cummings 2003：1；郭唐菱 2018：2），並正式設立公部門 [9] 贊助文化交流活動，將文化作為拓展外交的最佳工具，以促進國際溝通；美蘇兩國陣營更派遣大批的專業傑出人士與藝文機構至海外展演，傳達自身歷史文化的精神與價值，提升對公眾的影響力（Schneider 2003；黃富娟 2008；郭唐菱 2018：2）。20 世紀末，後冷戰時期的國際情勢更試圖讓「文化轉向」（劉俊裕 2011），以文化介入國際關係，進行國與國之間的對話並重塑各國的外交面貌，這些導向足以說明了博物館在西方以文化外交作為最有效武器的策略下，憑藉其象徵著國家文明化機制並具有「藝術殿堂」（Hooper-Greenhill 1992: 63）與「政治理性」（Bennett 1995: 89）的雙重屬性，在此時超越其原本作為文物典藏與社會教育功能的藝文機構，被國家高度運用（郭瑞坤 2012），進而成為代表國家的文化大使，向異國展示本國藝術、文物或其他文化面向的訊息，更能有效引起國際人士的矚目、感知與認同，進而形成相互瞭解與尊重的國際關係，且蔚為一股國際潮流。[10] 博物館為國家利益服務所進行的文化外交，相較於政治或經濟的途徑，似乎更容易達到表述國家政治立場的終極目的，能對大眾文化發揮潛移默化且深遠的影響力。

大，Fulbright 也始料未及，堪稱是思想宣傳戰中的「最有效武器」，蘇聯政府抨擊其為一個聰明的文化宣傳計畫（Schneider 2010: 102）。冷戰時期一國的文化外交堪稱該國透過文化對外的柔性權力。

9　1938 年美國國務院成立「文化關係司」（Division of Cultural Relations）以積極推展文化外交，傳達美國價值（黃富娟 2008：41）。

10　以博物館進行文化外交的著名案例如：1953 年美國現代美術館（MOMA）在海外展出抽象表現主義藝術，包括 Jackson Pollock、Mark Rothko、Robert Motherwell 和 Willem de Kooning 的作品，而法國羅浮宮則出借《蒙娜麗莎》赴美國展出，象徵兩國結盟關係以對抗蘇聯的社會寫實主義藝術。

在上述西方以博物館作為官方機構進行文化外交的這股強力潮流下，1911 年肇建的中華民國政府在國家走向統一後亦開始仿效，將「國立博物館」納入國家外交領域的拓展：從 1925 年故宮博物院於北平成立後，以中華歷代文物作為本國文化的象徵對公眾開放，成為眾所矚目的焦點，並於對日抗戰及第二次大戰期間開始赴外進行文化展示，[11] 獲得國際人士的熱烈迴響，政府成功地透過國際文化交流方式大幅提升國際地位，鞏固及建立國家外交關係。這種透過西方「博物館化」（museumizing）（Anderson 1991: 182）的文物展示脈絡，向世人傳達新的國族意象並進行文化交流，成為我國運用國立博物館拓展外交的開端，也從此賦予我國國立博物館兼具文化與政治的雙重屬性；而這套以博物館機構進行國際文化交流的模式，於 1949 年中央政府遷臺後，又再次被複製且發揚光大，並獲致相當的成效，筆者認為此可以在戰後臺灣由中央政府創建的史博館作為代表。1950 年代中期，由於我國國家元首對於以社會教育作為文化治理的重視，讓博物館成為社教機構重要的一環，[12] 因而催生了現代博物館事業的開展，於 1955 年在臺北植物園東側創建「國立歷史文物美術館」（1957 年改今名「國立歷史博物館」），成為展示五千年中華歷史、文物與美術以宣揚國族主義的場域，藉以凝聚國族意識及表彰中華民國在臺灣的正統地位（包遵

11　1935 年至 1936 年故宮受邀以存滬文物精品赴英國倫敦參加「中國藝術國際展覽會」，1940 年至 1941 年故宮就第一批（南路）文物中提出繪畫、緙絲、玉器、銅器百件赴蘇聯莫斯科及列寧格勒參加「中國藝術展覽會」。參閱國立故宮博物院歷史沿革網站，網址：http://www.npm.gov.tw（檢索日期：2020 年 9 月 10 日）

12　1953 年 3 月，教育部以臺社字第 2135 號令公布《動員期間社會教育實施綱要》，此綱要之實施要領第 4 條為「擴充社會教育機構：建立並充實各級社會教育館、圖書館、體育場、科學館、博物館及藝術館」，以及蔣中正總統在《民生主義育樂兩篇補述》指示，博物館應保衛、發揚中國歷史、文物、美術的優良傳統（中央委員會祕書處 1952）。

彭 1956b)。從此，史博館成為國立故宮博物院 [13] 在臺復院以前，國人
與海外訪客在臺北欣賞中華文物的唯一所在（吳相湘 1973），並擔任首
位「文化大使」，在戰後臺灣約 30 年間 —— 從 1955 年史博館創建至
1987 年我國解嚴前為止 —— 代表國家從臺灣本土走向國際，持續對外
參加國際博覽會、藝術雙年展及辦理世界巡迴展，致力成為中華文化及
臺灣現代藝術的展示櫥窗，建構國際文化交流平臺（何浩天 2005），藉
以提高中華民國政府在國際上的能見度並拓展國際交流空間，實踐其與
生俱來的政治使命。

6.3 史博館：國立博物館為文化外交服務的範例

　　1955 年，中央政府播遷來臺後的第六年，史博館在當時特殊的歷
史情境 [14] 下奉教育部之令籌設，「建館團隊」[15] 歷經 99 天日以繼夜的
努力，於 1956 年 3 月 25 日在臺北植物園東側的南海學園正式揭幕，
[16] 成為戰後臺灣第一座國立博物館，以奉行國家政策為前提，作為國

13　1956 年，國立故宮博物院開始興建位於臺中北溝陳列室，翌年正式開放閱覽，但只
　　限於對特定政府的貴賓作接待；1961 年故宮文物赴美國華府國家藝術博物館、紐約
　　大都會博物館、波士頓美術館、芝加哥藝術博物館、舊金山迪揚紀念博物館巡迴展
　　覽；1965 年，臺北外雙溪國立故宮博物院新館竣工。

14　1950 年代，政府遷臺後面臨風雨飄搖的政治環境，當時社會正值從「日本化」轉向
　　「中國化」的階段，並倡導「戡亂建國」與「反共抗俄」的國策。史博館遂成為當時
　　唯一推展中華歷史文化的國立博物館，肩負起「加強民族精神教育」與「促進國民心
　　理建設」的時代任務，藉以凝聚國人國族意識與強化民族自信心；它的成立也將臺灣
　　的現代博物館性質由日殖時期的自然史博物館轉向成為中華民國政府時期的人文歷史
　　博物館。

15　包遵彭（1969：1）云，「開創的時候，僅僅木樓一座，四壁蕭然，經費又很艱窘，
　　在全國考古學者、歷史學者、藝術家的道義協助下，負起了艱鉅的重任。」

家文化論述的實體空間，扮演著文物典藏、展覽場域與研究詮釋的重要角色以推展社會教育，具有劃時代的意義；深入而言，當局者總統蔣中正與教育部部長張其昀為振興社會教育，推展中華歷史文化，因而孕育了創設史博館的想法，並指派籌備主任包遵彭負責打造，遂成為戰後臺灣國立博物館的發軔（圖 1、2）。從 1950 至 80 年代中期，史博館主事者為包遵彭、王宇清與何浩天 3 位館長，他們在戒嚴時期的威權體制下，致力將中華文化脈絡化，形塑單一主體文化，讓史博館肩負起最迫切的時代任務，充分落實其作為國立博物館的職責；又「因為臺灣特殊的國際地位，博物館以及相關組織，成為在政府無法出面之時，執行文化外交活動的機構，確實背負了藝術與政治的雙重使命」（朱紀蓉2016：50）。所以，自 60 年代開始，整個國家的國際交流任務都是由史博館所承擔（何浩天 2005：37）。

　　史博館的第一任館長包遵彭（1969b：10）秉持「建館之主旨，對我民族悠久之歷史文化，造詣精微之學術發明，作系統之闡揚」的建館理念，將該館打造成為一座「中華歷史文物館」，更代表中華民國政府出席參加遷臺後的第一次國際活動 —— 泰國慶憲博覽會，[17] 於特設之「中國館」內作為期兩週的華藝術展覽；每日參觀者絡繹不絕，約數萬人，當時報紙（中央日報 1956）曾載：「泰國慶憲博覽會書畫展，我國作品獲得好評，泰國國王及王后，於展覽首日，由我國駐泰杭（立武）大使陪同參觀時，亦對我國書畫稱羨不已。」足見史博館此行不僅弘揚

16　史博館於創館開幕時原名「國立歷史文物美術館」，1957 年 10 月 10 日包遵彭館長向教育部申請正式改為今名「國立歷史博物館」，並請時任總統蔣中正題匾。

17　1956 年，臺灣在美援與聯合國的資助下，在臺北成立「臺灣手工業推廣中心」，以落實國策中的國家手工藝政策，讓優良手工藝產品至國外參加國際商展，如泰國慶憲博覽會，以推廣宣傳臺灣的手工藝，而達到拓展外銷、開闢國外市場的目的。同時，史博館也提選館藏古物商彝、周鼎、漢陶、宋瓷等實物，複製歷代文物，以及當時名家現代書畫作品，專機運抵泰京曼谷。

了在臺灣的中華民國，也成為國立博物館在戰後臺灣作為官方機構代表，進行文化外交的先聲。

爾後，史博館更奉令陸續參加 1957 年義大利米蘭國際博覽會、1959 年法國巴黎首屆國際青年藝術展覽會、1961 年中日親善書法展及芝加哥國際博覽會、1962 年越南首屆國際美展及澳洲雪梨亞洲節藝展、1964 年美國紐約世界博覽會等大型活動，以及 1961 年由教育部與外交部合辦，史博館承辦的中國書畫藝術世界巡展於中南美洲與紐澳歐非中東等 28 國展出 8 年；1957 年至 1973 年，史博館又奉教育部令參加國際著名的巴西聖保羅藝術雙年展；[18] 1969 年至 1986 年創製「中華文物箱」到海外長期巡展（史博館檔號：64-1-599）。史博館透過以上對外藝文活動拓展文化外交，為當時政府大大地提升了在國際的能見度。

1970 至 80 年代，這段時期國際政治環境丕變，許多國家開始承認中共，聯合國「排我納匪」主張甚囂塵上（王宇清 1995），以致政府外交處境艱難，因此藉著種種文化藝術活動，用以增進我國與各國情誼，建立良好互動的管道，成為當務之急。所以，教育部指示史博館再接再厲，[19] 承擔國家主要的國際文化交流事務。此後，該館在館務工作方向的兩項重點為：對內加強發揚國族精神，對外持續配合政府外交政策，全力向海外發展以傳播中華文化及臺灣進步實況，隨時奉派參加重

---

18 1959 年，史博館因耳聞中共預備以「中國四千年藝術」之名申請參加，開始參加第 5 屆巴西聖保羅藝術雙年展，讓該館決定「力阻匪共插足」（史博館檔號：40001）外交部致駐巴西大使館第 354 號電抄件），持續參加以爭取在國際上「代表中國」的地位；史博館也引此成為推介臺灣藝術家於國際展出人數最多（高達 129 人），並屢獲獎項，是臺灣現代美術史上絕無僅有的案例，其所引發的藝術思潮與社會關注相當廣泛（陳嘉翎 2018：118-121）。

19 史博館資深館員羅煥光指出，「戰後臺灣除了國立故宮博物院、省立博物館以外，史博館是唯一且重要的歷史性博物館，加上該館成立有其重要使命，及宣揚本國歷史文化，所以在當時成為教育部的首選。」（作者主訪 2019）

要的國際性大型展覽，持續爭取中華民國在國際上的正統地位以力挽狂瀾（何浩天 1999），這個任務直到 1980 年代中期以後，因國家政策轉變而結束。此後，史博館也隨著世界博物館全球化趨勢演變與現代化發展的潮流，從原本專為政府事務的文化外交服務的角色，逐步轉型走向「公眾化」（張譽騰 2003），其博物館能動性也大幅度提升，從 1990 年代中期以後率先與民間文化組織合作，透過異業結盟方式從事國際文化交流 **20**（黃光男 2007），開創了公私協力模式間接協助政府拓展文化外交的新走向。

回顧史博館從 1955 年創建至 1987 年我國解嚴前約 30 年間，向來以官方外交機構之姿，擔任首位文化大使走出國門，展示國家歷史文化與形構國族意象的作為，具體說明了國立博物館是國家機器的一部分（Althusser 1971），致力落實國家政策，為國家利益而服務，亦充分展現了史博館作為戰後臺灣第一座國立博物館應盡的職責，並試圖在黨政體制下竭力發揮博物館的能動性。1980 年代末期以後，由於國家政治及國際局勢改變致社會快速轉型，開始傾向臺灣認同意識，**21** 史博館至此完成其肩負「維護與發揚民族傳統文化」的時代任務，正式卸下國家首位文化大使的角色，走出政治使命。在前述史博館協助政府建構一連串對外文化關係的眾多實務中，筆者認為以 1969 年至 1987 年「中華文物箱」計畫最為特殊，其在國家國際處境最艱困的時期，適時扮演協助政府拓展對外關係的重要角色，並為當年我國從官方機構到海外民間團體，協力建立文化外交的努力與付出留下最佳見證。

20　1996 年，史博館第七任館長黃光男開始與民間藝文組織（如：報社、基金會等）合作，開創博物館界異業結盟模式。

21　中央政府為順應民意潮流，遂將國家政策從中華文化轉向世界與本土，提倡本島文化以及在整個亞洲中臺灣歷史的獨特性（張力 2011）。

圖 1：1956 年國立歷史文物美術館以臺北植物園東側日殖時期之商品陳列館
為館址創建（圖片來源：史博館，郎靜山攝）

圖 2：1957 年國立歷史文物美術館改名為國立歷史博物館，並逐步改建為
中國北方宮廷式傳統建築（圖片來源：史博館，劉營珠攝）

6.4 中華文物箱：1970 至 80 年代政府拓展文化外交的見證

　　史博館第二任館長王宇清（高以璇 2005：126）曾云，「『中華文物箱』在當時是一項創舉，把臺灣的名字帶到全世界去弘揚，對政治外交很有幫助，文化宣揚也很有效益。」第三任館長何浩天（閻鈺臻 2005：132）也曾說，「中華文物箱計畫於 1980 年代中期以後結束，但因其製作目的與傳播地域均在海外，致此段久遠事蹟在國內卻付之闕如，鮮為人知。」上述兩位館長的一番話，讓人不禁提問：什麼是「中華文物箱」？當年史博館製作的動機為何？為何要以仿製品作為展品赴外展出？如何遴選具有歷史文化意涵的仿製文物？為何文物箱輸出海外就能達到文化傳播的效用？文物箱計畫如此成功卻為何結束？等問題。時至今日，在史博館的庫房中仍保存著 10 餘個中華文物箱，「一只只的大鐵箱，埋藏臺灣文化外交史」（何定照：2020），讓人欲一窺究竟。

　　為探究以上諸多疑問，筆者聚焦在第一手文獻資料的整理與歸納，對象包括政府檔案、駐外機構現存中華文物箱調查以及相關人員口述訪談，並獲得以下成果：一、考察 1969 年至 1986 年中華文物箱計畫的相關檔案，迄今仍保存於國內 12 大機關，[22] 共計 818 案件，為當時政府推動文化外交工作的實際運作過程留下最原始珍貴的行政紀錄，成為筆者形塑文物箱計畫發展脈絡的主要依據。二、委請外交部及僑務委員

---

22 包括：行政院 3 案件、財政部 7 案件、行政院主計處 4 案件、財政部關務署 1 案件、基隆關 3 案件、教育部 44 案件、外交部 43 案件、國史館 161 案件、僑務委員會 26 案件、國家發展委員會檔案管理局 4 案件、中華郵政股份有限公司 3 案件及史博館 519 案件。

會函發我國 56 個駐外單位，[23] 請其協助確認現存中華文物箱狀況，計有 10 個駐外單位 [24] 現存 348 件當年史博館輸出的展品文物，印證了文物箱曾在海外拓展文化外交的軌跡。三、訪問當年曾經參與該計畫之重要人士，包括史博館館員及駐外人員共 8 人，[25] 憶述中華文物箱計畫的動機、各部會合作、文物展品遴選與製作，以及輸出海外運用展出情形及效用，驗證及補充了現存檔案內容。

藉由以上三大面向田野調查所獲得的第一手文獻資料，讓本章得以重建中華文物箱的構想由來及其發展歷程，茲分述如下。

一、「中華文物箱」的構想由來

史博館館史大事紀中有一條項目記載：「1969 年，奉令製作『中華文物箱』，作為我國駐外使館隨時借供留學生或僑團等文化活動，或參加各項小型國際展覽之用。」（羅煥光 1996：172）此條目不僅說明了中華文物箱開始製作的時間、使用對象及用途，同時也成為筆者考掘中華文物箱機關檔案的重要指南，並從一千餘件的檔案中發掘出該案最初始的 2 份文件，明確記載了當年中華文物箱製作的構想由來，主要是來自於外交部及海外國人需求，促使教育部指示史博館辦理。

---

23 2020 年 4 月 8 日僑教社字第 10902007672 號函、2020 年 4 月 20 日外公眾規字第 10929502760 號函。

24 包括：駐南非代表處 66 件、駐法國代表處 61 件、駐秘魯代表處 62 件、駐泰國代表處 43 件、駐紐約辦事處 29 件、駐波士頓辦事處 26 件、駐瓜地馬拉共和國大使館 12 件、駐西班牙代表處 28 件、駐智利代表處 2 件、金山灣區華僑文化服務中心 19 件（2020 年 7 月至 12 月，由以上駐外單位來函或電子郵件提供）。

25 受訪者有：史博館資深館員林淑心、楊式昭、羅煥光，以及李義松，仿製品製造者王東白，前駐法代表龔政定、前文化部文化資產局局長王壽來及前文建會主委陳郁秀。

(一) 外交部及海外國人需求

1969 年 6 月 3 日，教育部函令史博館「關於籌製文化箱事悉妥為設計報部由」(史博館檔號：060-1-514-1-30) (圖 3) 內容 (節錄) 云：

一、案准我駐美大使館本年 4 月 8 日美文 (58) 字第 580632 號致外交部代電副本開，「……二、經分知留美各同學會並分飭駐美各領事館調查意見，謹就所獲反映分項呈報如次：……(四) 除書刊雜誌電影片外，幻燈片及展覽品亦甚感需要。而本館 (駐美大使館) 所存極少，故各同學會於舉行文化活動或參加校內國際展覽時，向本館借用常感供不應求，擬請多製有關我國故宮博物古物、名勝古蹟、風景、郵票等之幻燈片，請設置展覽箱 10 套，包括：文物書畫服飾器皿及新聞照片等，並購買我國古代服飾、故宮字畫及文物複製品、國畫、織錦、刺繡、郵票、雕刻、樂器、日用器皿以及新聞照片等，分裝為展覽箱 10 套，交由本館以供借用。」

二、查所提各項意見頗有價值，應請外交部洽商有關單位辦理。至其中「二之 (四) 請設置展覽箱 10 套，包括文物、書畫、服飾、器皿及新聞照片等交由該館用一節，與本部 (教育部) 原擬設置文化箱之構想相合，希該館就設置文化箱一事，研擬具體可行辦法報核，每箱以新臺幣 1 萬元為度，暫設 20 箱交本部駐美、加、比等文化參事處運用。」[26]

26　1969 年 7 月 14 日，藏外交部情報司簽陳「奉派出席教育部商討文化箱籌辦計畫事宜」(國史館藏外交部檔號：020-099999-0085) 有載，「1. 教育部於本 (58) 年 4 月間召開海外學人座談會，渠等均認為我政府應準備整套完整之中華文物箱並將之寄置於駐外使領館、文參處、新聞處以備我留學生、僑胞及外國團體需要時，提供展出材料，以收宣揚中華文化之效。」該案前經國外經濟文化事務委員會開會商討獲得結論，為宣揚中華文化，促進外人對我瞭解起見，確有設置「文化箱」之必要。

（二）教育部指示史博館辦理

　　1969 年 7 月 12 日，教育部邀集外交部、僑務委員會、行政院新聞局、中央委員會三組及四組、文化局、史博館、教育部會計處與文教處、青年救國團總部等單位，針對「文化箱」經費預算及其他事項進行研討。座談會決議如下：1. 文化箱改名為「中華文物箱」；2.「中華文物箱」每箱製作價格新臺幣 2 萬元，製作 20 箱，經費共計 40 萬元。除教育部支應 20 萬元外，其他單位暫定分配經費分別為：行政院新聞局 6 萬元、外交部 4 萬元、僑務委員會 4 萬元、文化局 4 萬元、中央委員會三組 1 萬元、中央委員會四組 1 萬元。（圖 4）

　　從上述教育部及史博館的 2 份機關檔案可以清楚得知，中華文物箱的構想由來，主要根源是來自於 1960 年代末期，我國海外學人向政府提出的迫切需求：1. 我國留美各同學會透過外交部駐外單位向政府反映，需要設置及借用 10 套展覽箱，內裝歷代文物複製品，且寄置於駐外單位，供學生、僑胞及外國團體出借使用，以向外國人士展示宣揚中華文化，外交部因此委請教育部協助辦理；2. 教育部正式邀集相關單位召開研討設置國際「中華文物箱」座談會辦理籌製文物箱。以上是目前部會庋藏的機關檔案中，最早記錄有關中華文物箱計畫籌設的重要緣起，同時也反映了 1970 至 80 年代民間（海外學人、僑團）與公部門（外交部、教育部、史博館），共構臺灣文化外交的積極作為。

　　然而，我們仍不免要追問，為何當時我國海外學人要主動向政府建議設置與借用文物箱？根據當年相關主事者的訪談及文獻分析，其實這與國家政策及時代背景有關。王宇清（高以璇 2005：127）館長說，「當時國際環境丕變，國際上的臺灣不為人所知，外交也非常艱苦，為讓世人知道有臺灣與中華民國政府，教育部令史博館製作 10 個中華文物箱，裡面放置歷代中華文物的仿製品以為展示宣傳。」而王館長所謂

的「當時國際環境丕變」，係指 1970 年代以後，我國原本在冷戰前期
與美國穩定的邦交，到了冷戰後期因為國際外交局勢的驟變而開始鬆
動，[27] 致使政府在兩岸競爭、國際外交與國內政權處境也接連面臨許多
挫敗：1971 年被迫退出聯合國、重要邦交國一一斷交（如：1972 年與
日本及澳洲斷交、1978 年與美國斷交等）、中華民國代表「中國」唯一
合法政府的地位大幅下降、國內政治與社會運動如火如荼發展 [28] 等時代
變局（朱紀蓉 2016：52；陳嘉翎 2017b：69），中央因而實施海內外
精神動員的國家政策 ——「中華文化復興運動」[29] 及「安祥專案」[30]，此
政治氣氛讓我國海外學人有所警覺，並由衷激起一股關心臺灣文化發展
的熱情，為了高度響應國策，欲在海外宣揚中華文化且擁護政府的正統
地位，故分別向外交部及教育部建議以歷史文化主題方式進行中華文物
的展示；同時，政府也加強推動海外文化交流的發展，以爭取國際社會
對我國地位的認同（國立歷史博物館編輯委員會 2005：37；林淑心、
羅煥光口述，作者主訪 2019）。

---

27 此際中共和蘇聯關係逐漸冷淡，美蘇兩大陣營敵對情勢較前緩和，中共積極在國際間
　活動，美國於是有了推動「兩個中國」的想法，並趁勢開啟和中共的接觸及改善彼此
　關係，讓我國頗受刺激（張力 2011：505-506）。

28 1970 年行政院副院長蔣經國在美被我國留美學生槍擊未遂（中央研究院近史所藏外
　交部檔號：406/00450）、1979 年國內發生美麗島事件（行政院研究發展考核委員會
　《美麗島事件檔案導引》，2003）。

29 為 1960 至 70 年代政府的精神動員與文化政策之一。起因於中共正進行的文化大革
　命，中華民國藉文化復興作為中華正統象徵，並由兩岸軍事行動轉為文化鬥爭，其
　目的在於擁護領袖，保衛中華文化。參閱林果顯，網站：https://nrch.culture.tw/
　twpedia.aspx?id=3968（檢索日期：2020 年 11 月 1 日）。

30 1970 年 12 月，政府國家政策之一，該專案工作實施計畫五之（七）增製文物箱 25
　具，以備在歐美日各地巡迴展出之用，並應充實內容使能強調中國大陸與臺灣歷史淵
　源之關係（教育部檔號：06100006433）。

1969 年 6 月，教育部基於和外交部「原擬設置文化箱之構想相合」，正式飭令史博館籌設辦理，[31] 並將原稱「展覽箱」或「文化箱」，正式命名為「中華文物箱」（教育部檔號：05831015740）。此令猶如一個起手式，讓史博館再次挑起時代任務，展開自 1970 至 80 年代研發製造 5 批次、757 箱、分配海外 70 餘個單位、為期 18 年的文化外交創舉，成為當時我國與國際對話的重要管道之一。

二、中華文物箱的發展與效用

史博館為落實製造中華文物箱作為文化外交工具，乃依據教育部所指示的創設原意進行研發：「一、專供駐外各使館文參處或新聞處備供本國留學生、僑團等文化活動或參加校內國際展覽之用；二、各項展品為代表國家宣揚歷史文化及介紹國家各項建設進步，所有展品皆須儘求提高水準，以免發生相反之作用。」（史博館檔號：060-1-514-1-30）史博館秉持教育部指示，運用博物館專業，充分發揮了自我的能動性，以「文化的製造與輸出」方式，於生產中華文物仿製品後，再海運或空運至駐外單位供當地我國民間團體使用，展示國內自由民主經濟繁榮實況，塑造國家文化正統及嶄新形象。

(一) 文化的製造

1969 年，史博館第二任館長王宇清為籌作中華文物箱組成專案小組，邀請著名的書畫家（張大千、黃君璧）、攝影家（郎靜山）、雕塑家（楊英風）、陶瓷家（吳讓農、丘雲）、美術家（王東白）等人參與進行「文化的製造」工程，並運用國家力量，動員教育部、外交部、國際文教處、中央文化工作會、中央海外工作會、行政院新聞局、文化局、僑務委員會、中國青年反共救國團總團部等單位，依據海外學人及僑領的需求和建議，及秉承各有關單位的綜合意見進行策劃，並基於「當時我國

圖 3：中華文物箱的構想由來之一：1969 年 6 月 2 日，教育部臺（58）文字第
10508 號令「關於籌製文化箱事悉妥為設計報部由」（史博館檔號：060-
1-514-1-30）

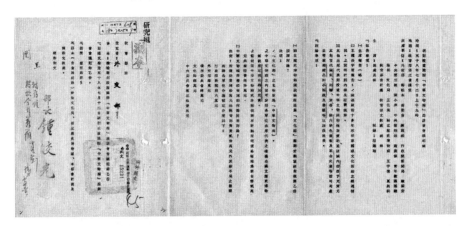

圖 4：中華文物箱的構想由來之二：1969 年 7 月 12 日，教育部研討設置國際
「中華文物箱」座談會會議紀錄。（史博館檔號：060-1-514-1-45）

31　史博館檔案記載：「奉教育部本年上月 2 日臺（58）文字第 10508 號令略以：『希設
　　置文化箱，交駐美、加、比等文化參事處運用。』等因（史博館檔號：060-1-514-1-
　　11）。此外，史博館資深館員羅煥光也指出，「那時國內只有故宮博物院、省立博物
　　館、歷史博物館，而最能擔任這個任務的就是史博館，所以被點名來執行這項任務。」
　　（作者主訪 2019）

所處的兩岸政治環境，歷史文物真品不宜出國展出」（楊式昭口述，作者主訪 2019）的考量，決定以仿製品作為箱內展品，且「須代表國家文化，以發揚民族精神為主體」（史博館檔號：060-1-514-1-13）。基於上述理念及目的，史博館乃以 1960 年代政府推行中華文化復興運動的國家政策來打造「中華文化在臺灣」的版本，並以該館於 1968 年舉辦的「第 1 屆歷史文物仿製品展覽」[32] 之 200 餘件展品進行遴選，以五千年中華文化系譜中最具代表性的歷代文物為仿製對象，再請藝術家們及民間廠商特別設計、製造與量產，最終形成仿製品的製造規格，將中華文物與臺灣發展進步實況之全部展品，兼容並蓄地收羅在箱裡，再以文物分類及歷代編年的展示脈絡再現於國際。當年館方主事主任夏美馴（1976：79）對中華文物箱原始構想的一段記載可為最佳註記：

> 該項構想，係將中華五千年歷史文化，採用圖片、器物服飾，使成展品，置諸一箱，且以極少之經費，使得用於海外，坐收傳播文化之效，其間曾煞費苦心，幾經試作，終於由構思而成為事實。此種由無變成有的設計，終於形成我國宣揚文化的具體成果，乃有「中華文物箱」的設置。考諸以往，在我國是向未所有的一項創舉。

---

32 史博館為配合國家政策推行中華文化復興運動暨紀念國父誕辰，特別舉辦此展，並標榜集學術研究與科學技藝之大成，以五千年歷史文化為脈絡，展出複製品史前北京人頭骨、新石器時代黑陶、商周時期銅器，包括禮器、樂器、兵器，以及戰國的漆器、玉器，漢代的銅鏡、熹平石經、竹簡、陶器，清代青花花盆、仿古大花瓶、牙雕綿羊、觀音、銅佛、辟邪、玉山等。該展展品，均由國內雕塑家楊英風、陶瓷家吳讓農、丘雲、美術家王東白、中華藝術陶瓷公司、故宮藝術陶瓷廠、中強藝術陶瓷廠等所提供（聯合報 1968、史博館檔號：058-1-610-8）。

　　1969 年，第一批文物箱共計製作 10 箱，每箱展品分為 12 項，96
類，包括：元首像及一般展品、古畫及今人書畫複製印刷、歷代文物圖
片、文物仿製品（銅器、陶器、文字史料、石刻、玉器、漆器）、彩色
幻燈片（臺灣社會經濟進步實況及三軍壯大場面等）、國樂唱片、《臺北
畫刊》、《臺灣畫刊》、郵票（蔣總統勳業郵票、行憲 20 周年紀念郵票
等）；展品說明卡皆以中英文對照說明，中間嵌印國旗，並備有國父遺
像、蔣總統玉照及國旗一面（史博館檔號：060-1-514-1-8）。這些具有
「國族意識」的展品，「不僅要使參觀者能立即瞭解中華文化是來自於
臺灣的中華民國，並讓其體會到中華民國的民主、自由、繁榮與進步」
（翟羽 1980：57），也為「期在各項活動中進一步宣揚中華文化，加強
華僑、留學生之向心力」（教育部檔號：06100006433）。換言之，中
華文物箱的展示目的在於，向國際人士充分表述中華文化在臺灣的保存
與新生，展現戰後臺灣在十大建設發展下的進步榮景，並要凝聚海外國
人對政府的向心力（圖 5、6）。

圖 5：1970 年 5 月 5 日史博館邀請有關
部會共同檢視第一批中華文物箱仿
製文物情景（圖片來源：史博館）

圖 6：1970 年 8 月史博館製作完成之第
一批中華文物箱準備輸出美國及
比利時（圖片來源：史博館）

　　1970 年，第一批中華文物箱製作完成輸出海外時，國內曾有媒體報導，「史物館創新猷，將展出文物箱，內容展示我國歷史藝術文物」（中央日報 1970）、「供應僑胞舉辦文化活動，大批中華文物近期運往國外」（中央日報 1971）。僑胞及留學生們在使用後一致認為，其展品內容頗足以具體而微地將中華歷史及美術品精華濃縮在箱裡，並將中華文化的概念實體化，能作有計畫、有系統的介紹，富有歷史性、藝術性與科學性；同時，文物箱運用方便，達到良好的宣傳效果，所以佳評如潮，各界表示迫切需要，紛紛要求分配及再行增製（何浩天 1999：11；2005：44）。中華文物箱的這個創舉，不僅得到各相關部會的認同與經費贊助，甚至還得到第一夫人蔣宋美齡女士的支持，並贈送 10 張其個人山水花卉複製畫作為展品放在箱裡輸出海外（王宇清口述，高以璇主訪 2005：127）。1970 年，第六任教育部部長鍾皎光以「該館設計中華文物箱 10 箱，計畫周詳，內容充實，應予以嘉勉」為由，建請國際文教處對史博館予以敘獎（教育部檔號：05900032725）。第一批中華文物箱的成功出使，顯見史博館扶持政府拓展文化外交有功。

　　爾後，教育部「為因應海外工作需求及各單位要求，認為有繼續製作文物箱的需要」及「各有關方面雖紛提改進意見，惟均一致認為此種文物箱甚具效用，請再繼續製作」（教育部檔號：06200013543、06300020392），遂令史博館根據各方使用後的批次反映意見及製作之經驗檢討，讓當地人士能透過寓教於樂的方式，認識中華文化在臺灣的保存與演進。中華文物箱展品幾經改良與提升效能，到了 1985 年第五批內容展品已底定為：商周銅器、史前及現代玉器、盛唐及北魏陶器、明清瓷器、清代琺瑯、兩宋名人及今人書畫複製品、當代名家書畫真跡、仿古緙絲、一般展品；尤其展品中有現代書畫真跡 200 幅，乃出自當時國內名家之手 [33]（史博館檔號：067-0108-2-2-46）；這些愛國畫家不計酬勞，透過藝術表現為國服務，並展示當前臺灣繪畫的新風貌，主題包括：人物、山水、花卉、蔬果、翎毛、畜獸、鱗介、草蟲各

種（雄獅美術 1975：133）。

　　雖然中華文物箱的展品是仿製品，連外國人士都知道，但仍對其讚譽有加，顯見其傳播效益。我國駐洛杉磯總領事館曾函云，「古物複製品雖係仿製品，但觀眾仍有極大興趣，請種類不妨增多。」（國史館藏外交部檔號：020-090502-0020-31）前駐法代表龔政定亦曾指出：「法國人對中華文化相當仰慕，雖然他們都知道文物箱的展品是複製品，不過還是來參觀。」（作者主訪 2021）前文化部文化資產局局長王壽來也提到，「國家配發的中華文物箱利用率非常高，發揮了相當大的效果。凡事眼見為真，雖說中華文物的陶瓷器有多好，唐三彩有多漂亮，但圖片看看也沒有太深刻的感受，可是即使是一個複製品放在眼前，其實還是蠻觸動人心的。」（作者主訪 2021）由於仿製文物精美，與真跡外觀相去不遠，足以亂真，令看過者心生擁有之情，不僅紛紛提議期能大量生產及販售，讓外籍人士也可以郵購，甚至在美國還曾發生過文物箱仿製品遭竊，[34] 以及在德國驗關時仿製品被認定是百年古物無法豁免關稅而轉運他國 [35] 的一些小插曲。

33　當代畫家響應惠件者，計有：黃君璧、劉延濤、馬壽華、陳子和、吳平、歐豪年、高逸鴻、邵幼軒、姚夢谷、傅狷夫、陳丹誠、胡克敏、季康、趙松泉、余偉、呂佛庭、孫雲生、林賢靜、范伯洪、曾其、林玉山、梁中銘、梁又銘、李奇茂、鍾壽仁、金勤伯、王農、蘇峰男、涂璨琳、周澄、顏小仙、羅芳、梁秀中、黃永川、劉平衡等人。

34　1980 年 7 月，駐西雅圖辦事處儲藏室內的文物箱被橇開後取走各類文物 15 件，該處當即會同房主向美國當地警察局報案。當時被竊走的仿製文物計 15 件，有：唐三彩文人、唐三彩駱駝，犀皮漆刻、清剔紅葫蘆瓶、宋奉華尊、明弘治窯嬌黃繩耳罐、明嘉靖鬥彩蒜頭瓶、清山水青花瓶、清景泰藍輝瓶、清侈口花瓶、清彩花罐、清牙雕三羊、仿唐女俑木刻、木刻觀音像、木刻獅子（國史館藏外交部檔號：020-090502-0019）。

35　1976 年，文物箱運至西德後，因箱內展品被海關認定為百年古物須加以課稅，中央信託局駐德代表處因報關困難，外交部指示改運羅馬駐教廷大使館使用（教育部檔號：06500036002）。

(二) 文化的輸出

　　為使中華文物箱在輸出後能達到高度的傳播效用，史博館特別邀請美術家王東白及聶光炎設計具有機動性的鐵／鋁箱，其規格要求是長 3 尺、高及寬 2 尺 5 寸，壓縮體積，限盒裝箱，易展易收，堅固耐用，防震防損，拆裝便利，精巧靈活，冀能長期輾轉搬運，箱內展品概分 10 大類型，計有 120 餘種，可供 100 平方公尺左右面積展覽場地之用，或只需要一處約有 50 建坪大小的房間即可展示。(翟羽 1976：57、58) 前駐法代表龔政定即認為，「製作中華文物箱展品，不但所選的展品精美，且能放入鐵箱內搬運方便，以供駐外機構推動文化外交，是一個很好的構想。」(作者主訪 2021) 此外，史博館還運用其在 1960 年代獨創巡迴展覽的宗旨：「把知識送上門」(即今日「行動博物館」的前身) 之傳播理念 (雄獅美術 1981：38)，經由外交部往來的國際關係，策略性地輸送到駐外單位，再轉至各地的學校、社區藝術中心、博物館，以及中華文化復興委員會在海外設立的分支機構與據點作巡迴展出，並將展品說明及文宣翻譯成英、法、西語或該國文字印製發送，向國際人士傳達正統中華文化之所在，進而促進邦誼 (何浩天 2005)。

　　1970 年，第一批中華文物箱的首發，分別海運美國我大使館文參處及比利時我大使館文參處，透過對外展示邀請駐在國官員及當地民眾參觀，成功引發交流話題，旋即受到我國駐外機構、僑胞、留學生與當地人士的熱烈歡迎，致使需要文物箱的單位甚多 (史博館檔號：060-1-514-1-8；林淑心口述，作者主訪 2019)。例如 1970 年祕魯大使館曾函史博館云，「……查文化箱海外各地需要甚急，擬請早日籌置完成，以應海外中華文化復興之需。」(史博館檔號：060-1-514-1-26)；1972 年駐西班牙國大使館代電云，「……查貴館曾於 1970 年設計第一批『中華文物箱』，運往我國各駐外機構運用，對加強文化宣傳甚具功效，惟本館未蒙列入該批駐外機構名單之內。茲貴館再度設計分發中華文物箱，擬請惠

將本館列入本次寄送名單內，並迅賜海運到館，俾資運用。」（外交部檔號：072/312.22/066/01/16）教育部為因應海外眾多單位需求，制定文物箱的分配對象機制，須考慮其管理及維護之能力，以一地區一組為原則，充分發揮中華文物箱海外傳播效用（史博館檔號：071-0108-7-1）。

此外，海外當地的民間華僑機構、學校及博物館，也積極主動向我國政府索取。例如：1970 年起，馬來西亞培南中學便多次去函向我國僑務委員會索贈，為在該校用以推廣中華文化教育（國史館藏外交部檔號：020-090502-0019-329）。1972 年，我國留日學人函致中國青年反共救國團總團部表示「為積極展開國民外交，加強友邦人士對我國文物之認識，急需文物箱，俾供運用」（史博館檔號：06200031158）。1973 年，巴西聖保羅華僑青年會函致時任行政院院長蔣經國云，「在臺有關文教機構為了便利具體文化宣揚，曾製造『中華文物箱』多項，僅在美國即有 20 多套，可惜拉丁美洲尚未聞有一套，實為憾事。……故今特請院長大力支持，俾使本館亦能得到一兩套，使本館更能擴大宣傳我國文化等事，以盡我國民外交之義務。」（教育部檔號：06200031158）。1978 年，美國喬治亞州 Augusta Richmond County Museum 函致外交部說，「有鑑於本州對中華文化較為生疏，請贈送文物箱供永久陳列，促進當地美國人士之認識及友誼，並提供場地供中華文物箱展品永久展出及投保，保證每年前來參觀人數將達 20 萬人以上，簽訂永久展出協議，安排媒體報導。」等語（國史館藏外交部檔號：020-090502-0019-129-132）。以上諸多實例，說明了中華文物箱在海外廣受運用、供不應求的狀況。

第一批中華文物箱雖然成功出使，但後來也因為國際情勢驟變而導致困難重重。1971 年，我國被迫退出聯合國，開始受到一波波斷交潮的影響，曾衍生文物箱因為我國駐外館單位已撤離而無法入關或手續變得極為複雜等問題。例如：1971 年 5 月中華文物箱在運往駐盧安達大

使館的途中，因我與該國突然停止邦交，船運公司緊急函請外交部情報司申請轉往駐肯亞，但此後不久，又因我國與肯亞無正式邦交，1972年6月該批文物箱再轉進駐多哥大使館，但該館於12月也因我與該國停止邦交奉令裁撤，1973年2月文物箱只好再改運至駐象牙海岸大使館（史博館檔號：060-4-461-1-01~09）。上述過程顯示了文物箱因為國際政治的影響導致輸出傳播受到攔阻，但最終仍在外交部的指揮下，得以一再轉進他國尋求展示機會的一段艱辛過程。

此外，中華文物箱也曾透過當地民間團體的協助，仍在斷交國成功展出的案例。前駐法代表龔政定即憶述他在法國運用中華文物箱的情形，「我到法國履任時正值中法關係最低潮，於是委請『法北友華協會』[36] 協助運用中華文物箱推廣中華文化，期使法國各界認識與瞭解臺灣，以進一步推動雙方關係及進行有關合作。」中華文物箱展覽的方式是和各地地方政府共同辦理，展出地點有時在地方政府大樓，有時在當地的博物館以吸引在地居民及學生團體參觀。在每個地方展出的時間大約幾個星期，不收門票；每次展出時多舉行揭幕式，由地方政府首長或副首長主持，龔代表以貴賓身分受邀致辭時即說明中華文物箱展出的意義，介紹臺灣的情況及中華民國在各方面的成就，並在展場放置文宣資料以供參觀民眾索取，當地媒體也多有報導，先後在法國北、中、南部至少23個城市展出，包括巴黎（外交部檔號：066/352/0002/1、067/Z1240.08/R00006/001）。龔代表說，「因為法國重視文化，使中華文物箱能在法國長時期深入各地展出，讓一般人對中華民國有進一步瞭解，在推展文化外交過程中貢獻不小。」（龔政定口述，作者主訪 2021）（圖 7、8）

---

36 法北 Lille 市的「德風殿協會」（Association Deffontaines）經常辦理文化性質的旅行，1977 年曾組團到香港及臺灣旅遊，團員們抵達臺灣後對於當地美麗風景及進步情況印象深刻，返國後紛紛把所拍攝之幻燈片播放給親友們觀賞。龔政定代表知道此一情形後即和這個民間團體聯繫，該協會願意幫助增進中法雙方瞭解，另組織一個名叫「法北友華協會」[Association France-Chine (Formose)]，專門辦理中華文物箱的展覽（龔政定口述，作者主訪 2021）。

圖 7：1983 年我國駐瓜地馬拉大使館館新聞參事處於東部大城舉辦中華
文物展（外交部檔號：068/Z1270.02/R00100/001）

圖 8：1987 年法北友華協會在法國巴黎近郊 ERMONT 舉辦中華文物展，
龔政定代表（右一）受邀出席，該會副主席 Lienel Aymard（左一）
在場照料（外交部檔號：067/Z1240.08/R00006/001）

271

　　回顧中華文物箱的總體概況，共製造 5 批次，計約 1,065 箱，籌製箱數及海外需求情況為：1969 年至 1970 年第一批文物箱製作 10 箱，運用方便，極受當地歡迎；1971 年至 1972 年第二批文物箱製作 39 箱（新生報 1972；中央日報 1972；中華日報 1972；中國時報 1972），正值我國退出聯合國，國家面臨史上重大斷交潮，海外地區一致反應希望普遍分配，以應迫切需要；1974 年至 1976 年第三批文物箱製作 80 箱，以搬運方便及加強內容，尤以書畫均係真跡最有特色，各地熱烈爭取展出，要求再擴大供應；1978 年至 1980 年第四批文物箱製作 320 箱，正值我與美國斷交，國際舞臺再度面臨重大挑戰的時點，因此製作內容及品質更加豐富精緻，展出機率更高；1985 至 1987 年第五批文物箱製作 308 箱，基於海外各地實際需要，持續製作並分發使用（表 1）。1980 年代以降，臺灣隨著國內解嚴，臺灣文化本土化甚囂塵上，本土文化儼然成為政治主流，致使中華文物箱走入歷史，結束歷時約 18 年的文化外交使命。

✿ 表 1：5 批次中華文物箱籌製與分配地區概況表

批次	籌製時間	製作數量	展品內容	分配地區
1	1969.5-1970.11	10 組 每組 1 箱 每組 97 種 共計 10 箱	一般展品：國旗、國父遺像、蔣總統玉照、歷史文物圖片、仿古文物、民謠唱片、中華民國郵票等	美國、比利時、以色列
2	1971.4-1972.4	13 組 每組 3 箱 每組 100 種 共計 39 箱	一般展品：國旗、國父遺像、蔣總統玉照、歷史文物圖片、仿古文物、國畫複製品、仿古緙絲、服裝、民謠唱片、宮燈、中華民國郵票等	美國、日本、比利時、西班牙、象牙海岸

批次	籌製時間	製作數量	展品內容	分配地區
3	1974.5-1976.5	20 組 每組 4 箱 每組 110 種 共計 80 箱	一般展品：中華五千年歷代世系表、國旗、孔子浮雕立像、國父遺像、先總統蔣公遺像、中華民國郵票、畫冊等；歷史文物及美術品：銅器、陶器、瓷器、書法、名畫、雕刻、攝影、其他等複製品、今人書畫真跡	澳洲、日本、巴拿馬、哥倫比亞、美國、泰國、菲律賓、法國、英國、加拿大、墨西哥、阿根廷、西德、香港、馬來西亞、黎巴嫩
4	1978.8-1980.8	40 組 每組 8 箱 每組 124 種 共計 320 箱	一般展品：中華五千年歷代世系表、國旗、孔子浮雕立像、國父遺像、蔣總統遺像、中華民國郵票、繪畫明信片；畫冊等；歷史文物及美術品：銅器、陶器、瓷器、書法、名家畫冊、雕刻、攝影、其他等複製品、今人書畫真跡	日本、大韓民國、印尼、馬來西亞、美國、加拿大、澳洲、法國、奧地利、比利時、荷蘭、盧森堡、瑞士、希臘、象牙海岸、賴索托、馬拉威、海地、祕魯、瓜地馬拉、巴拉圭、沙烏地阿拉伯、約旦、波利維亞、梵諦岡教廷、西德、南非等
5	1985.2-1987.10	77 組 每組 8 箱 每組 108 種 共計 616 箱	一般展品：中華五千年歷代世系表、國旗、孔子浮雕立像、國父遺像、蔣總統遺像、圖書、畫冊、國樂錄音帶等；歷史文物及美術品：銅器、陶器、瓷器、玉器等複製品、歷代服飾	日本、大韓民國、新加坡、印尼、馬來西亞、美國、澳洲、紐西蘭、法國、英國、德國、荷蘭、盧森堡、瑞士、西班牙等

資料來源：作者整理。

6.5 從文物箱到百寶箱：「文化主體性」的轉化及博物館之於文化外交的能動性

綜上所述，中華文物箱是 1970 至 80 年代中期政府因應國家政策而催生，並由史博館協助創製的一種文化外交工具，在海外傳播中華文化卓然有成。無獨有偶，中華文物箱在睽違了 10 餘年後，2004 年文建會為呼應政府文化外交政策，再度以「箱子」形式來製作臺灣文化百寶箱，輸出臺灣多元文化的實體與內涵，以臺灣意識及多元方式強調對外關係，在海外亦博得高度美譽。

臺灣文化百寶箱的製作遠因，可說是源自於 2000 年我國首次完成政黨輪替後的國家政策。陳水扁主政時期提出文化公民權並展開公民美學運動，期使臺灣發展呈現「政治民主化」、「經濟自由化」、「社會多元化」以及「文化本土化」的多層面貌（陳其南 2006：13），並由陳郁秀擔任政黨輪替後的首任文建會主委（2000-2004），她提出 10 項施政目標，其中包括「重新詮釋並提升本土多元文化內涵，進而邁向國際化。」（文建會 2004）陳郁秀說，「因為在過去我們都非常重視中華文化，對於自己本土的文化卻認識得不夠深入，所以我擔任主委時，就想要建立臺灣主體文化。而我們的主體文化，當然有中華文化，也有原住民文化、客家文化、閩南文化，還有現在的新住民文化。」（作者主訪 2021）依循上述文建會提倡「多元文化內涵」及「建立臺灣主體文化」的國策目標，適逢美國每年 5 月舉辦「亞太傳統月」（Asian Pacific Heritage Month）活動中，特別辦理「臺灣文化週」的展示，遂成為陳郁秀製作百寶箱的近因：「當時我就想製作一批臺灣文化百寶箱存放外館，提供當地僑民、喜愛臺灣文化的國外人士使用，進行文化外交。在百寶箱裡將臺灣有代表性的重要文化都展現出來，要讓世界知道臺灣現在是一個多元文化的國家。」（作者主訪 2021）2003 年，陳郁秀指派

文建會第三處處長王壽來承辦此計畫，共計製作 5 組，每組各有 9 箱，
4 組運到美國，1 組運到法國 [37]（康俐文 2003）。為在國際舞臺充分展
現臺灣文化的精神與內涵，所以百寶箱內的展品顧名思義即有 100 件
寶物，並分成 8 大物類，包括：布袋戲偶、歌仔戲服、臺灣出版品、原
住民服飾、工藝品、臺灣前輩美術家複製畫作、臺灣印象海報懷舊系列
以及臺灣古地圖（圖 9）。外箱採用臺灣原生植物「樟木」作板材，代

圖 9：2004 年文建會前主委陳郁秀指示製作臺灣文化百寶箱赴外展出（圖片來
　　　源：《人間福報》）

37　駐外單位包括：文建會駐紐約臺北文化中心、外交部駐美國代表處（華府）、駐舊金
　　　山辦事處、駐洛杉磯辦事處及巴黎臺北新聞文化中心。

表臺灣的意象，並以「行動博物館」的方式在各地巡迴展示，達到推介臺灣文化的目的（曹麗蕙 2004）。

　　作者認為，從上述中華文物箱到臺灣文化百寶箱的轉化實例，具體反映了兩種「箱子外交」的異同點：為了向國外推廣國家文化，主事者以共同的實體形式（箱子）、製作理念（複製與再現）及移動方式（輸出與傳播）承續，卻也以截然不同的文化內涵進行單方面表述，分別呈現中華／臺灣的「文化主體性」（表 2），隱喻了在不同時期政權轉移下我國的文化外交政策，是從中華文化的投射轉向臺灣本土文化的階段性轉折與表徵；此亦解釋了為何至 1980 年代晚期，中華文物箱因其內容無法具體呈現臺灣文化主體而必然消逝，以及千禧年後臺灣文化百寶箱可以成為外交傳播設備的文化政治現象。文化外交中承載本國文化意義文物的「文化箱／百寶箱」，如同 Foucault（1972）的論述位置，在不同時期的國家文化政治需求下，此種策略的稀有性（rarity）所能置入的內涵是可置換的；這反映了從國民政府／教育部 —— 史博館到臺灣／文建會 —— 主事者的發動與轉換，從中華文化代表到臺灣文化主體性，「箱子」成為本國文化外交者置入其國族想像的象徵體。深入而言，由官方機構（史博館／文建會）所製造的「箱子」（文物箱／百寶箱），其實也代表了一種政權力量、外交政策的認知及其所承載的文化主體想像，可謂政權－外交－文化想像的三連體，所以可以置入不同的主體文化內容，並運用箱子的移動性進行展示。王壽來說，「中華文物箱也好，臺灣文化百寶箱也好，它們都是外館在海外做文化宣傳的利器，但因為發生在不同的時空下，不同的政治環境下，不同的文化政策下，所以宣傳的內容也有所不同。」（作者主訪 2021）陳郁秀也總結指出，「臺灣文化百寶箱的製作，與中華文物箱的製作不謀而合，可見不管在哪一個時代，政府的想法都是一樣的，都是要把國家最好、最精華的文化展現給世界。」（作者主訪 2021）在我國文化外交史上的「箱子外交」，引發了國立博物館在協助政府從事文化外交活動時所面臨的

「文化主體性」轉化及差異性認同，也考驗著博物館專業與政治內涵互為消長的能動性，應致力於「以政治及準政治方式，發展正式及非正式的專業實踐社群，共同討論並確認博物館真實的價值所在及專業身分認同」（劉婉珍 2010：14），在當前國際主流價值下，以文化作為「柔性權力」（Nye 2004），開拓嶄新的外交策略及領域。

◎ 表 2：中華文物箱與臺灣文化百寶箱比較

名稱	籌製運用時間	文化外交政策	製作動機	製作形式及內容	輸出地點	製作數量
中華文物箱	1969-1987	鞏固外交與彈性外交：宣揚中華文化及唯一正統中國	外交部敦睦邦誼及教育部為加強海外僑胞及學人的向心力	以鐵箱承載中華文物仿製品	全球 5 大洲、30 餘國	1,065 箱
臺灣文化百寶箱	2003-2008	全民外交：多元文化內涵及建立臺灣主體文化	參加美國每年 5 月舉辦之亞太傳統月臺灣文化週以拓展文化外交	以木箱承載臺灣文物仿製品	美國、法國	45 箱

資料來源：作者整理。

6.6 結論

本章透過史博館所製作的中華文物箱，揭露了臺灣於 1970 至 80 年代這一段文化外交的真實性，見證自 1920 年以來，我國的國立博物館向來協助政府拓展文化外交，且為國家利益服務的一種實務運作模式：在實踐國家政策的前提下，史博館（國立博物館）高度運用國家力

量與博物館的能動性，首次以跨部會合作推動的方式，共同從事本國文化的製造與輸出，創製中華文物箱作為文化載體赴外展出，突破我國在1970 年代斷交潮下的國際封鎖線，建立全球文化交流網絡，直到 1980年代晚期因國家政策的轉向而消逝。

綜觀中華文物箱 18 年的發展歷程，不僅說明了史博館（國立博物館）之於國家文化外交所扮演的角色 —— 文化的製造者與輸出者、各部會合作的中介者，以及文化交流網路的建立者，其實也顯示中華文物箱在我國解嚴後因國家政策轉向本土化，無法具體反映臺灣的文化變遷與發展而走入歷史的階段性轉折；加上 2004 年文建會製作臺灣文化百寶箱，以彰顯臺灣的多元文化及建立臺灣主體文化的目標，重返國際舞臺拓展文化外交後，更讓中華文物箱的歷史意涵產生差異性的認同。此也不禁令人反思，當前我們正面臨數十年來最大的內外變局之際，國立博物館是否能在今日我國在提倡廣納多元文化與包容力的政策下，提升其在面臨不同政體時得以轉煉政治內涵，涵養出政治主流文化以外的核心價值，回應時代社會的需要與感知，呼應國際主流價值，以臺灣作為方法，宏觀地將「臺灣主體文化」再脈絡化，做出最好的詮釋，作為政府拓展文化外交領域的憑藉與跨越。

國立博物館除了運用國家力量來協助提升國家利益的職責外，亦可納入及凝聚國內外的民間力量，[38] 作為連結政府與民間的中介者，高度展現博物館專業的能動性，成為日後博物館永續協助政府經營文化外交的重點與策略，在國際間開啟更多的可能，締造更多的連結。這也是今日我們在回顧史博館中華文物箱發展歷程的同時，可以從中汲取其成功

---

[38] 國內如非官方的文化組織、藝術家、文化工作者、學術界、影視媒體、文化企業等；國外民間機構如本章所提的法國法北友華協會，與我國駐外單位共同合作舉辦藝文活動。

地透過跨部會合作推展、國內外官方機構與我民間共構、國際官方或民間組織協力、全球交流網絡建立及博物館專業能動性等方式及策略，製造與輸出「臺灣文化主體性」的轉化性思維，在當前我國政府外交基本方針 **39** 下，藉文化來突破我外交困境，深化及廣化多元外交領域的實質關係，持續創造新的價值。

參考文獻

中央日報。〈泰國慶憲博覽會〉。《中央日報》。1956 年 12 月 12 日。

中央日報。〈史物館創新猷 將展出文物箱 內容展示我國歷史藝術文物〉。《中央日報》。1970 年 7 月 20 日。

中央日報。〈供應僑胞舉辦文化活動 大批中華文物近期運往國外〉。《中央日報》。1971 年 11 月 12 日。

中央日報。〈第二批中華文物箱 運往歐美日本〉。《中央日報》。1972 年 5 月 19 日。

中央日報。〈中華文物箱受海外歡迎〉。《中央日報》。1972 年 6 月 19 日。

中央委員會祕書處（1952）。《中國國民黨中央改造委員會會議決議案彙編》。臺北市：中央委員會祕書處。

王宇清（1995）。〈四十星霜話史博〉。《國立歷史博物館建館四十週年紀念文集》（頁 25-32）。臺北市：國立歷史博物館。

王東白。2018 年 8 月 9 日。〈中華文物箱及仿製品的製作〉。陳嘉翎主訪，臺北市：受訪者寓所。收錄於國立歷史博物館編輯委員會（編），《開箱 —— 國立歷史博物館「中華文物箱」檔案彙編（1969-1986)》（頁 235）。臺北市：國立歷史博物館。

---

39 參閱 2021 年中華民國外交部官方網站，網址：http//: mofa.gov.tw（檢索日期：2021 年 7 月 25 日）

王壽來。2021 年 3 月 9 日。中華文物箱於海外展出情形及效用。陳嘉翎主訪，臺北市：史博館徐州路臨時辦公室。收錄於國立歷史博物館編輯委員會（編），《開箱 —— 國立歷史博物館「中華文物箱」檔案彙編（1969-1986）》（頁 245-246）。臺北市：國立歷史博物館。

中國時報。「弘揚中華文化 第二批中華文物箱 啟運歐美日本展出」。《中國時報》。1972 年 6 月 2 日。

中華日報。中華文物箱近將運裝外國。《中華日報》。1972 年 2 月 3 日。

中華民國外交部（2021）。外交基本方針。中華民國外交部官方網站，網址：htttp//: mofa.gov.tw（檢索日期：2021 年 7 月 25 日）

中央研究院近史所外交部檔案（1970）。《王（大使館轉）美國電，叛徒謀刺蔣副院長。檔號：406/00450。

外交部檔案（1983）。秦教授借用傳統中國服飾卷。檔號：068-Z1270.02- R00100/001。

外交部檔案（1985）。西班牙人士訪華。檔號：072/312.22/066/01/16。

外交部檔案（1986）。法北友華協會（二）。檔號：066/352/002/1。

外交部檔案（1988）。法南友協專卷。檔號：067/Z1240.08/R00006/01。

外交部檔案（2020）。有關國立歷史博物館函請協助查報貴館處現存「中華文物箱」之現況及相關檔案事，請查照辦理。發文字號：外公眾規字第 10929502760 號函。

包遵彭（1956a）。《國立歷史文物美術館展品概說》。臺北市：國立歷史文物美術館。

包遵彭（1956b）。〈國立歷史文物美術館籌備概況〉。《教育與文化》，10(9)：2-35。

包遵彭（1969a）。《國立歷史博物館創建與發展》。臺北市：國立歷史博物館。

包遵彭（1969b）。〈國立歷史博物館工作報告 —— 民國五十五年七月至五十六年六月〉。《國立歷史博物館館刊》，6：10-14。

行政院研究發展考核委員會 (2003)。《美麗島事件檔案導引》。臺北市：行政院研究發展考核委員會。

行政院研究發展考核委員會（2011）。《我國國立博物館組織定位與經營模式之研究》。臺北市：行政院研究發展考核委員會。

行政院文化建設委員會（2004）。《文化臺灣：新世紀，新容顏》。臺北市：行政院文化建設委員會。

朱紀蓉（2016）。《超越珍奇櫃：博物館研究的新視界》。臺北市：藝術家出版社。

全國法規資料庫（2008）。〈檔案法〉。國家發展委員會官方網站，網址：https://law.moj.gov.tw/LawClass/LawAll.aspx?pcode=a0030134（檢索日期：2020 年 11 月 1 日）

何定照。〈開箱之祖！神秘中華文物箱，飄搖年代的沉默文化大使〉。《聯合報》。2020 年 3 月 9 日。網址：http://vip.udn.com（檢索日期：2020 年 3 月 2 日）

何浩天（1984）。〈國立歷史博物館的時代任務 —— 實踐民生主義育樂兩篇的使命〉。《國立歷史博物館館刊》，15：25-32。

何浩天（1999）。《中華瑰寶知多少》。臺北市：文史哲出版社。

何浩天（2005）。〈史博五十年，讓中華文化繞著地球轉〉。收錄於國立歷史博物館編輯委員會（編），《國立歷史博物館建館五十週年紀念文集》（頁 37-48）。臺北市：國立歷史博物館。

吳相湘（1973）。〈包遵彭壯志未酬〉。收錄於包遵彭先生逝世三週年紀念集編輯委員會（編），《包遵彭先生紀念集》（頁 45-50）。臺北市：國立中央圖書館。

林果顯（2020）。〈中華文化復興運動〉。臺灣大百科全書，網址：https://nrch.culture.tw/twpedia.aspx?id=3968（檢索日期：2020 年 11 月 1 日）

林淑心。2019 年 11 月 28。〈中華文物箱的籌製及海外展出情形〉。陳嘉翎主訪，臺北市：受訪者寓所。收錄於國立歷史博物館編輯委員會（編），《開箱 —— 國立歷史博物館「中華文物箱」檔案彙編（1969-1986）》（頁 236-237）。臺北市：國立歷史博物館。

高以璇（2005）。〈亮節有為的史博創館鴻儒 —— 王宇清〉。收錄於國立歷史博物館編輯委員會（編），《文化建構：文化行政管理前輩經驗談》（頁 125-130）。臺北市：國立歷史博物館。

班納迪克·安德森（Benedict Anderson）。吳叡人（譯）（2010〔1983〕）。《想像的共同體：民族主義的起源與散布》。臺北市：時報出版社。

陳郁秀。2021 年 3 月 9 日。〈臺灣文化百寶箱的製作〉。陳嘉翎主訪，臺北市：史博館徐州路臨時辦公室。收錄於國立歷史博物館編輯委員會（編），《開箱 —— 國立歷史博物館「中華文物箱」檔案彙編（1969-1986）》（頁 247）。臺北市：國立歷史博物館。

陳其南（2006）。《國族主義到文化公民：臺灣文化政策初探 2004-2005》。臺北市：行政院文化建設委員會。

夏美馴（1976）。〈「中華文物箱」的籌製與換新〉。《國立歷史博物館館刊》，8：79-84。

郭唐菱（2018）。以文化藝術突破政治現實的文化外交。臺灣新社會智庫全球資訊網，網址：http://taiwansig.tw（檢索日期：2020 年 10 月 23 日）

郭瑞坤（2012）。〈博物館渴望「現代」：一座臺灣科學博物館的歷史、政治與社會組織〉。國立清華大學社會學研究所博士論文。

陳嘉翎（2017a）。〈國族意識與博物館的知識生產 —— 以 1956 年國立歷史博物館成立初展「五千年中華歷史文化」為例〉。《國立歷史博物館學報》，55：214-231。

陳嘉翎（2017b）。〈時代脈絡下史博館展覽歷程之簡要回顧（1956-2017）〉。《歷史文物月刊》，293：68-75。

陳嘉翎（2018）。〈國家文化政策與國立歷史博物館的演化〉。國立臺灣師範大學美術學系研究所博士論文。

陳嘉翎（2020）。〈史博製造，文化外交 —— 「中華文物箱」的開箱文〉。《歷史文物季刊》，304：52-57。

張力（2011）。〈突破逆境的百年民國外交〉。收錄於《中華民國發展史 —— 政治與法治（下）》（頁 489-518）。臺北市：國立政治大學。

國立故宮博物院（2020）。歷史沿革。國立故宮博物院官方網站，網址：http://npm.gov.tw（檢索日期：2020 年 9 月 10 日）

國史館藏外交部檔案（1969）。雜卷。檔號：020-099999-0085。

國史館藏外交部檔案（1970）。對澳大利亞宣傳。檔號：020-090203-0119。

國史館藏外交部檔案（1976）。中華文物箱（一）。檔號：020-090502-0019。

國史館藏外交部檔案（1978）。中華文物箱（二）。檔號：020-090502-0020。。

國立歷史博物館編輯委員會（2002）。《國立歷史博物館沿革與發展》。臺北市：國立歷史博物館。

國立歷史博物館檔案（1969）。籌備建館。檔號：400001。

國立歷史博物館檔案（1969）。第二屆歷史文物仿製品展覽。檔號：058-1-610。

國立歷史博物館檔案（1969）。國際巡展文化箱（第一批）。檔號：060-1-514。

國立歷史博物館檔案（1969）。巴西藝展。檔號：064-1-599。

國立歷史博物館檔案（1970）。代辦文物箱出口案。檔號：060-4-461。

國立歷史博物館檔案（1972）。第二批中華文物箱。檔號：061-1-765。

國立歷史博物館檔案（1975）。中華文物箱。檔號：067-0108-2。

國立歷史博物館檔案（1975）。國際文物交流二。檔號：064-1-599。

國立歷史博物館檔案（1976）。文化交流。檔號：065-0108-2。

國立歷史博物館檔案（1981）。聯繫函件。檔號：070-0107-17。

國立歷史博物館檔案（1982）。文化交流。檔號：071-0108-7。

國立歷史博物館檔案（1985）。本館贈送美國德州東方文化博物館文物。檔號：074-0123-1。

教育部檔案（1969）。檢送研討設置中華文物箱座談會會議紀錄乙份。檔號：05831015740。

教育部檔案（1970）。設計「中華文物箱」應予嘉勉。檔號：05900032725。。

教育部檔案（1971）。請分配中華文物箱運用事。檔號：06100006433。

教育部檔案（1973）。研商製作第三批「中華文物箱」事宜。檔號：06200013543。

教育部檔案（1973）。轉送行政院新聞局駐紐約辦事處對中華文物箱製作的意見。檔號：06200008955。

教育部檔案（1973）。有關「中華文物箱」，本部正與各有關單位檢附改進，另行研究購製中。檔號：06200031158。

教育部檔案（1973）。各有關方面雖紛提改進意見，請再繼續製作中華文物箱。發文字號：06200013543、06300020392。

教育部檔案（1976）。中央信託局駐德代表處因報關困難轉文物箱。發文字號：06500036002。

康俐文。〈文建會為五外館製作臺灣文化百寶箱：布袋戲、原住民服飾、歌仔戲服等百件文物裝箱〉。《自由時報電子新聞網》。2004 年 1 月 8 日。網址：http://old.ltn.com.tw/2004/new/jan/8/life/art-1.htm（檢索日期：2020 年 9 月 1 日）

曹麗蕙。〈臺灣文化百寶箱、藏本土傳統瑰寶〉。《人間福報》。2004 年 1 月 8 日。網址：http://merit-time.com（檢索日期：2020 年 9 月 1 日）

張譽騰（2003）。《博物館大勢觀察》。臺北市：五觀藝術出版社。

黃光男（2007）。《博物館企業》。臺北市：藝術家出版社。

黃富娟（2008）。〈以外交文化突破臺灣外交封鎖線〉。《臺灣經濟研究月刊》，31(4)：36-42。

雄獅美術（1975）。〈海外長期展覽〉。《雄獅美術月刊》，58：130-134。

雄獅美術。〈活的美術教育〉。《雄獅美術月刊》，120：38-39。

新生報。〈二批文物箱運歐美日本 弘揚我中華文化 魯聲國樂社抵紐約演奏〉。《新生報》。1972 年 5 月 18 日。

楊式昭。2019 年 11 月 28 日。國立歷史博物館製造中華文物箱、仿製品製作狀況。陳嘉翎主訪，臺北市：受訪者寓所。收錄於國立歷史博物館編輯委員會（編），《開箱 —— 國立歷史博物館「中華文物箱」檔案彙編（1969-1986）》（頁 238-239）。臺北市：國立歷史博物館。

楊儒賓（2015）。《1949 禮讚》。臺北市：聯經出版。

翟羽（1980）。〈宏揚文化四海歸心 —— 中華文物箱的製作〉。《國立歷史博物館館刊》，11：57-58。

廖新田（2020）。〈開箱文 —— 史博館中華文物箱〉。國史館專題演講。國史館官方網站，網址：http://cultureexpress.taipei/ViewEvent.aspx?id=24942（檢索日期：2020 年 6 月 20 日）

廖新田 (2021)。〈館長序〉。收錄於國立歷史博物館編輯委員會（編），《開箱 —— 國立歷史博物館「中華文物箱」檔案彙編（1969-1986）》（頁 6-7）。臺北市：國立歷史博物館。

漢寶德、陳尚盈、曾信傑（2011）。我國國立博物館組織定位與經營模式之研究。行政院研究發展考核委員會委託研究報告（編號：RDEC-RES-099-009）。臺北市：國家出版社。

蔡英文（2020）。團結臺灣，自信前行。中華民國總統發表國慶演說。中華民國總統府官方網站，網址：http://president.gov.tw（檢索日期：2020 年 10 月 15 日）

劉俊裕（2011）。〈歐洲文化治理的脈絡與網絡：一種治理的文化轉向與批判〉。網址：http://benz.nchu.edu.tw/~intergrams/intergrams/112/112-liu.pdf（檢索日期：2020 年 9 月 1 日）

劉婉珍（2010）。〈反制宰制 —— 博物館人的能動性與政治行動力〉。《博物館學季刊》，24(3)：5-19。

閻鈺臻（2005）。〈歷史博物館的開館管家 —— 何浩天〉。收錄於國立歷史博物館編輯委員會（編），《文化建構：文化行政管理前輩經驗談》（頁 131-142）。臺北市：國立歷史博物館。

聯合報。〈臺北國立歷史博物館舉行第二屆歷史文物仿製品展覽〉。《聯合報》。1968 年 11 月 12 日。

聯合報。〈三十餘箱文物 運國外展出〉。《聯合報》。1972 年 6 月 3 日。

聯合報。〈文建會製作『文化箱』宣揚臺灣」〉。《聯合報》。2003 年 6 月 26 日。

羅煥光（1996）。〈國立歷史博物館歷年大事紀〉。收錄於《國立歷史博物館建館四十週年紀念集》（頁 42-50）。臺北市：國立歷史博物館。

羅煥光。2019 年 12 月 3 日。〈中華文物箱的由來及其製作過程〉。陳嘉翎主訪，新北市：史博館淡水庫房。收錄於國立歷史博物館編輯委員會（編），《開箱 —— 國立歷史博物館「中華文物箱」檔案彙編（1969-1986）》（頁 240-241）。臺北市：國立歷史博物館。

龔政定。2021 年 3 月 9 日。〈中華文物箱在法國的展示用情形〉。陳嘉翎主訪，臺北市：史博館徐州路臨時辦公室。收錄於國立歷史博物館編輯委員會（編），《開箱 —— 國立歷史博物館「中華文物箱」檔案彙編（1969-1986）》（頁 243）。臺北市：國立歷史博物館。

Althusser, Louis (1971). *Ideology and Ideological State Apparatuses*. New York: Monthly Review Press.

Anderson, Benedict (1991). *Imagined Communities. Reflections on the Origin and Spread of Nationalism*. London: Routledge.

Bennett, Tony (1995). *The Birth of the Museum*. London and New York: Routledge.

Cummings M. C. (2003). *Cultural Policy and the United Stated Government: A Survey*. Washington D.C.: Center for Arts and Culture.

Cynthia P. Schneider (2010). Cultural Diplomacy: The Humanizing Factor. *International Cultural Policies and Power*. New York: Palgrave Macmillan.

Foucault, Michel (1972). *The Archaeology of Knowledge*. New York: Routledge.

Hooper-Greenhill, E. (1992). *Museums and the Sharping of Knowledge*. London: Routledge.

MacDonald, S. (1997). *The Politics of Display: Museum, Science, Culture*. New York: Routledge.

McLean, F. (1997). *Marketing the Museum*. London and New York: Routledge.

Nye, Joseph S. (2004). *Soft Power: The Means to Success in World Politic*. New York: Public Affairs.

07

文物有靈乎：
論兩岸故宮競爭與合作

— 王慶康 —

7.1 前言

　　今日國立故宮博物院（以下簡稱臺北故宮）典藏主體，實匯集北平、熱河、瀋陽三處清宮之文物。[1] 自 1949 年隨內戰失利之國民黨來到臺灣，迄今凡 70 餘年，期間兩岸關係在不同時期，時而嚴峻，時而和緩，臺北故宮文物亦隨之肩負文化外交[2] 使命多次赴國外展覽，也多次與中國北京故宮交流合作、共同展覽。從歷次出展與交流中，亦可隱約呈現從爭取誰是合法正統之競爭到存異求同之合作。質言之，競爭多於合作，原因涉及快速演變的國際關係、中國崛起及臺灣內部政治巨大變化……等複雜因素，惟就臺北故宮文物對美、歐、日等國展覽及與中國大陸北京故宮及其他博物院合作舉行展覽觀之，卻可清晰地呈現兩岸競爭與合作之緣由及演變過程。本文試以臺北故宮文物自 1949 年起，在不同時期與不同國家之重要合作展出，研析兩岸競爭與合作之時代意義，並就《左傳》中的三不朽及西周青銅器銘文紀載的子子孫孫永寶用之靈性概念，討論兩岸故宮文物競爭與合作，與臺灣內部統、獨的文化認同問題。

1　認識故宮，傳承與延續，網址：https://www.npm.gov.tw（檢索日期：2020 年 9 月 12 日）

2　文化外交（cultural diplomacy）普遍被認為是公眾外交（public diplomacy）項下的次要觀念。然而英國外交學者 Mitchell 在其經典著作《國際文化關係》（*International Cultural Relations*）中指出，文化外交根本上是政府事務，他認為文化外交有二個層次的意義，第一是正式文化條約的協商，由二個政府同意，促進或簽署同意文化交流。第二層意義是這些協議的執行，以及文化關係於它們之間的流動 Mitchell, J. M. (1986). *International Cultural Relations* (pp.2-5). London: Allen & Unwin.

7.2 競爭

1949 年國府遷臺至 1971 年中華民國被迫退出聯合國，期間，故宮分別在 1961 年 1964 年於美國出展；1970 參加在日本舉行的萬國博覽會。其背景是在《中日和約》（1952 年在臺北簽訂）、《中美共同防禦條約》（1954 年在美國華府簽訂）之餘，出展主要目的之一，在於彰顯中國的合法「正統政體」是暫居臺灣的中華民國，而不是竊佔中國大陸的中共（吳淑瑛 2003）。

換言之，在此期間，隱藏在文物展覽背後之競爭對象是中共，此與先前在 1930 年代故宮在戰亂中，為反制日本對華侵略，分別在 1935 年及 1941 年參加在英國及蘇聯的中國藝術展，有所不同，當時的兩次展覽成功的讓世人瞭解中華文化的博大優美，壓倒西方當時崇尚日本的風尚，告知世人，中國才是東方文化的代表，而不是日本（吳淑瑛 2003）。

1961 年在美國的「中國古藝術品展」負責對美國交涉的外交部部長葉公超[3] 曾說：「總統和我殷切期盼實現這次計畫，不只是回應美國美術館及鑑定專家的期望，也是為了讓美國人民對於中國的堂堂歷史具有真正的見地。透過展覽加深他們的印象，不是中共，我們才是中國偉大文化的保護者，向美國人民的宣傳活動，具有巨大價值。」[4]

---

[3] 葉公超（1904-1981），曾任中華民國外交部部長（1949-1958）；駐美國大使（1958-1961）；任外長期間於 1952 年與河田列在臺北簽訂《中日和約》；1954 與杜勒斯在華盛頓簽訂《中美共同防禦條約》。最為後人稱頌。

[4] 有些傳記家說葉公超簽訂《中美安全條約》是弱國辦的強勢外交……不是中方事事遷就美國，就是美國人我行我素，不理睬我們，這種例子太多了（湯晏 2015）。

　　葉部長此說，明白顯示該次出展的目的及意義，並反映當時的國家立場，是為對美國人民作宣傳，及爭取代表中國的合法地位的「弱國辦強勢外交」[5]。

　　1971 年中華民國失去聯合國席位後，開始面對現實，在「政治上」不再強調仍是全中國的代表。但在「文化上」還是要拉攏美國輿論支持，在美國輿論支持下，間接影響決策當局，促使美國出兵保衛臺海安全，來達到臺海安全之目的，競爭對象仍是海峽對岸的中共。

　　自 1978 年中華民國與美國斷絕外交關係後直至 1991 年，臺北故宮突破了近 30 年的國際文物借展限制，赴美參加華盛頓美國國家博物館紀念哥倫布發現新大陸 500 年展示會，為故宮的國際文化交流開啟了新的一頁（秦孝儀 1999）。

　　1996 年「中華瑰寶赴美展」之時代背景，與 1961 年戰後首次故宮文物出國展覽的「中國古藝術品展」十分類似。皆在面對來自海峽對岸強大軍事武裝威脅[6] 下舉辦，而且受展國皆為能對中國產生制衡作用的美國。此展，在美國大都會博物館強力主導（Fong, Wen C. and James C.Y. Watt. 1996）下，雖展前遇有民間反彈情事，[7] 然獲選為當年「世界最受矚目的展覽」[8]，可見效果之宏。

5　同前註。

6　1958 年 8 月中共炮擊金門，引發「八二三」金門砲戰；1995 年李登輝訪美引發中共不滿，即於 1996 年對臺海試射飛彈。

7　「將宣揚中華文化之旅的平等外交關係，定位在弱勢文化晉身強權文化舞臺的文化朝貢之旅」，楚戈。〈應立法禁止瑰寶放洋〉，《中國時報》11 版，1996 年 1 月 6 日。

8　專訪故宮副院長張臨生（野島剛 2016）。

　　2000 年，臺灣總統大選，主張臺灣獨立的民主進步黨勝選，對故宮以中華文物單一館藏，提出改革方案，改革目標是使故宮「臺灣化」、「多元化」、「亞洲化」及「國際化」，此政策反映出，不再強調中華民國的「正統政體」，更進一步要彰顯臺灣的主體意識。在此背景下，2003 年在德國舉辦之「天子之寶 —— 臺北國立故宮博物院的收藏」展，此展歷經許多曲折過程，一開始洽談是在國民黨時代，等到實現是在民進黨時代，這也是政黨輪替之後故宮的第一次海外展覽。因為故宮出展幾乎都帶有外交或是政治目的，因此往往被視為政治領導文化，或者藝術為政治服務。該次展覽時，陳水扁總統夫人吳淑珍就趁此機會前往德國進行「文化外交」。耐人尋味的是故宮展出的文物毫無疑問代表「中國」，但是外交的目的卻隱含著獨立於中國之外，爭取臺灣的主權的矛盾現象，可見不論是主張「一個中國」或「臺獨」，儘管立場南轅北轍，但故宮文物卻一樣具有很大吸引力，是個很好用的外交利器（吳淑瑛 2003：94）。此時競爭對象開始模糊，已大不同於前矣。

表 1：國立故宮博物院海外展覽列表

時間	展覽名稱	國家	巡迴展覽城市及博物館名稱
1935 年 11 月	中國藝術國際展覽會	英國	倫敦皇家藝術研究院
1940 年 1 月	中國藝術展覽會	蘇聯	莫斯科國立東方文化博物館、列寧格勒（今聖彼得堡）埃爾米塔日博物館
1961 年 6 月	中國古藝術品展覽	美國	華府國家藝廊、紐約大都會博物館、波士頓美術館、芝加哥現代美術館、舊金山笛洋美術館
1964 年 4 月	世界博覽會	美國	紐約
1970 年 3 月	萬國博覽會	日本	大阪

時間	展覽名稱	國家	巡迴展覽城市及博物館名稱
1973 年 5 月	中國展覽會	韓國	漢城（今首爾）
1991 年 10 月	1492 年之際：探險時代的藝術	美國	華府國家藝廊
1996 年 3 月	國立故宮博物院（臺北）—— 中華瑰寶	美國	紐約大都會博物館、芝加哥現代美術館、舊金山亞洲藝術博物館、華府國家藝廊
1998 年 10 月	臺北‧國立故宮博物院的瑰寶 —— 帝國的回憶	法國	巴黎大皇宮美術館
2000 年 11 月	道教與中國藝術	美國	芝加哥現代美術館、舊金山亞洲藝術博物館
2003 年 7 月	臺北國立故宮博物院的收藏 —— 天子之寶	德國	柏林舊博物館、波昂聯邦藝術展覽館
2005 年 6 月	蒙古帝國 —— 成吉思汗及其世代	德國	波昂聯邦藝術展覽館、慕尼黑人類學博物館
2006 年 4 月	清代宮廷的瑰麗歲月	法國	巴黎吉美博物館
2008 年 2 月	臺灣國立故宮博物院精品展 —— 物華天寶	奧地利	維也納藝術史博物館
2014 年 6 月	臺北國立故宮博物院 —— 神品至寶	日本	東京國立博物館、九州國立博物館
2015 年 10 月	郎世寧新媒體藝術展	義大利	佛羅倫斯聖十字聖殿
2016 年 6 月	臺北國立故宮博物院精品展 —— 帝王品味	美國	舊金山亞洲藝術博物館、休士頓美術館
2016 年 10 月	玉 —— 從皇帝尊榮到裝飾風的藝術	法國	吉美亞洲藝術博物館

時間	展覽名稱	國家	巡迴展覽城市及博物館名稱
2019 年 1 月	顏真卿 —— 超越王羲之的名筆	日本	東京國立博物館
2019 年 2 月	臺北國立故宮博物院珍寶展 —— 天地人	澳大利亞	新南威爾斯藝術博物館

資料來源：作者整理。

　　此後，故宮出展之性質，也因臺灣主體意識高漲，爭取的已不再是中國的合法「正統政體」，而是凸顯臺灣是一個主權獨立的國家，臺灣主體認同高漲，相對而言中華文化認同就因之滑落了。因之，臺灣內部對臺灣主體性與中華文化主體性之認同，形成新的競爭，此內部的文化認同競爭，其嚴峻程度並不亞於兩岸之競爭。

7.3 合作

　　中華民國政府播遷來臺，早年誓言漢賊不兩立，常要求第三國選邊承認，導致外交上日漸孤立。但中華民國歷經條文修正，分成臺灣與中國大陸兩個地區，且廢止《動員戡亂臨時條款》之後，政治上承認了中華民國之治權不及的中國大陸地區。在這種政治現實的發展下，臺灣的執政當局，迭經政黨輪替，對中國大陸地區的文化交流，也因對岸統戰所施展的作為，雙方逐漸開展。以臺北故宮所典藏的中國文物特殊性，臺北故宮成了與中國大陸交流的最佳介面。

　　自 1949 年兩岸故宮無交流直至 2008 年國民黨重新執政，以「擱置爭議，創造雙贏」的施政理念，積極推動兩岸關係全面正常化，逐步貫徹大三通、直航與加強兩岸的經貿與文化合作，促成兩岸文化交流前

所未有的歷史新高紀錄。臺北故宮在經過長達一甲子的隔絕後，始開始
與中國大陸博物館有頻繁交流，陸續與北京故宮、上海博物館、瀋陽故
宮、南京博物院及陝西省文物交流協會等 5 個博物館與文化單位達成
交流合作共識，並與中國大陸重要博物館陸續合作推出 7 項大型展覽，
如：「富春山居圖山水合璧展」、「康熙展」、「雍正展」、「乾隆展」、「清
宮珠寶展」、「郎世寧展」……頻繁合作展出，幾乎每年臺北故宮都會和
北京故宮合辦聯展，成為年度盛事，直至 2016 年，故宮在此期間，兩
岸文化交流數量與質量，皆遠遠超過同一時期與其他國家之文化交流活
動之總和。參觀人潮個別展覽曾高達 84 萬 7 千餘人次，總參觀人數更
達 267 萬 3 千餘人次。其中最具意義之交流展有：

2011 年的「山水合璧 —— 黃公望與富春山居圖特展」：富春山居
圖作者黃公望，元朝四大畫家之一，此圖全長約 690 公分，是一描繪
江南風景之元代著名文人畫，經元、明、清三朝為人收藏，後因被燒
斷為兩截，再經後人修復成為二圖，一為〈剩山圖〉另一為〈無用師
卷〉因緣合和，前者留在中國，最後被收藏在浙江省博物館，後者則隨
1949 年故宮文物遷臺，存於臺北故宮博物院。

2008 年國民黨重新執政，開啟與中國大陸改善關係之契機，兩岸
各方交流頻繁，其中最富戲劇性的案例就是將〈剩山圖〉及〈無用師
卷〉兩圖，在長期分離後再以人為方式重逢，由臺灣方面向浙江省博物
館借畫，於 2011 年 6 月〈剩山圖〉運到臺灣，另外，還從北京故宮、
上海博物館、南京博物院、雲南博物院等借展與黃公望相關的文物，在
臺北故宮博物院一起合展。展覽期間，參觀人數高達 85 萬人次。這也
是馬英九黨當選總統之後，兩岸故宮關係和解的最重要象徵（馬克・奧
尼爾 2015）。

　　此次展覽，是兩岸文化交流的盛事，也是創舉，意義非凡。也說明文物與政治間的糾葛，「文物終究是文化，但是文化的事件議題須由政治來串聯，如果政治成為障礙，就要用政治來解決難題。黃公望厭惡政治而隱居，畫下富春山居圖，但是這幅畫經過長久的歲月，卻因政治才得以重逢，黃公望如果在世的話，不知道會作何感想」（野島剛 2016）。

　　在臺北故宮博物院與來自中國大陸博物館及有關機構一起合展，自 2009 年的「雍正 —— 清世宗文物大展」至 2017 年「趙孟頫書畫特展」，重要交流展數量超過十次以上，詳如以下附表：

Ⓒ **表 2**：國立故宮博物院兩岸文化交流合展表

時間	展覽名稱	城市	附記
2009 年 10 月	雍正 —— 清世宗文物大展	臺北	兩岸故宮 60 年來首次合作。借自北京故宮、上海博物館等文物 37 件。參觀人數：70 萬人次。
2010 年 2 月	黃金旺族 —— 內蒙古博物院大遼文物展	臺北	借自內蒙古博物院契丹文物 180 餘件，有 57 件是中國大陸的一級文物。參觀人數：6 萬人次。
2010 年 7 月	聖地西藏 —— 最接近天空的寶藏展	臺北	借自西藏布達拉宮博物館，共展出 130 組件展品，內含 36 件一級文物。參觀人數：16 餘萬人次。
2010 年 10 月	文藝紹興 —— 南宋藝術與文化特展	臺北	借自日本東京、京都及中國大陸上海博物館、遼寧省博物館、浙江省與福建省考古所等南宋繪畫與書法作品。參觀人數：74 萬人次。

時間	展覽名稱	城市	附記
2011 年 10 月	赫赫宗周 —— 西周文化特展	臺北	向陝西省內各博物館借展辦理。
2011 年 10 月	商王武丁與后婦好 —— 殷商盛世文化藝術特展	臺北	與中央研究院、中國社會科學院考古所合作主辦。
2011 年 6 月	山水合璧 —— 黃公望與富春山居圖特展	臺北	借自北京故宮、上海博物館、南京博物院、雲南博物院等與黃公望相關的文物。參觀人數：85 萬人次。
2011 年 10 月	康熙大帝與 太陽王路易十四特展	臺北	借自北京故宮博物院等 3 個博物館及香港私人收藏 33 組件。參觀人數：11 萬人次。
2012 年 7 月	皇家風尚 —— 清代宮廷與 西方貴族珠寶蒐藏展	臺北	借自卡地亞典藏品及瀋陽故宮博物院的 69 件收藏合計 470 組件。
2013 年 10 月	十全乾隆 —— 清高宗的藝術品味大展	臺北	借自北京故宮 45 件文物。
2015 年 10 月	神比丹青 —— 郎世寧來華 300 年特展	臺北	慶祝故宮建館 90 周年。借自北京故宮及美國、義大利有關單位有 11 件展品。
2017 年 10 月	趙孟頫書畫特展	臺北	借自北京故宮、上海博物院、遼寧審博物館等共計 126 件書畫作品。

資料來源：作者整理。

　　兩岸故宮合作如此活躍的主要因素，在於彼此主要藏品都來自清代宮廷舊藏，各有所長，具有高度補充性，因此舉辦展覽時以借展，補不足是很自然的發展。目前借出文物仍然只有北京故宮借給臺北故宮，藉由兩岸文化交流機會，運用媒體宣傳提升臺灣的國際能見度，積極拓展臺灣觀光事業。

　　上述合展幾乎皆由中國大陸北京故宮等博物院與臺北故宮共同提供展品，而在臺北故宮展出，臺北故宮未能借藏品給北京故宮，其中最主要考量還是政治因素，蓋中國奉行「一中原則」，認定臺灣是中國的一部分，不承認在臺灣的中華民國是一個國家，因此不可能接受所謂臺灣堅持使用之名稱「國立故宮博物院」，也不可能應臺灣要求制定避免司發扣押的法律，以確保出借展品得以在展期結束後順利歸還。

　　雖然如此，兩岸故宮在學術研究、人員互訪、資訊多媒體交流、文化創意產業交流、圖像授權互惠、交換出版品等方面還是有著密切交流。[9]

　　2016 年，臺灣總統大選，民主進步黨重獲勝選，故宮文物兩岸交流合作趨緩、冷卻。臺北故宮文物出展，逐漸回復先前之模式。迄2021 年，出展進行文化外交的國家有：美國、日本、澳大利亞等國，在南半球的澳大利亞，首次被列入故宮出展名單。

　　2019 年在澳大利亞的新南威爾斯藝術博物館舉行「天地人：臺北國立故宮博物院珍寶展」，據當時駐處長王總領事雪虹告稱，[10] 此次展覽順利圓滿進行，可謂皆大歡喜，惟僑界對此展卻有不同看法，有者認

9　2009 年臺北故宮周功鑫院長，率團訪問北京故宮博物院，達成了 9 項合作共識。

10　專案訪談王總領事雪虹（前駐雪梨臺北經濟文化辦事處處長、2020 年任外交部非政府組織事務委員會執行長）；訪談時間：2020 年 11 月 24 日；地點：臺北，外交部。

為故宮文物係屬中國文化，未能代表臺灣多元文化特色，因之對此展有所微言。由此亦可見，故宮文物出訪，為凸顯臺灣的主體性之特性，已與先前與中國大陸之「正統之爭」，有所不同。雖然此展展品 —— 故宮文物確屬中國文化，但卻來自臺灣也是無需爭辯之事實，因之，此次展覽最受矚目之肉形石圖像，在故宮授權下，印製的置物包，大受僑界及澳洲人士歡迎，此外，駐處藉此次展覽期間辦理的臺灣電影節等一系列文化活動，亦掀起一股臺灣熱，對於讓臺灣在國外發光、發熱，的確發揮莫大帶動作用。

7.4 豁免司法扣押[11]問題

臺北故宮文物出展時，展品運送安全與避免因第三方向展出國司法機關提出訴訟，而遭司法假扣押問題，向為臺灣朝野最關注的重點。

1961 年在美國的「中國古藝術品展」前，臺灣當局曾令駐美國大使館向美國國務院洽詢：「我古物運美展覽時，匪偽或受其指使者如向法院就所有權提出訴爭，國務院能否應我政府之請，立即向法院承認我在此案中享有豁免權？」[12] 國務院回應：「文物在美國展覽時，雖無法避免中華人民共和國提出訴訟，但其成功機會並不大，如果中國古物被扣押、判決執行，或因為中華民國政府權力主張，而引起其他法律程序

---

11 司法假扣押之簡稱，假扣押的「假」字並非假的扣押，而是暫時的意思。在訴訟前或訴訟中，債權人為保全債權，禁止債務人脫產，可向法院聲請，在判決確定前，暫時扣押債務人的財物之司法制度。

12 國史館教育部檔案，美國展覽故宮文物，檔號 194/79。

的標的物時，國務院在任何情況下均準備向法院提出外交豁免的建議，並採取一切可行的措施保證中國古物安全。」**13**

在多方考慮下，中華民國外交部認為，美國國務院既然已表示支持，加上美國總統擔任倡導人，所以不再堅持，同意以美方所提「行政」保證方式為之。

1991 年臺北故宮應美國華盛頓國家美術館邀請，參加紀念哥倫布發現新大陸 500 周年的「1492：探險時代的藝術」。當時兩國自 1979 年以後，已無正式外交關係，為了確保文物安全，臺灣當局要求華盛頓博物館負責將文物運往美國，並按時歸還。此外，還要求在美國政府官方報紙 ──《聯邦公報》（*Federal Register*）上刊登參展信息，以作為預防日後可能遭遇到法律干預的保護措施。最後雙方也簽署了協議，這是 1979 年美國與中華民國斷交以來首份這樣的協議，也成為臺北故宮博物院以後前往其國家參展的協議範本。**14**

為確保文物出展後能安返，各展出國之國內法制必須具備有保障臺北故宮文物於該國展出時免除司法扣押等問題之確切保證，方能據以推動展覽。此乃臺北故宮文物出國展覽的重要原則。不論國民黨或民進黨執政皆嚴格執行，「出借文物本院得是需要，要求國外借展單位具備該國立法保障歸還借展文物免於司法扣押之證明文件或其他相關保證文件，保證本院借展文物無條件歸還」。**15**

---

13 同前註。

14 《故宮博物院跨世紀大事錄要：肇始、播遷、復院》頁 128。

15 「國立故宮博物院長品出借作業須知」第 4 條規定。

　　就國際上關於外國文物免受假扣押之相關實務及法律機制略為：該國應有明確之國內法律作為依據，該國政府在以主管機關製發公文、簽發保證函或已登載政府公報等方式，確認特定外國參展文物符合其國內法規範。各國實例[16]如下：

一、**美國**：依據 1965 年美國公法第 89 之 259 號「短期性參展文物豁免司法扣押法」之規定，由美國新聞總署將故宮出展文物品名登錄於美國聯邦公報，保證該批文物之所有權之歸屬。

二、**英國**：英國法律為習慣法（Common Law），與歐洲大陸之成文法（Statutory Law）有所不同，然仍於 2007 年通過「2007 年仲裁法庭、法院暨執行法」（Tribunals, Courts and Enforcement Act），系因當時英國皇家藝術學院（Royal Academy of Arts）計畫於 2008 年舉辦「法國與俄羅斯名家畫展」（From Russia：French and Russian Master Paintings 1870-1920），展出借自俄羅斯四大博物館之法、俄名家畫作。英國應請保證借展物之歸還，特通過該法，以防杜俄羅斯借展文物在英國境內發生聲請扣押。惟該法仍存有例外情形，由於英國必須遵守歐盟法律及特定國際法（Community Obligation or Any International Treaty），在特定情況下當英國國內法與國際法牴觸時，國際法將凌駕英國之反扣押法。此節違反故宮一貫立場，即借展文物須有「絕對且明確」的司法歸還保障。大英博物館曾為舉辦「明朝：改變中國的 50 年」[17]特展與臺北故宮交涉甚久，因無法提出「絕對且明確」

16　外交部條約法律司檔案資料。

17　展期自 2014 年 9 月 18 日至 2015 年 1 月 5 日，展品共 280 件，近三分之一是大英博物館藏品，其餘則來自中國國家博物館、北京故宮博物院、首都博物館、上海博物館、南京博物館等 10 個不同博館，及約 20 個世界性組織。

的司法歸還保障，終無法向北故宮借得展品。

三、**法國**：適用法國國會在 1994 年 8 月 8 日第 94-679 號法律，第 61 條規定，「由外國政權、公共團體或外國文化機構為提供在法國公開展覽而出借之文化財，在法國政府或法國政府指定之任何法人展出期間，免扣押。每項展覽選定文化財之清冊，確定借展期限以及指定展覽籌辦單位等事項，由文化暨宣傳部與外交部以法令共同規定」。法國文化暨宣傳部部長出函保證借展文物免於司法扣押，並由該部與外交部聯合發布公告法令明列該次展覽文物受該國法律保障。

四、**德國**：依據德國 1998 年 10 月 15 日修正《防止德國文化財產外流保護法》，該法第 20 條規定，由德國聯邦政府主管文化事務最高階官員及聯邦總理府文化專使，開例具法律拘束力之歸還承諾書，以保障來自海外展覽之文物安全歸還，「歸還承諾」必須於借展文物進口之前以書面為之，並載明「保證願承擔全部法律責任悉數規還」。倘中國援引遭竊或非法出口文化物品公約（Convention on Stolen or Illegally Exported Cultural Objects）向德方要求歸還借展文物，因保證函已明確載明借展文物係依法規還出借人，與文物原始來源地並無關聯，故與此公約無關。

五、**奧地利**：依據奧地利《2003 年國家發展暨現況法》（*Wachstums-und Standortgesetz*）第 8 條關於聯邦博物館展出借來文物暫享物上豁免權聯邦法律相關規定，由奧國「教育、藝術及文化部」出具承諾書，保證奧國借方對於歸還之要求無權提出異議，第三方無權對文物提出任何要求，直到歸還出借者為止，禁止在奧國提出對交還、沒收之法律訴訟，以及任何形式之查封財產措施。

六、**日本**：日本雖訂有《文化財產保護法》，但旨在保護其國內各種有
形、無形文化財，未規範外國文物在日展出免遭司法扣押保證。為
促進國際交流，防止海外文物在日本展出時遭第三國訴請扣押，另
於 2011 年 3 月 25 日通過《海外美術品等公開促進法》，依據該法
規定，海外美術品經文部科學大臣公告所指定者，不得進行強制執
行、假扣押及假處分。因之，倘中國對臺北故宮文物在日本展出
時，提出扣押文物之訴，日本政府暨最高法院以下各級法院均不得
受理。據悉，本案係東京國立博物館應臺北故宮之請，以倘無該法
為由，將無法繼續辦理赴日展出手續，強烈要求文化廳從速核處通
過。

七、**澳大利亞**：為促成故宮文物赴澳展，澳洲政府於 2013 年通過《借
展文物保護法》（*Protection of Cultural Objects on Loan Act*），
旨意即在保護在澳短暫借來的國內、外文物，以促進文化交流及國
際合作。

這些先例，對於臺北故宮藏品出國參展，在外交文化以及兩國折衝
時，雖提供了寶貴的法律依據來源，因而順利達成了臺北的諸多考量，
且完善了整個參展過程，確保展期結束後展品的歸還，而不受第三方提
起訴訟而遭扣押，然由此亦可突顯，目前典藏於臺北故宮之文物之所有
權歸屬，仍懸有隱藏性之嚴重爭議。

7.5 名稱問題

多年來，為不被矮化，在國際社會爭取適當名稱，一向是臺灣外交
努力之重點。從臺北故宮在對外活動時的各式名稱也可見其一斑。

　　臺北故宮收藏品源於北平故宮博物院，但從博物院名稱及嗣後演變，可略知收藏品自身歷史價值產生的文化交流動能，以及它連帶在兩岸文化交流的政治性。從規劃臺北故宮博物院的過程，主政者想要藉由掌握「國之重寶」，凸顯政權「正統」的企圖油然可見，但又想與位於北京的故宮有所區別，尤其更想藉由宣揚「道統」以鞏固政權，諸多考量，遂讓博物館命名工程顯得慎重無比：

　　「1965 年 10 月間，新館建築接近完成，蔣公到新館視察，知道開幕日期，定 11 月 12 日在國父孫中山先生百年誕辰紀念日，他隨便說了一句，把這個博物館訂名為中山博物館豈不更有意義？贊成這個意見的人很多⋯⋯決定把這一座新館，定名為中山博物館，交給臺灣『故宮博物院』使用。」（那志良 2007）

　　從定名為中山博物館，政治上不但鞏固「孫中山」三字背後直接連結的「創建中華民國」歷史，不為對岸所奪；尤其同時掌握萬千「國寶」本身所蘊藏象徵的正統「中華文化」，於是一個命名，便在政治上以及文化上，同時鞏固了中國歷代統治者在乎的道統、法統、正統。這也是第一棟大樓門前的奠基石寫的是「故宮博物院」，二樓大門又寫「中山博物院」，同一個博物館，卻同時擁有「故宮」、「中山」兩個博物院兩個「界石」的原因（那志良 2007）。

　　這個奇特現象，其實是在政治號召、文化傳承兩者交互作用下的產物。但「政治號召」掛帥，「文化傳承」配合的情況下，臺北故宮博物院創建之初，從命名本身，以及建築典藏這批國寶場址的過程，便可獲悉它在文化外交以及兩岸交流上的力量：

據護送故宮文物來臺的主要人物之一的那志良 [18] 回憶稱：「在接收這塊地皮，共建博物館的時候，那是兩個博物院成立聯合管理處的時候，界石上自然要寫兩個博物院；新館奠基的時候，當局已把中央博物院的文物，暫交故宮博物院代管之意，奠基石就只寫一個博物院了。新館建成，領導人主張定名『中山博物院』後，牌匾上自然要寫『中山博物院』了。『中山博物院』的的確確是一個有名無實的機構，要等到兩院文物運走後才成立，這個新館，只有仍交故宮博物院使用，不過故宮博物院本來是這座建築的主人，現在變成房客了。」（那志良 2007）

事實上，成立於 1925 年的故宮博物院是從紫禁城的清宮轉化而來，成立於 1933 年的中央博物院則屬現代博物館，目標在展示現代學科的成果，包括田野考古與科學調查。兩者性格截然不同：一為陳列傳統帝制皇室文物，一為展示現代學術成果。至於開館時掛上的「中山博物院」牌匾，原意可能是為了將來「反攻大陸」後，故宮與中央兩院返歸舊址，外雙溪院廈以中山博物院之名繼續營運。

開幕時副總統嚴家淦先生的演說，也可說明上述名稱所明示以及隱含的意義：「此一博物館，定名為中山，並在孫中山先生誕辰日落成，尤具意義。孫中山先生以繼承堯、舜、禹、湯、文、武、周公、孔子相傳的道統為己任，博物館代表一個民族的文化，現在博物館以中山為名，來紀念他，就是要把他的思想發揚光大，達到天下為公的地步。」（那志良 2007）

雖然有如此複雜的名稱背景，在《組織法》上「國立故宮博物院」才是臺北故宮博物院正式全名。從臺北故宮博物院這個建築物的名稱與

---

[18] 那志良（1908-1998）自 1925 年故宮博物院成立時，就以故宮為畢生志業，歷經文物疏散、搬運到臺灣、在臺灣設立臺北故宮等重要變遷，可稱為故宮活字典。

傳承，可見當時臺灣主政者企求藉以宣揚正統、爭取認同的努力。

對於播遷到臺灣的中華民國政府，雖然對於正名的維護不遺餘力，在一定時間內確實發揮了爭取海內外僑胞民心士氣的功能。但海峽彼岸也有個故宮博物院，也有個中央政府，其對正統的需求也不亞於臺北，於是臺北在運用故宮文物進行文化外交，以及海峽兩岸交流時，「國立故宮博物院」此一名稱，就產生質疑了。在中華民國政府治權範圍內固無疑問，但在對外展覽時，常因政治因素，須因時、因地、因受展國立場等由，所用之名稱問題常產生諸多疑難。

在不同情況下，在臺灣的中華民國，對外使用正式國名的機會越來越少，取而代之的則有：中華臺北、[19] 中華民國在臺灣、[20] 中華民國臺灣 [21]……，其間微妙，十分複雜，為何產生如此微妙的不同，其中包含許多敏感的政治考量。各式名稱，常令國內、外人士困惑，的確是個十分耐人尋味的問題，也呈現臺灣在國內及國際社會所面臨種種問題及其敏感性。

在出國展覽時，也常因名稱問題引發廣大關注與議論，1996 年在美國舉辦「中華瑰寶赴美展，國立故宮博物院（臺北）」，始有國名及出展博物館名稱問題浮現。依序在其他國家則有：

一、1998 年法國展的主題為「帝國的回憶 —— 臺北·國立故宮博物院的瑰寶」；

二、2003 年德國展，「天子之寶 —— 臺北國立故宮博物院的收藏」；

19　中華民國於國際體育賽事和亞太經合組織、經濟合作發展組織等國際組織使用的稱謂。

20　1995 年李登輝總統所提。

21　2019 年蔡英文總統所提。

三、2008 年奧地利展，「物華天寶 —— 臺灣國立故宮博物院精品展」；

四、2014 年日本展，「臺北國立故宮博物院 —— 神品至寶」；

五、2016 年美國的「帝王品味 —— 臺北國立故宮博物院精品展」；

六、2016 年法國「玉 —— 從皇帝尊榮到裝飾風的藝術展」；

七、2019 年澳大利亞，天地人：「臺北國立故宮博物院珍寶展」……等。

　　因名稱發生爭議案例，以 2014 年在日本舉行的「臺北國立故宮博物院 —— 神品至寶」最為顯著。

　　自從 1952 年《中日和約》簽定以來，日本是僅次於美國，臺灣的重要外交夥伴，雖 1972 年日本與臺斷交，有鑑於臺灣在 1961 年赴美舉辦展覽非常成功，不僅日方有同樣要求，臺灣方面不論國民黨或民進黨何黨執政，對故宮文物赴日展覽都很有興趣，案經李登輝總統任內即啟動，多年來透過日方熱心人士奔走，直到 2011 年日本國會通過「海外美術品等公開促進法法案」，確定故宮文物赴日展出得免扣押之司法絕對保證，前後歷經 16 年之久。在臺、日雙方朝野多方努力，萬事俱備下，卻在開幕前一週發生了巨大變數。

　　主要原因是，臺灣媒體發現日方對此展的宣傳海報上沒有國立故宮博物院「國立」二字，經各大媒體大肆報導，臺灣朝野皆認為國格遭矮化，未受到應有之尊重，軒然大波因之而起。

　　臺北總統府發言人表示：「馬總統認為，國家尊嚴絕對優先於文化交流，若沒有得到日方及時正面回應，故宮將取消原定在日本的一切展演活動……。」案經日方認錯並全力補救改善，最後始如期揭幕。展品有故宮人氣最高的翠玉白菜等 231 件，人數從 6 月至 11 月共有 65 萬 8 千餘人參觀。

此次展覽，從文化外交的視角而言，在外交的效果可謂收穫滿滿。舉日本人自己的評論，可以清晰地看出成效：

為了要辦成展覽，在日本和臺灣之間，日本政府、日本媒體、臺北、臺灣的駐日代表處之間，進行了從來沒有過的密切合作。日本和臺灣自從 1972 年斷交以來，因為沒有正式外交關係，不能否認各種管道都已呈現薄弱的狀態。在這樣的背景之下，為了故宮展，日本的政界及媒體在這段時間以來密切與臺灣方面聯繫，即使因為「國立」名稱問題有一點不順利的小插曲，最後還是讓臺灣日本相關人士的努力開花結果，可以說是中華民國與日本斷交以來的「壯舉」吧（野島剛 2016）！

雖然「借展單位在展場，或印製宣傳品等，必須使用本院國立故宮博物院全銜」，是臺北故宮文物出展的一貫原則。[22] 但揆諸不同的參展地點，所帶出的參展名銜乍看之下，似無太大區別，惟仔細觀察，則可發現僅名稱就有多種不同的表述方式：「國立故宮博物院（臺北）」、「臺北‧國立故宮博物院」、「臺北國立故宮博物院」、「臺灣國立故宮博物院」，及不標示國名的「國立故宮博物院」。可見，以上所示每次展的名稱，經過比對，都略有不同。

在名稱問題上所顯示的差異，背後隱藏了許多外交考量，與政治折衝。由於臺灣外交長久受限於國際政治現實，在與各重要國家的政治關係受限的情況下，文化無異是最靈活，有利於建立關係的武器之一。

然而在承認中華人民共和國為中國唯一合法政權的國家舉辦海外展，展示出高度牽連政治法統、文化傳承象徵的文物，問題自然產生。在海峽兩岸都有故宮的前提下，對文化外交的需求，以及所施展的力

---

22 《國立故宮博物院藏品出借須知》第 6 條規定。

道，在政治上的意涵與認知並不一致，因此在此背景下，臺北故宮在展出時，如何選擇使用借、展雙方都能接受的名稱，常需談判、折衷多時，此乃其他國家博物館鮮有之遭遇。

7.6 競爭與合作的啟示

　　綜合以上各節，在臺的故宮文物出展時，確保所有權，期展後得以安全歸還，及其衍生出的合法「正統政體」代表權，可謂在程序上費心力最多，也是最受國人關注的兩個項目。前者所爭者乃實體文物，後者則為象徵性之代表權，與前者互為表裡，二者皆十分重要，在競合之間或為吾人帶來下列各項啟示：

一、 自 2000 年以來，隨著臺灣內部政權輪替，立場截然不同的執政黨，對臺北故宮有不同看法，民進黨執政伊始，杜正勝擔任民進黨執政的首位故宮院長，背負改造重責，他提出評論故宮的一元論述主張「海洋亞洲」（杜正勝 2002），以多元策展消除文物的中華政治符碼，並期待透過購藏中國以外的亞洲文物，打造新博物館，其轉型定位由「多元文化國家博物館」至 2002 年轉向「世界主義博物館」（含亞洲博物館），反對者則認為不論是「臺灣化」、「多元化」、「亞洲化」或「國際化」，一言以蔽之，就是「去中國化」[23]，眾說紛紜，莫衷一是。

23　故宮在立法院持續被質詢「去中國化」的問題。去中國化，客觀的定義是：受中華文化影響的地區或國家，去除中華文化主導地位的努力。通常是為了自主國家認同而推動的語言和文化改變而形成的政治及社會運動。自由評論網，網址：https://talk.ltn.com.tw

但十分明顯的可以發現，嗣後臺北故宮文物出展，所彰顯的目的，已不再有爭取正統的代表權的痕跡了。可見隨著主、客觀因素變化，擁有象徵性國之重寶與是否為正統，其實並無必然關聯。

類此案例在古時亦不乏發現，春秋時期各國內亂頻仍，君主出奔流亡者多，據《左傳》記載，魯昭公二十五年（前 517 年），魯昭公在政治鬥爭中不敵出亡，不忘隨身攜帶鼎、鑑等寶物，曾允「文之舒鼎，成之昭兆，定之鬻鑑」，欲藉國之重寶為誘物，懸賞協助他復國的人，可見國之重器，也常為特殊目的，而有不同功能。

惟魯昭公雖擁有曾經可以象徵權力的重器，卻未發揮作用，因為失去民心，武力也遠遠不如他的對手季氏，甚至在論述能力也無法比擬，因此國外的其他霸主，國內的民意，都一面倒向季氏，導致魯昭公最後敗亡。由現實案例及古籍記載，都顯示國之重器之靈性作用。

由此可知，擁有國之重寶雖一時或具有正統之象徵，並可將之當作政治、外交之利器，但終無法不受時間及主客觀因素影響而發生改變。臺北故宮文物曾被當作為爭取中國的合法「正統政體」之依據，不也是如此嗎？

由此衍生的另一問題是，倘臺灣民心之所嚮，確是對臺灣認同高於對中國認同，然而「故宮與北京紫禁城的歷史連結，其在過去兩岸政權競逐中國正統中的角色，以及長期背負的國族主義色彩，也在解嚴後面對臺灣的認同變遷時，有著揮之不去的定位尷尬。這裡的根本問題是：解嚴以來，臺灣主體認同高漲，相對而言中國認同滑落。如果越來越少臺灣人有中國認同，我們又該如何看，存放在臺北的這批，被視為『中華文化精粹』的藝術文物精品？」（曾柏文 2020）對此一質疑，應如何解說？也是另一有待解決的問題。

二、據臺北故宮官網介紹該院歷史沿革：「故宮文物因緣際會來到臺灣，成為臺灣多元文化源流極重要的一部分。回溯歷史，其承繼數千年中國文化之珍稀，肩負開物成務的重大使命。」[24] 的確，故宮文物能夠來到臺灣確屬難得因緣際會，以臺灣為主體之觀點而論，對臺灣多元文化源流注入極多養分，惟倘以文物為主體，則現存之故宮文物在千百年間，曾被多少帝王或私人所擁有，也都豐富了彼等收藏。

以 1996 年故宮赴美展前，因珍貴的宋、元書畫等 27 件限展作品在出國展覽名單內，引發民眾靜坐抗議、聯署陳情等行動為例。以其中之〈谿山行旅圖〉為例，該圖為五代末北宋初畫家范寬所繪，曾被明、清兩代文人墨士珍藏流傳至今，圖上所留明、清兩代的印記，亦可見其流傳的脈絡，其中不乏著名鑑賞家和多位皇室成員，經手累加的印鑑多達 22 枚，[25] 而清高宗乾隆的印鑑竟有 6 枚，由所留印記及題跋，皆有助於後人瞭解此畫受到重視的程度以及其輾轉流傳的時代背景，由此可見當時的擁有者，對此圖之鍾愛與珍惜，亦可知彼等對此圖得以流傳至今皆有莫大貢獻。

臺北故宮所藏其餘數十萬珍寶，與〈谿山行旅圖〉有同樣被收藏之命運者，不知凡幾，當時的收藏者即便在文物上簽名蓋章，也只能證明曾經一時擁有此物而已，如今文物安然不朽，為人緬懷、欣賞，曾幾何時，而當年擁有此物者不論是帝王將相如今安在？究竟

---

24 國立故宮博物院 - 認識故宮 > 傳承與延續 > 歷史沿革，網址：https://www.npm. gov.tw › Article

25 中國現代畫家徐悲鴻：「中國所有之寶，故宮有二，吾所最傾倒者，則為范中立《谿山行旅圖》，大氣磅礴，沉雄高古，誠辟易萬人之作。此幅既系巨幀，而一山頭，幾佔全幅面積三分之二，章法突兀，使人咋舌。全幅整寫，無一敗筆，北宋人治藝之精，真令人傾倒。」圖中印主有明董其昌，清乾隆、嘉慶、宣統⋯⋯等印鑑多達 22 枚。

是文物為主體？亦或擁有者為主體？顯而易見，由此可知，擁有者不過是歷史長河中文物一時的守護者耳。

許多商周青銅器亦可呈現中國古代先民對器物得以長存的承載意義，如頌壺、曶叔奐父盨、上郜大子平侯銅匜、杜伯鬲、杜伯盨、師趛鬲、伯公父簠、孝王大克鼎、邾君慶壺、逨盤等……銘文末尾都有「子孫永寶用」、「子子孫孫永寶用」（陳彥輝 2009）、「永寶用」等結語。其用意是實現「先祖之德善、功烈、勳勞、慶賞、聲名」之不朽，寄託著一代代人對永恆的追憶，其中以毛公鼎 **26** 最為著稱。

毛公鼎系西周晚期毛公所鑄青銅器，清道光二十三年（1843 年）出土於陝西岐山，全文道先追述周代國君君主文王武王的豐功偉績，感嘆現時的不安寧，並敘述宣王委任毛公管理內外事務，擁有宣布王命的大權。宣王一再教導毛公要勤政愛民，修身養德，並賜給他以一些器物以示鼓勵。毛公將此事鑄於鼎上，以資紀念和流傳後世。毛公鼎出土後，流離於民間，歷經戰亂，目前收藏於臺北故宮。

另據《左傳·襄公二十四年》載，根據《左傳》記載，叔孫豹前往晉國訪問，范宣子迎接他，並且問道：「死而不朽」的意義。叔孫豹沒有回答，范宣子便說：「昔匄之祖，自虞以上為陶唐氏，在夏為御龍氏，在商為豕韋氏，在周為唐杜氏，晉主夏盟為范氏，其是之謂乎？」穆叔曰：「以豹所聞，此之謂世祿，非不朽也。魯有先大夫曰臧文仲，既沒，其言立，其是之謂乎！豹聞之，『大上有立德，其次有立功，其

---

26 毛公鼎，周宣王年間所造，清道光年間出土，與大盂鼎、大克鼎並稱晚清「海內三寶」。毛公鼎上刻有 500 字銘文，為當今出土的銘文青銅器中，文字最多的一個，鼎上銘文是一篇冊命書，提到周宣王在位初期，想要振興朝政，遂命毛公處理國家大小事務，又命毛公一族擔任禁衛軍，保衛王家，並賜酒食、輿服、兵器。毛公感念周王，於是鑄鼎紀事。毛公鼎大口圓腹，口沿上有兩隻大耳，腹下三隻獸蹄形足。

次有立言』，雖久不廢，此之謂三不朽。若夫保姓受氏，以守宗祊，世不絕祀，無國無之，祿之大者，不可謂不朽。」（襄公二十四年 549BC）（沈玉成 1995：320；楊伯峻 2012：1087-1088）。

范宣子認為，他的祖先從虞、夏、商、周以來世代為貴族，家世顯赫，香火不絕，這就是「不朽」。叔孫豹以為不然，他說，這只能叫作「世祿」而非「不朽」。真正的不朽乃是：「太上有立德，其次有立功，其次有立言，雖久不廢，此之謂不朽。」

太上的意思是最上，最高。最高境界是樹立德行，其次是樹立功業，再次是樹立言論，這就叫做「三不朽」[27]，表明古人並不認為僅憑「世祿」等表象，而要能「立德」、「立功」和「立言」。「立德」指道德操守，「立功」乃指事業功績，而「立言」則是把前人優良的道德操守，事業功績形之餘語言文字，著書立說，作為後世效法之楷模。

由此可知，擁有的國之重寶與世代為貴族「世祿」，都只是暫時擁有的富貴，終難恆久長存。而「立德」、「立功」和「立言」始可稱之為「不朽」。毛公鼎銘文結尾「用作尊鼎，子子孫孫永寶用」確為時人（尤其是統治階級者）所篤信且永垂遵循的「三不朽」族類不朽觀念不謀而合（陳彥輝 2009）。

由此可知，擁有毛公鼎等文物固然重要，但只是政權正當性的暫時證物，能否守護、恪遵進而發揚附著於文物之精神更為重要，始可不朽永續。吾輩如何肩負此開物成務的重大使命？乃當前重要課題，宜審慎面對。

---

27 學者葉舒憲認為，立德對於一般人來說幾乎是可望而不可即；其次立功，其遠古榜樣是大禹和后稷那樣流芳百世的英雄。至於立言相對來說更容易做到。所以，自古及今，他認為對於立功立言的追求成為中國知識分子和將相王侯們所關注的主要理想目標（葉舒憲 2005）。

7.7 結論

綜合以上出展面臨之種種挑戰所得啟示，或許可作為臺北故宮當前在臺灣面臨挑戰的參考。

2020 年 11 月底在媒體揭露之下，故宮的重要變革曝光。據報導 [28] 指出，故宮未來不再隸屬行政院，轉由文化部管轄，並將更名為「華夏博物館」或「亞洲博物館」。

消息一出，引起社會極大關注，紛紛發表不同意見。雖院方立即發表聲明稿，澄清更名不在這次的行政院組織改造討論議題，但不諱言地表示院內正進行組織改造。由此可嗅到此議題未來可能成為族群、政黨間，對於文化認同之巨大爭執，勢難避免。

臺北故宮之行政隸屬及其名稱，對於不同文化認同者，固因不同立場而有截然不同之見解與支持理由，此點也是臺灣當前面臨的重大文化認同議題，宜另以專章討論，本文所欲強調的重點在於，故宮文物歷經數千年流移，見證無數朝代成、敗、興、亡，而今完好安在，來之不易，文物有靈，[29] 誠非虛言，面對這些珍寶文物，目前主政者，不論系

---

28 故宮改制爭議，一切照常或更弦易轍，如何看待故宮的下一步，網址：https://artouch.com › views › content-30565

29 古物真有靈，人們通常認為，文物在其物質性的一面總是脆弱和不堪一擊的。但在故宮寶物南遷顛簸歷險的旅途中，人們見證了穿越千年時空而不損之古物的神奇一面。在環境惡劣的運輸過程中，每每意外發生時，過程十分驚險，結果卻是萬般平安，冥冥中彷彿上天有感、神靈有知。1937 年 8 月，曾經遠赴倫敦展覽的 80 餘箱精品安置在湖南大學圖書館地下室，那段時間日軍開始對湖南湖北轟炸，故宮行政院趕緊將文物轉走。之後不久，湖南大學圖書館地下室被炸成平地，人們想起來非常害怕。滿載寶物的卡車在綿陽的一座橋上，不慎翻溝裡了，恰好溝裡沒水，那可是一卡車的古籍書本啊。由宜賓開往樂山的船行到江心，縴繩突然斷裂，江水急下，船在漩渦裡打轉，眼看就要出現險情，岸上和船上的人都感到回天無力，但不知是怎麼回事，船卻

屬何政權、黨派，都僅是暫時的守護者，須視文物為主體，除善盡保管
維護文物外，且能不忘其附著文物的子子孫孫永寶用之精義，倘能如
此，庶幾乎可達所謂「承繼數千年中國文化之珍稀，肩負開物成務的重
大使命」。

> 「當思考所謂臺灣問題或是兩岸關係，故宮通常是政治問題的最前
> 線，觀察故宮問題，有助於政治分析，臺北和北京兩個故宮的存
> 在，簡直就像兩個中國的並列，簡單說，故宮問題就是兩岸關係的
> 具體化，思考故宮問題，就是思考中國，就是思考臺灣，也就是思
> 考兩岸關係……」（野島剛 2016）誠屬不虛。

面對立場截然不同的兩岸三黨，[30] 瞬息萬變的國際社會，故宮文物
的重要性益發重要，不僅是連結海峽兩岸的文化橋梁和臍帶，也是一面
具有知彼知己作用的明鏡。

從臺北故宮文物出展過程中，觀察兩岸競爭與合作與臺灣內部的認
同問題，未嘗不是以文化為介面，使吾人得有另類視角，觀察臺灣在國
際、兩岸關係及內部政局演變之過去、現在及未來，此視角饒富趣味，
值得悉心體悟。

至於文物是否確屬有靈，科學上自有不同論證，當各有論據，難以

行駛了一段險路後衝上了沙灘，人和文物均安然無恙。1946 年 1 月，一輛大車載著
西周時期的 10 個石鼓東運回南京，因石鼓非常沉，就沒有用繩子將其固定在車上。
在走黔江龍潭一段下坡路時，司機為省油，空擋滑行，對面突然來車，司機猛打方向
盤，車翻了，掉到山澗裡去了。人跳車了沒傷著，石鼓躺在山澗裡也沒事，如若當時
把石鼓捆在車子上，後果不堪設想。這樣的故事還很多，那良志回憶說：「為什麼總
能在敵機轟炸、千鈞一髮時刻安然離去，翻車、翻船也平安無事，我這才開始相信古
物有靈。70 萬件國寶遷運臺灣祕史，網址：https://www.epochweekly.com

30 指大陸的中國共產黨、臺灣的中國國民黨及民主進步黨。

盡信。然由本文前述各節推論，可確信者，那些無視客觀險阻，以生命相許護持文物者，總能堅信文物有靈，並見證文物之靈性；反之，視文物為個人財物，將之作為達到特殊目的之工具者，雖可滿足一時之快，恐難因應無窮變幻的客觀情勢，而遂其所願。

文物有靈乎？在當前兩岸關係嚴重對峙，復以台島內部文化認同問題方興未艾之際，吾人得有機會見證，可拭目以待。

參考文獻

70 萬件國寶遷運臺灣祕史，網址：https://www.epochweekly.com。

外交部條約法律司檔案資料。

那志良（2007）。《故宮五十年》。合肥：黃山書社。

沈玉成譯（1995）。《左傳譯文》。臺北市：洪葉文化事業。

杜正勝（2002）。《藝術、政治與博物館》。故宮文物月刊。

吳淑瑛（2003）。〈展覽、文物所有權與文化外交 —— 以故宮 1961 年赴美展覽的交涉為例〉。《近代中國》，155。

吳淑瑛（2003）。〈歷史中的中國：以 1961 中國古藝術品赴美展覽為例〉，國立政治大學歷史研究所碩士論文。

馬克，奧尼爾（2015）。《兩岸故宮的世紀傳奇》（頁 254）。北京：三聯書店。

秦孝儀（1999）。〈將世界引進故宮，將故宮推向世界 - 國立故宮博物院的國際文化交流〉。《文化視窗》，12。

陳彥輝（2009）。〈「子孫永寶用」商周青銅明文之不朽之思〉。《北方論叢》，2：1-3。

國立故宮博物院 - 認識故宮 > 傳承與延續 > 歷史沿革，網址：https://www.npm.gov.tw

國立故宮博物院長品出借作業須知。

國史館教育部檔案，美國展覽故宮文物，檔號 194/79。

野島剛，張惠君譯（2015）。《兩個故宮的離合》。臺北市：聯經。

野島剛，張惠君譯（2016）。《故宮 90 話 —— 文化的政治力，從理解故宮開始》（頁 13）。臺北市：典藏藝術家庭。

專案訪談駐雪梨辦事處處長王總領事雪虹。

曾柏文（2020）。〈故宮的時代解：人本主義、策略框架、科技設計〉。《文化研究》第三十期（春季），頁 106

湯晏（2015）。《葉公超的兩個世界：從艾略特到杜勒斯》（頁 367）。新北市：衛城出版。

楊伯峻（2012）。《春秋左傳注》。北京：中華書局。

葉舒憲（2005）。《英雄與太陽》（頁 224-227）。西安：西安人民出版社。

Fong, Wen C. and James C.Y. Watt (1996). *Possessingthe Past: Treasures from the National Palace Museum, Taipei.* New York: The Metropolitan Museum of Art.

Gary D. Rawnsley (2000). *Taiwan's Informal Diplomacy and Propaganda* (p. 95). Great Britain: Macmillan Press.

Mitchell, J. M. (1986). *International Cultural Relations* (pp. 2-5). London: Allen & Unwin.

CHAPTER

08

博物館新媒體科技與文化外交：以國立故宮博物院郎世寧來華三百周年特展為中心

— 郭鎮武 *、林國平 **、黃宇暘 ***、
周維強 ****、王健宇 ***** —

* 國立故宮博物院展示服務處副研究員。
** 國立故宮博物院展示服務處處長。
*** 國立政治大學歷史學系博士候選人。
**** 香港故宮文化博物館研究員。
***** 國立故宮博物院南院處助理研究員。

8.1 緒論

美國學者康明斯（Milton C. Cummings）指出文化外交（cultural diplomacy）為：「國家和人民之間理念、資訊、藝術和其他文化層面的交流，以增進相互瞭解。」（Cummings 2009: 1）[1] 其範圍含括了政府與民間從事的文化活動，亦為目前較普遍廣義之定義；另一說則以國家為主體，將文化外交限定為政府主導，以文化傳播、交流與溝通為手段以達特定政治目的一種傳統外交活動（李智 2003：83）。目前學界對其定義，可謂眾說紛紜、莫衷一是。[2] 無論如何，文化外交作為國家軟實力（soft power）的一種表現，其實踐與影響早已成為我國對外藝文活動中的主要議題。（郭唐菱 2019：117）。

---

[1] "refers to the exchange of ideas, information, art and other aspects of culture among nations and their peoples in order to foster mutualunderstanding."

[2] 又如美國學者 N. J. Cull，將文化外交置於公眾外交（public diplomacy）之下討論，認為文化外交是為使「本國文化資源與文化成果，廣為天下所知，並促成本國文化向他國傳遞」，強調的是文化與交流與傳播功能；臺灣學者則因本國特殊之外交形勢，多將「文化外交」視為國家軟實力的一環，同時強調雙方的互相理解與交流，如劉大和認為：「以創造國家在地主觀的文化呈現、傳遞國家主要的價值、傳達訊息以及欲建立的國家形象等，以增進雙邊瞭解。」黃富娟則認為：「文化作為軟性力量的一種，得以超越傳統那種反恐與圍堵的政策思維，以潛移默化的心理戰術，形塑柔性影響力」、「一國之制度、價值體系、國家形象與文化特色等，將透過雙邊與多邊層次之互動來開展。也因此文化外交被視為國家對外事務上一項重要的工具」。參左宜君（2014），《法國文化外交》（頁 7）。淡江大學法國語文研究所未出版碩士論文；Nicholas J. Cull (2008). "Public Diplomacy: Taxonomies and Histories." *The Annals of The American Academy of Political and Social Science*, 616: 32-34；劉大和、黃富娟著（2005）。〈軟性外交力量：文化外交之研究〉。收錄於廖舜右（主編），《2004 APEC 議題論叢》（頁 145）。臺北市：中華臺北 APEC 研究中心；黃富娟（2008）。〈以文化外交突破臺灣外交封鎖線〉。《臺灣經濟研究月刊》，31(4)：36-37。

博物館是直接面對海內外受眾的教育展示單位，為文化外交的第一線執行者（郭唐菱 2019：118）。在多媒體技術發達與新媒體蓬勃興起的新世代中，如何透過舉辦國際性的展覽交流活動推陳出新，將傳統文物的歷史與藝術價值精心包裝，以有效地激起受眾的興趣，是當今所有博物館的重大挑戰。博物館與文化產業關係緊密，不但是國際文化外交推展的要角，更擔當著促進國家文化競爭力發展的核心。為滿足知識群體和文化受眾的深切期許，尤須具備國際視野和創意策展策略，以立足世界文化舞臺。國立故宮博物院（以下簡稱故宮），擁有世界級的藝術文物典藏，並擁有豐富的新媒體策展經驗。面對臺灣所處國際外交的困境，故宮亦有其獨特的文化外交使命和策略。

故宮作為文化的載體，其典藏富涵歷史意義和文化價值，策展團隊以此為媒介，透過策展研究，加強與國際專業學術群體的合作。而由於我國對於文物借展採行必須有司法免扣押法律環境原則，因此文物能夠出展的國家並不多。故宮作為推動我國文化外交的主力，應如何有效利用其知名的數位典藏素材與新媒體策展能力，達到教育與文化外交的雙重目的，係當前我們所面臨的主要課題。

故宮典藏數千年中華文化絕世國寶，為廣宣中華文化之美，承擔傳襲重責，自 1935 年起以「中華文物」名義於世界各地巡迴展出，並登上「倫敦中國藝術國際展覽會」舞臺，讓國際驚艷。而後接續至蘇聯、美國四大城、巴黎大皇宮、中美洲、亞洲日韓等國巡展（附表一）。於開擴兩岸關係上，2008 年 12 月行政院核定「兩岸故宮」為重大興利政策之一，當時故宮周功鑫院長與中國北京、上海、南京、瀋陽等重點博物館、博物院達成多項共識交流，建立起常態合作機制。隔年周院長率團訪問北京故宮，開啟兩岸故宮首次的文化交流。而被喻為科技之島的臺灣，也善加應用數位多媒體的成就，結合當代新媒體藝術家，開創了數位故宮系列展品，帶給觀眾全新的體驗（附表二）。

2015 年適逢故宮九十周年院慶，亦為清代宮廷畫師耶穌會士郎世寧來華三百年。康熙五十四年（1715），耶穌會士郎世寧（Giuseppe Castiglione, 1688-1766）自義大利來華宣教，因其精湛畫藝而成為專職的宮廷畫家，供職於清代康雍乾三朝，在清宮服務 51 年，終身未回故鄉，其作品被各博物館和收藏家視為丹青之作，在藝術史領域具有崇高的地位。

為了在策展上有所創新，馮明珠前院長率領策展團隊，發展出深度和廣度兩種策略。在深度方面除了將館藏精品文物盡出，策劃「神筆丹青：郎世寧來華三百周年特展」[3] 外，特別以展品之一，郎世寧生平最後作品《平定準噶爾回部戰圖》為主題，拍攝《銅版記功》紀錄片，增加展覽的研究深度。而在廣度上，與各新媒體團體合作，以「神筆丹青」展出的文物出發，共同規劃「藝域漫遊：郎世寧新媒體藝術展」，以現代數位科技再現郎世寧經典作品，向這位長眠東方的宮廷藝術家致敬。

故宮的數位內容植基於豐富的故宮典藏，在數位典藏國家型科技計畫第一期計畫的推動下，該計畫利用最新的資訊科技，將院藏珍貴文物加以拍攝、掃瞄後，產生數位檔案，建立起中華文物數位化典藏的雄厚根基。而利用數位典藏圖像資訊的加值應用，對於文物之展覽、研究、教學、出版、管理等，可增進效率及效果（林國平 2007：1）。如何能將這些龐大的數位資料轉化為在教育推廣、商業等方面具有價值的文化資產，是數位化之後的真正挑戰。

3　國立故宮博物院。神筆丹青：郎世寧來華三百年特展，網址：https://theme.npm.edu.tw/exh104/giuseppecastiglione/ch/index.html（檢索日期：2020 年 11 月 9 日）

自 2013 年推出同安潮新媒體藝術展後，故宮開啟了數位策展的新時代（蔡依儒 2013：120-128）。策展團隊除結合院藏文物，將觸角伸向更多元的數位領域，創新展示技術，發展各類型的數位展示，務期帶給觀眾全新感受。如同世界各指標性博物館對於推動數位典藏、多媒體結合及數位行動普及化的普世策略，自 2014 年起，故宮連續 4 年在行政院國家發展委員會經費資助下，推動「故宮 4G 行動博物館」計畫。因應 4G 新資訊標準時代的來臨，運用已有的高階數位典藏資源，透過各種電信平臺及 4G 高速網絡，以虛擬遠端連接各種行動載具，發展創新應用、豐富創新內容，並建置前瞻體驗場域，促進資通訊產業擴散應用。計畫期以故宮典藏研究、文化觀光、影音動畫、數位互動、創意輸出等多項強勢資源為核心，順勢實踐豐富數位內容與應用服務之願景。故發展相應的展演技術成為策展團隊的新挑戰。

因此，本文試以 2015 年所舉辦「神筆丹青：郎世寧來華三百年特展」為例，探討相關延伸的《銅版記功》紀錄片與「藝域漫遊：郎世寧新媒體藝術展」之籌措經緯，說明博物館是如何透過新媒體科技深化學術研究，完成深度拓展文化外交的使命。

8.2 郎世寧及其藝術成就

郎世寧（Giuseppe Castiglione, 1688-1766），1688 年 7 月 19 日，出生於義大利米蘭，自幼習畫。1707 年，19 歲，加入熱那亞耶穌會；1709 年，前往葡萄牙里斯本；1714 年，來華傳教。當年 4 月 11 日，他搭乘聖母希望號（Notre-Dame de L'Espérance），從里斯本出發，經歷 1 年 4 個月的航程後，在次年 8 月 17 日抵達澳門。時為中曆清康熙五十四年（1715）7 月 19 日，同年底赴北京任宮廷畫師。抵華後，他學

習滿漢語文，運用西洋技法，注重物象寫生與焦點透視，以中國傳統紙絹、顏料、毛筆為工具，探索中畫技法，並與如意館畫畫人合作，創造出新的宮廷畫風格。供職於清廷五十一年。直至乾隆三十一年（1766）7月去世，乾隆皇帝諭令加恩賞給侍郎銜，備極哀榮。他的畫藝深受康熙、雍正和乾隆三位皇帝的信任，依照帝王們的指令，題材含括帝后王公功臣肖像、祥瑞、建築、珍禽異獸、重要禮儀慶典活動和戰爭場景等，繪製了眾多名畫，深獲清宮皇室的喜愛與激賞，也成就了他在清宮畫作中的不朽地位，深獲當世和後世的景仰（鄭永昌 2015：14-25）。

乾隆二十四年（1759）平定西北後，乾隆皇帝得到奧格斯堡（Augsburg）銅版畫家魯根達斯（Georg Philipp Rugendas, 1666-1742）所製作的銅版畫戰圖，因此下令製作得勝圖銅版畫。乾隆二十九年（1764），他諭示內務府，將郎世寧等人起稿的平定伊犁等處得勝圖十六張，呈覽後，交粵海關監督轉交歐洲匠師照稿刻作銅板，以印製銅版畫。承擔畫稿的是郎世寧、王致誠修士（Denis Attiret, 1702-1768）、艾啟蒙神父（Ignatius Sickltart, 1708-1780），以及不履奧斯定會士安德義神父（Joannes Damasceuns Salusri, ?-1781）等人。兩廣總督和粵海關監督得到畫稿後，在行商的協助下，將畫稿送往法國巴黎製版，並進行刷印。這批銅版畫極具歐洲藝術風尚，是中西藝術文化交流的代表性文物之一。

現存乾隆朝以平定準噶爾回部作戰為主題的戰圖有多種版本，[4] 至少包括了巨幅貼落（即〈紫光閣東西兩壁繪西師勞績諸圖〉）[5]、銅版畫畫稿、[6] 銅板、[7] 試印本銅版畫、正式本銅版畫，赫爾茫刻本以及絹本 [8] 等。而其中得勝圖銅版畫因刷印數量較多，散見全世界各大博物館、圖書館和私人收藏家等。[9] 本院所藏極具完整性和代表性，有試印本和正式本各一。試印本共 13 幅，以往因未裝裱或畫面較樸素而從未展出。

另有配上御製序、16 首御製詩和臣工跋的完整全套正式版 34 幅得勝圖一套（附表一）。

此外，在院藏的宮中檔和軍機處檔奏摺錄副中，也藏有委法製作和賞賜的奏摺和咨呈（附表二）（莊吉發 1984：102-109），其中又以〈洋商帶回鐫工首領柯升寄京書信呈覽〉、〈為刊刻得勝圖銅版事洋商寄蔣友仁信〉、〈為刊刻得勝圖銅版洋客同班給官與兩廣總督回信〉和〈咨呈軍機處夷商帶回得勝圖銅板第一次四幅並夷書一封〉等檔案內容，反映出製作銅板和銅版畫期間，中法雙方交涉的過程。故如將試印本和本院所藏清代檔案用於策展，一方面既可突出本院館藏之特色，為中西文化交流史補充新頁，又可藉試印本講述銅版印刷術，及其在中國的歷程（周維強 2015：4-17）。

4　研究現存乾隆朝《平定準噶爾回部戰圖》最力者為 NiklasLeverenz。NiklasLeverenz, "Drawings, Proofs and Prints from the Qianlong Emperor's East Turkestan Copperplate Engravings." *Arts Asiatiques, vol*. 68(2013): 39-59. 以下關於各方收藏文物之概況皆引其大作，下不具引。

5　現存者殘件一幅，藏於德國漢堡民俗博物館 (Hamburgisches Museum fürVölkerkunde)，聶崇正推斷原尺寸可能為縱 200 橫 500 公分的巨幅。參聶崇正（2014）。〈《呼爾滿大捷圖》（殘本）的辨識和探究〉。《美術學》，2：105-108。

6　現有〈和落霍澌之戰圖〉（縱 38.1 橫 61.8 公分）和〈通古思魯克之戰圖〉（縱 36.5 橫 62.5 公分）兩幅，尺寸稍小於銅版畫。藏於日本天理大學圖書館。

7　現有四塊，德國民族學博物館藏有〈通古思魯克之戰圖〉、〈鄂壘扎拉圖之戰圖〉和〈郊勞回部成功諸將士圖〉，哈佛大學 Houghton 圖書館藏有〈和落霍澌之戰圖〉（縱 57.3 橫 94.3 厚 0.3 公分）銅板。

8　丁觀鵬所繪，現藏於北京故宮博物院。題名為《平定西域戰圖冊》。

9　NiklasLeverenz 指出，擁有 10 幅以上的收藏，達到了 44 個機構或個人。參 NiklasLeverenz (2013). "Drawings, Proofs and Prints from the Qianlong Emperor's East Turkestan Copperplate Engravings." *Arts Asiatiques*, 68: 58. 但 NiklasLeverenz 並未特別分出是試印本還是正式本。

8.3 國際學術和館際合作的《銅版記功》紀錄片

一、海外溯源：與法德兩國學者攜手探求銅版畫下落與其 技術源流

在本院工作團隊的考察下，發現海外文物中有幾項文物與《平定準噶爾回部戰圖》關係密切。其中廣東行商與法國東印度公司所簽之委託合約，藏於法國國家圖書館，它見證了行商代表清朝向法國東印度公司的委任。其次是原藏於紫光閣的該套戰圖銅板，不但是所有銅版畫的來源，庚子拳亂中流失海外，其中德國民族學博物館共有三塊（附表三）。而院藏檔案中關於當時法國蝕刻銅板和印刷技術的描述，其技藝尚留存於巴黎大皇宮博物館聯會工作坊。故宮研究團隊當時在法國遠東學院臺北中心主任柯蘭博士（Paola Calanca）引薦下，由索爾本大學高等研究實驗學院畢梅雪（Prof. Michèle Pirazzoli-t'Serstevens, 1934-2018）教授陪同，並在法國國家科研中心的林力娜（Karine Chemla）教授協調派遣巴黎第七大學的王曉斐博士協助法文翻譯，成功與巴黎大皇宮博物館聯會工作坊建立聯繫。

畢梅雪特別邀請原羅浮宮版畫部主任研究員托雷斯（Mr. Pascal Torres）[10] 一同前來，[11] 並提閱了該館所藏的試印本。經仔細對比，其

---

10 托雷斯曾在羅浮宮博物館策劃乾隆得勝圖銅版畫的展覽，也曾針對這些銅版畫進行研究，著有 *Les Batailles de l'empereur de Chine*（Le Passage, Paris, 2009）。

11 學者們在羅浮宮的藝術圖像部（Département des Arts graphiques）庫房，針對銅版畫在法國製作的過程、銅板製作工藝、紙張來源以及相關法國的文獻和檔案進行討論。托雷斯解釋了羅浮宮博物館所擁有原屬於赫特希爾德（Rothschild）家族的銅版畫，一共有兩套，分別為腐蝕版（試印本）與雕刻修正版（正式本）。腐蝕版的畫面線條較為模糊，沒有力感，而修正過後的，不但補齊了許多原來空白處的光影，甚至

圖 1：Pascal Torres （周維強自攝）

圖 2：介紹本院所藏檔 （周維強自攝）

圖 3：
儘管同樣為試印本，羅浮宮博物館所藏線條也較院藏的試印版清楚（周維強自攝）

圖 4：
工作坊外貌（周維強自攝）

圖 5：
鄭永昌科長，方德晉與 Castex 合影（周維強自攝）

紙張的顏色較院藏紙張白，線條細節較多。同時最大的差別是，基本上與其他的正式版一樣，畫幅下方都保有繪者、刻工和助手的姓名。經我們說明了院藏試印本的情況，又對照羅浮宮博物館的藏品，托雷斯初步認定本院所擁有的試印本年代可能早於法國和德國所藏的試印本。他還特別調出了一本法文古籍 *Précis historique de la guerre de la chine: Dont les principauxévénementssontreprésentésdans les seize Estampes, gravées, à Paris pour l'Empereur de la Chine, sur les desseins que ce Prince en a fait faire à Pékin&qu'il a envoyésen France*（中國戰爭史綱）。經其介紹，此書對於乾隆戰圖描繪的戰爭有更詳細的說明。

鑑於故宮研究人員對銅版畫的紙張、顏料和印刷技術等極有興趣，羅浮宮博物館版畫部的卡斯提斯（Jean-Gérald Castex）研究員協助安排參觀巴黎大皇宮暨國家博物館聯會（RMN-Grand Palais）的版畫工作坊。工作坊位於 Saint-Danis，由出版部雕刻所主任方德晉（Chef du l'atelier de la Chalcographie, Direction des Editions, François Baudequin）及鑄造雕刻部主任蘇菲佩卓（Chef du Département des ateliers d'art Moulages et Chalcographie, Sophie Prieto）接待。

方德晉曾應臺北國際書展來臺演示銅版畫技術。經其說明，現代銅版畫的印刷油墨早已不採用葡萄酒渣作為油墨了，而是利用新的藝術油料材質。在紙張的部分，他解釋受印的大盧瓦紙指的是紙張的尺寸，紙張的來源則十分廣泛，很難說來自哪個區域。紙張受印前必須加濕，為控制濕度及濕度的平均性，工作坊製作了特殊的加濕臺，以重力來控制

在線條上也較為清晰。而這兩個版本的差異，就是由刻工耗費精力來完成的。至於銅板，則來自英國，紙張則向法商 Prudhormme 訂做的大魯瓦紙（Grand Louvois），印刷工則為 Beauvais。

圖 6：
上完墨的銅板準備刷印
（周維強自攝）

圖 7：
檢視試印成果（周維強
自攝）

圖 8：
工作坊所保留的仿古印
刷機（周維強自攝）

紙張的濕度。上墨的部分，他說明上墨的確是非常需要技巧的，一般要十年的磨練才有辦法熟練，技師必須反覆的擦拭銅板，使得油墨的分布均勻，且在不應有油墨處，沒有絲毫殘留。這些說明都與院內〈洋商帶回鐫工首領柯升寄京書信呈覽〉中，法國首席刻工柯升向清廷解釋銅版畫印刷的記載一致。

銅版畫雖是經由兩廣總督和粵海關監督送往法國的，但其實經過廣東十三行商代表大清向法國東印度公司簽約，其合約目前被保存於羅浮宮博物館北側的法國國家圖書館手稿部（département des Manuscrits）。在中文處（chargée des collections chinoises）蒙曦主任（Dr. Nathalie Monnet）的安排下，很順利的得以檢視〈廣東洋行潘同文等公約〉。該文件的編號原為 nouv. fonds chinois 5231，現改為 chinois 9199。是見證委託製作第一批銅板和銅版畫的重要歷史文獻，法國學者高第（Henri Cordier，馮承鈞譯為戈爾迭）*Les Marchands Hanistes de Canton* (Leide: E. J. Brill, 1902)，曾研究此合約。

此外，為充分瞭解銅版畫在法國博物館的情形，工作小組特別拜會了吉美博物館，由該館易凱研究員（Eric Lefebvre, Conservateur, Collection de Peintures chinoises）和曹慧中研究員接待。該館收藏一套完整的乾隆得勝圖，係由 Wannieck 所捐贈，本次共提閱四幅，分別為第一幅〈平定伊犁受降圖〉、第六幅〈烏什酋長獻城圖〉、第七幅〈黑水圍解圖〉和第十幅〈霍斯庫魯克之戰〉等四幅。這些得勝圖形式完整，墨色飽滿，且版畫下方的畫者和刻工等資料並未被裁切，被裝裱於黃綾之上，然後被裝入玻璃畫框中。

為訪查銅版相關文物，在法國遠東學院、馬克斯普朗克研究院科學史研究部和歐洲科學史學會等國際學術單位的協助下，本院工作團隊走訪了德法兩國檢視相關文物。同時，為認識銅版印刷術，亦在羅浮宮博物館研究員的協助下，前往巴黎大皇宮博物館聯會工作坊瞭解銅版畫印

圖 9：
蒙曦主任展開公行合約
（周維強自攝）

圖 10：
公行合約（周維強自攝）

圖 11：
曹慧中研究員與鄭永昌
科長於海報前合影（周
維強自攝）

刷的技藝。這些成果，均呈現於慶祝本院九十周年院慶所拍攝的 4K 紀
錄片《銅版記功》中（周維強、鄭永昌 2015）。

圖 12：
吉美的藏品仍保留了畫者和刻工的姓
名，沒有裁切（周維強自攝）

圖 13：
德國國家圖書館所藏試印本得勝圖銅版
畫畫幅下有標註繪者刻工和助手等資訊
（周維強自攝）

圖 14：柏林民族學博物館（Ethnologisches Museum）（周維強自攝）

　　德國柏林是銅版畫文物藏品的另一個重點，在馬克斯普朗克研究院科學史研究部（Max-Planck-Gesellschaftzur Förderung der Wissenschaften e.V.）第三研究所（Dept. III Artefacts, Knowledge and Action）所長薛鳳（Dr. Dagmar Schäfer）博士協助下，由助理陪同故宮研究人員前往柏林民俗博物館和民族學博物館。德國柏林國家圖書館東亞部（Staatsbibliothekzu Berlin East Asia Department）研究員馬君蘭（Dr. Martina Siebert）亦提示，德國國家圖書館亦收藏有乾隆得勝圖銅版畫。

圖 15：〈鄂壘扎拉圖之戰圖〉銅板（周維強自攝）

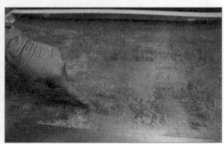

圖 16：
〈鄂壘扎拉圖之戰圖〉銅板（周維強自攝）

圖 17：
檢視〈通古思魯克之戰圖〉銅板（周維強自攝）

　　意料之外的是，柏林民族學博物館（Ethnologisches Museum）的文物雖屬於民族學博物館，但是卻由出身我國的柏林民俗學博物館古代中國藝術部研究員（Kurator der alten chinesischen Kunst）的王靜靈博士負責管理。在王博士的大力協助之下，工作團隊得以會見民族學博物館的東亞、北亞、南亞和東南亞部（Ost-und Nordasien Süd-und Südostasien）的庫房管理員（Depotverwalter）坎普斯（Claudius Kamps）先生。並在其帶領下進庫檢視銅板。該館共收藏有三塊銅板，分別為〈通古思魯克之戰圖〉、〈鄂壘扎拉圖之戰圖〉和〈郊勞回部成功諸將士圖〉。這些銅板收藏在有溫濕度控制的庫房中，但這些銅板並未塗抹防止氧化的保護漆，〈鄂壘扎拉圖之戰圖〉和〈郊勞回部成功諸將士圖〉的銅板狀況尚佳，但〈通古思魯克之戰圖〉銅板則稍有鏽跡和殘墨。這三塊銅板，基本上在銅板的下方，都刻有起稿者、主持刻印者和刻工的姓名（Butz et al. 2003）。

圖 18： 周維強、鄭永昌、坎普斯、王靜靈和該館的助理策展人（周維強自攝）

二、化龍點睛：
研究成果的轉化與《銅版記功》紀錄片的誕生

　　《平定準噶爾回部得勝圖》是以腐蝕版技術後加上鐫刻技法而成，全套銅版畫細膩無比，由線條交織構成人物、樹石、雲影等，盡顯西方的立體表現手法。為呈現相當精緻的線條，製作團隊以 4K 技術攝製而成，是臺灣第一部 4K 紀錄片。[12] 4K 解析度是影像的高解析度標準，常見的規格為 3840×2160 和 4096×2160 兩種。因其畫素是 Full HD 四倍，拍攝線條纖細如髮的銅版畫，更能彰顯其細節紋理的繁複，以及陰影分明的層次，某些部分甚至可以超越人類肉眼直接觀看的程度，產生另一種微縮的效果。除此之外，在拍攝院藏文物的過程中，為更能呈現出紙的質感，製作團隊特別設計以毛玻璃為底的拍攝桌，由下方以 LED 低溫光源向上打光，營造以文物為主體的氛圍。邀請馮明珠院長，以及長年研究得勝圖銅版畫的畢梅雪教授（Prof. Michèle Pirazzoli-t'Serstevens）和方德晉先生（François Baudequin）講解。為了彰顯戰圖的恢弘氣勢，也特別邀請著名的書法家傅申揮毫提字（王健宇 2015）。

　　2015 年 10 月 10 日中午，駐法代表張銘忠在巴黎長榮桂冠酒店主持中華民國 104 年國慶酒會，現場有 600 多位僑界、留學生。特別播映故宮博物院郎世寧特展中的《銅版記功》紀錄片，為國慶酒會增添更多的藝文氣息。同年底，駐法國代表處完成該紀錄片法語版字幕稿，並在故宮提供之高畫質影片加掛法文字幕，於 2016 年 1 月 27 日在巴黎舉辦《銅版記功》紀錄片法文字幕版首映會，獲得廣大迴響。[13] 駐法

12　〈乾隆「偷師」法國銅版記功紀錄片揭祕〉，《聯合報》（臺北），2015.09.25，A12 版。

13　〈紀錄中法藝術交流銅版記功完成法語版〉，《中央社》（臺北），2016.01.28。

代表張銘忠、藝術史學者芬萊（John Finlay）及東亞文明研究中心學者托特（Alain Thote）出席映後座談。

2016 年 4 月 15 日，《銅版記功》紀錄片在瑞士沃邦寇佩城堡（Chateau de Coppet）播映，[14] 駐日內瓦辦事處處長易志成表示，希望藉由當年中西文化合作的偉大成就，啟迪臺灣與瑞士交流的新領域。播映會邀請日內瓦大學漢學家左飛（Nicolas Zufferey）、鮑氏東方美術館藝術總監李秋星（Estelle Nicklès van Osselt）及寇佩城堡人類文史專家孔吉（Claude Conqui）與觀眾座談。駐法國代表處代表張銘忠也以法文字幕版製作人身分專程與會，在座談會上分享製作心得，架構臺灣、法國與瑞士在文化上的連結。寇佩城堡是瑞士國家級文化資產，前女主人是知名的法語女作家德斯戴爾夫人，父親擔任過法王路易十六的財政大臣，因而獲賜《平定準噶爾回部得勝圖》銅版畫全套 16 幅。寇佩城堡前一天也安排專人向與會嘉賓介紹館藏全套 16 幅銅版畫，近距離欣賞藝術成就。當日參加活動的寇佩市議會瑞森（Jean-Yves Riesen）議長及許多地方士紳及藝文界人士出席踴躍，僑務委員周仲蘭也從蘇黎士趕來共襄盛舉。瑞森議長表示，自己從小在寇佩長大，卻從來不知道城堡內收藏了見證清朝時期與歐洲藝術交流史實的珍寶，特別感謝駐處舉辦此一活動，更拉近了瑞士與臺灣的距離。

18 世紀，乾隆皇帝為了紀念對新疆戰爭的勝利，決定製作銅版畫。在法國駐廣州洋商的建議下，原欲送至義大利，最終改送至法國製作，並受到當時法國國王路易十六的重視。其製作過程前後歷經 12 年，耗費鉅資，除了達成賜與臣下與宣揚國威的政治宣傳目的外，卻也使西洋銅版畫技術傳入清宮。這種不同文化技術的交融，不失為是一種另類的「文化外交」體現。

---

14 〈故宮銅版記功紀錄片瑞士古堡播映〉，《中央社》（臺北），2016.04.16。

　　三百多年後，臺、德、法等學者又因這批銅版畫之故，得以聚首交流，故宮更以此製作紀錄片，在臺灣駐法和駐瑞士代表處的幫助下在國外推廣、播映，促進海內外民眾對本院文物的認識與交流，這些均屬我國文化外交的實踐。在此之前，這些海外清代文物鮮為得見，發掘其歷史價值與本院典藏文物之間的連結，更屬首次。本院研究人員在海外訪求文物、從事研究之餘，更成功將其轉化為寓教育和文化推廣合一的新媒體展，實屬不易。

8.4 藝域漫遊展覽經緯

一、義大利策展協商過程

　　2015 年適逢臺北故宮九十周年院慶，為慶祝郎世寧來華三百年，故宮規劃以郎世寧生平與畫藝成就為經緯，擘畫郎世寧文物特展與新媒體藝術展覽，其中「郎世寧新媒體藝術展」本擬規劃於香港城市大學與故宮展館新媒體展間展出。其後，貢薩格大學（Gonzaga-in-Florence）郎世寧學院的弗斯拉（Prof. Francesco Vossilla）教授伉儷來訪，帶來聖十字教堂主席與貢薩格大學校長的信函，希望邀請將「郎世寧新媒體藝術展」至義大利佛羅倫斯展出。歷經一年的書信往返，方確定此案成行，並確定簽署合作協議，展覽名稱定為「Giuseppe Castiglione 郎世寧新媒體藝術展」，展期從 2015 年 10 月 31 日至 2016 年 1 月 31 日止，共達 3 個月。展出地點則為義大利佛羅倫斯聖十字教堂。同時間，本院亦函告外交部瞭解，並請該部協助後續展覽事宜。

　　為慎重其事，並勘查展出地點，本院馮明珠院長亦率領策展團隊，於 2015 年 6 月 22 日至 2015 年 6 月 30 日至義大利訪問，拜訪佛羅倫

圖 19：馮院長率隊與佛羅倫斯副市長團隊座談
資料來源：國立故宮博物院官網，
網址：https://theme.npm.edu.tw/exh104/langshining/italy/ch/page-7.html

斯市政府並與副市長 Nicoletta Mantovani 簽署合作協議。後續則與聖十字教堂人員展開溝通會議、議約與測量展場等，策展實務討論與調查工作。佛羅倫斯聖十字教堂是方濟各會在義大利佛羅倫斯的主要教堂，許多名人長眠或立碑紀念於此，例如：詩人但丁、藝術家米開朗基羅及科學家伽利略等，為天主教聖殿。該次會議雙方主要討論內容則為展覽空間、時間、主題、內容、電力費用、人力需求、駐點人員住宿、印製圖錄問題等進行溝通瞭解，極為鉅細靡遺。會議歷時二天磨合，最終由聖十字董事會總裁與本院馮院長兩位代表雙方機構，簽訂展覽合約。簽訂合約後，雙方團隊重要工作成員仍繼續就電力各點配置、不可被遮蔽的紀念碑、雕像及緊急出口、主視覺、海報的設計等細部化的展覽實作問題繼續討論，許多未能於短天期確定的事項，就交由雙方選定聯絡窗口，後續來往確認，以確保策展目標達成（馮明珠、林國平、陸仲雁、謝俊科 2015）。

二、展場介紹

聖十字教堂（Basilica di Santa Croce）是由聖方濟各創建，於 1294 年開始建造。為方濟各教會最主要的教堂。據載最早到中國的傳教士即是 1289 年由方濟會派出，經由海路抵達泉州。郎世寧雖為耶穌會成員，但為義大利人，選在有天主教傳教士淵源的義大利佛羅倫斯「聖十字大教堂」辦理展覽，別具意義。[15]

聖十字教堂的主要結構，是由 14 世紀時由建築師阿爾諾福迪坎比奧設計而成的希臘文 T 字形，代表「聖十字」，同時也是方濟會修士服裝的象徵。在教堂的正內面，有一座自由女神（Libertà），是雕塑家皮歐費迪（Pio Fedi）在 1883 年為劇作家喬凡巴提斯塔尼克里尼（Giovan Battista Niccolini, 1782-1861）製作的陵墓。大殿右側是「文藝復興三傑之一」米開朗基羅之墓，米開朗基羅出生於佛羅倫斯的貴族家庭。大殿右側前方，是著名文學家但丁（Dante Alighieri, 1265-1321），但丁晚年流亡最後在拉文納（Ravenna）離世，並且葬於該處，為了紀念這位偉大詩人，佛羅倫斯人在 1829 年於聖十字教堂內設置了但丁的紀念墓碑和衣冠塚，石棺刻有一尊但丁座像，手持其名著《神曲》（Divina Commedia）。大殿左側是著名的天文學與物理學家伽利略（Galileo Galilei, 1564-1642）之墓，其紀念碑雕像有天文儀器和地球儀除了義大利名人的墓外，大殿中還有著文藝復興初期雕塑家多納太羅（Donato di Niccolò di Betto Bardi, 1386-1466）的作品，《聖母領報》（Annunciazione）高浮雕群像，描繪天主教方濟會和道濟會的創始人，聖方濟和聖道濟的相會。[16] 聖十字教堂是佛羅倫

---

15 〈故宮數位詮釋郎世寧經典首登義大利聖十字教堂〉，《中國時報》（臺北），2015.09.15。

16 改寫自何傳馨等撰，〈赴義大利聖十字教堂「藝域漫遊：郎世寧新媒體藝術展」布展暨開幕典禮工作紀要〉公務出國報告。

斯文明和藝術的紀念殿堂，郎世寧的相關作品能在此展出，意義深遠。

展出地點為教堂正面左側迴廊，由兩個長形空間組成，因教堂為古蹟緣故不得直接於牆面天花板施作工程，長廊中的聖像不得遮蔽等規定，因此以輕展示架繃布面作為展示隔間，此外在布展過程中也出現，因應教堂逃生通道擴大，需移位調整，以及入口為大理石材搬運卸貨皆需以人工搬運等諸多限制，最重要的是原規劃在展場附近懸掛路燈旗宣傳，但因教堂為佛羅倫斯市重要文化遺產，需另向佛市古蹟保護部門審議，曠日廢時，故改於教堂售票處及展場入口處看版放置本展覽主視覺海報，使欲購票進入教堂的民眾能輕易地得知展覽資訊。

三、作品說明

在郎世寧來華 300 年之後，國立故宮博物院與義大利聖十字教堂聯合鉅獻「郎世寧新媒體藝術展」，以虛實交映的方式將郎世寧畫藝成就帶回其故鄉展出。本次展覽將透過「東西交會」、「栩栩風華：複製畫選萃」、「再現丹青：郎世寧數位作品區」、「影片放映區」四大展區，展示高品質的郎世寧複製畫、郎世寧相關數位作品與精選影片等 23 組件作品，譜出郎世寧其人其藝的精采篇章。

第一展區「東西交會」展出「職貢圖時光廊道」，發想自清代宮廷畫家謝遂的〈皇清職貢圖〉，以多具顯示器，呈現〈皇清職貢圖〉中各國的人物形象，顯示器下方的感應器感應觀眾經過後，即會以各國語言向觀眾問好，除趣味外，更彰顯乾隆時期對世界各國人文風土的理解以及東西文化交流的印證。

第二展區「栩栩風華：郎世寧複製畫選萃」精選〈聚瑞圖〉、〈白鶻圖〉、〈錦春圖〉、〈八駿圖〉、〈百駿圖〉、〈畫仙萼長春〉、〈畫孔雀開屏〉、〈畫十駿圖雪點鵰〉、〈畫魚藻圖〉、〈阿玉錫持矛盪寇圖〉、〈畫花

底仙尨〉、〈畫十駿犬茹黃豹〉、〈畫瑞麃〉、〈格登山斫營圖〉、〈黑水圍解圖〉15 幅郎世寧作品之數位擬真輸出複製畫展出，呈現郎世寧於清宮時繪畫的特色和發展，郎世寧曾服務康、雍、乾三位皇帝，雍正時期的〈聚瑞圖〉、〈畫花底仙尨〉和〈百駿圖〉等均是由郎世寧獨自完成，因此立體感和陰影非常的深刻，尤其樹木更為明顯，接近油畫的畫法，但到了乾隆朝的〈畫孔雀開屏〉、〈錦春圖〉等作則因皇帝的喜好，改由郎氏畫動物，其他宮廷畫家完成背景裡的花鳥和樹石，此由動物與地面交接觸並無陰影可見一斑，另外〈畫魚藻圖〉、〈畫仙萼長春〉則依循中國花鳥畫無背景只畫生物的傳統，展現其折衷中西畫法的能力。另外〈阿玉錫持矛盪寇圖〉更展現其對於人物的觀察和精神形象的寫實能力，而〈格登山斫營圖〉、〈黑水圍解圖〉的起稿，更顯示其完整和多才多藝的繪畫技術。

在認識郎世寧的藝術成就後，第三展區「再現丹青：郎世寧新媒體作品」則展出多組以郎世寧繪畫發展而成的數位多媒體裝置。「百花綺園：仙萼長春新媒體藝術裝置」，由郎氏有名的花鳥畫冊《仙萼長春圖冊》圖中的花鳥，轉化為四座動畫光柱，配合鳥叫蟲鳴的聲音，宛如置身郎世寧筆下的花園，更仔細的觀賞其精采的繪畫細節。「穿真透時：畫孔雀開屏情境裝置」則是利用立體雕塑加上投影，最特別的是孔雀尾巴的光電屏幕材質，除了投影的圖案外，將郎世寧筆下平面卻又立體寫實的〈畫孔雀開屏圖〉營造出兼具平面立體；虛擬寫實的美感經驗。

「圖成百駿：新媒體百駿圖動畫」用〈百駿圖〉長卷製成動畫，畫面中呈現清代皇家所飼馬匹在原野中或嬉戲或奔馳或休憩等諸多型態，並利用動畫技術營造白天夜晚與景等諸多延伸自畫作的天氣樣貌，以今日的動畫對各種呈漸影至的技術，呼應 300 年前郎世寧寫實的功力，並向其致敬。

　　另一件有趣的數位作品是由香港城市大學創意媒體學院的邵志飛（Jeffrey Shaw）教授團隊創作的「探索郎世寧世界之花鳥走獸」，隨著觀者拉動銀幕，郎世寧筆下精采的動物和花鳥，一一呈現在觀者眼前，彷彿和郎世寧畫中景物一同散步。

　　第四展區「聚焦國寶：郎世寧得勝圖紀錄片及動漫創作」播映「國寶神獸闖天關」片中由〈花底仙尨〉中的可愛小狗為主角，在現實故宮和虛擬的畫中世界中冒險，在冒險過程中瞭解中西繪畫的不同及學會團結和勇氣的重要，動畫作品和特和臺北市例動物園合作，並運用特別的三低動畫技術，讓畫中的動物角色更接近真實。

　　「銅版記功：郎世寧與乾隆得勝圖銅版畫紀錄片」則是，遠赴法德兩國拍攝，將郎世寧參與起稿後赴法製作的《平定準噶爾回部得勝圖》以 4K 技術精細的呈現 18 世紀銅版畫的精美及中法交流的故事。

　　《來華之路》紀錄片則是由郎世寧的出生地米蘭開始；到他遊歷過的城市熱那亞，出發往中國的里斯本港再到北京。尋著他的足跡收尋他留下的吉光片羽，補上瞭解這位偉大藝術家一生的最後一片拼圖。

四、開幕紀實

　　展覽開幕儀式甚為盛大隆重，分為上午的開幕宣告記者會以及晚上的開幕式暨開幕酒會。

　　記者會地點在聖十字教堂藝術品博物館（Museodell'Opera di Santa Croce），原是建於 14 世紀的修道院餐廳，為一長方形的空間，講臺設於喬托學派的藝術大師伽迪（Taddeo Gaddi, 1290-1366）的十字架苦像的大型壁畫前面。貴賓及記者入席後，本院何傳馨副院長及香港城市大學郭位校長，由聖十字教堂方介紹，與佛羅倫斯市副市長 Nicoletta Mantovani 會面，副市長對於本院至義大利佛羅倫斯策

劃新媒體藝術展表現熱烈的歡迎與感謝，本院亦致贈〈畫孔雀開屏〉複製畫予副市長，感謝佛羅倫斯市協助展覽順利進行。記者會選在星期六中午舉行，雖非當地習慣舉辦記者會的時間，但因聖十字教堂方努力邀約，約有近 20 家義大利記者媒體蒞臨。會後，便領記者媒體至展場參觀，由 Vossilla 教授導覽解說展覽。

圖 20：「藝域漫遊：郎世寧新媒體藝術展」開幕儀式現場

資料來源：國立故宮博物院官網，
網址：https://theme.npm.edu.tw/exh104/langshining/italy/ch/page-7.html

　　晚間的展覽開幕中義雙方橫跨宗教、藝文、外交界重要貴賓出席，包括佛羅倫斯樞機主教 Cardinal Giuseppe Betori Archbishop of Florence、方濟會托斯卡納總會長 Padre Roberto Bernini Ministro Provinciale di Toscana、耶穌會總部發言人 Fr. Giuseppe Bellucci General Curia of Society of Jesus、佛羅倫斯市文化與運動部主席 Maria Federica Giulian 等人。我國駐教廷王豫元大使、駐義大利代

表處高碩泰大使、香港城市大學郭位校長、林群聲副校長等，近 300
位嘉賓蒞臨出席，一同參與本院於義大利首次展覽的開幕盛況。[17] 開
幕儀式上，何傳馨副院長致詞表示，300 年前，年僅 27 歲的郎世寧身
兼傳教士及宮廷畫家的兩個身分，為清廷服務，他在中國待了 51 年，
雖然天主教在中國命運多舛，但是郎世寧的畫筆卻成了中西兩地繪畫
傳統的交會契機。300 年後的今天，本院於義大利佛羅倫斯聖十字教堂
合作，運用科技將郎世寧的作品帶回他的故鄉義大利，讓民眾認識郎世
寧，以及瞭解他對中西藝術交流的影響與貢獻，同時也希望，這次的展
覽能成為促進兩國文化交流的新篇章。

於聖十字教堂藝術品博物館（Museodell'Opera di Santa Croce）
進行的開幕儀式於晚間 7 點半結束，儀式後各位貴賓前往觀展，由本院
策展人謝俊科副處長、郭鎮武科長及本院同仁向王豫元大使伉儷、高碩
泰大使及蒞臨的臺灣貴賓解說展覽，並由義方策展人 Vossilla 教授為
佛羅倫斯樞機主教及天主教重要貴賓們導覽。為感謝兩位大使特地從羅
馬前來參加，且在策展過程中給予諸多的協助，由何傳馨副院長特別致
贈本院年曆及導覽手冊與兩位大使。駐教廷王豫元大使，之後更將本展
覽圖錄進呈予教宗方濟各（Pope Francis），並獲得教宗對於本展覽的
祝福。[18] 當日舉行的展覽記者會及開幕儀式皆圓滿落幕，在古老的教
堂裡展出新媒體藝術作形成的反差效果吸引了貴賓及當地民眾，展覽不
僅結合科技應用與人文藝術美學，並兼具東西方文化交流之重大意義，
其呈現方式更是讓「藝域漫遊：郎世寧新媒體藝術展」在佛羅倫斯成為
一個創舉，成功獲得了眾人的讚賞。

---

17 〈王豫元出席佛羅倫斯郎世寧新媒體藝術展〉，《中央社》（臺北），2015.11.02。

18 教宗方濟各（Pope Francis）與王豫元大使合影，請參網址：https://ent.ltn.com.
tw/news/breakingnews/1507225（檢索日期：2021 年 6 月 22 日）

300 多年前，郎世寧突破交通不便的限制，千里迢迢到中國，最後長眠於中國，其初衷雖為傳教，但傳教士帶來的西方文化和知識，獲得當時清朝皇帝康熙、雍正和乾隆等人的喜愛，並且讓這些傳教士服務於清宮，發揮他們個人所長，間接促成了東西文化的交流。300 年後，雖然交通已較郎世寧來華時發達，但郎世寧故里的人們始終難以觸及其當年在華的藝術成就。透過本院的努力，此次利用新媒體數位展的形式拓展出新的途徑，成功讓故宮豐富的藝術文化資產，突破外交政治上的限制，到沒有司法免扣押的國家展出。而特別選擇義大利籍傳教士作為展覽主軸，除畫家的國籍外，義大利當地民眾，更可藉由較為熟悉的寫實繪畫技法，進而理解東方繪畫的隱喻、形式甚至裝裱等他們較不熟悉的部分。這些部分既符合文化外交理論中，對目標國家進行文化研究的前提（黃富娟 2008：40），亦能使促成不同文化真正互相理解的核心目標事半功倍。

8.5 文化外交的實踐與創新

「藝域漫遊：郎世寧新媒體藝術展」集合了「故宮 4G 博物館行動」三大主軸：創新應用、創新內容與前瞻體驗。與本院「神筆丹青：郎世寧來華三百年特展」同步展出，實現了虛實互見的展覽效果。不但應用 4G 技術於數位展件中，更利用 4G 網路高速傳播的特質，製作高品質 4K 影片，豐富 4G 創新內容之計畫內涵。使得郎世寧來華三百周年特展成為 4G 時代博物館新型態參觀體驗，其後又受邀舉辦了兩次海外巡迴展，成功擴展我國與國際間交流以及提升能見度，也發揮計畫最大效益。

《銅版記功》在拍攝期間得到法國遠東學院、法國國家科研中心、法國國家圖書館、羅浮宮博物館、巴黎大皇宮暨國家博物館聯會，德國

馬克斯蒲朗克研究院科學史研究所、柏林民族學博物館等機構的協助。並在拍攝完成後，在我國駐巴黎代表處協助下，專業的製作了法文字幕，在藝術之都巴黎舉行多次播映，又在駐日內瓦代表處努力下，於另一戰圖藏地日內瓦沃邦寇佩城堡舉行公開播映，得到眾多回響。

「藝域漫遊」則應義大利貢薩格大學（Gonzaga University）與佛羅倫斯聖十字聖殿（Basilica di Santa Croce）之邀，在聖十字聖殿展出。讓世界看到我國結合科技與文化展現人文藝術的美學外，也讓這位曾為華人藝術史增添無數光彩的傳教士，以新科技的姿態首度回到故鄉。這也是故宮首度在義大利展出，教宗方濟各特別為此展祝福，為我國與義大利、梵諦岡等國文化藝術交流開啟了新頁。

新媒體藝術展結合實體之文物或複製文物，可以提供觀眾多感官、具互動性之藝術體驗，同時也能兼顧傳統參觀形式所具有之氛圍，是當今美術館推動展示及吸引觀眾之利器；惟在設計、布建、維運等方面，往往需面臨比傳統展示更複雜的挑戰，尤其當展覽是移師海外舉行、面臨異文化衝擊、且需於古蹟及宗教場所中布建時，所面臨的困難往往是無法事先預知的，也是過去經驗所無法複製的。本院為提升我國 4G 建設數位內容之國際能見度、增益我國之科技發展能見度、並同時以文化為主軸推動文化外交，「藝域漫遊」的成功絕非偶然。

臺灣的外交處境處處受限，文化外交成為促成海內外交流的重要方式，而在文化外交的執行和拓展上，國內學者提出了一些指南和建議，例如：臺灣應尋求更廣泛的全球或在地價值作有效的連結（黃富娟 2008：40-41）。前文陳述的「藝域漫遊」佛羅倫斯展，特別選擇義大利傳教士郎世寧作為主題，事先研究在地國之歷史文化外，在藝術上以巴洛克繪畫風格作為媒介，並於當地重要聖十字教堂展出，於信仰上和當地的天主教在價值上取得連結。

　　另外也有學者提到文化外交具有跨域整合的特質，跨越政治外交、社會互動、文化交流等領域（黃富娟 2008：40-41），並建議文化外交應以「網絡治理」納入更多元的參與者，亦即政府與民間不同層級的政府間互相合作，以達到最大效應（郭唐菱 2019：116-118）。「藝域漫遊」佛羅倫斯展，在設計之初即透過經濟部資策會，邀請國內外大專院校新媒體藝術的教師以院藏郎世寧畫作製作多個數位展件，並且首次跟臺北市立動物園合作，將郎世寧畫作中的動物行為更加合理化，追求郎世寧畫作「栩栩如生」的境界。此外還跟香港城市大學共享資源增添更多不同的數位互動技術，而在策展過程及展覽開幕，也都充分和外交部門充分溝通聯繫，共同合作。

　　文化外交的操作上是以文化為核心，結合專業的內容和有意義的互動模式，方能促成有效的交流。必須依靠藝術家、策展人、學者等、教師及學生等（郭唐菱 2018：41）。而故宮在規劃《銅版記功》紀錄片以及「神筆丹青」特展，讓策展同仁拜訪德、法藏有銅版畫甚或銅版的博物館，與當地的策展人、研究員交流合作，分享研究，並且邀請他們參與紀錄片的製作，進而瞭解銅版畫在法國製作以及法籍總監刻工的背景及藝術成就等，對雙方均具有相當的價值。知識的流動是雙向的，透過交流德法的研究者，也同時得到關於銅版畫製作的檔案，雙方對於這批銅版畫都獲得了更為深切的認識。

　　故宮在文化外交上的努力和實踐，成績斐然，除持續和多個國內外博物館合作外，更於既有 4G 內容開發的經驗和基礎上，透過 5G 行動通訊技術之高頻寬、低延遲特性，嘗試利用 5G 技術進行策展。如 2019 年展出之「以文會友 —— 雅集圖特展」，本院開發了一套「AR 智慧導覽」。當觀眾戴上智慧眼鏡，虛擬的庭園造景即整合在現實的展廳中，透過擴增實境功能讓民眾融入古代文人的聚會現場，進入畫作世界。該次展覽結合了人工智慧（AI）及圖像辨識技術，並藉由 5G 行動

通訊高速特性，讓智慧眼鏡能主動引導民眾穿梭展間各幅畫作，親身領會策展的主題脈絡。此外，5G 技術更可以提供展覽大數據熱點分析，如透過人流分析、停留觀看時間、觀眾行為與社群網站交叉比對，分析何項文物最獲觀眾青睞駐足，並以「逼真 Verisimilitude」或「擬真 Simulation」的影像技術，提供觀眾更為沉浸式的體驗。2020 年起，COVID-19 疫情的到來亦使傳統團體語音導覽以及個人化語音導覽租借的服務需求大為減少，反之則是如沉浸式虛擬博物館，與其他以觀眾為中心的展示科技應用大幅增加。故宮除不斷策劃主辦各類線上策展活動外、更準備了許多經典國寶 8K 影片的攝製，這些都說明故宮在數位上的努力，未來亦將利用豐富的院藏與數位資源，作為臺灣推動文化外交的中堅力量。

參考文獻

一、專書

馮明珠、林國平主編（2012）。《十年耕耘・百年珍藏：國立故宮博物院數位典藏成果專刊》。臺北市：國立故宮博物院。

林國平編（2007）。《時尚故宮・數位生活》。臺北市：國立故宮博物院。

Cummings, M. C. (2009). *Cultural Diplomacy and the United States Government: a Survey*. Washington D.C.: Center for arts and culture.

Butz, Herbert. Annette Bügener, RuiMagone, Erling von Mende, Museum fürOstasiatischeKunst (2003). *Bilderfür die Halle des Purpurglanzeschin esischeOffiziersporträts und Schlachtenkupfer der Ära Qianlong* (1736-1795). Berlin: Ausstellung des MuseumsfürOstasiatischeKunst, Staatliche Museenzu Berlin.

二、期刊論文

王健宇（2015）。〈4K 紀錄片新視界：銅版記功紀錄片拍攝紀實〉。《故宮文物月刊》，393：113-121。

王靜靈（2016）。〈柏林收藏的紫光閣功臣像及其相關作品新論〉。《故宮學術季刊》，34-1：153-214。

左宜君（2014）。〈法國文化外交〉。淡江大學法國語文研究所未出版碩士論文。

朱龍興（2016）。〈認識亞洲：新媒體藝術展〉。《故宮文物月刊》，394：56-61。

李智（2003）。〈文化外交〉。《外交學院學報》，1：83-87。

周維強（2015）。〈乾隆二十四年黑水營解圍戰與〈黑水圍解圖〉〉。《故宮文物月刊》，392：56-69。

周維強（2015）。〈銅版汗青：欽定平定準噶爾回部戰圖之委法製作〉。《故宮文物月刊》，393：4-17。

高于鈞（2018）。〈乘著海風辦雅集　清水雅集：故宮書畫新媒體藝術展〉。《故宮文物月刊》，423：116-127。

高于鈞（2019）。〈動物的過去與未來　動物藝想：故宮新媒體暨藝術展〉。《故宮文物月刊》，434：46-55。

郭唐菱（2018）。〈以文化藝術突破政治現實的文化外交〉。《新社會政策》，56：40-49。

郭唐菱（2019）。〈由威尼斯雙年展觀察臺灣文化外交政策〉。《藝術評論》，37：115-139。

陸仲雁（2016）。〈美西和美南之繆斯　「帝王品味：臺北國立故宮博物院精品展」赴美巡迴展紀實〉。《故宮文物月刊》405：116-128。

曾一婷。〈舊藏新藝：淺談故宮新媒體藝術創作〉。《故宮文物月刊》，444：92-105。

馮明珠（2016）。〈天國的寶藏：教廷文物特展〉。《故宮文物月刊》，395：28-32。

馮明珠（2016）。〈帝王品味：國立故宮博物院精品展策展緣起〉。《故宮文物月刊》，399：4-5。

馮明珠（2014）。〈神品至寶赴日展關鍵決策〉。《故宮文物月刊》，375：4-13。

黃富娟（2008）。〈以文化外交突破臺灣外交封鎖線〉。《臺灣經濟研究月刊》，31(4)：36-42。

黃瓊儀、謝欣芳（2013）。〈古今交錯話乾隆：乾隆朝新媒體藝術展介紹〉。《故宮文物月刊》，368：108-118。

楊婉瑜（2015）。〈故宮 4G 行動博物館　藝域漫遊：郎世寧新媒體藝術展〉。《故宮文物月刊》，392：110-117。

劉大和（2004）。〈軟性外交力量：文化外交之研究〉。收錄於《2004 年議題論叢》。臺北市：中華臺北 APEC 研究中心。

劉宇珍（2015）。〈遺落的少作：郎世寧來華前所作油畫〉。《故宮文物月刊》，393：18-28。

劉芳如（2016）。〈故宮書畫在舊金山：帝王品味佈展紀實〉。《故宮文物月刊》，401：58-68。

蔡依儒（2013）。〈同安 · 潮新媒體藝術展：穿越百年體驗歷史〉。《故宮文物月刊》，366：120-128。

蔡淳任（2017）。〈臺灣對外文化政策的策略研究 ── 以文化部之政策為核心〉。國立臺灣藝術大學藝術管理與文化政策研究所未出版碩士論文。

鄭永昌。〈游藝志道：清廷歲月中的郎世寧〉。《故宮文物月刊》，391：14-25。

謝俊科。〈不同風味的郎世寧：臺義港藝域漫遊 4G 新媒體藝術展〉。《故宮文物月刊》，399：118-128。

譚怡令、周維強、林宛儒（2016）。〈天國的寶藏：教廷文物特展策展經緯〉。《故宮文物月刊》，395：34-46。

Nicholas J. Cull (2008). "Public Diplomacy: Taxonomies and Histories." University of Southern California, March 1.

Stephanie Huffman（2019）。〈掌聲：作為文化外交工具的臺灣布袋戲〉。國立政治大學亞太研究英語碩士學位學程未出版碩士論文。

三、出國報告

何傳馨、林國平、謝俊科、郭鎮武、吳紹群、王健宇、黃品文（2016）。《赴義大利聖十字教堂「藝域漫遊：郎世寧新媒體藝術展」布展暨開幕典禮工作紀要》。臺北市：國立故宮博物院，公務出國報告書。

周維強、鄭永昌（2015）。《柏林巴黎所藏乾隆得勝圖相關文物調查報告》。臺北市：國立故宮博物院，公務出國報告書。

林莉娜（2015）。《「神筆丹青：郎世寧來華三百年特展」北京故宮借展品押運點驗工作報告》。臺北市：國立故宮博物院，公務出國報告書。

林莉娜（2016）。《「神筆丹青：郎世寧來華三百年特展」義大利借展品歸運點驗工作報告》。臺北市：國立故宮博物院，公務出國報告書。

馮明珠、何傳馨、陸仲雁、林姿吟（2015）。《為辦理「天國的寶藏 —— 教廷文物特展」赴教廷簽約及勘查借展品報告》。臺北市：國立故宮博物院，公務出國報告書。

馮明珠、林國平、陸仲雁、謝俊科（2015）。《參訪義大利文化資產機構與調查策展可行性心得報告》。臺北市：國立故宮博物院，公務出國報告書。

馮明珠、林國平、謝俊科、唐若華、郭鎮武、吳紹群、浦莉安、林致諺、林若瑜、王昭慈（2016）。《赴香港城市大學「藝域漫遊：郎世寧新媒體藝術展」佈展與開幕典禮工作紀要》。臺北市：國立故宮博物院，公務出國報告書。

楊婉瑜、柯姿妙（2016）。《赴香港城市大學「同安‧潮：新媒體藝術展：同安船與張保仔的故事」撤展工作紀要》。臺北市：國立故宮博物院，公務出國報告書。

劉宇珍（2015）。《押運「神筆丹青：郎世寧來華三百年特展」義大利借展品來臺工作報告》。臺北市：國立故宮博物院，公務出國報告書。

四、重要新聞資料

〈東南亞首展臺北故宮多媒體藝術曼谷登場〉，《中央社》（臺北），2018.10.18。

〈國立故宮博物院匈牙利獲頒國際大獎〉，《中央社》（臺北），2016.11.23。

〈休士頓影展臺影片奪大獎〉，《中央社》（臺北），2016.04.17。

〈故宮銅版記功紀錄片瑞士古堡播映〉，《中央社》（臺北），2016.04.16。

〈紀錄中法藝術交流銅版記功完成法語版〉，《中央社》（臺北），2016.01.28。

〈教宗禮冠禮器首次面世〉，《聯合晚報》（臺北），2016.01.28，A8 版。

〈王豫元出席佛羅倫斯郎世寧新媒體藝術展〉，《中央社》（臺北），2015.11.02。

〈紀錄片揭密清代畫技顛覆法國銅版畫〉，《聯合報》（臺北），2015.10.26，A10 版。

〈乾隆當導覽邀你幫百駿圖上色〉，《聯合報》（臺北），2015.10.16，A10 版。

〈駐法國代表處舉辦雙十國慶酒會〉，《指傳媒》，2015.10.15。

〈駐法代表處國慶酒會僑界共襄盛舉〉，《中央社》（臺北），2015.10.11。

〈故宮 90 年「百駿圖」草稿揭 300 年祕密〉，《聯合報》（臺北），2015.10.09，A12 版。

〈郎世寧生前沒看過得勝圖〉，《聯合報》（臺北），2015.10.09，A12 版。

〈郎世寧特展登場〉，《聯合晚報》（臺北），2015.10.08，A4 版。

〈故宮郎世寧新媒體展首登義大利〉，《中央社》（臺北），2015.09.27。

〈紀錄片深入祕地找到郎世寧親筆信〉，《聯合報》（臺北），2015.09.25，A12 版。

〈乾隆「偷師」法國銅版記功紀錄片揭祕〉，《聯合報》（臺北），2015.09.25，A12 版。

〈百駿圖數位版幫郎世寧「返鄉」〉，《聯合報》（臺北），2015.09.15，A11 版。

〈故宮數位詮釋郎世寧經典首登義大利聖十字教堂〉，《中國時報》（臺北），2015.09.15。

附表一：
故宮文物赴國外展覽統計表（截至 108 年 12 月 31 日止）

序號	時間	國家	展覽名稱
1	民 24 年	英國	應邀參加**「倫敦中國藝術國際展覽會」**。
2	民 29 年	蘇聯	應邀赴蘇聯莫斯科、列寧格勒，參加**「中國藝術展覽會」**。
3	民 50 年	美國	赴美國華府國家藝術博物館、紐約大都會博物館、波士頓美術館、芝加哥藝術博物館、舊金山狄揚紀念博物館**巡迴展覽**。
4	民 62 年	韓國	受邀參加韓國漢城**「中國展覽會」**。
5	民 80 年	美國	參加美國華府國家藝術博物館**「一四九二年之際：探險時代的藝術」**展覽會。
6	民 85 年	美國	**「中華瑰寶」**赴紐約大都會博物館、芝加哥藝術博物館、舊金山亞洲藝術博物館、華府國家藝術博物館巡迴展覽。
7	民 87 年	法國	赴法國巴黎大皇宮舉辦**「帝國的回憶」**展覽會。
8	民 89 年	美國	參加美國芝加哥藝術博物館與舊金山亞洲藝術博物館合作主辦之**「道教與中國藝術」**特展。
9	民 92 年	德國	**「天子之寶：臺北國立故宮博物院的收藏」**特展於柏林、波昂展出。
10	民 94 年	韓國	參展**「韓國世界博物館文化博覽會」**（7/1-8/21）。
11	民 94 年	德國	**「蒙古帝國：成吉思汗及其世代」**特展，於「德國慕尼黑人類學博物館」揭幕。
12	民 95 年	法國	院藏郎世寧名畫赴法國吉美博物館參加**「清代宮廷的瑰麗歲月（1662-1795）」**展出。
13	民 95 年	蒙古	林曼麗院長赴蒙古主持**成吉思汗等複製畫像捐贈儀式**，促進雙邊文化交流。

序號	時間	國家	展覽名稱
14	民 97 年	奧地利	「**物華天寶：臺灣國立故宮博物院精品展**」赴維也納藝術史博物館展覽。
15	民 103 年	日本	馮明珠院長率團參加東京國立博物館舉辦之「**臺北國立故宮博物院：神品至寶展**」開幕式。同年 10 月移展九州。
16	民 103 年	日本	馮明珠院長赴日本大阪參加 Miho 博物館夏日特展「**悲母觀音**」預展開幕典禮
17	民 105 年	日本	應邀參與日本大阪市立美術館「**從王羲之到空海：中日法書名蹟　漢字假名的聯芳競秀**」特展
18	民 105 年	美國	「**帝王品味：國立故宮博物院精品展**」於美國舊金山盛大展出。10 月移展休士頓美術館。
19	民 105 年	法國	「**玉：從帝王尊榮到裝飾風的藝術**」於法國吉美博物館開展
20	民 105 年	日本	「**國立故宮博物院北宋汝窯水仙盆展**」於日本大阪東洋陶磁美術館開展

資料來源：國立故宮博物院官方網站，網址：http://www.npm.gov.tw/ 認識故宮 / 大事紀（檢索日期：2020 年 9 月 7 日）

附表二：
故宮新媒體赴國外展覽統計表（截至 108 年 12 月 31 日止）

序號	時間	國家	展覽名稱
1	民 101 年	美國	「故宮數位畫時代：過去與未來展」，於美國洛杉磯華僑文教服務中心開展。
2	民 103 年	美國	參加 2014 美洲智慧生活科技整合論壇暨商展（eMerge Americas）。
3	民 103 年	法國	「乾隆潮‧新媒體藝術展」獲邀赴法國巴黎參加「塞納河明日數位展（Futuren Seine）」。
4	民 104 年	香港	與香港城市大學首度合作「同安‧潮　新媒體藝術展：同安船與張保仔的故事」。
5	民 104 年	義大利	首次於義大利佛羅倫斯聖十字教堂舉辦「藝域漫遊：郎世寧新媒體藝術展」。
6	民 105 年	香港	香港城市大學「藝域漫遊：郎世寧新媒體藝術展」開展。
7	民 107 年	香港	「動物大觀園 ANiMAL: Art, Science, Nature, Society」特展（香港城市大學）。
8	民 107 年	泰國	「清明上河圖 —— 故宮新媒體藝術展」（泰國曼谷河城藝術古董中心）。

資料來源：國立故宮博物院官方網站，網址：http://www.npm.gov.tw/ 認識故宮 / 大事紀（檢索日期：2020 年 9 月 7 日）

　　從上述統計表可知，故宮文物總計至美國展出五次、日本四次、法國三次、德國二次、韓國二次、英國一次、蘇聯一次、蒙古一次、奧地利一次。可謂成果極為豐碩。而展出國回饋臺北故宮展，近期則有 2016 年 1 月教廷所舉辦之「天國的寶藏：教廷文物特展」。2016 年 12 月故宮南院推出「日本美術之最 —— 東京、九州國立博物館精品展」。2019 年 6 月「交融之美：神戶市立博物館精品展」展覽等。

附表三：院藏《平定準噶爾回部戰圖》銅版畫情形

	試印本（第二套）	正式本（第一套）	正式本貼黃次
1.		御製序 平圖 021224	御製序
2.		詩第一幅，平定伊犁受降詩 平圖 021225	詩一
3.	平定伊犁受降圖 平圖 021258	圖第一幅，平定伊犁受降圖 平圖 021226	圖二
4.		詩第二幅，格登山斫營詩 平圖 021227	詩二
5.	格登山斫營圖 平圖 021259	圖第二幅，格登山斫營圖 平圖 021228	圖十二
6.		詩第三幅，鄂壘扎拉圖之戰詩 平圖 021229	詩四
7.	鄂壘扎拉圖之戰圖 平圖 021260	圖第三幅，鄂壘扎拉圖之戰圖 平圖 021230	圖九
8.		詩第四幅，和落霍澌之戰詩 平圖 021231	詩三
9.	和落霍澌之戰圖 平圖 021261	圖第四幅，和落霍澌之戰圖 平圖 021232	圖十一
10.		詩第五幅，庫隴癸之戰詩 平圖 021233	詩五
11.	庫隴癸之戰圖 平圖 021262	圖第五幅，庫隴癸之戰圖 平圖 021234	圖十
12.		詩第六幅，烏什酋長獻城詩 平圖 021235	詩六
13.	烏什酋長獻城圖 平圖 021263	圖第六幅，烏什酋長獻城圖 平圖 021236	圖一

	試印本（第二套）	正式本（第一套）	正式本貼黃次
14.		詩第七幅，黑水圍解詩 平圖 021237	詩七
15.	黑水解圍圖 平圖 021264	圖第七幅，黑水圍解圖 平圖 021238	圖四
16.		詩第八幅，呼爾滿大捷詩 平圖 021239	詩八
17.		圖第八幅，呼爾滿大捷圖 平圖 021240	圖八
18.		詩第九幅，通古思魯克之戰詩 平圖 021241	詩九
19.	通古思魯克之戰圖 平圖 021265	圖第九幅，通古思魯克之戰圖 平圖 021242	圖十三
20.		詩第十幅，霍斯庫魯克之戰詩 平圖 021243	詩十
21.		圖第十幅，霍斯庫魯克之戰圖 平圖 021244	圖三
22.		詩第十一幅，阿爾楚爾之戰詩 平圖 021245	詩十一
23.	阿爾楚爾之戰圖 平圖 021266	圖第十一幅，阿爾楚爾之戰圖 平圖 021246	圖七
24.		詩第十二幅，伊西洱庫爾淖爾之戰詩 平圖 021247	詩十二
25.	伊西洱庫爾淖爾之 戰圖 平圖 021267	圖第十二幅，伊西洱庫爾淖爾之戰圖 平圖 021248	圖五
26.		詩第十三幅，拔達山汗納款詩 平圖 021249	詩十三

	試印本（第二套）	正式本（第一套）	正式本貼黃次
27.	拔達山汗納款圖 平圖 021268	圖第十三幅，拔達山汗納款圖 平圖 021250	圖六
28.		詩第十四幅，平定回部獻俘詩 平圖 021251	詩十四
29.		圖第十四幅，平定回部獻俘圖 平圖 021252	圖十四
30.		詩第十五幅，郊勞回部成功諸將士詩 平圖 021253	詩十五
31.	郊勞回部成功諸將士圖 平圖 021269	圖第十五幅，郊勞回部成功諸將士圖 平圖 021254	圖十五
32.		詩第十六幅，凱宴成功諸將士詩 平圖 021255	詩十六
33.	凱宴成功諸將士圖 平圖 021270	圖第十六幅，凱宴成功諸將士圖 平圖 021256	圖十六
34.		平定回疆圖，臣工跋 平圖 021257	臣工跋
35.	法文說明 平圖 021258		

附表四：國立故宮博物院藏乾隆得勝圖相關檔案

01 〈奏為辦理平定準部回部得勝圖銅板四幅交法國刻製事〉
　　署理兩廣總督楊廷璋　粵海關監督方體浴等奏
　　乾隆三十年八月初一日
　　22×126 公分　12 扣
　　故宮 046866(403021108)

02 〈呈軍機處奉旨傳辦刊刻得勝圖銅版情形〉
　　粵海關監督德魁
　　乾隆三十四年十一月初一日
　　26.7×123 公分　10 扣（本件）
　　26.4×22.8 公分　2 扣（附件）
　　故機 011252(011165)

03 〈咨呈軍機處夷商帶回得勝圖銅板第一次四幅並夷書一封〉
　　兩廣總督李侍堯　粵海關監督德魁
　　乾隆三十五年九月初五日
　　26.4×170.8 公分　14 扣（本件）
　　26.4×23.3 公分　2 扣（附件一：軍機處奏片）
　　26.3×35.4 公分　3 扣（附件二：總督寄洋客原諭）
　　故機 013251(013146)

04 〈為刊刻得勝圖銅版洋客同班給官與兩廣總督回信〉
　　乾隆三十五年（1770.7.26）
　　26.4×70.2 公分　6 扣
　　故機 013261(013156)

05 〈咨呈軍機處法國夷船來廣帶到印成得勝圖伍百四十三張〉
　　兩廣總督李侍堯　粵海關監督德魁
　　乾隆三十六年八月初三日

26.7×109.8 公分　9 扣

故機 014859(014737)

06 〈奏報法國刊刻得勝圖銅情形事〉

兩廣總督李侍堯　粵海關監督德魁

乾隆三十六年十月十八日

硃批時間：乾隆三十六年十二月初九日

25.7×69 公分　6 扣

故機 015599(015473)

07 〈咨呈軍機處法國夷船帶回得勝圖銅版惟未能全部帶回情形〉兩廣

總督李侍堯　粵海關監督德魁

乾隆三十七年九月初一日

26.5×70.8 公分　14 扣（本件）

故機 018132(017997)

08 〈奏為法國帶到印成得勝圖圖畫及銅版事〉

兩廣總督李侍堯奏

乾隆三十九年九月初一日

22.4×71.4 公分　7 扣

故宮 055537(403029716)

09 〈洋商帶回鐫工首領柯升寄京書信呈覽〉

乾隆三十五年八月初四日

267×67.8 公分　6 扣

故機 013260(013155)

10 〈為刊刻得勝圖銅版事洋商寄蔣友仁信〉

乾隆三十五年八月十三日

26.6×67.8 公分　6 扣

故機 013262(013157)

附表五：得勝圖銅版畫繪者刻工與助手對照表

	圖名	繪稿者及時間	主持	鋟版者及完成時間	赫序
1.	平定伊犁受降圖	艾啟蒙繪 (Ignatius Sickltart, 1708-1780)	柯升 (Charles-Nicolas Cochin, 1715-1790)	卜烈孚 (B. L. Prevot, ?) 1769	8
2.	格登山斫營圖	郎世寧繪 (Giuseppe Castiglione, 1688-1766)	柯升	勒霸 (J. Ph. Le Bas, 1707-1783) 1769	5
3.	鄂壘扎拉圖之戰圖	不載繪者	?	勒霸 (J. Ph. Le Bas, 1707-1783) 1770	9
4.	和落霍澌之戰圖	王致誠繪 (Denis Attiret, 1702-1768) 1766	柯升	勒霸 (J. Ph. Le Bas, 1707-1783) 1774	14
5.	庫隴癸之戰圖	安德義繪 (Joannes Damasceuns Salusri, ?-1781)	柯升	阿里邁 (Jacques Aliamet, 1728-1788)	2
6.	烏什酋長獻城圖	安德義 (Joannes Damasceuns Salusri, ?-1781)	柯升	學法 Pierre-Philippe Choffard (1730-1809) 1774	13
7.	黑水圍解圖	郎世寧繪 (Giuseppe Castiglione, 1688-1766) 1765	柯升	勒霸 (J. Ph. Le Bas, 1707-1783) 1771	3
8.	呼爾滿大捷圖	安德義繪 (Joannes Damasceuns Salusri, ?-1781) 1765	柯升	散多班 (Augustin de Saint-Aubin, 1736-1807) 1770	7
9.	通古思魯克之戰圖	不載繪者	柯升	散多班 (Augustin de Saint-Aubin, 1736-1807) 1773	4
10.	霍斯庫魯克之戰圖	不載繪者	柯升	卜烈孚 (B. L. Prevot, ?) 1774	10
11.	阿爾楚爾之戰圖	王致誠繪 (Denis Attiret, 1702-1768) 1765	柯升	阿里邁 (Jacques Aliamet, 1728-1788)	5

	圖名	繪稿者及時間	主持	鋟版者及完成時間	赫序
12.	伊西洱庫爾淖爾之戰圖	安德義 (Joannes Damasceuns Salusri, ?-1781)	柯升	洛奈 N. de Launay(1739-1792) 1772	12
13.	拔達山汗納款圖	安德義繪 (Joannes Damasceuns Salusri, ?-1781)	柯升	學法 Pierre-Philippe Choffard (1730-1809) 1772	11
14.	平定回部獻俘圖	王致誠 (Denis Attiret, 1702-1768) 繪	柯升	馬克斯立業 Louis-Joseph Masquelier (1741-1811)	1
15.	郊勞回部成功諸將士圖	安德義繪 (Joannes Damasceuns Salusri, ?-1781)	柯升	訥依 Denis Née(1732-1818) 1772	6
16.	凱宴成功諸將士圖	不載繪者	柯升	勒霸 (J. Ph. Le Bas, 1707-1783) 1770	16

國家符號的文化外交：
故宮國際交流展的詮釋與
演變

— 吳介祥 —

　　國立故宮博物院因為其歷史和組織架構而具有政治符號性，無論是從自身的政策或是外來的投射，故宮的國際交流很容易激起民族主義的政治詮釋。故宮博物院的海外交流展始自 1936 年的倫敦展，隨後有 1941 年俄國、1961 年美國展出，此些展覽都有政治策略和鞏固邦誼的考量。在此之後的故宮海外交流展，臺灣已經面臨非聯合國會員、在國際社會孤立的局勢。1996 年再有機會單獨展出時，故宮在臺灣和臺灣在國際的關係，已今非昔比。臺灣經歷了戒嚴和解嚴，臺灣主體性議題出現並和中華文化主體性形成競爭。故宮一度是中華民國政府守護文化資產而取得「正統中國」的文化表徵，在時過境遷後其對內和對外的角色產生了矛盾。一方面故宮作為全球首要的博物館之一，海外展覽對於臺灣突破外交困境有優勢，另一方面，隨文化認同從中原及華夏文化逐漸發展為多樣性文化，甚至認同之競爭性與排他性，故宮不再是唯一被臺灣民眾託付，負載代表臺灣文化的責任，但卻逐漸在博物館專業上面臨新的議題和挑戰。近十多年來，兩岸不謀而合以帝王、宮廷為題材的交流展，讓兩岸故宮既合作也競爭。在此同時，政治操作曾順勢利用故宮歷史來創造兩岸「合璧」的論述，然而故宮的博物館內在專業也不免受到政治情勢的衝擊。隨著政黨輪替，中立故宮為專業博物館，免於過度政治性任務的論述也逐漸顯現，而隨故宮南院的建立，以及文化政策朝多樣性、南向交流的發展趨勢，南北兩院的故宮之文化交流的策展也朝向專題化及多邊國際交流的發展，呈現比過去的政治進擊更進化的島內文化交流。本文針對臺灣故宮在國際交流的政治環境變化，除了採訪故宮數位關鍵的人士外，從國內外媒體報導和故宮的出國報告、《立法院公報》及《故宮文物月刊》等文獻，分析圍繞在國立故宮博物院政治語境的演變。

9.1 故宮文物的正統性與象徵性

故宮典藏品早期所擔負過的外交任務，與當今學術界對於文化交流、文化外交或軟實力外交的定義頗為不同。文化外交有別於政府之間的直接往來，作為外交工作上運籌帷幄的途徑之一，有時具有測試、表態和緩衝的作用。而文化交流強調民間的互動、以公民為主體的文化藝術或傳統習俗、生活方式或價值體系的溝通，觸及的議題及專業的多樣性更廣（比較：Wei 2017: 26-27）。故宮早期的海外展，效益在兩者之間，既作為軍事及政治外交的延伸，也掀起民間消費品味所謂的中國熱，以下探討之。

在建國初期，故宮文物與政權正統性的關係，形成中華民國對外政治的想像。但文物一旦脫離原脈絡，它的正統性力量須靠著形成另一個體系的能動性來支撐。故宮文物在 1936 年赴英國展出時，曾經啟發相關職權人士和知識分子，欲向外宣揚故宮可比擬歐洲博物館的轉型（吳淑瑛 2003：9）。以故宮倡建者李煜瀛（1881-1973）為例，他早年留學法國巴黎，對羅浮宮留下深刻印象，因而強調故宮文物從皇帝私有成為全國公物，是故宮的「社會化」（周密 1984：4），從今天的角度來說是轉化故宮的收藏性為文物的公共性。然而故宮隨後的任務和所獲得的認同，和歐洲的博物館在任務的時序和對象上並不全然相同（比較 Lewis 1992）。故宮在 2017-2020 的〈國立故宮博物院中程施政計畫〉施政綱要第 1 條再次提到效仿羅浮宮：「從臺灣的主體性出發，重新賦予故宮文物新的在地意義和文脈，達到類似羅浮宮在法國大革命之後，從帝王私有物變為人民共同資產的民主轉型意義。」對於故宮來說，類似羅浮宮的轉型因為戰亂並沒能夠立即實現，分類、研究與解說既然無法進行，難以賦予文物新的意義而展示在人民眼前（吳淑瑛 2003：35）。歐洲博物館在殖民時代和國家化的 18 和 19 世紀發揮了最高的政

治性，相對之下，故宮在 20 世紀高度的政治身分和建構國家正統性的任務，則是一種出自內部的想像，藉由他者的眼光做的自我的映照，反而形成對內對外有差距的文化認同（Wei 2017: 189-191），即國內是對強固國族地位的期待，國外卻為品味的交流。關於故宮海外展的效應，或是文化交流作為「軟實力」的影響或效益，多數資料都是藉由參觀人數和媒體訊報導來呈現。以 1936 年倫敦展為例，其效應固然可觀：「短短 4 個月之間，倫敦藝展的參觀人數就突破 40 萬人，最後一天更是高達 2 萬人之多。英王喬治和王后、羅馬尼亞國王以及普魯士的腓德烈克王子都曾前往參觀。瑞典王子不僅提供收藏參展，並且協助展覽的布置。另外，展覽還吸引許多歐美的皇室富商、收藏家、設計師、學者前往參觀。」（吳淑瑛 2003：19）哈琦森（Sidney Hutchison）並在後來的著作中提到此展的影響：「中國熱席捲倫敦，中國熱在接下來的一段時間反映在時尚和家俱的潮流上。」[1]（Hutchison 1968: 172）但展覽對於觀眾是否對中華民國因此產生認同，不易有資料佐證。

文物的轉化未能發生，便一直附結在王權和法統的象徵性上。器物與法統的相關性想像起源甚早，而從 1936 年故宮典藏品參加英國的中國藝術展時，就可看到文物、收藏者和象徵符號，如何在故宮博物院的機制性建構中，持續被用於支撐政權正統性。而此關聯在故宮文物遷臺後又再度被強化，包括：華夏文化的連續性、蔣介石及其夫人與故宮的連結，[2] 以及文物作為帝王收藏的象徵性等，這些論述的鏈結如何影響了國外展出和兩岸合作的詮釋，將在文中分別論述之。

---

[1] 原文：「The cult of chinoiserie took London by storm and aspects of it were reflected in fashions and furnishings for some time to come.」

[2] 在蔣宋美齡於 1975 年離開臺灣後，故宮對典藏做了調整和重構。顯示她對於典藏結構很有影響。筆者採訪嵇若昕（2020 年 7 月 20 日）。

　　《故宮文物月刊》創刊號中，隨故宮典藏品壓箱來臺、後來成為故宮研究員的索予明（1920-）在創刊號第一篇文〈文物與國運〉中，提到故宮博物院的成立是開啟民主制度的象徵（索予明 1983：6），但同時提到「禹鑄九鼎，象九州，九鼎乃是傳國之寶，是王權的象徵」，介紹古代爭鼎的傳說，並提及「凡此徵祥之說，當然都是迷信，但具足說明國人有重視古物的傳統。而這些寶鼎重器，歷代又都集中在宮廷」（索予明 1983：7）。隨之描述為了保全文物的南遷歷程「回顧此十數年間，文物輾轉播遷，與世局國運，息息相關」（索予明 1983：7）。同期文章楚戈（1931-2011）的〈法統的象徵 —— 從問鼎的故事看實用器的提升〉，介紹了《左傳》的「楚莊問鼎」，說明器物的從實用物獲得象徵性和裝飾性、記錄意義後與統治者優劣的評價關係：「夏商周三代以鼎作為傳國的神器（……）鼎成了國家的信物，鼎在國在，鼎亡國亡。」（楚戈 1983：36）因此鼎是政權正當性的證物，因為「有德者才有資格擁有九鼎」（楚戈 1983：37）。該文並介紹「楚莊問鼎」裡王孫滿以辯才和「驚天動地的外交魄力，保存了周朝傳國的寶鼎，也保存了周朝的命脈」（楚戈 1983：38）。同文中蔣介石 60 歲生日接受母戊大鼎為生日禮的歷史照片，和故宮典藏之各型制鼎器穿插於文內。

　　索予明在 1986 年《故宮文物月刊》的「蔣公百年誕辰特刊」之〈總統蔣公與故宮博物院〉一文中特別記載故宮的毛公鼎為上海商人購得轉贈政府，由蔣介石批交中央博物院典藏，之後隨文物遷移來到臺灣。並強調蔣介石與故宮的關係（索予明 1986：18），為故宮第 1 屆理事，並常常和蔣宋美齡到北溝和外雙溪故宮參觀文物。譚旦冏（1906-1996）則以介紹蔣介石 60 歲時獲贈的司母戊大鼎發表藝術史專題文章（譚旦冏 1986：32），引用法人達爾德提沙（H. d'Ardenne de Tizac）稱頌鼎類文物的代表性「周代稱為古典的正統」[3] 作為隱喻（譚旦冏 1986：40）。

　　故宮典藏品的王權權力象徵性並未如羅浮宮等歐洲國家的「文資化」、「公共化」，相反的，其王權繼承的象徵性延續至 1980 年代，此現象也排斥了故宮擴增典藏範疇及至當代臺灣及亞洲文化的政策。[4] 故宮對於文物象徵性和政權法統關係的執著，重複出現在關於文物南遷 1 萬多公里的文獻和回憶錄中，使得這段歷史成為政權受庇佑的證據，以強化國族論述。同時，文物遷移的歷史也會在海外展時被轉述，而成為向國外說明兩岸分合之複雜關係的好素材（New York Times 1996; Section A: 20）。2003 年在德國柏林展出之際，《明鏡周刊》（Spiegel）提到了故宮文物移至臺灣的始末，並說明海外展可能遭遇司法追討的歷史因素和法律風險（Schneppen 2001; Kronsbein 2003; Lorenz 2003; Noack 2003; Weller 2009）。文物遷移至臺灣的報導對說明或澄清兩岸差異有一定的作用，也突顯邀展國對臺北故宮的重視，以耀顯國格。2008 年赴奧地利的展覽也有國內重要報紙的介紹，並說明兩岸張弛不定的關係（Standard 2008）。另外，2014 年赴日本東京及九州國立博物館的展出，也是官、學及媒體界歷經十餘年的努力，才得以實現。關鍵在於日本國會的支持，通過《海外美術品等公開促進法》，確保借展文物免遭無端司法扣押（光華雜誌 2014）。而提到邀請國的對等禮遇和費心（Japan Bullet 2014），也常是突顯臺北

3　*L'art Chinois Classique* 一書，1925 年出版。

4　秦孝儀、周功鑫任院長的時期，皆否決延伸故宮收藏及於臺灣或擴充為亞洲典藏品的政策（立法院公報，82-67，1993：31；野島剛採訪周功鑫 2012：217），擴張收藏的政策並在故宮南院設院時期引發許多路線爭議。關於收藏與守護正統性的脈絡性，可從秦孝儀曾是蔣介石的祕書，周功鑫曾是秦孝儀之祕書見其一般（比較：杜正勝 2002：18）。

故宮在外交上具優勢的論述。

　　國族傳奇與外交任務持續交織。押解文物來臺的故宮院員那志良（1908-1998）寫的回憶錄一再被引用，包括《典守故宮國寶七十年》（1993）等書提到文物屢次先撤了當地才遭轟炸，逢凶化吉成為傳奇，而認為這是因為「古物有靈，炸不到，摔不碎」（魏奕雄 2010：96）。此論述內化在早期文化政策中，蔣介石政權以遠古道德理想召喚國魂並與「帝國氣韻」結合，而使故宮文物與政權有「奉天承運」的連結（吳淑瑛 2003：65；蔣雅君、葉錡欣 2015：45）。典藏品在成為文資之前，是維繫國家存亡之命運的「國寶」，以再現崇高而神聖的國族文化，而成為「古物有靈論」。此信念連結在 1961 年故宮藏品首次出現從臺灣出發赴美的展出，而故宮在外交上的角色認知，則是來自 1936 年倫敦展及 1941 年莫斯科及列寧格勒（今聖彼得堡）展的經驗。

9.2 象徵系統與外交任務

　　故宮最具挑戰性的海外展，的確是國家層級的外交任務導向，與中華民國宣示政權正當性有關。1936 在倫敦皇家學院舉辦的「中國藝術國際展覽會」是喬治五世的加冕周年慶的一部分。[5] 當時文物已經遷離北京置放在上海租界，但中華民國政府基於對外鞏固邦誼的機會，同時也認為可以將文物運出戰亂區避禍，而同意參展[6]（吳淑瑛 2003：

---

[5]　「中國藝術國際展覽會」的專刊首頁上標示「贊助者：國王陛下、瑪麗女王陛下、共和中國總統」但未寫出總統林森的名字：「Patrons HIS MAJESTY THE KING, HER MAJESTY QUEEN MARY, THE PRESIDENT OF CHINESE REPUBLIC」。

[6]　展出文物來自故宮、中央博物院、中研院、河南博物館及安徽圖書館。（Cohen 1992: 123）

21）。另一個受邀的重要動機則是取代日本文化在西方的位置，向海外宣示中國才是正統東方文化繼承者（吳淑瑛 2003：23）。當時為了邀展將文物送出本土，引發國內人士對於文物冒險的批評（吳淑瑛 2003：29），但時任駐英代表鄭天賜（1884-1970）力求文物赴英展出成行，主張「不徒以獲見中國藝術為已足，抑由是以窺見中華文化及其民族所以長存之道焉」。英國方面視展覽為擴大民間對中國文化的認識和交流，[7] 但國民政府並沒有視這項展覽為單純的民間文化交流與藝術欣賞，而是鑑於在戰事之際必要爭取盟友（吳淑瑛 2003：23）。由此可見倫敦展負載多層次任務的：文物與統治之間的象徵連結性、宣揚中國在東方文化的優越性、爭取盟友等。而在英國視為民間的品味交流（掀起「中國熱」，Hutchison 1968: 172），在中國的菁英分子眼中是宣示文物乘載的士大夫和國族精神象徵性，是超越日常品味和消費的，[8] 突顯了故宮海外展覽內外的期望是有差異的。[9]

隨後，1940 年的俄國展出更具有合縱連橫的考量。在接受到來自蘇聯的邀請時，國民政府基於 1937 年盧溝橋事變時英國、美國採取觀望態度，致中國孤立無援，因此極力爭取外界協助，以對抗日本的軍事攻擊。在邊境強國環伺之際，國民政府在蘇俄、日本和德國互相訂約之下，力求生存空間。[10] 受邀當時的國民政府正在尋洽《中蘇通商條約》

7　「吸引觀眾逾四十二萬，僅次於皇家藝術學院先前舉辦的義大利美術展，蔚為英國國際藝術展覽史上又一盛事」（宋兆霖 2006：111）。

8　赴英展出文物選項，在當時的上海預展已經在文人界引發爭議，在報章上筆伐，而主要因素應為選擇展品的主導權在英方（吳湖帆 1935：9）。

9　根據野島剛的訪查，這次展覽後，中國的確取代了日本，在西方世界中取得代表東方文化的地位（野島剛 2016：240）。

10　《德日反共產國際條約》（1936）、《中蘇互不侵犯條約》（1937）、《德蘇互不侵犯條約》（1939）、《德義日三國同盟條約》（1940），以及《中蘇通商條約》（1940）等。

簽署事宜，以向蘇聯爭取貸款和軍事援助，強化對日抗戰實力，而欲極力促成展品的出借（許峰源 2017：48）。同時，文物所在的重慶等區域正擬開挖山洞存放，各部會因此建議文物送到國外展出以避開空襲（許峰源 2017：50）。展覽除了中國歷代文物，亦展示許多呈現中國對抗日軍侵略事蹟的繪畫作品，形塑中國對日抗戰精神。然而開展後，蘇聯藉參訪盛況之名，一再延長展覽，引起國內人士對蘇方動機的猜疑，而展品到了列寧格勒後，因為戰火近逼而提前在 1941 年 6 月閉幕後並以安全之名藏匿展品，9 月德軍即攻陷列寧格勒。從當時雙方機關討論文物運回中國的書信往來，可以看出中方對文物的安危極度焦慮不安，深恐文物陷入敵方手中或遭受攻擊。[11] 而蘇聯方要求標示「可贈文物」清單，且單方將文物運至列寧格勒，並延遲返還文物的時間，致使這批文物留置蘇俄領土超過一年，令人質疑文化交流與軍事結盟是否政策能同調（宋兆霖 2013）。蘇方展覽機關的用意與國民政府批允文物赴俄展覽的目的，似乎有落差。

國民政府遷臺後，在美國關鍵人士促成下，輾轉來到臺北的故宮文物在 1961 年至美國五個城市的博物館巡迴展出，這些收藏才得到了國際上的注意。上述的「古物有靈論」作為國族宣示再度投射在外交關係上，特別是美國在冷戰期間對全球「自由陣營」的建構。在退出聯合國之前，故宮的海外展不但是文化交流，當時也藉此宣示中華民國代表正統中國。[12] 也是隨此展的契機，國民黨高層與美方共同催生了臺北故宮的建館，建館部分款項來自美國中央情報局（CIA）所屬的「亞洲

---

11 依據外交部檔案之「留蘇古物案」文獻，當時文物處置和返還路線都由蔣介石做決策（許峰源 2017：53）。

12 《紐約時報》報導了聯合國代表 Adlai E. Stevenson 及中國在聯合國代表 Dr. Tingfu Tsiang（蔣廷黼）為展覽揭幕，而「甘迺迪總統暨夫人閣下、蔣介石總統暨夫人閣下」同為展覽的榮譽贊助人（Preston 1961）。

基金會」（The Asia Foundation）（Tucker 1994: 117）。亦指在此
脈絡下，經由美國主要機構的認可，中華民國才得到擁有這批文物的正
當性，意即，以故宮文物作為國民黨中國在臺灣的系譜真傳，是由美國
主導的國際架構所支撐的（賴嘉玲 2007）。在 1958 年第二次臺海危機
（八二三炮戰）之際，美國欲提升「自由中國」的國際聲望，藉以增加
美國在遠東的影響力，由此，故宮透過巡迴展覽的文化交流，既是表達
正統地位，也是強調自由中國角色的方式。[13] 同時，當時中國尚未開
放，臺灣與香港成為西方研究中國的另一個選擇。而為了建構「自由陣
營」，美國駐華官員希望美國學界以臺灣為中國研究的基地，藉此提高
中華民國政府的聲望，除了提供經費培養相關人才之外，也積極贊助中
國文物的保存（吳淑瑛 2003：69）。

其實，早在 1936 年倫敦展時，美國展覽的構想就已成形，當時美
國大都會博物館館長溫洛克（H. E. Winlock）建議文物在倫敦展結束
後直送美國紐約。溫洛克知悉中國亟需藉由文化展示建立國際上的地
位，向中國遊說文物在美國展出將鼓勵美國人渴望保全中國政體的完整
（Cohen 1992: 123）。但在日本偷襲珍珠港之前，美國官方不希望製
造中日之間的競爭，也不傾向因宣揚中國文化而造成美日的敵對關係，
美國展覽因而未實現[14]（Cohen 1992: 124）。直至 1960 年代，因應反
共陣營，故宮巡迴美國展才順理成章。關於此展覽，美、臺各有文化戰

---

13 在當代藝術方面，由國立歷史博物館主辦，臺灣自 1957 年參加第 4 屆聖保羅雙年
展，藉由前衛性、當代性的抽象表現主義向世界展現「自由中國」，也是冷戰時期文
化戰爭的一環（陳曼華 2017）。

14 戰後的美國境內，日本文化和中國文化仍然彼此競爭，1961 年故宮美國展的成行，
是被 1960 年西雅圖美術館的美日關係一百年展所激發的（Cohen 1992: 145）。戰後
數十年來，隨著移民、資金、藝術市場及收藏的發展，在美國的中國藝術品逐漸豐
厚，而故宮與日本文物在展示和吸引力上的競爭，也轉移為臺灣故宮與中國考古文物
大展的競爭（Cohen 1992: 151）。

略的盤算。相對於美方在展覽專刊強調展覽對美國博物館的中國文化知識之補充，聯合國中華民國代表王世杰（1891-1981）在專刊寫道：「在此局勢不靖之際，自由世界的前途主要落在美國人民的肩上。美國人民能對中國的藝術和文化有更充分的瞭解，意義不凡。這個展覽提醒人們，自由中國的人民不但是為收復失土而戰，也是為拯救傳統文化而戰。」[15]（Wang 1961: 8）國民政府基於在美的正統性宣示，當美方開始編輯展覽目錄時，政府要求目錄中必須特別提及「適如本展覽中之中國古藝術之為中國歷代帝王所愛好收藏」，「亦如其為目前在臺灣珍重保存以經常啟發中國固有文化傳統」[16]。

透過文物交流宣傳「自由中國」和建構「反共陣營」是否有成效，反映在當時的媒體的擁臺字句上。《紐約時報》在故宮文物回到臺灣後，還有這樣一則新聞：「臺北故宮來美展出籌備之時，中國北平方面宣稱臺灣將這些寶物送給美國，作為美國對臺援助的回饋而從此將落入『美帝』的手中。這些寶物在美國五個城市展出，觀眾達 70 萬人，現在這批展品已經安全回到臺灣，不久也將在臺北的一棟八層樓的優雅建築中展示。現在中華人民共和國對於此事反而很沉默，顯然中華人民共和國的人民不會被告知展出文物已經回家了。」[17]（New York Times

---

15　原文：「In these troubled times of ours a fuller understanding of Chinese art and culture by the American people, on whose shoulders largely rests the future of the free world, assumes a new significance. This exhibition may also serve as a reminder that the free Chinese are fighting to save their cultural heritage as much as to recover lost territories.」

16　國史館外交部檔案，〈古物展覽〉，檔號 172-3/3295-5（吳淑瑛 2003：67）。

17　原文：「When arrangements were made last year to send a selection of Chinese art treasures, once part of the imperial collection in Peiping, from Taiwan for exhibition in this country the Chinses Communist regime launched a vehement propaganda campaign against the plan. The paintings, bronzes, porcelains and jades, the Communists said, were being disposed of by the

1962/08/05: 136）而報導預期這棟 1965 年完成的「優雅」建築，也因為充滿了懷舊的象徵符號，在日後的國族建構和博物館任務的論述中被充分解構（蔣伯欣 2002；杜正勝 2002；詹彩芸 2012；蔣雅君、葉錡欣 2015）。

9.3 文化外交裡的帝國餘暉

故宮再度有大規模的海外展時是 1996 年，世局已經有很大的轉變，「中華瑰寶」赴美展出的時機，有幾個歷史背景值得注意。一是過去主導故宮政策的蔣介石過世多年，故宮的角色已逐漸轉移。二是發生在解嚴之後，民眾有言論自由，萬鳴齊發，且適逢臺灣首次總統民選，民主深化。三是 1995 年至 1996 年同時發生的有臺海危機，中共政權不滿當時總統候選人李登輝的政治路線，而發動警告意味強烈的飛彈演習，持續時間跨越故宮展在大都會美術館的展期，故宮佈展人員還從《紐約時報》看到軍演新聞（胡賽蘭等 1996：43）。同時，這是臺灣當代藝術能量在形式與議題都劇烈震盪的時代，1995 年有「新樂園」和「在地實驗」等替代空間成立、臺灣第一次參加威尼斯雙年展，以及撼動視聽的「國際後工業藝術祭」；1996 年則有以「臺灣藝術的主體性」

Nationalist Government in return for American aid, and what they represented of China's great cultural heritage would be permanently lost to the "imperialist" despoilers. The treasures have since been shown in 5 American cities to 700,000 persons and are now safely back in Taiwan. Soon these and other items from the Peiping palaces will be housed in an elegant eight-stories building being erected for their display in Taipei. In Peiping, meanwhile there is silence. Apparently the people of mainland China are never to be told that the treasures are back home.」

為題的首屆台北雙年展，以及臺北市立美術館舉行首度官辦「二二八紀念美展」。在此氛圍時局下，和美國斷交後孤立無援的臺灣，在故宮規劃將 452 件藏品送到美國展，包括極脆弱的書畫作品之際，引發持續的政論和輿論攻防。此展涉及了國際地位階級和文化自尊，也觸及了文資保存和博物館專業的闕漏，而讓政治人物、當代藝術圈與文人界的能量同時爆發（藝術家雜誌 1996）。「中華瑰寶」赴美展的議論和赴英、蘇展一樣，都是從文物風險出發，卻同時引發出民族地位尊卑和交流是否對等的考慮。1996 年時國際脈絡和敵我關係改變、臺灣主體性覺醒的時機，以及美國策展方的強勢，[18] 都是引爆爭議的背後因素。

經過再檢視後，故宮撤回展出名單上部分脆弱作品，並與美方達成共識（藝術家雜誌 1996）。媒體報導不乏洞見故宮在政治任務和博物館專業之間的落差：「中美之間的文物借展案，使已有千年古齡的中華瑰寶，必須負起 21 世紀打開國家大門的重責大任；而故宮內看守文化國寶的老臣，內心為懷抱拓展現代外交的旺盛企圖，但是卻引起臺灣藝文界首次的怒吼，問題癥結在於古物出國的安全考量（……）秦孝儀上任故宮院長任內，臺灣地位愈形孤立，更使得古物借展案的政治考量遠高於文化交流意義。」（林照真 1996）。《紐約時報》的藝術評論賀·柯特（Holland Cotter）力讚展覽的品質，認為雖有原定文物未能赴美，但整個展覽的都是極品。同時，柯特也提到在臺灣的爭辯僅僅是一場「無望的政治叫囂」（hopeless political snarl）（Cotter 1996）。而另一位《紐約時報》的訪臺記者安德魯·所羅門（Andrew Solomon）則從抗議人士身上觀察到臺灣人正處於認同危機之中（Solomon 1996）。

---

18 《中央日報》王心怡轉述「搶救現展國寶活動小組」對美方策展人方聞的意見：「據指出，方聞先生曾聲言，如果『若干件』古物自此次展出中刪除，展覽不如取消；針對此點，小組指出，對於展覽取消與否不發表意見，但對方聞漠視其他四百多件國寶的價值，他們感到無限遺憾，並發表嚴正抗議。」（中央日報 1996/1/23）

　　這場揭開臺灣退出聯合國後創傷的激辯，卻也開啟了後來藝文機關 [19] 對國際借展的契約、司法免扣押或文物返還出借國的保障、《文資法》的國寶定位及文物分級的討論。而對保存方面的要求，也促使故宮開始建置文物科學檢測和維護技術的規範。歷經轉折後，儘管英文標題為「輝煌帝王中國展」（Splendors of Imperial China），「中華瑰寶」的開幕上，秦孝儀宣告「國立故宮博物院於實踐其成為一部完整的中國美術史發展目標方面，已有傲人之成就。經過多年的努力奮進，故宮已走出宮廷式博物館的格局，成為一所世界級的民族博物院」（胡賽蘭等 1996：45）。而 2003 年赴德國柏林展出前，對於展覽標題，故宮院長杜正勝認為「『帝王』、『皇室』之類詞彙上不足彰顯故宮文物的深層文化意涵，遂建議由人文或文化角度出發，重新構思展覽主題」，但之後故宮仍然同意德國館方建議的「天子之寶」（Söhne des Himmels）標題（宋兆霖、陸仲雁 2003：27）。

　　不能忽視的，故宮的論述方向會隨執政黨而變動，第一次政黨輪替後上任的院長杜正勝曾撰文評論故宮的一元論述及宮廷脈絡的自我定位（杜正勝 2002），但在第二次政黨輪替後的故宮還是朝著帝國風華發展。故宮以皇室帝王為標題的展覽包括 1998 年赴巴黎的「帝國的回憶」（Tresors du Musee national du Palais, Taipei: Memoire d'empire）、2003 年赴柏林及波昂的「天子之寶」[20]、2006 年赴巴黎的「清代宮廷的瑰麗歲月」（Les Très Riches Heures de la Cour de Chine, chef-d'oeuvres de la peinture impériale des Qing）、2010 年赴慕尼黑的「蒙古帝國 —— 成吉思汗及其世代」（Genghis Khan and his Heirs, The Great Mongolian Empire）和 2016 赴

19　當時涉及的機關主要是教育部，對行政院負責，而文建會也有部分任務。

20　德國方面在展覽選件時堅持只要帝王收藏。筆者採訪嵇若昕（2020 年 7 月 20 日）。

舊金山和休士頓，作為舊金山亞洲博物館五十週年賀禮的「帝王品味
── 國立故宮博物院精品展」（Emperors' Treasures -Chinese Art
from the National Palace Museum, Taipei）。而 2011 年建國百年
之際，故宮舉辦了中華民國外交史史料的「百年傳承　走出活路」展之
外，還有特展「康熙大帝與太陽王路易十四」（Emperor Kangxi and
the Sun King Louis XIV: Sino-Franco Encounters in Arts and
Culture），策展主軸呈現兩位統治者對藝術和科學的贊助，以及法國
耶穌會在兩個文化串聯上的角色。但策展論述提到「路易十四在位 72
年，康熙皇帝也在位有 61 年之久。前者樹立了近代歐洲專制政治的
典範，後者開創了康熙盛世」。就推翻帝制而建國的中華民國一百周年
慶，且歷經民主化歷程，以及限制統治者在位時間立法的臺灣，這樣具
頌揚帝制成就的論述顯得很矛盾。以帝王、帝國為標題，顯露出故宮的
文化外交依賴著帝王餘暉和觀眾對皇室的奇觀心態。然而當臺灣文化上
經歷過鄉土運動、主體性運動和「重建臺灣藝術史」[21] 等政策；政治上
經過解嚴、民主化與政黨輪替、西向政策轉移至南向和新南向的政經和
文化交流，隨之的一元文化及中原文化認同之解構，以及文化論述逐漸
隨著多元化而從中國、華夏文化轉移至與在地、海洋文化並存或互相排
斥之際，[22] 故宮的角色也在「再中國化」[23] 與「去中國化」[24] 的辯證洪

21　文化部於 2019 年啟動之政策。

22　李友煌（2011）。〈主體浮現：台灣現代海洋文學的發展〉。國立成功大學臺灣文學系
　　博士論文。

23　蔡明賢（2016）。〈戰後台灣的再中國化（1945-1991）〉。國立中興大學歷史學系博士
　　論文。

24　以立法院公報第 110 卷第 33 期為例，故宮在立法院持續被質詢「去中國化」的問
　　題，頁 163。

流中，顯現出文化繼承和主體性翻轉之間的斷裂。[25] 在此之際，以皇室作為正統中國之典藏來代表臺灣，已越來越疏遠現實。

事實上，故宮館員早已反思了以帝王標題展行銷臺灣，對於文化交流的意義。2007 年故宮在籌辦奧地利展之際，策展館員在出國報告中提到「隨著時空環境的轉變，代表中國藝術文化精髓所在的國立故宮博物院，其權威的形象也逐漸受到考驗。（……）北京故宮博物院持續有計畫地包裝不同的展覽出國展出，並且極為有意識地以皇家收藏、皇室的生活和帝王的宮殿等意象來宣傳北京故宮博物院和紫禁城的關係。據西方學者的統計，截至 2004 年為止，北京故宮博物院總共曾經組合 33 個展覽運送至全球 13 個國家展出，藉由頻繁的展覽次數，來營造中國傳統文化傳承」[26]。在海外策展的風向球已經意識到來自中國大外宣的競爭，故宮館員因而提出自我挑戰的問題：「藉著學術上的專業成績，重塑臺北故宮在中國藝術典藏與研究上的權威與地位。面對北京故宮博物院長期以來無論是基於政治考量或經濟因素的國外策展計畫時，臺北故宮更應該反思一些實際的問題，如臺北國立故宮博物院應該要籌劃什麼展覽方有利於自身形象的宣傳？」（何傳馨、余佩瑾 2007：12）。帝王議題持續成為超級大展的門票保證，[27] 儘管如此，故宮於 2016 年赴洛杉磯的「帝王品味 —— 國立故宮博物院精品展」已嘗試新的策展方式，與 1961 年「中國古藝術品」及 1996 年「中華瑰寶」的全面史觀性展覽不同：「擺脫了過去的策展模式，透過各件參展文物主題、風

25　蕭阿勤（2012）。《重構台灣：當代民族主義的文化政治》。臺北市：聯經。

26　文中提到的學者應為 Susan Naquin。

27　舊金山亞洲藝術博物館定的英文展名則易為「帝王的珍寶」（Emperors' Treasures），「明顯是基了於想吸引更廣泛參觀群眾的興趣」（劉芳如 2016：58）。故宮在更早的時候就已經向邀請館建議主題策展，但多數博物館都傾向帝王標題，以保證票房。筆者採訪故宮副院長余佩瑾（2020 年 6 月 8 日）。

格、工藝技巧的深入詮釋，全面檢視 4 個王朝與 9 位帝后的文化思維與藝術見解，並據以探討渠等個人品味對當時以迄後世所產生的影響。」（何傳馨等 2016：13）並「以女性觀點下探至 19 世紀末的慈禧太后」（馮明珠 2016：5）。「帝王品味」展出時，《紐約時報》的藝文記者裘莉‧芬克（Jori Finkel）也轉述了這個策展，是以個人視角呈現統治者的品味偏好。[28] 芬克的報導以「來自臺北，在上 Instagram 之前的視覺宴饗」[29] 為標題（Finkel 2016），也是反映了來自中國故宮和品牌時尚合作佔的藝文新聞版面也越來越多，顯示博物館觀眾、視覺文化、展覽的吸引力都在急速改變。而臺灣和中國在外交上的競爭則日趨詭譎莫測。2019 年故宮赴澳洲雪梨的展出脫離了帝王主軸，是從原策展理念「華夏藝術的自然觀」聚斂出以「天地人」（Heaven and Earth in Chinese Art）為標題的展覽（劉芳如、劉宇珍 2016：2）。而澳洲藝文部長唐‧哈文（Don Harwin）則被中國外交部召見當面抗議（Maley 2019）。

9.4 詭譎莫測的兩岸外交競合

兩岸故宮在爭取正統中國及文化中國上有所競爭，在輿論上也屢見典藏品等次的比較。然而由於收藏同源，在研究和策展上也必然有極高的合作意義。早在 1991 年，秦孝儀任院長時期，就已在立法院面臨兩岸故宮合展、交流的問題，但時任院長秦孝儀以文物風險的理由，

28　原文：「……focusing on the personal tastes, predilections and fascinations of the rulers.」

29　原文：「From Taipei, a Feast for the Eyes for a Time Before Instagram」

否決臺北故宮文物赴中國大陸展出的可能性，[30] 同時，立法委員牟宗燦鑑於美國展的外交突破性，[31] 也以「務實外交」和「文化外交」要求秦孝儀更積極開發展覽交流的機會（立法院公報 80-91，1991：376）。1993 年再被立法委員顏錦福問及是否有兩岸合展的計畫時，秦孝儀院長回答：「依照國統綱領，兩岸文物交流是屬於另一階段的事。」（立法院公報 82-67，1993：33）隨後，故宮成為兩岸對彼此關係的試探。1999 年兩岸故宮首次交流，是謂「兩岸交流，文化先行，而故宮走在最前的一步」，但被內部館員形容為「步步為營、險中求全」[32]（蘇慶豐 2013：15）。而 2008 年國民黨再度執政後，兩岸故宮的互動趨於頻繁（Bradsher 2009; Wei 2017: 79），2009 年院長周功鑫基於「擱置爭議、求同存異、創造雙贏」的國策前提，率團訪問北京故宮博物院，達成 9 項合作的前提和共識 [33]（馮明珠等 2009）。

北京故宮在 1990 年代起，展現出海外宣傳的企圖，對臺北故宮在海外所受的重視形成競爭。2002 年臺北故宮傾全力展出「乾隆皇帝的文化大業」，但北京故宮更積極以乾隆為題材開展，2002 年至 2012 年以乾隆皇帝為主題的展就有愛丁堡的「The Qianlong Emperor:

---

30 秦孝儀回覆：「我們為國家五千年文化，誠意將古物送到大陸，我怎樣對得起民眾？先總統蔣公把文物院帶到這裡來歷經一萬多里路程，今天如果我們不小心謹慎，再遭到破壞，朱委員妳負不負得起責任？」（質詢委員朱鳳芝，立法院公報 80-91，1991：368）

31 1991 年 10 月至 1992 年 2 月在美國華府藝廊參加的「1492 年之際：探險時代的藝術」。

32 「先是臺灣的媒體響起了異聲，質疑此行的政治意意涵，接著大陸的國臺辦也有了動作，無預警地取消了原定於北京機場隆重舉辦的見面記者會以及共同聲明稿的發布，氣氛詭譎至極。」（蘇慶豐 2013：16）

33 9 項為在不涉及名稱載示及法令前提下，先進行實質性交流，指派副院長層級提調聯繫人、相互提供文物影像、洽借文物展出、推動研究人員互訪、交換出版品、連結資訊網頁、籌辦學術研討會、互設文創產品櫃檯。

Treasures from the Forbidden City」（2002）、澳門的「懷抱古今—— 乾隆皇帝文化生活藝術展」（2002-2003）、芝加哥的「Splendors of China's Forbidden City: The Curious Reign of Emperor Qianlong」（紫禁城的輝煌：乾隆皇帝的珍奇國度，2004）、紐約的「The Emperor's Private Paradise: Treasures from the Forbidden City」（帝王的祕密花園：紫禁城的寶藏，2011），和香港的「頤養謝塵喧—— 乾隆皇帝的秘密花園」（2012）。臺北故宮的文化交流任務一方面面臨來自中國在海外大展的競爭，另一方面持續接到兩岸合作的邀約。然而由於臺北故宮不會在沒有司法免扣押的條件下離境展出，兩岸的合展皆在臺灣舉行，包括「雍正—— 清世宗文物大展」（2009）、「山水合璧—— 黃公望與富春山居圖特展」（2011）及「康熙大帝與太陽王路易十四—— 中法藝術文化的交會特展」（2011），以及許多專題展。

臺北故宮的許多館員在 2010 年參與了北京故宮規劃的「溫故知新：兩岸重走文物南遷路」活動，館外的參與者還包括學者傅申及隨父親護送文物來臺的攝影家莊靈。這個體驗必然有凝聚兩岸博物館人員的歷史認同，「見證了全民共同保護中華民族文化遺產之精神，考察活動則呈現了這種精神的延續與發揚光大，加強了文物保存和研究者的歷史感和使命感」（朱惠良 2010：25）。而同行館員劉芳如則提到「未來，只要客觀條件完備，故宮文物重新在南遷據點上舉辦回顧展，也並非不可能的任務」（劉芳如 2010：69）。從博物館學專業來看，兩岸故宮合作理所當然，但展覽仍不免被賦予過溢的政治詮釋。「山水合璧」展起因於溫家寶年在 2010 年中國全國兩會的總理記者會上，以一分為二的〈富春山居圖〉比喻兩岸關係，並以兩幅半畫何時能合一提問，隱晦地說明其兩岸政策。在展出後的 2011 年，溫家寶接受記者訪問時，回應該展的實現是因為「引起了兩岸人民的共鳴」（公視新聞網 2011）。展覽引發不同反應，媒體各有詮釋，但訪客人數也遽增，此展可說是分別

滿足兩岸的專業策展或政治引喻的效果。2016 年民進黨執政後，兩岸故宮一度緊密的交流突然中斷。曾經與臺北故宮多次交流的前北京故宮院長單霽翔 2018 年在公開場合上宣稱臺北故宮的藏品等次不及北京故宮，讓臺北故宮感到錯愕而發文表態等事件，[34] 再度突顯政治身分、政治表態對博物館專業的衝擊。

9.5 進化的文化外交

一方面來自歷史動盪的身分，[35] 另一方面由於故宮隸屬行政院，而有更強的政治操作象徵性。[36] 然而從上述的幾個例子來看，故宮作為爭取盟邦、正統性宣示和象徵華夏文化繼承者的企圖，似乎總是單方面的意圖，且隨著世局時空的變動而效益逐漸減弱。然而政治符號性的消失，卻能讓博物館取得較多專業性空間。近年，故宮不但在海外展方面拓展外交，也在臺灣本土上建構文化交流的脈絡。從國外展和回饋

---

34 2018 年經香港媒體報導，北京故宮博物館館長單霽翔在公開場合宣稱，故宮的文物只有 22% 去了臺灣，臺北故宮的藏品比北京珍貴是「以訛傳訛」，臺北故宮鎮館之寶「翠玉白菜」和「肉形石」，在北京故宮只能算得上三級品。此說法不具文物分級的根據，臺北故宮也回應：「本院踞世界重要博物館的地位，國際上各博物館各有其特色與定位、功能任務和發展使命，皆具備服務社會人群並提供藝文資源的價值，且各博物館背後都有深厚的立館精神、文化歷史脈絡，難以個別的比較。（……）本院院藏並無『鎮館之寶』的文物分類，文物分級制主要是依據《文化資產保存法》分為國寶、重要古物、一般文物。」

35 杜正勝所稱的「藏品的政治基因」；「由於國難，故宮博物院在流離歷程中，民族主義的性格一分一分地增強，而人類文明遺產的藝術性格相對地一分一分被掩蓋或忽略」（杜正勝 2002：6-7）。

36 杜正勝力主故宮應脫離行政院成為法人，以「遠離政治烽火圈、減少政黨干預，才可能從事長遠的專業規劃」（杜正勝 2017：96）。

展，[37] 以及新策展形式來看，故宮做了更多島內外交，即在國內策劃之國際交流展，其影響和海外的帝王奇觀展一樣值得觀察。

如前所述，故宮在任 18 年的院長秦孝儀和 2008 年至 2012 年的院長周功鑫都拒絕向臺灣、亞洲和當代的方向擴充故宮的典藏，有其「正統性」上的執著。[38]「故宮素以展覽其固有館藏為主，以呈現『一元中心說』的中華文化」[39]（陳欽育 2001：30），但在交流展方面，遲至 1990 年代，故宮開始向外借展。首次展出館外作品是 1993 年從巴黎瑪摩丹美術館（Marmottan Museum）借出作品的莫內展，「顯示故宮已踏出借展業務國際化的第一步，被視為是開啟中西藝術交流史上的第一件盛事」（陳欽育：28）。1995 年故宮七十周年慶，則有來自羅浮宮的作品展出作為祝賀。而羅浮宮的借展事宜，從保留態度到特別為臺灣觀眾打造 16 到 19 世紀的歐洲風景畫展，故宮館方認為是因為受邀來臺的館長拉克洛德（Michel Laclotte）被故宮「像皇帝般的款

37　上述海外展的回饋展，如 2004 年的「德藝百年」展、2008 年來自奧地利的「華麗巴洛克」展等。

38　還包括 2007 年因應南院的設置，故宮嘗試組織條例修法，欲將條文中「加強對中國古代文物藝術品之徵集、研究、闡揚」修正為「加強對國內外文物及藝術品的徵集、研究、闡揚」在立院未通過。

39　1999 年的「三星堆傳 —— 華夏古文明的探索」開啟故宮向中國大陸借出文物的展覽。開幕時連戰副總統的演講稿有「是三千年前長江流域蜀國的文化遺存，在華夏古文明發展過程中，陶器的燒造代表先民能夠掌控火的奧秘，而青銅器的鑄造，則是冶金科技的表徵，顯示先民從原始部落進化到國家組織」（總統府新聞稿 1999/03/26）。然而 2000 至 2004 年的故宮院長杜正勝在野島剛的採訪中，卻談到這個展覽對於所謂華夏文化的詮釋是誤導：「三千年前的三星堆遺址，基本上與中華的殷商王朝文化世隔絕的，在文化上屬於不同的系統。但是故宮展標題將三星堆算成中華民族的榮耀，這就是以中華一元博物館為前提所誤導出來的結果。」（野島剛 2012：54）過去故宮因政治詮釋的任務而堅守的華夏單一論述，造成的史觀和標題的誤解，在隨後策展方式的開展下有所改變。而在 2017-2020 年的《國立故宮博物院中程施政計畫》中，國際交流不再以國家、城市為框架，而以「各民族重要文物來院展出」為主。

待」**40**，以及見證了故宮的專業性而被說服（周功鑫 2004：3）。隨後，故宮主辦或與第三機構合辦，來自國外層級相當的美術館之藝術特展成為展覽常態。

如上述故宮赴奧地利「物華天寶」的策展團隊基於研究力做出的反思之外，故宮院長林曼麗在任期內（2006-2008）也提出活化故宮的政策，鼓勵團隊發展從當代性出發的策展（故宮文物月刊編輯部 2006：8），在近年正逐漸發酵。**41** 數十年來，故宮的外交使命歷經了政治力的競賽，以及來自中國的壓力，但隨著政黨輪替帶來的思維衝撞以及內部人才的更新，故宮逐漸從文物守護者的角色，發展出博物館的展示專業，以及具當代性的策展研究實力。近年策展拉開視野，將議題從中原統治者擴展至航海、外交、邊疆政治、南向鄰邦文化、亞洲物質文明、產業及貿易史等，策展本身就形成內容、機構和各專業團隊之間的交流。同時，在族群認同多元化的臺灣文化生態裡，匯入當代思維的策展，也是策展世代主體性的展示，這些轉化呈現在近年的幾個策展中。

故宮 2016 年「天國的寶藏 —— 教廷文物特展」是少數能與邦交國互動的借展，在政黨輪替銜接之際，因涉及外交關係而倍受立法委員重視（立法院公報 2016，105-1：6）。展覽從教廷及耶穌會屢次東傳不利後，利瑪竇終於登上中國的傳教路徑，而在故宮留下的相關文獻，搭配選展聖器而成的策展脈絡（馮明珠 2016：32）。而同年「公主的雅集 —— 蒙元皇室與書畫鑑藏文化」的展覽介紹，則修正了故宮的一元論路線：「相較過去強調蒙元皇室書畫鑑藏活動的漢化意涵，此次的

---

40 周功鑫文提到這是拉克洛德自己對故宮招待的臺北之行的描述。「皇帝般」的體驗應是同時指涉故宮特質的一語雙關用法。

41 林曼麗認為她任職故宮院長期間推動的專題策展、多元策展的概念，已經在近年多檔展覽中逐漸展現出來。筆者採訪林曼麗（2020 年 7 月 13 日）。

特展則是更積極地呈現蒙元時代的多族文化互動成果，向觀眾提出一個能夠呈現出『包容兼納』的文化新視野」（故宮網站）。

同時，儘管故宮南院的成立過程充滿政治拉鋸，但最後以亞洲文化為定位，而具有補充北院以中原及陸地中心論的角色（范涵羽 2018：21-23、54）。故宮南院以物質文明、交通及經貿網絡來詮釋亞洲，並以文化交流角度看待亞洲的範疇，來彰顯臺灣的位置重要性（范涵羽：60）。同樣強調脈絡性，突破線性的「繼承史」史觀的展，故宮南院便於 2018 展出「亞洲探險記 —— 十七世紀東西交流傳奇」。該展呈現 1666 年荷蘭被逐出臺灣後，將陶瓷訂單轉移到日本，並兩度為了向中國叩關而進獻貢品的典藏史，展覽同時呈現了受到外來文化影響的中國繪畫（王靜靈 2019：43；劉宇珍 2019：14-15）。策展從朝貢進入宮廷的典藏品出發，並從荷蘭阿姆斯特丹國家博物館、日本海杜美術館、大阪市立東洋陶磁美術館借出藏品和文獻。另外，也從本身典藏的朝貢貿易史料和外國文物為起點的展，則有 2019 年故宮在和泰國國家探索博物館機構（National Discovery Museum Institute）締結姊妹館後，在南院舉辦的「薩瓦蒂泰 —— 故宮泰文化特展」。展覽從泰國暹羅博物館、曼谷大學東南亞陶瓷館取得展品，並和泰國貿易經濟辦事處及臺灣新住民團體合作。故宮南院策展人周奕妏論述該展：「隨南部院區成立，博物館嘗試跳脫傳統華夏史觀並強化與國外機構合作，通過當代展覽詮釋，呈現宏觀的亞洲文明成就。」（周奕妏 2019：39）

同是 2019 年在南院展出的「交融之美 —— 神戶市立博物館精品展」，策展角度突破故宮來臺「南遷」的大陸板塊中心論的地理概念：「從海洋的角度來看，臺灣確實是歐亞交通中的重要樞紐。為了說明 17 世紀以來大航海時代的歐亞藝術交流，本展特別借重神戶市立博物館的精品，從臺灣的角度出發，為觀眾講述一段 17 至 20 世紀歐亞藝術的奇遇與交融。」（朱龍興等 2018：4）神戶市立博物館以典藏歐亞交

流相關文物而舉世聞名，是大航海時代東亞海域文化交流的見證，而臺灣位於東亞海域中，也在此舞臺上扮演了重要的角色，因此策展選件以臺灣相關性為主（朱龍興 2019：16），展品則來自故宮本身、荷蘭國家博物館（Rijksmuseum）、荷蘭台夫特王子博物館（Museum Prinsenhof Delft）和國立臺灣歷史博物館。展覽以地圖製作脈絡、中國到歐洲類似的畫風、畫題以及器皿設計，作為航海帶動文化傳遞的證據（朱龍興 2019：12-14）。上述的展覽打破線性歷史和陸地中心論的地理觀，從各角度觀察特定的時空史地中，不同文明之間的多重交錯，進而連結故宮既有典藏品。跳脫宮廷的、目錄式的、依材質分類的展覽模式，藉由來自各國博物館展品的穿插來進行專業交流，是進化的文化外交。

本文爬梳了故宮絕無僅有的外交經歷作為獨特的世界博物館史之一部分，其涉及的國族建構符號和喚起的民族尊嚴議題、族群情感和歷史鄉愁，都不是其他博物館所能比擬的。文中也探討了在國家風雨飄搖之際，對故宮象徵性的過度期待，投射帝國之後繼承者的政權正當性，是故宮機構現代性延遲的因素。而文中也提到隨著民主化、主體性轉移及認同多元化的發展，以及文化政策重心從西向傳移至南向交流的過程，故宮作為帝王收藏來代表臺灣文化的任務逐漸疏離當代論述，形成對內及對外都面臨重新定位的挑戰。同時，本文也摘錄了近十數年來兩岸故宮的互動，觀察到無論是與中國在奇觀展覽上的競爭，還是兩岸專業的往來，所面對的政治詮釋乃至扭曲，一直都還是故宮要面對的課題。最後文中以主題策展趨勢和研究深化為結語，分析當代策展力如何推動著故宮脫離守護宮廷典藏的被動角色，並隨著南北兩院的擴張和建構，而朝向更大視域的文明史詮釋權發展，表現出較政治任務更進化的文化外交，並完備機構性的建置，觀察到此發展正顯現在故宮南北兩院越來越多元化的文化交流政策中。

參考文獻

公務出國報告資訊網。

公視新聞網（2011）。〈溫家寶藉 " 富春山居圖 " 隱喻兩岸分合〉。網址：
https://news.pts.org.tw/article/143201

王心怡。1996。〈現展國寶二十三件不能放洋 —— 保護小組昨發表聲明〉。
《中央日報》。1 月 23 日。

王靜靈。2019。〈黃金時代的東西交流 ——「亞洲探險記 —— 十七世紀東西
交流傳奇」特展〉。《故宮文物月刊》，431：40-49。

日本文化廳。海外美術品等公開促進法。網址：https://www.bunka.go.jp/
seisaku/bunka_gyosei/shokan_horei/bunkazai/kaigaibijutsu_
sokushin/

立法院公報資訊網：立法院公報第 110 卷第 33 期。

台灣光華雜誌（1997）。〈中華瑰寶展在掌聲中落幕〉。網址：https://www.
taiwan-panorama.com/Articles/Details?Guid=ea01e57f-293e-4158-
84f7-6a9094594fd6&CatId=7

台灣光華雜誌（2014）。〈文化外交大突破〉。網址：https://www.taiwan-
panorama.com/Articles/Details?Guid=88bb2b28-a317-4602-912e-
b0145a6b1434&CatId=7

台灣光華雜誌（2016）。〈「帝王品味：國立故宮博物院精品展」文化外交．
國寶帶路〉。網址：https://www.taiwan-panorama.com/Articles/
Details?Guid=2832efc6-4f10-4239-b708-f6c0fd7d8826&CatId=8

朱惠良（2010）。〈溫故知新 —— 重走文物南遷路紀實〉。《故宮文物月刊》，
330：8-25

朱龍興（2019）。〈飄洋過海來看你 —— 觀覽「交融之美」特展〉。《故宮文物
月刊》，435：4-25

朱龍興、陳韻如、陳階晉（2018）。赴日本辦理 108 年神戶市立博物館精品展
討論選件。公務出國報告。編號：C10700855。

李友煌（2011）。〈主體浮現：台灣現代海洋文學的發展〉。國立成功大學臺灣
文學研究所博士論文。

何傳馨、余佩瑾、宋兆霖、徐孝德、王士聖（2016）。「帝王品味——國立故宮博物院精品」特展開幕典禮及相關活動返國報告書。編號：C10501961

何傳馨、余佩瑾（2007）。赴奧地利研商本院文物文展出。公務出國報告。編號：C09602554。

杜正勝（2002）。〈藝術、政治與博物館〉。《故宮文物月刊》，228：4-28。

杜正勝（2017）。〈國立故宮博物院談往臆來〉。《故宮文物月刊》，416：96-107。

吳淑瑛（2003）。〈歷史中的中國：以 1961 中國古藝術品赴美展覽為例〉。國立政治大學歷史研究所碩士論文。

宋兆霖（2013）。〈再探抗戰時期中國文物赴蘇聯展覽之千迴百折故宮文物？歷史的能見度：再探抗戰時期中國文物赴蘇聯展覽之千迴百折〉。《紫禁城》，(3)：14-33。

宋兆霖（2006）。〈略記故宮八十年來的重要海外展覽活動〉。《故宮文物月刊》，227：108-127

宋兆霖、陸仲雁（2003）。〈故宮文物在德國——「天子之寶」展覽的籌備歷程與開幕紀盛〉。《故宮文物月刊》，246：24-39

林怡廷（2016）。〈專訪野島剛——從故宮裡解兩岸〉。端傳媒，網址：https://theinitium.com/article/20160417-opinion-book-thepalacemusume/

林照真（1996）。〈文化寶藏染上政治憂鬱——故宮古物放洋的兩極爭議〉。《中國時報》1 月 15 日。

周功鑫（2004）。〈國際交流展互動方式——以一九九五年國立故宮博物院與羅浮宮合作展為案例〉。《國際交流的拋物線連結——2004 策展人論壇文集》。

周奕妏（2019）。〈在故宮遇見泰國——「薩瓦蒂泰」教育推廣特展導讀〉。《故宮文物月刊》，440：28-40。

范涵羽（2018）。〈故宮南院的亞洲想像與亞洲意識〉。輔仁大學博物館研究所碩士論文。

故宮網站（2016）。公主的雅集——蒙元皇室與書畫鑑藏文化。網址：https://theme.npm.edu.tw/exh105/GatheringPrincess/ch/index.html

故宮文物月刊編輯室（2006）。〈讓故宮活起來！——林曼麗院長的一席話〉。《故宮文物月刊》，276：4-13。

陳曼華（2017）。〈臺灣現代藝術中的西方影響：以 1950-1960 年代與美洲交流為中心的探討〉。《台灣史研究》，24(2)：115-178。

陳欽育（2001）。〈國立故宮博物院的展覽動向〉。《博物館學季刊》，15(4)：19-40。

胡賽蘭、蔡玫芬、嵇若昕、宋兆霖（1996）。〈快雪時晴 —— 中華瑰寶紐約首展紀盛〉。《故宮文物月刊》，158：34-55。

許峰源（2017）。〈國民政府參與蘇聯「中國藝術展覽會」的曲折（1939-1942）〉。《檔案半年刊》，16(1)：44-57。

蔣伯欣（2002）。〈國寶之旅 —— 災難記憶、帝國想像，與故宮博物院〉。《中外文學》，30(9)：227-264。

蔣伯欣（2004）。〈近代台灣的前衛美術與博物館形構：一個視覺文化史的探討〉。輔仁大學比較文學研究所博士論文。

蔣雅君、葉錡欣（2015）。〈「中國正統」的建構與解離 —— 故宮博物院之空間表徵研究〉。《國立臺灣大學建築與城鄉研究學報》，21(4)：39-68。

詹彩芸（2012）。〈故宮博物院 —— 華人世界的共同記憶與資產分享〉。《認同建構 —— 國家博物館與認同政治》（頁 45-68）。臺北，國立歷史博物館。

張筱雲（2003）。〈「天子之寶」在德國〉。網址：http://www.tangben.com/German/03/baoing.htm

野島剛、張惠君（譯者）（2012）。《兩岸故宮的離合》。臺北市：聯經。

野島剛（2016）。《故宮 90 話—文化的政治力，從理解故宮開始》。臺北市：典藏。

馮明珠、何傳馨、徐孝德、蔡玫芬、宋兆霖、林國平、蘇慶豐（2009）。國立故宮博物院馮明珠院長一行應邀赴北京故宮博物院訪問返國報告書。編號：C10200483

馮明珠（2016）。〈帝王品味 —— 國立故宮博物院精品展策展緣起〉。《故宮文物月刊》，399：4-5。

馮明珠（2016）。天國的寶藏 —— 教廷文物特展。《故宮文物月刊》，395：28-33。

蔡明賢（2016）。〈戰後臺灣的再中國化（1945-1991）〉。國立中興大學歷史學系博士論文。

魏奕雄（2010）。〈那志良與故宮國寶遷峨眉〉。《故宮文物月刊》，330：94-101。

蘇慶豐（2013）。〈快雪時晴霧霾開 —— 以兩首詩為兩岸故宮交流記史〉。《故宮文物月刊》，361：14-19。

盧梅芬（2017）。〈國家博物館與公民資格 —— 杜正勝故宮改革中的多元文化與原住民〉。《文化研究》，24：9-52。

賴嘉玲（2007）。〈全球冷戰結構下博物館場域中的離散博物館 —— 台北故宮博物院（1950-1980s）〉。台灣社會學會年會「東亞跨國比較」。臺灣。

劉宇珍（2019）。〈與他方相遇 ——「亞洲探險記」展出書畫作品選介〉。《故宮文物月刊》，432：4-17。

劉芳如（2010）。〈故宮書畫在文物南遷時期的展覽〉。《故宮文物月刊》，330：58-69。

劉芳如、劉宇珍（2017）。赴澳洲新南威爾斯美術館考察場地並洽談借展案返國報告書。編號：C10504470

蕭阿勤（2012）。《重構台灣：當代民族主義的文化政治》。臺北市：聯經。

藝術家雜誌編輯部（1996）。《中華瑰寶赴美展專輯》，249：240-302。

總統府新聞稿（1999）。副總統參加故宮「三星堆傳奇」特展揭幕儀式。網址：https://www.president.gov.tw/NEWS/5413

Bradsher, Keith (2006). "Rare Glimpses of China's Long-Hidden Treasures." https://www.nytimes.com/2006/12/28/arts/design/28muse.html

---(2009). "China Agrees to Lend Art to Taiwan." https://www.nytimes.com/2009/02/17/arts/design/17palace.html

Cascone, Sarah (2019). " 'This Is an Insult to Our Ancestors': Chinese Social Media Erupts Over the Loan of a Prized Calligraphic Work to Japan - Taiwan's National Palace Museum loaned Japan the work, complicating the issue further." https://news.artnet.com/art-world/chinese-social-media-erupts-loan-japan-1440889

Chu, June Chi-Jung (2018). "How Exhibitions Flow: Governments, Museums, and Special Exhibitions in Taiwan." In Kawashima, Nobuko and Lee, Hye-Kyung (Eds.), *Asian Cultural Flows – Cultural Policies, Creative Industries, and Media Consumers* (pp. 93-112). Springer Singapore.

Chun, Allen (1994). "From Nationalism to Nationalizing – Cultural Imagination and State Formation in Postwar Taiwan." *Australian Journal for Chinese Affairs*, 31: 126-147.

Clark, John (2019). Heaven and Earth in Chinese Art is an Exercise in Spectacle. https://theconversation.com/heaven-and-earth-in-chinese-art-is-an-exercise-in-spectacle-111988

Cohen, Warren (1992). *East Asian Art and American Culture*. New York and Oxford: Columbia University Press

Cotter, Holland (1996). China's Self-Portrait: Power and Subtlety. https://www.nytimes.com/1996/03/22/arts/art-review-china-s-self-portrait-power-and-subtlety.html

Fairley, Gina (2019). How Legislation Has Given AGNSW the Blockbuster Edge. https://visual.artshub.com.au/news-article/features/visual-arts/gina-fairley/rise-of-the-must-see-exhibition-258049

Finkel, Jori (2016). From Taipei, a Feast for the Eyes for a Time Before Instagram. https://www.nytimes.com/2016/05/28/arts/design/from-taipei-a-feast-for-the-eyes-for-a-time-before-instagram.html?searchResultPosition=6

Hutchison, C. Sidney (1968). *The History of the Royal Academy, 1768-1968*. Taplinger Publishing Company.

Maley, Paul (2019). Beijing Protests Taiwan Art Exhibit at the AGNSW. 2019/02/08. https://www.theaustralian.com.au/nation/foreign-affairs/beijing-protests-taiwan-art-exhibit-at-the-agnsw.html

Naquin, Susan (2004). "The Forbidden City Goes Abroad: Qing History and the Foreign Exhibitions of the Palace Museum, 1974-2004." *T'oung Pao*, Second Series, Vol. 90, Fasc. 4/5: 341-397. Leiden: Brill.

New York Times (1962). Chinese Art Safely Home. https://www.nytimes.com/1962/08/05/archives/chinese-art-safely-home.html?searchResultPosition=1

—(1996). China's Patrimony. https://www.nytimes.com/1996/03/27/opinion/china-s-patrimony.html

Hutchinson, Sidney C. (1968). *The History of Royal Academy: 1768-1968*. London: Chapman & Hall.

Jacob, Andrew (2011). A Reunified Painting Stirs Big Thoughts in China and Taiwan. https://www.nytimes.com/2011/07/06/world/asia/06taiwan.html

Japan Bullet (2014). Taiwan's First Lady to Attend Museum Exhibit in Tokyo. https://www.japanbullet.com/life-style/taiwan-s-first-lady-to-attend-museum-exhibit-in-tokyo

Kronsbein, Joachim (2003). Zwei Männer im Boot - Eine glanzvolle Ausstellung in Berlins Altem Museum präsentiert Prachtstücke. Der Spiegel, Nr. 29. 2003/07/24 https://www.spiegel.de/spiegel/print/d-27636662.html

Jom Henry (2019). Art Gallery Exhibits 'China's Finest Art' Despite Protest From Chinese Regime. https://www.ntd.com/art-gallery-exhibits-chinas-finest-art-despite-protest-from-chinese-regime_291253.html

Lehnart, Ilona (2003). Kaiser, Kunst und Kuriosa. https://www.faz.net/aktuell/feuilleton/kunst/ausstellung-kaiser-kunst-und-kuriosa-1114207-p2.html

Lorenz, Andreas (2003). Taiwanische Kunstschätze - Die heikle Schau der Himmelssöhne. https://www.spiegel.de/kultur/gesellschaft/taiwanische-kunstschaetze-die-heikle-schau-der-himmelssoehne-a-257306.html

Kuhn, Wolfgang Liu (2019). Krieg der Palastmuseen - Die Verbotene Stadt in Peking und das Nationale Palastmuseum in Taipeh - Symbole der Spaltung der chinesischen Welt. https://www.wienerzeitung.at/archiv/museum/1019326-Krieg-der-Palastmuseen.html

Liu, Zuozhen (2016). *The Case for Repatriating China's Cultural Objects*. Springer Singapore.

Noack, Rosemarie (2003). Taiwan: Odyssee nach Taipei. Die Zeit, Nr.29: 2003.07.10. https://www.zeit.de/2003/29/Taiwan

Oloew, Mathias (2003). Big in Taiwan. https://www.tagesspiegel.de/berlin/big-in-taiwan/431630.html

Preston, Stuart (1961). "Museum Displays Art of Old China." *New York Times*, September 15: 35.

Schneppen, Anne (2001). Schätze mit Diplomatenpaß - Taiwan bewahrt die größte chinesische Kunstsammlung - im Ausland genießen die Exponate juristische Immunität. Frankfurter Allgemeine Zeitung. 2001/4/21

Semler, Christian (2003). Aus den Hallen der Harmonie. https://taz.de/!738481/

Solomon, Andrew (1996). Don't Mess With Our Cultural Patrimony! https://www.nytimes.com/1996/03/17/magazine/don-t-mess-with-our-cultural-patrimony.html

Wang, Shih-Chieh (1961). *Preface of Exhibition Catalog: Chinese Art Treasures*. Geneva: Skira

Wei, Chun-Ying (2017). *Taiwan's Cultural Diplomacy and Cultural Policy: A Case Study Focusing on Performing Arts (1990-2014)*. Doctoral Degree Thesis of University of London.

Weller, Matthias (2009). The Safeguarding of Foreign Cultural Objects on Loan in Germany. http://www.aedon.mulino.it/archivio/2009/2/weller.htm

Wyeth, Grant (2019). Heaven and Earth in Chinese Art: Politics on Display in Australia - The Broader Definition of What Constitutes the Entity of "China" is on Display in Sydney in More Ways Than One. https://thediplomat.com/2019/02/heaven-and-earth-in-chinese-art-politics-on-display-in-australia/

PART

IV

臺灣國際文化交流
未來的現實與想像

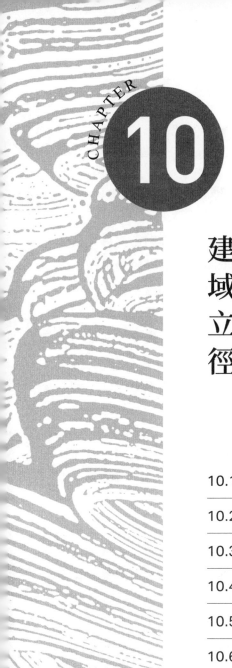

CHAPTER

10

建構臺灣在當代東南亞區域發展的文化脈絡：以國立臺灣博物館之跨文化路徑為例

— 袁緒文 —

10.1 緒論 ——
博物館面對當代多元社會應有之思維

　　博物館在當代社會中所扮演的角色已可見「典範移轉」，從專業典藏、研究、展示與教育的深厚專業之上，逐步開始發展與周邊區域、社群、族群與國際議題的連結與關注。在 1990 年代的跨國移動者因全球化經濟市場興起及各種國際政治問題情況下所造成的群體或個人的移動，讓當代各國城市中，族群面貌逐漸多元，以致社會中跨文化理解的需求遽增。博物館意識到社會中多元族群的現況並透過多元專案與展示，並以研究探討社會多元文化現象，不僅只促進在地社會多元文化的理解，更能拓展博物館在當代跨國移動的國際區域政治與脈絡中找到自身的新定位。本文謹以國立臺灣博物館（以下簡稱「臺博館」）自 2014 年「新住民服務大使暨文化平權」專案之「多元參與」的核心理念，開放博物館的場域，讓在臺東南亞跨國移動者運用更多元（講者、導覽員、策展協力、口筆譯與文化資源提供者等）角色「進入」博物館的公共服務領域中擔任其母國文化的「主講人／主述者」，逐步實踐多元社會中文化平權與多元參與的博物館社會責任，此過程中也增強東南亞文化主體性的論述與臺灣文化的關聯性，進一步奠基與發展臺灣在東南亞區域之話語權，尤其當該區域的跨國移動者帶著臺灣社會文化的深厚理解，更能逐步產生影響力。本文預計先檢視臺灣內部多元族群之互動現況。隨著東南亞移民與移工所帶入臺灣的文化、族群與經濟型態的改變，目前將近數百萬的東南亞文化背景（移民、新二代、二戰前後來臺）的人士，奠基龐大的東南亞文化視角，並持續與臺灣社會進行相容、排斥與理解的當代社會現況。本文將以跨文化理解與溝通理論為主，檢視臺博館自 2014 年來所經營的東南亞文化平權實務經驗與策略，並以東南亞各民族的歷史發展脈絡的視角，以及歐洲大航海時期與日治時期即開始臺灣與東南亞區域移動歷史，共同審視當代臺灣與東南

亞的互動關係。並期待在臺灣社會透過深刻理解東南亞文化脈絡下，未來則能以文化理解、尊重多元的理念持續深化與東南亞各國之國際關係。

10.2 前言

一、臺灣早已是東南亞與多元文化薈萃之地

　　多元文化社會可以指涉範圍包含多元民族與多元社群，多元社群所指為全球化浪潮中的新興認同團體，如婦女、移民、老人、同性戀、身心障礙、經濟和文化弱勢團體等，故新住民為多元文化社會下的一環（陳雪雲 2004；隗振瑜 2014），在本文中將以東南亞跨國移動者在臺灣所形塑的多元文化社會。臺灣社會在多元文化之認同以及瞭解多元群體之文化差異的持續努力，使臺灣各族群之間能互相認識，並瞭解彼此文化不同，接納且欣賞不同文化所確實存在的差異，進而避免各種形式的歧視與偏見。依據移民署與勞動部的統計總覽，截至 2021 年 1 月底，來自東南亞移工已達 709,835 人。[1] 而因婚姻關係來到臺灣的新住民人數，依據移民署統計至 2021 年 1 月底，總計 567,143 人，[2] 其中約

1　勞動部外籍移工統計資料網 2021 年 1 月統計資料網頁：https://t.ly/9knH（統計日期為民國 90 年底至 110 年 1 月）。國籍依人數由多到少之人口占比分別是印尼（36.85%）、越南（33.75%）、菲律賓（21.18%）、泰國（8.2%）、馬來西亞（僅 6 人，佔 0.0008%）（檢索日期：2021 年 3 月 1 日）

2　內政部移民署外籍配偶統計資料網 2021 年 1 月底統計資料網頁：https://t.ly/uSrL。國籍依人數由多到少人之口占比分別是中國（含港澳地區，比例為 65.25%）、越南（19.61%）、印尼（5.46%）、泰國（1.68%）、菲律賓（1.85%）、柬埔寨（0.77%）、日本（0.98%）、韓國（0.35%）與其他國家（4.04%）（檢索日期：2021 年 3 月 1 日）

有 16 萬人為來自東南亞地區。同時，新住民子女就學人數，108 年下學期已超過 30 萬人次，[3] 已達到每 20 人中就有 1 人具有潛在的東南亞背景與文化脈絡。在第一、二次世界大戰期間以及在 1980 年開始在東南亞地區的排華氛圍與同時期全球化浪潮的興起，加上臺灣早年所形塑出優良的就業與學習環境，當時有許多具有東南亞背景的華僑與華裔（馬來西亞、印尼、越南、緬甸）陸續返臺定居、工作與就學。由「移動的人」所帶入的東南亞文化很早就進入了臺灣社會，然而，在早期的社會氛圍之下，並未特別被重視。

二、以臺博館作為族群與國際交流場域

臺博館因位處臺北市中心，向來為國際觀光客等匯集之處，自 2008 年起即開始與關注新住民、國際移工的非營利組織合作，[4] 不定期邀請新住民與新二代以及移工，[5] 於他們的休假日，在非營利組織及通譯的陪同下，[6] 到臺博館參觀展覽，甚至是參與展覽教育活動。臺博館期許新住民與移工，在家庭、工作之外，當他們假日到臺北車站、二二八公園與家鄉朋友聚會時，也能入館參觀，藉此認識臺灣的文化與自然特色。臺博館期待以文化平權的概念，讓族群在彼此認識的過程中能更加順利平和。

---

3 摘自內政部移民署「新住民子女各階段就學統計」，網址：https://ifi.immigration. gov.tw/ct.asp?xItem=17805&ctNode=36470&mp=ifi_zh

4 臺博館與賽珍珠基金會長期辦理邀請新住民家庭與新二代進入博物館參觀以及辦理新二代夜宿博物館活動，讓新住民與新二代更認識臺灣文化。

5 「移工」在此界定為 1990 年，臺灣政府因重大交通建設等相關需求所引進以泰國為主之東南亞勞動力，早期臺灣社會將其視為潛在的犯罪，並以非常歧視的字眼來看待具有深厚東南亞文化背景的各國移工。

6 2014 年以前尚未有新住民服務大使專案，每當邀請新住民與移工團體進入臺博館參觀時，則需特別邀請由移民署或民間非營利組織所培養的東南亞語通譯人員協助翻譯。

三、從「伊斯蘭文化與生活」特展開始

2014 年臺博館舉辦「伊斯蘭：文化與生活特展」（以下簡稱伊斯蘭特展），藉由展覽讓國人認識伊斯蘭信仰與穆斯林，在生活與文化的密切連結，並由展覽讓臺灣人認識穆斯林族群與伊斯蘭信仰，進一步促進多元族群之間的相互理解，降低歧見與誤會。策展過程中，集結了在臺來自世界各地的穆斯林社群對於特展中伊斯蘭信仰提供核心的展示物件、詮釋方式並呈現最真實的（Authentic）伊斯蘭文化與信仰。

展出期間，許多印尼移工，利用週末假日結群的到臺博館參觀展覽；甚至有家庭看護工特別帶臺灣雇主一家人來參觀，並親自用中文向雇主及其家人說明自身信仰的內涵與哲學。而臺博館透過新住民通譯人員陪同，引領剛到臺灣不久的印尼、越南、泰國、菲律賓籍等新住民到臺博館參觀，突破他們認為博物館是個高不可攀，或是僅服務臺灣觀眾的場域，讓新住民與移工理解臺博館是個他們可以自在進入，並可在此交流、分享彼此文化的地方。該特展的策展人曾撰文表示：「臺灣已為多元文化社會，博物館所面臨的挑戰是在：『如何保障與提升文化上相對弱勢族群的文化公民權，並成為促發不同族群間彼此的對話的平臺，轉譯與跨越彼此的認同，進而達到各方相互理解、尊重與包容。』（隗振瑜 2013。「伊斯蘭文化與生活特展」策展人）

因為伊斯蘭特展期間吸引大量新住民與移工入館參觀，臺博館於 2014 年 9 月 13 日特展結束後緊接著於同年底招募「新住民服務大使」，透過將近六個月的導覽培訓、演練與驗收程序，培養新住民服務大使具備博物館導覽能力，並透過新住民服務大使在臺母國社群中的推廣，以及博物館內東南亞語導覽，讓來自相同地區的新住民、移工、外籍生、商務與觀光人士，能用母語親近臺博館中所展示的臺灣自然與人文之美，更讓在臺灣生活的東南亞族群，在博物館內因母語導覽感受到特別的溫暖與親切感。

10.3 文獻探討

一、臺灣歷史上的跨國移動

自 16 世紀起，歐洲人進入東南亞的大航海時期開啟的香料貿易與殖民的歷史，在此過程中，也可見歐洲人以商船隊和軍隊進入臺灣，例如荷蘭透過臺南大員的熱蘭遮城與當年荷蘭東印度公司在爪哇島巴達維亞港口作為商業與戰略上聯繫互通的據點（洪傳祥、劉政寬 2017）。而當時已經佔領菲律賓呂宋島的西班牙軍隊，沿著太平洋往上到北臺灣的基隆設立港口，以作為掌控西太平洋地區的商業貿易與戰略的佈局。「臺灣史前時代人群，早已於數萬年前居住於臺灣。帶有農業文化的新石器時代住民，大約於 6,000 年前，自歐亞大陸東南遷徙來臺，逐步發展形成史前時代的各種不同文化體系」（戴寶村 2011）。臺灣社會現有族群中最早的移民是在 6,000-7,000 年前到臺灣定居的「南島語族」的臺灣原住民，為臺灣帶來豐富的原住民文化，也為今日原住民的祖先，更是臺灣與東南亞地區原住民族有著多元的連結。在明清時期，約距今 400 年前，中國沿海一代，尤其以福建省漳州、泉州為主的居民冒險渡海來臺，同時，也有客家族群進入臺灣，並開始長達 400 多年至今的漢人與原住民族的互動。臺灣進入 16 世紀以後，因地理位置的特殊，持續有很多的跨國移動者在臺灣、中國與東南亞地區之間往來。其中最多元、最密集的移民潮共有三波，第一波主要是隨 1895 年日本統治臺灣以後，殖民政策下的移民進入臺灣，1945 年之後也大多返回日本。然而日本時期的臺灣，在總督府的大力鼓勵之下，許多持有日本護照的臺籍商人、日籍商人與學者專家早已進駐東南亞各地進行商業買賣與學術交流，而臺籍商人則以茶葉為最主要商品，並在東南亞建立非常好的口碑（鍾淑敏，2019）。第二波移民則是二次戰後到 1949 年的短

短 4 年間，隨國民政府撤退到臺灣至少百萬的中國大陸各省軍民（李筱峰 1999；楊蓮福 2005），其移入人口占總人口比例約高達七分之一，也是臺灣有史以來最大一波的移民潮，當時對臺灣的衝擊是相當全面性的。在這波因國共內戰中來到臺灣的軍民之中，有一群從泰緬雲南邊境並以軍人軍眷的身分進入臺灣的緬甸華僑，他們當時在桃園龍岡地區落腳，形塑最初的緬華移民社群。最後一波並持續到今日的則是 1980 年代以來透過跨國婚姻形式進入臺灣的新移民即「外籍新娘、大陸新娘」，尤以 1990 年最多，後來統稱為「新住民」，截至 2021 年，透過跨國婚姻移民進入臺灣的外籍配偶人數已超過 50 萬人，而東南亞籍勞動者在臺灣也已超過 70 萬人。至此臺灣已相當程度地正式進入另一個重要的移民潮時期（林寶安 2011：5；袁緒文 2016）。同時，在 1980 年代東南亞社會排華氛圍中，離開數代居住的東南亞區域，回到臺灣居住的離散華人社群，隱身於臺灣社會中與我們共存將近 50 多年。

臺灣的移民潮與逐步形塑的多元文化社會與歐洲國家不同之處，在於它就發生在當代生活之中，而非僅從教科書、歷史記憶與相關研究中可探究的。多元移民在臺灣「反映臺灣全球化、國際化的現象，而不同時期島內的不同族群，也進行不同方面全球化、國際化的現象⋯⋯（戴寶村 2011：64）」。他們就站在我們的眼前與身邊，這樣的衝擊是前所未有的，如何去看待這樣的現象，我們可從世界各地的多元文化主義的歷程與研究中，思考出最適合臺灣的方式。在當代全球化與戰爭的影響下，跨國移動已是日常。以下將以文獻中所提之「多元文化理論」與「跨文化理論」來探討目前歐美主流社會對於跨國移動者在社會中的角色，並對照臺灣現況，進行初步探討。

二、多元文化：理論、研究與分析

「多元文化」確實有文化多樣性的意涵，且也有豐富的內涵需要去檢視與省思，可以從不同面向去瞭解多元文化的概念，例如從教育學、社會學、經濟學、政治學以及人類學等去探討（林寶安 2011：53）。帕瑞克（Parekh 2000a: 219）主張「一個多元文化的社會就需要一種更廣泛共享的文化來維繫它。既然它會牽涉到數個文化，因此共享的文化就只能從他們的互動中生長出來，並且應該尊重和培育它們的多元性，同時也以某種共同的生活方式來將他們團結起來」（葉宗顯 2013：231；袁緒文 2016）。

多元文化主義在當代國際社會都蘊含著嚮往美好的族群共存的理念。在 2019 年由馬希米里安諾・塔羅齊[7]與卡洛斯・艾伯托・托瑞斯[8]合著的《全球公民教育與多元文化主義危機：當前的挑戰與觀點辯論》[9]一書中，提到多向性的文化必定帶來強烈的挑戰。在社會與教育目標中針對多元文化主義理論有以下幾點主要希望達成的目標：[10]

7　馬希米里安諾・塔羅齊（Massimiliano Tarozzi）：歐洲全球公民教育領域計畫主持人。

8　艾伯托・托瑞斯（Carlos Alberto Torres）：聯合國教科文組織「全球學習與全球公民教育主席」。

9　本書英文原名：*Global Citizenship Educations and the Crises of Multiculturalism: Comparative Perspectives*。

10　在該書第三章〈多元文化主義：美國觀點〉提及多元文化主義運用於教育現場之系統性分析，在本文中稍作調整成從教育現場擴大到社會現況的範圍。

（一）發展中的族群與文化族群與文化素養，例如，族群與團體歷史與其對移入社會的貢獻，這樣的貢獻持續擴張，但相關資訊是否被確實記錄，或如實納入學校課程中。

（二）個人的發展，例如，個人從族群認同所發展出來的自信心。

（三）轉型中的態度與價值釐清。例如，當代社會中的偏見、刻板印象、族群中心主義以及種族主義正受到挑戰。加上 2020 年到 2021 年爆發的新冠肺炎 COVID-19 疫情肆虐中，可見臺灣社會很容易將東南亞籍勞動者視為可能的疫情傳播者。在臺灣社會仍對於東南亞語言文字的不理解以及族群中心主義的心態下，很容易造成偏見與誤解。

（四）促進多元文化能力（例如學習與不同族群的人進行互動以及同理／理解文化差異）。

（五）提升基本技能（例如在教育體系中改善對於不同族群的態度，以及提升／友善其學習的進度並給予適度的協助）。

（六）個人的賦權與社會改革（例如社會對於多元族群的態度，是否提供相關知識與學習機會，並進一步使其成為承擔社會改革責任的行動者，以達到根除社會中種族、性別與階級壓迫等問題，進一步促進多元文化之間之瞭解與正向互動）。

美國面對移民立國的國家歷史現況是以「多元文化」的理念。但其所面臨的難題是因多元文化對於自歐陸一脈相承的文化哲學在美國受到很大的衝擊，尤其以當代伊斯蘭信仰與穆斯林族群移動的過程，激進的右派學者很容易將此對立挑起，引發族群之間的緊張。

三、跨文化能力（Intercultural Competence）

接續上一段落中所引用的《全球公民教育與多元文化主義危機：當前的挑戰與觀點辯論》一書中第四章〈跨文化主義：歐盟的觀點〉，來討論「跨文化理論」與「多元文化理論」兩個不同路徑形成的過程與簡單的比較，同時也會討論「跨文化理論」所受到的當代的挑戰為何。

18 世紀末的歐洲當然歷經過文化相同性的經驗，以此觀念為基礎的社會與政治秩序，會試圖排除「他者」，藉此自我存續與自我賦權，所有的多元主體都被偏見束縛在僵化的對立關係之中（p. 99）。在當代歐盟制度下的歐洲，是以跨文化的取徑來促進不同文化之間的對話。在 2008 年出版的《歐洲年度跨文化對話》（*European Year of Intercultural dialogue*）（p. 103）文獻中，歐盟部長理事會對外事務部發行「跨文化對話白皮書『平等尊嚴‧共存共榮』（Living Together as equal in dignity）」中主張：「促進跨文化對話的政治策略將教育體系視為關鍵，以促進與傳佈此取徑（Council of Europe 2008）」。因此深入教育制度的跨文化對話與理解的教育路徑逐步形成。讓歐洲的公民從小在教育制度中學習跨文化能力。然而「移民」之定義比起臺灣，歐洲對於移民的定義複雜許多。在歐洲談到移民，會指涉以下三種類型，由歐洲統計局界定「歐洲移民」的方式（Eurostat 2001）演繹而來：

（一）嚴格定義的**移民**：非本國出生的人，並在某個時間點移民到目前居住的國家生活。

（二）**外籍人士**：非本國出生的人同時也非歐盟國出生的人。

（三）**第二代**：在歐盟關注的歐洲移民第二代中，則更是複雜。這裡指涉了具有以上兩項混和背景的人士，更包含雙親之出生地不同的情形也是考量的範圍。

除了以上傳統的三項移民身分之外，「難民」成為歐盟理事會近 10 年來新增關注之移民身分。其相關法律、居留、身分檢核、社會適應等，均為歐盟各國所面臨的最新挑戰。此項身分的移民進入歐洲社會後，更加速促進了跨文化理解的需求，但同時也激發另一面向保守派對於跨文化理論的反彈。

四、臺灣社會面對新住民與移工

在臺灣，對於新移民與移工的研究，從早期的社會工作理論中的新住民女性為弱勢族群、新二代學習成效問題到勞動議題中的外籍勞動人權等一貫脈絡以降，可見臺灣在研究東南亞移民工的領域中，對於新住民女性的研究，從家庭中的弱勢者應如何被保障權益，到主動進入社區參與學習及各項教育活動，逐漸移轉成詮釋個人移動歷史的「主體」。

而對於東南亞在臺移工的學位論文清單中（後附表一）可見教育單位以及碩博士研究人員已逐步重視到臺灣社會中被「視而不見」的「他者」，學術論文中可觀察到研究撰寫的路徑。也與前面所提到「多元文化社會教育理念」欲逐步促成的六個思考點相輔相成。從早期被認為是潛在的臺灣社會問題，逐漸轉向為「自力更生的團結族群」、「透過飲食料理凝聚向心力」、「東南亞傳統文化的詮釋者」、「在勞動力空檔進行文學與音樂的鑽研」等逐漸多元豐富的面向。[11] 然而，遠從千里之外嫁來臺灣的東南亞女性，也代表了堅忍與強大的生命力，可從以下將近 20 年間的部分研究中窺見她們為生存所作的努力以及在家庭與社會中角色的轉變。從 2000 年開始已經持續出現研究新住民女性與家庭之

11　這裡所提到的『「自力更生的團結族群」、「透過飲食料理凝聚向心力」、「東南亞傳統文化的詮釋者」、「在勞動力空檔進行文學與音樂的鑽研」等逐漸多元豐富的面向』也同樣可見於新住民社群中。

間相處、融合與教育之問題。新住民女性從早期被商品化及物化到被視為母國文化的主體，並受到鼓勵積極進行社會參與。相關論文中有討論普遍現象的反思與檢討。學術界在藍佩嘉教授於 2008 年《跨國灰姑娘：當東南亞幫傭遇上台灣新富家庭》（並於 2018 年進行 10 年後的跨國移動工作者照護權益是否被妥善照護以及制度檢視）、顧玉玲老師於 2008 年《我們：移動與勞動的生命記事》、2014 年《回家》、夏曉鵑教授等 2008 年《跨界流離：全球化下的移民與移工》、南洋台灣姐妹會 2017 年《餐桌上的家鄉》等作品，以及李美賢教授長期關注東南亞與臺灣關係與移工權益發展之相關文章，深刻描述新住民與移工在臺灣生活所面對的各種艱困與歧視的樣態。民間關注移民權益的非營利組織，例如南洋台灣姐妹會、財團法人賽珍珠基金會、台灣國際家庭互助協會（TIFA）、台灣國際勞工協會（TIWA）、勵馨基金會、天主教善牧基金會、1095 工作室、桃園群眾協會等單位。在這近 20 年間，上述所提到之各單位也是重要的新住民各項權益改善的推手，近 10 年則有更多新住民個人遷移故事的敘述，例如透過 2015 年成立「燦爛時光東南亞主題書店」所辦理「移民工文學獎」中鼓勵移民工以母語撰寫在臺生活故事，譯成中文並集結出書，跨過語言的障礙讓臺灣民眾閱讀移民工在臺生活中所遭遇的各種困境。而臺博館所進行的「新住民服務大使專案」，也獲得研究者的關注，並有數篇與本專案有關的碩士論文產生（相關學位論文請參考後附表二）。

10.4 新住民與移工文化平權在國內之發展概述

國立臺灣博物館（以下簡稱「臺博館」）於 2014 年推動新住民服務大使專案，執行至今（2021）年，已和北中南地區專責新住民與移工（以下統稱移民工）權益之非營利團體建立起良善的互動。臺博館內

如需針對東南亞地區之語言、文化、藝術之需求與請益，也會持續的向各民間組織一一詢問，雖然所花費的時間較長，但透過此方式可與各協會建立彼此互信互助的長遠關係。而「互信」永遠是族群合作與相互理解之重要基礎。然而，從 1980-1990 年代開始透過婚姻關係（或仲介）而進入臺灣的女性，其個人之「人權」是受到相當多的壓抑與忽視，這個面向可從眾多的碩博士研究論文以及專書可見。而在 1990 年以後因國內重大公共工程建設以及個人與機構之安養所需而從東南亞地區輸入之勞動力，則更是整體臺灣社會中可見，但仍有被視而不見的現象，現分別以「新住民在臺灣」與「在臺灣的東南亞移工」兩項目，簡述移民工進入臺灣到近年之發展狀態。

一、新住民在臺灣

我國移入人口之結構，以婚姻移入之新住民在 2021 年即逾 50 萬人，主要來自中國大陸及越南、印尼、泰國、菲律賓等東南亞國家，在比例上來看，除中國與港澳地區之外，越南籍新住民的比例最高，印尼籍居次，而近年來新住民二代亦突破 35 萬。據教育部 108 學年各級學校新住民子女學生數統計 31.2 萬人，占全體學生總數之 7.4%；同時，近 5 學年間高級中等以上之新住民子女學生數增逾 10 萬人。[12] 由於我國正面臨高齡化及少子女化之人口結構改變，婚姻移民的移入人口，對家庭照顧及社會貢獻功不可沒。然而，筆者近 5 年來與新住民的接觸，發現能夠進入博物館參與公共事務的東南亞新住民有非常高的比例為大專院校，甚至有研究所以上之學歷，並以自由戀愛婚姻的方式進入臺灣。臺博館的新住民服務大使團隊中就有留學英國碩士、印尼國家航空空服人員、精通多國語言並長期於外商公司服務者。

12　教育部 108 學年起納入幼兒園、高級中等學校、大專校院「各級學校新住民子女就學概況」：http://t.ly/OmLL（檢索日期：2021 年 3 月 1 日）

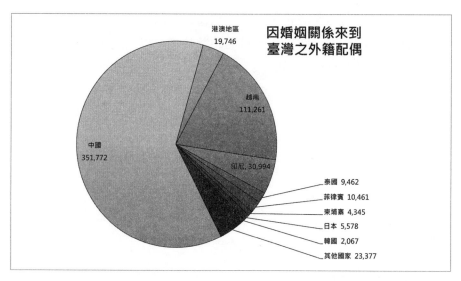

圖 1：截至 2021 年 5 月止，在臺之新住民人數比例圖

　　時至 2020 年，目前新二代均有許多已經大學畢業並已在社會工作，並於社會中不同領域貢獻其專長。例如菲律賓新二代鄒佳晶小姐在前往蘭嶼進行蘭花研究時，發現從小與母親溝通用的塔加洛語（Tagalog）能與當地的原住民耆老直接溝通，進一步促成與當地從菲律賓最北部之巴丹島嫁到蘭嶼的新住民相認並進行了一趟一千多公里的返鄉之旅，此事蹟不但再次印證過往學界研究的南島語族的遷徙路徑，也讓身為菲律賓新二代的年輕人在過程中建置自身多元文化背景的認同。筆者於 2015 年針對東南亞飲食進入臺灣的文獻爬梳過程中，可見新住民進入臺灣社會後對既有的社會文化因雙方的不理解而產生「文化隔閡」，有時甚至會有文化衝突的產生。也顯見臺灣社會對於東南亞區域的人文、歷史縱深、文化藝術的流動與相互影響僅停留於淺薄的認識，也因此政府於 2017 年提出新南向政策時，因不瞭解東南亞各國文化歷史以及形塑東南亞各國的文化與歷史，使得政府在交流上仍欲持續遭遇各種困境（袁緒文 2016）[13]。

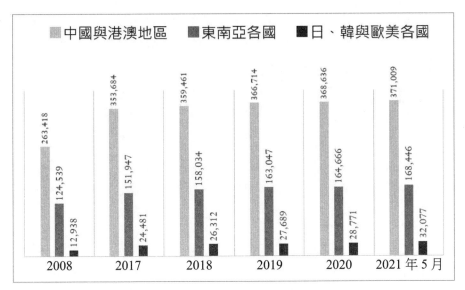

圖 2：新住民進入臺灣，從 2008 年與 2017-2021 年的總數，可見來自中國新住民為主要大宗的移民，然而來自東南亞的新住民也仍持續穩定上升

二、在臺灣的東南亞移工

　　臺灣自 1992 年起頒布《就業服務法》，正式開放自東南亞國家引進移工至今，來自東南亞國家的移工在臺灣的人數不斷上升，截至 2021 年 1 月底為止，全臺灣的東南亞移工總數已突破 75 萬人[14]（包含將近 5 萬人左右的未查獲之失聯移工人數）[15]。雖然如此，臺灣社會

---

13 此段落之內文曾發表於國立臺灣藝術大學藝術管理與文化政策研究所 2016「文化的軌跡：文化治理的全球流動與實踐」研討會，並於該研討會論文集刊出。但該論文集並未經過審查委員之審查修改，因此引用於此處，並於內容進行更新之調整，以更符合 2020 年之發展現況。

14 勞動部統計資料：產業及社福外勞人數 - 以國籍分，網址：http://t.ly/iJC2

15 勞動部統計資料：產業及社福外勞行蹤不明概況，網址：http://t.ly/XlOk

在早期的時候並沒有將這些國際移工當作是「人」，反而對他們視而不見，或認為他們是潛在的社會問題，甚至是用更具有「排他」意涵的名詞「外勞」或「外籍勞工」來稱呼這些離鄉背井的勞工（夏曉鵑2010），也較少去真正的瞭解這些移工在臺工作之餘在飲食、生活與教育等各面向的需求。早期因為外籍移工常處於「被壓迫」以及不被平等對待的角色，臺灣民間自發性地由臺灣人和外籍移工組成的非營利組織團體（成立於 1999 年的「台灣國際勞工協會（TIWA）」[16]），針對在臺移工進行各項關懷、法律諮詢與協助等，並將外籍移工在臺灣所受到的各種不公平以及不合理的處境在重要時刻爭取媒體曝光。

在 2013 年成立的「社團法人外籍勞動者發展協會」[17] 除了持續關注在臺移工權益，也開始著重移民工的生活與娛樂的提升，為因應普遍在臺工作的外籍人士的身分，該協會將名稱修訂為「社團法人外籍工作者發展協會」並持續辦理國際移工足球賽。在 2018 年的國際移工足球賽中，參加隊伍由來自東南亞各國移工組成的強大隊伍，以及由臺灣足球運動愛好者與日、韓、歐美洲地區各國人所組成的國際隊伍共同於運動場上切磋球技。讓在臺灣的國際人士們之間也可認識更多新朋友並在這樣的社群之中找到被肯定與被認同。由以下圖 3 內容中可見 2001 年剛開放外籍移工來臺時，以泰國和菲律賓籍為主，到 2021 年則是以越南和印尼籍為大宗，菲律賓持續的人數上升。但泰國人數則逐漸減少。

16　成立於 1999 年 10 月的台灣國際勞工協會（Taiwan International Workers Association，簡稱 TIWA），網址 http://www.tiwa.org.tw/

17　成立於 2013 年的社團法人臺灣外籍工作者發展協會（GWO），網址：http://www.gwo.tw/

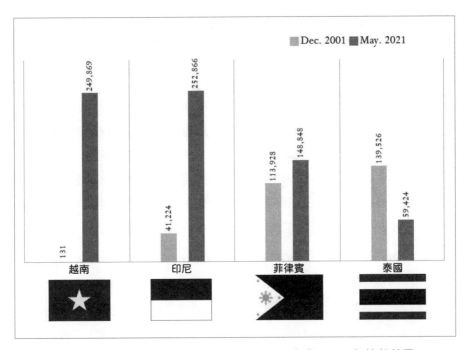

圖 3：東南亞移工開放進入臺灣，從 2001 年與 2021 年總數差異

　　也因此可見，越南與印尼籍的在臺移民與移工總數加起來，則成為東南亞區域在臺灣數量最大的兩個族群。然而，在普世的人權價值中，凡是身為「人」，不論是否持居留證或者入籍臺灣國籍者，均應享有同樣的天賦人權，跨海來臺的移工則同樣應和臺灣人享有平等生存、文化與理解之相關權利，以上初步所提的幾個關懷移民工的非營利組織，不僅提供移民工權利意識與教育的培力，是更進一步以潛移默化的方式去模糊掉族群之間的界線，在展現東南亞各族群之文化獨特性的同時，也讓多元族群與臺灣社會可彼此認識、瞭解並進行跨文化的對話（intercultural dialogue）。

10.5 邊界與跨界 —— 東南亞族群的日常

一、從古老的東南亞區域概念談起

臺灣當代對於古老東南亞區域的觀念應有更著墨與深度認識，因該區域不論是在半島東南亞與島嶼東南亞之間，透過航行進行貿易、經商、交流是非常普遍的行為。半島東南亞各國，從越南、寮國、柬埔寨、泰國與緬甸等國土緊鄰並在歷史上因戰爭而多次發生國土邊界的變動。這些均是當代臺灣社會與教育系統在區域歷史發展上非常缺乏的面向。

歷史進程中的多元族群、文化與宗教的移動、遷徙、影響與融合等之外，可見該區域具有多層次（multilayers）的發展狀態，絕不是以單一線性的狀態即可蓋括東南亞從史前時代到現在的狀態。而東南亞地區獨特的人文、藝術、哲學思想等也形塑當代進行跨國移動的東南亞各國族群的個性。對於東南亞區域過度單一與扁平的認識，造成臺灣內部多元族群之間的相互瞭解過程中相當大的阻礙，誤會、歧視、刻板印象與歧見則由此而生。

現代的東南亞區域泛指亞洲大陸以南的陸地及南太平洋、印度洋的廣大海域，不同歷史時期另有「印度支那」與「東印度」等名稱。現今學界常使用「半島東南亞」（連結大陸區域）及「島嶼東南亞」劃分此區域。而臺灣在歷史文化上則因臺灣原住民與菲律賓、印尼等其他東南亞國家同屬南島語系，因此原住民族語言與東南亞部分區域的語言用字是可相通的。東南亞有多元的宗教信仰，這個區域中可見伊斯蘭信仰、基督教、印度教以及佛教。現今的東南亞區域遍佈南太平洋、印度洋，除半島東南亞並包含了總數超過 2 萬的島嶼群的島嶼東南亞。

　　東南亞區域的邊界概念，從來不是現今的國界可一刀切斷式的定義。當代東南亞各國國界是二戰結束前後，由該區的各殖民國與聯合國所劃出的界線。東南亞區域中相鄰的各國國界與國內的文化移動是無法以現在的國界進行簡單的分野，也因古老的南島語族的航海技術而在散落東南亞區域海面的島嶼之間的移動。從東南亞區域最東邊的菲律賓講起，菲律賓北部的呂宋島與臺灣的原住民文化更接近，然而南部的蘇祿群島與民答那峨，則深受來自古老的爪哇文化的影響，因此民答那峨島可見與印尼蠟染布料模式相同的蠟染藝術，同時，也受到古老的阿拉伯商隊與伊斯蘭文化的影響，蘇祿群島與民答那峨區域人口也以穆斯林為主，這和北部以天主教為主的呂宋島呈現相當不同的多元文化與宗教樣貌。

　　從菲律賓往西面看過去，是深受印度教與佛教文化影響古稱為馬來世界 [18]（Nusantara）的區域，這是包含從印尼蘇拉威西島、加里曼丹島、馬杜拉島（Madura）、爪哇島到蘇門答臘島等沿海區域，也包含了馬來西亞的馬來亞半島和婆羅洲島上的沙巴、砂拉越、新加坡島和汶萊等地區。半島東南亞上的各國彼此緊鄰，國與國之間自古以來的交流與互動頻繁，在歷史的發展上，現今所見的領土劃分，從古至今有過許多的變動，因此實在很難以單一人之角度代表該國整體狀態。且古老至今的邊界戰爭，也使得邊界時常有所變動。幾千年前的移民與邊界移動的過程，例如：柬埔寨與越南交界處曾經是有共同語言與文化的區域，柬埔寨與泰國之間的邊界也因自古至今的戰爭移動過多次。同時，泰國與緬甸北部交界之處也在歷史上因為戰爭而不定期的移動與改變。而中

---

[18] 馬來世界，從語言的角度來看，是屬於 Bahasa 語系列的古爪哇語、印尼語、馬來語以及這個區域的各地方言等，都緣起於這個區域，且語言之間有不同比例的相同度。

國與緬甸到泰國邊境的移動、緬甸與孟加拉和印度之間的移動與文化相互影響、婆羅洲（印尼語：加里曼丹島）上的印尼與馬來西亞邊境的移動，到今日仍可見。東南亞地區最晚獨立的東帝汶，雖其過往受葡萄牙佔領與天主教影響密切，但與隔壁仍屬於印尼的西帝汶地區仍使用印尼語溝通。屬於古老占族的越南中部地區與柬埔寨也曾分享著共同宗教信仰 —— 印度教。

在越南，可從其服裝上的多元性看出這個國家所受到的文化多樣性的影響，「……直到 20 世紀，在「較西化」的交趾支那，越南官員，甚至一些資產階級男子，仍經常穿傳統越南馬褂、戴上帽子出席適當場合。而且這種趨勢也並非只是從法國本土『外傳』流入殖民地，越南對法國時裝、飲食與藝術的影響直到今天依然清晰可見。（譚天譯 2018：430）」法屬殖民時期的影響深遠，但是更古老的文明對於越南的影響也不是幾十年的殖明時期可以抹去的「（直到 20 世紀……）亞洲的影響在越南境內始終未見退潮。印度式衣袍在西貢與河內有許多主顧，其中不僅有印度僑民，還有越南人。……南方越南人在居家生活中喜歡穿占人或高棉人愛穿的寬鬆沙龍。（譚天譯 2018：430）」

東南亞涵蓋範圍極廣，其南北長、東西寬均約 5,000 公里，包括大小島嶼、河湖、平原、丘陵、縱谷、高山等地形，加上位處赤道雨林及季風氣候區，使此區域有豐富的生態環境及生物多樣性。許多面積及耕種條件不佳的小島，居民採集雨林資源加以利用。炙手可熱的丁香、荳蔻等原料，透過航行與外界交易，換取生活所需。東南亞長久以來吸引著各色人群來去，不同語言、文化、宗教、風俗習慣等，進到南洋這座大熔爐裡火熱碰撞，包括 1 世紀前後傳入的印度教、大乘佛教與上座部佛教，13 世紀傳入的伊斯蘭教，14 世紀貿易風帶來的華人船艦，15 世紀末隨著歐洲大航海世紀的開啟所帶入的基督教等。航海時期展開後，歐洲殖民者因商業、貿易的需要，更是頻繁途經此地，除了使東南亞各

地人種的組成越趨複雜，同時也使節慶習俗、建築景觀、服飾乃至飲食上有繽紛多元的面貌（袁緒文 2017）。

　　文化間的交織互動逐漸形成綿密網絡，越南信仰以大乘佛教為主，泰國、柬埔寨為上座部佛教，印尼以伊斯蘭教為主，菲律賓較多人信仰天主教、基督教等。馬來西亞與新加坡的「峇峇娘惹」[19]族群，是早期定居檳城、麻六甲的華人移民與當地女子通婚後所產下的混血後裔 Paranakan（土生華人），男性稱「峇峇」（Baba），女性稱「娘惹」（Nyonya）。若深入細究，不難發現文化脈絡被保留下來，並非對外來文化照單全收，而是一連串選擇、浸潤與改良的結果（黃啟瑞、袁緒文 2017）。[19]

　　東南亞位於世界航線的十字路口，自古即有南島民族的舟楫遷徙，流傳自中東或南亞的伊斯蘭及印度宗教，則是歷史以來為了經商或是逃避迫害，以移民或經文典籍交錯的形式一波波傳入，幾百年過往，信仰及血緣在不同的條件下交融，漸衍生為新的人種及文化。而華人因為躲避戰禍、或是銜命前往、或是貿易經商，而進入這片區域，縱使路途波濤洶湧、暗礁險惡、以及上岸後遇到動輒噴發的火山，這些都未曾澆熄人們求生和繁衍的意志。南洋區域內宗教、種族、歷史的多元性，實在很難以簡單的段落完成相關描述（黃啟瑞 2017。後附表五 - 東南亞宗教信仰概況）。

---

19 峇峇娘惹：馬來語：Baba Nyonya 或者 Peranakan，用以指稱早期在麻六甲地區與當地馬來人結婚並共同組成家庭的華人與馬來人之後代與家庭。資料來源：新加坡文資局設置名為 "Roots" https://www.roots.gov.sg/ 網站，有關 Baba Nyonya/ Peranakan 可參見其中：http://t.ly/XJvB（檢索日期：2021 年 3 月 20 日）

二、在臺灣形成的東南亞族群區域與多元視角

　　早期不少海外僑民，聚集在新北市中和的華新街、南投清境附近；近年來，桃園、中壢、臺中、彰化、嘉義、高雄等火車站周邊，由於交通便利，漸漸成為大量移工假日聚集的場所。移工們會先到提供匯款服務的店家，將工作賺來的錢匯回家鄉，這些錢除了扶養父母、買車蓋房，也可能是兄弟姊妹的學費；之後再逛逛街上的雜貨店和 3C 用品店，購買一些母語雜誌、中文學習課本、來自家鄉的各種零食和泡麵，有些商店也提供寄送海運包裹的服務。這些放假的好去處，有人帶著食物來，一起分享一起學習，如同一個大家庭，成為離鄉背井時寥解鄉愁的地方。直至 2020 年，根據聯合國統計的數據，東協十加一國（加上東帝汶）總人口已超過 66 億人。[20] 每一位東南亞移民，都代表了東南亞某個區域的文化，對比已在臺灣破百萬的東南亞移民，臺灣等於有超過 100 萬種不同的東南亞各地的區域視角在臺灣。東南亞新住民的移入，加上飲食中所需的植物需求已大量增加。透過飲食與生活互動等需求，臺灣由北到南各主要火車站為據點的附近區域、以及開齋節期間來自各地穆斯林聚集，都自成一格豐富的文化風景。同時也因為飲食的需求，從桃園、新竹一帶，到南投、臺南、屏東都有許多由新住民自己經營菜園，透過對於家鄉飲食需求的增加，以及東南亞料理餐廳的普及，這些菜園成為了重要的「鄉愁供應者」。臺北市北平西路（臺北車站）自成一格的印尼小吃街，包含了美容院、雜貨店、自助餐店等。另外以緬甸僑民聚集的新北市中和華新街、菲律賓人在臺北市中山北路上的天主教堂附近，加上臺中的東協廣場與臺中公園，到臺南與高雄火車站等商圈，各自形成了臺灣島內獨特的東南亞區域。東南亞移民進入臺灣的

20　資料來源：聯合國經濟社會部人口處（UnitedNations, Department of Economic and Social Affairs, Population Division.）並以【表格七】呈現於後附表處，以供對照參考：http://www.un.org/en/development/desa/population/

這 30 年來，應運而生的各式各樣的東南亞特色餐廳，更豐富了臺灣的族群與歷史文化面向（袁緒文 2017）。

10.6 國際博物館社群趨勢 —— 作為多元族群對話與跨文化理解的平臺

總部位於法國巴黎的國際博物館協會（International Council of Museum, ICOM）自 2018 年開始，將博物館的定義逐漸轉向對社會中多元族群的文化參與及文化權利的關注。例如，2018 年國際博物館日針對每年博物館日 [21] 主題為「超連結的博物館：新方法 · 新公眾」（Hyper-connected Museum: New Approaches, New Publics）。同時，這個以歐洲國家為主的博物館國際社群，看見了臺灣博物館群對以往的博物館任務與功能維持之外，也持續對於當代國際社會人權議題的重視、包容與積極態度與能量。在 2019 年位於京都辦理的三年一度的大會中宣布「國際人權博物館聯盟－亞太分會」總部正式成立於國立人權博物館。

而臺博館從館所在地性與本身特色出發，從軟體的語言友善平權到教育服務，持續強化博物館與各東南亞社群之連結，以期達到臺灣社會文化平權與多元參與之目標。臺博館從 2014 年開始的文化平權作為也正呼應了國際博物館學會（ICOM）[22] 近期的理念。臺博館持續

---

21 由國際博物館協會訂定的博物館日在每年的 5 月 18 日，在當天或當週，全臺灣的博物館都會辦理主題式活動以呼應博物館日的主題，同時臺灣各地的博物館也會以當日免票的方式讓民眾參訪。

22 國際博物館協會（International Council of Museums, ICOM）：https://icom.museum/en/

推動東南亞新住民、移工與新二代參與博物館活動，並擴大邀集東南亞社群共同規劃辦理相關文化平權之活動與展示計畫等新方法（new approaches），觸及新觀眾（new public）並強化博物館與多元族群的連結 (hyperconnected museums)。臺博館以既有之地域優勢、各項文化平權措施為主軸，持續深化博物館與多元族群連結性及友善互動。以下將以分項介紹臺博館嘗試進行的各項文化平權作為，並於過程中持續檢視臺灣社會與東南亞移民的互動方式與理解。

10.7 多元共存的關鍵 —— 跨文化理解與能力

一、「新住民服務大使專案」—— 臺博館與東南亞社群交流起點

　　臺博館於 2014 年開始招募新住民服務大使並進入博物館進行相關培訓，並於每年持續進行招募、培訓。因臺博館於 2017 年年底重新開幕與新增之常設展，以及逐漸增多之東南亞觀光客與新住民族群語言需求，加上臺博館尚有土銀展示館與南門園區等，2018 年之培訓課程亦將加入以上兩區域導覽培訓與驗收，以將臺博館多語導覽服務擴展到各館區。臺博館除目前既有的印尼、越南、泰國、緬甸、菲律賓等國籍，目前新增馬來西亞、柬埔寨與日本，總計服務大使國籍已有 8 國。於每週日持續進行英語暨東南亞語導覽服務，並於臺博館常設展、特展，提供印尼、越南、泰文等語言版本文。臺博館官網也已新增除英、日語之外的印尼語和越南語版本。

二、印尼國慶文化藝術節 [23]

「西元 1945 年 8 月 17 日，印尼宣布獨立，終結 350 年的殖民歲月，獨立紀念日至今已是印尼全境最盛大的節日。全國各地，從城市至鄉村，民眾為每個村落、鄰里的入口上紅白兩色新漆。國慶日當天，各個社區、學校會組隊盛裝打扮，上街遊行，並在各式遊戲、競賽中，慶祝國家的生日。臺灣 26 萬印尼移工、新住民，怎麼在異鄉慶祝這個大日子呢？（吳庭寬 2016）」臺博館與印尼國立空中大學（Universitas Terbuka）及燦爛時光東南亞主題書店共同合作辦理「印尼國慶文化藝術節」，到 2020 年已經是合作第 5 年，每年的印尼國慶文化藝術節皆由移工主導籌劃，臺博館則提供展演舞臺、設備音響並以公部門身分向場地周邊的臺北市警察局與臺北車站協調規劃開場的遊行踩街活動。已成為印尼新住民、移工年度一大盛典。印尼移工團隊以臺博館為基地，複製印尼獨立紀念日活動，當天除了來自印尼東爪哇的傳統「孔雀虎面羽冠舞」舞劇之外，進行整日臺博館演出來自蘇門答臘、爪哇島、峇里島與龍目島的傳統舞蹈、印尼傳統武術表演，以及來自萬島之國的傳統服飾展演。這樣的展演活動與場地，開啟了傳送門，讓臺灣民眾可體驗一秒到印尼，即可在這個場域中認識來自印尼各地的移工。當天每一位的移工，都是他們家鄉文化的載體與主述者，一個移工代表一個地區的文化縮影。印尼國慶日活動當天，臺博館鼓勵臺灣民眾主動與現場的印尼朋友互動與討論表演內容，期間更可看到家庭照護移工的雇主全家大小陪伴一起出席參與活動。而由印尼國立空中大學學生會主辦的印尼國慶文化藝術節，目前也已逐步建立起一定的知名度，其團隊所進行

---

23 印尼國慶文化藝術節，其實是以印尼獨立紀念日（Hari Proklamasi Kemerdekaan Republika Indonesia）為基礎，進入博物館後則從印尼族群爭取脫離殖民統治的歷史紀念，轉化為演譯印尼「萬島之國」多元文化並凝聚印尼移民工彼此之間的向心力。

的各項表演與活動，也受到臺灣各地文化藝術單位或博物館的青睞並相爭邀請。

三、東南亞織品盛宴暨蠟染藝術節

在 2009 年 10 月 2 日，聯合國教科文組織將普遍流傳於東南亞或所謂的馬來世界（Nusantara）地區的蠟染藝術指定為印尼的世界文化遺產，印尼人透過這樣的榮耀，舉國歡騰，並將這個重要的日子訂為國家級的紀念日（蠟染日／Hari Batik）（袁緒文 2018）。在博物館中進行的蠟染藝術節，是否可以將整個視野再放大，關注古老的馬來世界中所流傳的蠟染藝術？從古老的爪哇島所擴散出來的蠟染藝術，向東擴散到最遠的民答那峨島，往西最遠到達了非洲，往北向馬來半島，然後在海上絲路興起的時代，遠揚傳播到中亞與東亞各地，而歐洲的航海貿易時代則將蠟染藝術帶入歐洲，融合了當代藝術的成分，讓蠟染以更多元的面貌新生。而臺博館是否有可能將這個區域的蠟染都做一次呈現給臺灣的民眾呢？因此筆者這次嘗試找菲律賓與新加坡地區的蠟染與織品藝術一起參與。雖然這樣仍不能代表「全部」的蠟染藝術面向，但可從臺博館辦理的蠟染藝術節看到蠟染起源的核心，也就是中爪哇的日惹特區。這個目前仍保有皇室制度的區域，也是古老爪哇藝術的起源地，**具有傳統的爪哇哲學中所乘載的敬神、尊敬長輩、謙卑謹慎、細聲細語說話等文化精神，並形塑當代跨國移動到臺灣的印尼社群**。如果對於爪哇精神文化的瞭解，更能進一步促進臺灣民眾與印尼社群更友善與理解的互動。臺博館透過蠟染藝術盛宴與各種互動體驗課程，期待成為促進多元文化間的橋梁，讓臺灣更認識由移民帶入的多元文化藝術與歷史，並創造更多友善溝通的價值（袁緒文 2018）。

四、南洋味家鄉味特展

家鄉的餐桌，一直以來上演著經過漫長歲月形成的世界飲食交流史的舞臺，也是反映出現狀與未來人類社會的明鏡（袁緒文 2017）。為籌備此檔展覽，筆者於 2015-2016 年期間陸續訪問在臺東南亞移民工，透過他們親口述說屬於人類移動與鄉愁加上臺北植物園的協助，並將遷移與「帶著走的」家鄉料理故事寫入展覽中。特展持續的於 2017-2019 年於臺北臺博館南門園區小白宮、臺中國立公共資訊圖書館以及臺南國立臺灣歷史博物館展出。在本次的特展籌備過程中，也是盤點臺博館近 3 年來與移民工社群接觸的成果，與前文所提到之「伊斯蘭文化與生活特展」相同，

10.8 消失的族群界線 ── 移民社群與臺博館協力共好

臺灣社會向來以歐美日韓等國為主要的關注對象。臺博館長期以來也因本身為全臺灣最古老的，由日本時期建造的自然史博物館，當年從歐洲學有專精的人類學、動物學、地質學、植物學等日本學者為臺博館蒐集大量藏品，建立重要的分類系統，為後世的博物館人員建立豐厚的知識基礎。臺博館在自然史研究領域也與歐美日等國之博物館專家學者有相當多的互動與展示交流。但與東南亞區域之交流則明顯偏少。然而，以博物館作為重要的教育展示與文化平權的場所，臺博館 2014 年起積極與各東南亞社群合作所累積起既有的友善平權能量，並逐年與「燦爛時光東南亞主題書店」、「國立臺灣科技大學 ── 國際穆斯林學生會」、「印尼學生會」、「越南學生會」，以及「印尼國立空中大學」、「海外印尼僑民聯誼會臺灣分會」合作辦理友善平權相關活動，並與以上各

機構建立穩定的合作網絡。2017 年起開始拓展博物館與東南亞各駐臺商務辦事處之聯繫與合作，臺博館持續加強與東協各國建立深厚的互信基礎，並持續規劃各項深入認識東協各國的展演活動。讓臺灣社會更認識早已深耕在此的東南亞文化圈，瞭解各種顯性與隱性的文化差異並同時學會相互的尊重。政府與 2017 年提出的新南向政策至今（2021）年，在整體的成效上仍有待觀望。然而，在臺灣民眾對於已經在臺灣的東南亞文化仍不甚理解的狀況下，對於要前往東南亞發展的政策則是重大的阻礙。臺博館期待透過場域開放邀請在臺灣的多元族群在博物館場域中直接對話。可以在臺灣準備好的跨文化能力，在國際上則可以更加強文化交流的順利。

10.9 結論與展望

臺灣近年來各博物館在面對跨國移民移工時，相對採取較為友善開放的態度，既展示不同國家、族群的文化多樣性，也開始關注移民移工的生命故事與價值觀（田偲妤 2018）。自 21 世紀開始，全球博物館事業較進步的國家對於博物館的永續發展討論建立共識，這些國家對於博物館的永續經營的內涵聚焦在環境面、文化面（教育面）、經濟面與社會面等方向，臺灣自上世紀末開始，新移民的人數連年增加，其中又以東南亞人士居多，隨著時間的流逝，這些當年的「新移民」也逐漸在臺灣定居而成為了「新住民」，成為了臺灣社會的一分子。臺灣成為全世界進入多元文化社會趨勢下的一環。

臺博館自 2014 年積極努力推動新住民服務大使的導覽服務，以及推出兼顧尊重、榮譽及包容的文化平權活動與展演方案，促進在臺東南亞移民工於工作場域之外的社會生活與自我實踐之道。但此方案是否能

成為臺灣博物館永續發展的文化面的特色及為民服務的亮點，更需不斷地針對新住民提供持續深化的服務及創新方案。

同時，也因此「新住民服務大使暨文化平權專案」自 2017 年起，參與專案的新住民與工作團隊持續受邀請到新北市十三行博物館、桃園市新住民會館、高雄市勞工博物館、臺北市二二八和平紀念館以及國立故宮博物院進行新住民於博物館內進行跨文化導覽賦權與文化近用經驗分享與交流。目前全臺許多博物館也已經進行新住民導覽員培訓，透過邀請移民工擔任母國文化的主述者，更強化各博物館與在地東南亞社群的連結，也善用博物館與教育場館作為跨文化理解的平臺，促進東南亞社群更認識臺灣各地特色，使得這些「隱性的」國際交流大使們，在潛移默化之中，也為臺灣在東南亞區域做第一手的宣傳。並藉此期望透過長期的耕耘能將讓臺灣社會中長期對於東南亞族群產生的壁壘分明的族群邊界消失，讓多元文化彼此認識、融合，族群之間激盪出更有創意的文化互動，也能更自在地擁抱並尊重彼此的不同。

參考文獻

一、專書、期刊論文

王啟祥（2015）。〈博物館的永續經營：美國舊金山兩座綠博物館的實踐經驗〉。《臺灣博物季刊》，34(1)：92-99。臺北市：國立臺灣博物館。

邱忠融譯（2019）。《全球公民教育與多元文化主義危機：當前的挑戰與觀點辯論》（原作者：Massimiliano Tarozzi、Carlos Alberto Torres）。臺北市：國立陽明交通大學。（原著出版年：2016）

李盈慧、王宏仁、林開忠、陳佩修、龔宜君、李美賢、嚴智宏（2008）。《東南亞概論：臺灣的視角》。臺北市：五南。

李茂興、藍美華譯（1997）。《文化人類學》（原作者：Michael C. Howard）。新北市：弘智文化。（原著出版年：1989）

宋鎮照、魏玫娟主編（2007）。《臺灣與東南亞之歷史、社會和文化研究》。臺北市：五南。

東南亞移民工等著（2018）。《「渡」在現實與想望中泅泳 —— 第五屆移民工文學獎作品集》。新北市：四方文創。

林寶安（2010）。《新移民與在地社會生活》。新北市：巨流圖書。

洪傳祥、劉政寬（2017）。〈荷蘭殖民時代熱蘭遮與麻六甲的港埠空間比較〉。收錄於洪傳祥編著，《臺灣與麻六甲的荷蘭港埠規劃溯源》。臺南市：成大出版社。

陳怡（2015）。《一帶一路東南亞智慧》。新北市：新潮社。

袁緒文（2016）。〈博物館多元文化導覽服務之探討 —— 以『國立臺灣博物館新住民服務大使』為例〉。《臺灣博物季刊》，35(1)：84-95。臺北市：國立臺灣博物館。

袁緒文（2016）。〈新住民食用香料植物運用初探 —— 以印尼籍新住民為例〉。《臺灣博物季刊》，35(4)：32-43。臺北市：國立臺灣博物館。

袁緒文（2017）。〈餐桌上的東南亞小劇場『南洋味‧家鄉味』特展〉。《臺灣博物季刊》，36(3)：6-7。臺北市：國立臺灣博物館。

夏曉鵑（2010）。〈全球化下臺灣的移民／移工問題〉。收錄於瞿海源、張苙雲（主編），《台灣的社會問題》（第二版）（頁350-387）。高雄市：巨流圖書。

國立臺灣博物館、湯錦臺（2011）。《大航海時代的臺灣》。臺北市：如果，大雁文化出版。

隗振瑜（2014）。《國立臺灣博物館與新住民參與經驗 —— 以「臺灣新故鄉 —— 當新住民遇上博物館」活動為例》。國立臺灣博物館：自行研究計畫。

葉宗顯譯（2014）。《跨越邊界：當代遷徙的因果》（原作者：Peter Kivisto、Thomas Faist）。臺北市：國家教育研究院。（原著出版年：2010）

臺灣伊斯蘭研究學會（臺灣）（2015）。《伊斯蘭：文化與生活》。臺北市：國立臺灣博物館。

鍾淑敏（2019）。〈戰前臺灣人在荷屬東印度之活動〉。收錄於國立臺灣圖書館主編，《近代臺灣與東南亞》。新北市：國立臺灣圖書館。

戴寶村（2011）。《臺灣的海洋歷史文化》。臺北市：玉山出版社。

譚天譯（2018）。《越南：世界史的失語者》（原作者：Christopher Goscha）。臺北市：聯經。（原著出版年：2016）

譚家諭譯（2015）。《印尼 Etc.：眾神遺落的珍珠》（原作者：Elizabeth Pisani）。臺北市：聯經。（原著出版年：2015）

二、專欄

田偲妤（2018）。「評估及反思亞洲的博物館、跨國移民移工與多元社會」。中華民國博物館學會【亞太博物館連線專欄】，網址：http://www.cam.org.tw/assessing-and-rethinking-on-museums-transnational-migration-and-plural-society-in-asia/（檢索日期：2021 年 6 月 1 日）

袁緒文（2017）。「博物館中的「新」對話 —— 臺博館的多語言導覽服務」。中華民國博物館學會【亞太博物館連線專欄】，網址：http://www.cam.org.tw/multilingual-tour-service-in-ntm/（檢索日期：2021 年 6 月 2 日）

袁緒文（2019）。「才子樂與占族樂舞：一窺多元的越南無形文化資產」。中華民國博物館學會【亞太博物館連線專欄】，網址：http://www.cam.org.tw/the-tai-tu-music-and-the-nguoi-cham-dancing-intangible-cultural-heritages-of-vietnam/（檢索日期：2021 年 6 月 10 日）

Cheah Hwei Fen（2018）。「娘惹珠飾及刺繡 —— 文化轉譯的創意流動」。中華民國博物館學會【亞太博物館連線專欄】，網址 http://www.cam.org.tw/nyonya-beadwork-and-embroidery-transformation-and-creativity/（檢索日期：2021 年 6 月 10 日）

三、媒體報導／網路連結

內政部移民署，網址：http://www.immigration.gov.tw（檢索日期：2021 年 3 月 1 日）

吳庭寬（2016）。《自由的宣示 —— 印尼移工的獨立紀念日》。獨立評論天下，網址：https://goo.gl/41Lg9Z

袁緒文（2018）。《【投書】在博物館看見東南亞 —— 走出偏見，博物館也有「超連結」！》。獨立評論天下，網址：https://goo.gl/HWFvmM

袁緒文（2018）。《【投書】認識東南亞，來一場繽紛的織品藝術盛宴吧！》。獨立評論天下，網址：https://goo.gl/j2ShXT

勞動部，勞動統計月報，網址：http://www.mol.gov.tw/statistics（檢索日期：2021 年 3 月 1 日）

聯合國教科文組織【文化多樣性宣言】（UNESCO Universal Declaration on Cultural Diversity），網址：https://goo.gl/z8eytg

附表一：
近二十年來有關東南亞移工在臺灣之相關研究（簡表）

年分	主題	學校／學系／姓名
2003	越南勞務輸出體制的商品化	國立中興大學／國際政治研究所 - 社會及行為科學學門 研究生：方寒玉／碩士
2005	外籍勞工平等待遇原則之研究	中國文化大學 勞動學研究所／社會及行為科學學門 研究生：陳光偉／碩士
2005	檢視外籍勞工在臺灣的污名現象：以高捷泰勞抗爭事件為例	淡江大學 未來學研究所碩士班／社會及行為科學學門 研究生：羅兆婷／碩士
2006	在臺越南女性外籍勞工逃逸成因與查緝之研究	中央警察大學 刑事警察研究所／軍警國防安全學門 研究生：林慧芳／碩士
2016	文化差異、生活適應與在地飲食體驗如何影響外籍移工的生活滿意度 —— 以臺南科學園區的移工為例	臺灣首府大學 休閒管理學系碩士班 運動休閒及休閒管理學類 研究生：顏士閔／碩士
2017	人類安全下之人口販運研究 —— 以東南亞移工在臺灣之處境為例	國立中正大學 戰略暨國際事務研究所 研究生：蔡智能／碩士
2017	東南亞移民與移工的消費現象：以中平商圈為例	國立中央大學／客家政治經濟研究所 - 民族學類 研究生：鄭惠文／碩士
2007	臺北車站／小印尼：從都市治理術看族裔聚集地	國立臺灣大學／建築與城鄉研究所 研究生：陳虹穎／碩士

年分	主題	學校／學系／姓名
2007	外籍勞工對臺灣整體環境重要因素認知之分析 —— 以製造業為例	國立成功大學／高階管理碩士在職專班 研究生：趙培東／碩士
2008	族群經濟與文化經濟的對話 —— 中壢火車站和忠貞市場南洋背景商店的比較研究	國立政治大學 民族研究所／社會及行為科學學門 研究生：林欣美／碩士
2009	我國外籍家事勞動者勞動權益保障之研究	東吳大學／法律學系 研究生：蔡令恬／碩士
2009	外籍家庭看護工在臺灣生活適應情形之研究 —— 以印尼看護工為例	國立臺中教育大學／社會科教育學系碩士班 研究生：康月綾／碩士
2010	外籍家務工作者的媒體再現 —— 社會空間、廣告文本與閱聽人解讀中的意涵	世新大學 新聞學研究所（含碩專班） 研究生：古雲秀／碩士
2010	劃界？跨界？ —— 桃園縣火車站周邊印尼飲食店之探討	國立暨南國際大學／東南亞研究所 研究生：黃惠麟／碩士
2011	「綁」在一起的彼此：家庭脈絡下的老年人與外籍看護關係探討	國立清華大學／人類學研究所 研究生：李姿穎／碩士
2012	以策展實踐社會共振：一位基層博物館員與非主流社群之行動研究（2003-2012）	國立東華大學／課程設計與潛能開發學 研究生：鄭邦彥／博士
2012	臺灣的泰國移民／工音樂活動 —— 泰國鄉村歌與生活歌的社會象徵轉變	國立臺南藝術大學／民族音樂學研究所 研究生：許瑤蓉／碩士
2013	在臺製造業外勞工作滿意度、生活照顧滿意度與留任意願關聯性之研究	東海大學／第三部門碩士在職專班 研究生：許金枝／碩士

附表二：
近二十年來有關東南亞新住民在臺灣之相關研究（簡表）

年分	主題	學校／學系／姓名
2002	天堂之梯？—— 台越跨國商品化婚姻中的權力 與抵抗	國立清華大學 社會學研究所 研究生：沈倖如／碩士
2003	文化適應與自我認同 —— 以台灣的越南新娘為例	淡江大學 東南亞研究所 研究生：陳若欽／碩士
2004	台印跨國婚姻仲介研究： 以南港村為例	國立暨南國際大學 東南亞研究所／社會及行為科學學門 研究生：張雅婷／碩士
2004	跨越邊界 —— 跨國婚姻中越南女性的認同經驗	國立花蓮師範學院 多元文化研究所／社會及行為科學學門 研究生：陶曉萱／碩士
2005	外籍及大陸籍配偶就業歷程：以 台中市、彰化縣照顧服務產業之 居家服務員為例	玄奘大學 社會福利學系碩士班 研究生：張淨善／碩士
2005	我不是來生孩子的： 外籍配偶生殖化形象之探討	世新大學 社會發展研究所（含碩專班） 研究生：范婕瀅／碩士
2006	圖書館多元文化服務研究 —— 以台北縣市印尼新娘資訊需求為例	國立臺灣師範大學 圖書資訊學研究所／傳播學門 研究生：劉馨雲／碩士
2006	移民社會網絡及政治參與 —— 以「南洋台灣姊妹會」為例	國立中正大學 政治學所 研究生：張雅翕／碩士

年分	主題	學校／學系／姓名
2007	新移民女性增能培力之探究 —— 以「南洋台灣姊妹會」成員為例	國立高雄師範大學 性別教育研究所 研究生：張婉如／碩士
2009	新移民草根組織之發展模式與充權策略	國立臺灣師範大學 社會工作學研究所 研究生：何思函／碩士
2008	劃界的女性婚姻移民公民權 —— 多元文化女性主義的觀點	國立政治大學 政治研究所／社會及行為科學學門 研究生：李品蓉／碩士
2008	台灣新移民女性之公共參與：賦權的觀點	國立政治大學 國家發展研究所／社會及行為科學學門 研究生：劉玟妤／碩士
2009	公民社會的性別與文化 —— 新移民女性志願團體參與之反思	國立清華大學 人類學研究所／人類學學類 研究生：張蕙雯／碩士
2011	影響新移民女性勞動參與因素之探討：以嘉義縣為例	國立中正大學 勞工關係學系暨研究所 社會及行為科學學門／綜合社會及行為科學學類 研究生：吳彥槿／碩士
2011	新移民政治參與態度與選舉投票意向之研究 —— 以台中市為例	東海大學 公共事務碩士在職專班 研究生：林琼／碩士
2011	泰國移民在台灣的宗教實踐	國立暨南國際大學 東南亞研究所／社會及行為科學學門 研究生：簡筱雯／碩士
2011	新移民女性與越南文化傳承	國立暨南國際大學 東南亞研究所／社會及行為科學學門 研究生：李映青／碩士

年分	主題	學校／學系／姓名
2012	演什麼像什麼的最佳女主角：金鐘影后莫愛芳之個案研究	國立暨南國際大學 東南亞研究所／社會及行為科學學門 研究生：任儀芳／碩士
2016	國立臺灣博物館新住民服務大使博物館經驗研究	國立臺南藝術大學 博物館學與古物維護研究所 研究生：陳怡璇／碩士
2017	博物館近用與社會融合：國立臺灣博物館新住民服務大使計畫研究	國立臺灣藝術大學 藝術管理與文化政策研究所 研究生：劉庭瑋／碩士
2017	博物館與文化平權 —— 以國立台灣博物館為例	元智大學 藝術與設計學系 - 藝術管理碩士班 研究生：林九汝／碩士
2017	台灣地區國立博物館多語服務調查研究	國立臺南藝術大學 博物館學與古物維護研究所 研究生：吳昆霖／碩士

附表三：
東南亞宗教信仰概況（國立臺灣博物館「南洋味家鄉味特展」文案，黃啟瑞、袁緒文 2017）[24]

★ **萬物有靈論（Animism）**：東南亞地區傳統存在數千年的在地信仰，主要相信萬物皆有神靈居住其中，此信仰也表現出東南亞各地對於自然界的互動以及人與人之間互動應該有的尊敬與禮貌。例如：越南中部靠近海岸的鯨魚神靈信仰、緬甸的納特神信仰、島嶼東南亞的各島嶼的傳統神靈與祖靈的故事。而萬物有靈論的信仰，仍與東南亞地區歷史上各階段傳入的宗教和平共存。

★ **印度教（Hinduism）**：2,000 年前傳入南洋地區，其儀典、建築以柬埔寨與印尼巴里島保存得最完整。印尼爪哇島上最著名的印度教寺廟則是位於中爪哇的普蘭巴南寺。

★ **佛教（Buddism）**：西元前 3 世紀由斯里蘭卡傳入。

    1. 大乘佛教（Mahāyāna）：在東南亞華裔族群中廣泛流傳，信徒主要分布於泰國、越南北部、印尼、馬來西亞與新加坡。

    2. 上座部佛教（Theravāda）：在緬甸、泰國、柬埔寨、寮國、越南中南部地區廣泛流傳。

★ **伊斯蘭教（Islam）**：約於 13 世紀傳入，短短 2、300 年間即席捲馬來西亞、印尼與菲律賓民答那峨等地，成為主流信仰。

★ **天主教與基督教**：約 15-16 世紀由歐洲傳教士與歐洲殖民者傳入，最主要盛行於菲律賓，但東南亞各國也均受到相關影響。

---

24 此內容並未正式出版，僅於展覽文案與展示現場中以文字版設計後展出。

附表四：17 世紀之東印度公司一覽表

名稱／起訖年	年代　重要事件
英屬東印度公司 1600-1874	1. 1600 年 12 月 31 日由女皇伊莉莎白一世授權成立。 2. 1680 年代建立武裝力量並逐年擴張。 3. 1689 年控制印度地區的貿易與軍事權。 4. 18 世紀，英國和中國的貿易逆差巨大，因此在 1773 年，該公司在孟加拉取得了鴉片貿易的獨佔權後，並開始將鴉片輸入中國。 5. 1840 年鴉片戰爭，中國割讓香港給英國。東印度公司將其影響擴張到中國、菲律賓和爪哇島。 6. 1757 年到 1857 年持續的有印度民族起義抗爭，該公司更加強於對印度各方面的掌控。 7. 1857 年印度民族起義後，該公司將印度當地管理事務交付英國政府，使得印度成為英國的一個直轄殖民地。 8. 1860 年該公司將所有在印度的財產交付英國政府後公司僅幫助政府從事茶葉貿易。 9. 1874 年 1 月 1 日承接以上，因為該公司在印度地區的業務告一段落，因此解散。
荷屬東印度公司 1602-1799	1. 1602 年成立：為向亞洲發展而成立的特許公司。 2. 1619 年：在爪哇的巴達維亞（今印尼的雅加達）建立了總部，其他的據點設立在東印度群島、香料群島上。 3. 1669 年時，荷蘭東印度公司已是世界上最富有的私人公司是第一家可以自組備兵、發行貨幣的公司，也是第一家股份有限公司，並被獲准與其他國家定立正式的條約，並對該地實行殖民與統治的權力。 4. 1624 年佔領臺灣並於今日的臺南市安平區設立據點，建立臺灣史上第一個外來統治政權。佔領臺灣的期間由 1624 年至 1662 年，直到被明鄭延平王鄭成功打敗為止。 5. 1704-1755 年：歷經第一到第三次的爪哇戰爭。 6. 1780-1784 年荷蘭與英國之間持續進行戰爭。

名稱／起訖年	年代　重要事件
	7. 1799 年 12 月 31 日宣布解散。由於國內對於亞洲貨品的需求量大減，導於荷蘭東印度公司的經濟出現危機並解散，所有財產與殖民地管轄權全部歸回國（荷蘭）有。 8. 1945 年 8 月 17 日：印尼經過 4 年與荷蘭的戰爭，最後脫離荷蘭成為獨立的國家。
法屬東印度公司 1664-1769	1. 1664 成立，主要目的為向英國和荷蘭爭奪在印度殖民地的勢力。 2. 1670-1680 年代：因法荷戰爭失利，公司規模大幅縮減。 3. 1690-1700 年代大部分時間，公司因為在海上直接面對英荷海船的大肆搜捕與掠奪，營易額持續低落。 4. 1713 年因為法荷戰爭結束，公司重新恢復生機。 5. 1715-1723 年的奧爾良公爵主政法國的時期，獲得迅猛的發展與開創，足以跟印度的荷蘭人及英國人對抗。 6. 1769 被法國官方接收管理，但很快地就以破產收場。

製表人：袁緒文。

附表五：
東南亞各國的人口現況（截至 2020 年已超過 66 億人口）

國家	在東協組織中之身分	人口數（2020）依照人數由多至少排列
印尼 Indonesia	創始會員國	273,523,615
菲律賓 Philippines	創始會員國	109,581,078
泰國 Thailand	創始會員國	69,799,978
馬來西亞 Malaysia	創始會員國	32,365,999
新加坡 Singapore	創始會員國	5,850,342
越南 Vietnam	會員國	97,338,579
緬甸 Myanmar	會員國	54,409,800
柬埔寨 Cambodia	會員國	16,718,965
寮國 Laos	會員國	7,275,560
汶萊 Brunei Darussalam	會員國	437,479
東帝汶 Timor-Leste	候選會員國	1,318,445
總計：668,619,840		

CHAPTER

11

國際軟實力評估框架研析及其對臺灣發展國際文化關係的啟示

— 李映霖 —

11.1 前言

在現今資訊化與全球化的時代中，軟實力的形塑與運用，已成為各國在國際競爭與立足的關鍵，國際上也因此發展出許多針對軟實力進行測量評估的研究報告，作為評量各國軟實力的表現。許多國家亦紛紛將其視為是相關政策檢視針砭的參考之一，冀望一則能以此評量各自軟實力在國際社會中的發揮成效以及可再強化的面向；二則更可透過具公信力的國際軟實力調查結果之披露，藉機宣示該國的軟實力，提升其在國際社會中的地位，增加與其他國家（不論是政府、非政府組織或是國民）進行政治互動與經濟活動時的信賴感與好感。

因此，「軟實力」發展至今，已然成為全球相關學術和各國實務政策領域中的焦點議題；身為其核心資源之一的「文化」，更因本身所具有的廣泛外溢效果，[1] 促使諸如「公眾外交」（Public Diplomacy）、「文化外交」（Cultural Diplomacy）[2] 等傳統外交政策的概念，更因此被賦予新的活力，成為各國塑造、提升其國際形象並改善國家對外不論是在經貿、政治或是文化關係時的主要策略之一。其中，尤以「國際

1　值得一提的是，軟實力的權力資源來源雖不僅僅只有「文化」一項，但「文化」是其中最主要的核心概念，並與其他諸如政治價值、制度規範以及教育等人文發展息息相關；且文化政策與文化產業所具有的外溢效果之廣泛與深遠，更是跨及其他政經領域。這也是為何「軟實力」所具有的「吸引力」，會受到學術研究與實務政策上的諸多青睞，一躍成為後冷戰格局中，最為人矚目的第三種權力路徑。

2　目前「文化外交」最廣為被引用的定義，係來自於美國政府藝術與文化中心（Center for Arts and Culture）於 2003 年委託政治科學家 Milton C. Cummings 撰寫出版的《文化外交和美國政府：調查報告》（*Cultural Diplomacy and the United States Government: A Survey*），其定義「文化外交」為：「國家和人民之間理念、資訊、藝術和其他文化層面的交流，以促進雙邊的認識」。

文化關係」（International Cultural Relations）受到的影響最為直接且深遠。

我國近年來亦積極藉由文化治理來累積向外輸出的文化能量，希望以此來強化對外軟實力，並提升國際文化關係。惟至目前為止，我國在國際軟實力評比上的表現，卻始終進步有限，即使在亞洲地區，仍是長期以來居於日本、南韓、新加坡與中國大陸之後，相較於南韓近年來的異軍突起，臺灣始終存在一定程度的進步空間。如何運用臺灣自身豐富多元的文化資源，拓展在國際社會的能見度，實是身處在國際地緣政治上之「權利灰色地帶」的我們，亟需思索的課題。

然而，或出於臺灣往往非調查對象或未列評比結果的核心名單之中等原因，國內討論這些國際評估結果甚至評估框架的人甚少，失去了與軟實力評估的主流知識體系對話的機會，亦不免讓臺灣與國際軟實力的實務評估機制有所脫鉤，難以有效運用調查結果來提升自身的軟實力表現。再加上，「軟實力」涉及的權力資源主要係屬理念而非物質層次，不僅在概念認定上相對模糊，連帶實務測量上亦有其難度，故國際上對於軟實力如何測量，截至目前仍無一致看法。不過，即便如此，許多國家仍是相當倚賴與重視現行主要的國際調查研究結果，甚至將其作為掌握全球局勢以進行國際戰略佈局的參考標的，以藉此改善在國際社會中的地位。

因此，本文即企圖透過國際上主要的軟實力調查報告的比較，研析當中的評估框架，一則藉此釐清當前國際社會中主要常見的軟實力對外投射的主要形式以及最能發揮影響力的運用方式，究竟是一般社會大眾最常接觸到的文化遺產、博物館、文化商品和服務（含媒體通訊）等外顯的文化表徵？抑或是諸如教育、觀光、體育等藝文活動與學術活動的交流互惠？又或是公部門或私部門所表現出的外交行為或是企業形象？

二則再聚焦至此種模式對於臺灣在國際文化關係上的啟示，尤其是除了文化外交等現行傳統作法外，是否仍有哪些新的文化交流形式與議題可作為日後發展對外文化關係時的借鏡與參考，以期藉此提升我國鏈結國際的文化軟實力，強化臺灣在國際社會中的競爭力。

值得一提的是，由於本文關注焦點在於如何藉由軟實力在國際上的評估趨勢，來檢視其發揮影響力的可能模式，以此作為臺灣未來在國際文化關係上的發展借鏡。因此，本文在研究範圍上，僅針對國際上行之有年且具有一定公信力的軟實力評估調查進行研析，而不會延伸至涵蓋硬實力概念、範疇更廣的「國家品牌形象」。例如：Simon Anholt於 2005 年所設計出涵蓋出口等經濟層面的「Anholt-GfK Nation Brands Index」，[3] 以及其後來在 2014 年以聯合國數據為主要資料來源，針對環境、社會、經濟等較大面向進行評估的「Good Country Index」；英國國際品牌評價顧問公司（Brand Finance），綜合各國政府現況及預測數據（含各國人均所得、經濟成長率及政府預算平衡等）所發布的「Brand Strength Index」，以及 2020 年針對包含經濟表現在內之各國國家品牌形象，所新公布的「Global Soft Power

---

3　其全名為「The Anholt– GfK Roper Nation Brands Index」，有學者曾將該指數列為衡量軟實力的指標之一（如 Ruike Xu 曾在 *Alliance Persistence within the Anglo-American Special Relationship: The Post-Cold War Era* 一書中將其視為與「The IfG-Monocle Soft Power Index」同為衡量軟實力的代表性指標，以此評估美國與英國之軟實力消長，詳情請參 Xu, Ruike (2017). *Alliance Persistence within the Anglo-American Special Relationship: The Post-Cold War Era*. London: Palgrave Macmillan.），惟筆者認為該指數因一則以衡量國家總體形象而非軟實力，二則尚包含出口等經濟因素在內（其國家形象指數包含出口（非僅限文化貿易）、政府治理、文化與遺產、人民素質、觀光、投資與移民共六大構面），究其實際已超過原本約瑟夫‧奈伊（Joseph S. Nye）所定義的軟實力範圍，故不列入本文主要的軟實力評估框架的研究範疇中。

Index」[4] 等。此外，由於軟實力本身概念的擴充，即約瑟夫‧奈伊（Joseph S. Nye）以實務現象為主要依據進行推演論證，本身較少再引用其他理論進行詮釋。因此，本文所採用的理論仍主要以約瑟夫‧奈伊歷次所提之軟實力論述為核心，並輔以其他針對軟實力評估框架進行探討等相關期刊論點作為佐證，以免過度旁徵博引他人理論，導致過度詮釋或失焦。凡此均為本文研究限制，特此合先敘明。

11.2 現行國際上三種主流的軟實力評估框架分析

軟實力（soft power）的概念最早為美國政治學者約瑟夫‧奈伊於 1990 年所提出，[5] 主要係指一國除威脅能力（棍子，即以優勢軍力壓迫對方屈服）、利誘能力（胡蘿蔔，即以經濟利益引誘對方上鉤）之外，尚有一種「透過吸引和說服別國服從你的目標，進而使你得到自己

4　同樣的，英國國際品牌評價顧問公司「Brand Finance」所發布的「Global Soft Power Index」，當中軟實力面向的核心支柱，係由商業貿易、政府治理、國際關係、文化與遺產、媒體與傳播、教育與科學、人民與價值等七大構面組成，其中有關商業貿易部分，係已涵蓋諸如經濟成長、稅收、基礎建設等經濟因素在內，究其實際已超過原本約瑟夫‧奈伊所定義的軟實力範圍；此外，該報告至今僅調查二次（2020 年及 2021 年），尚未取得國際社會普遍性的認可與採用，故本文亦不納入分析比較。詳情請參 Brand Finance (2021). *Global Soft Power Index 2021: 15 Nations from MENA Feature*. UK: Brand Finance. Retrieved 25 February, 2021, from https://brandfinance.com/press-releases/global-soft-power-index-2021-15-nations-from-mena-feature

5　Joseph S. Nye 在 1990 年首次提出了軟實力的概念，並在 1991 年出版的《勢必領導：美國權力的變遷》（*Bound to Lead: The Changing Nature of American Power*）一書中，對美國未來的實力進行了分析，認為傳統的經濟和軍事手段已經不足以解釋許多現象，於是提出了軟實力概念。至於有關軟實力理論的系統性闡釋，集中體現在 Nye 於 2004 年出版的專門以《Soft Power》命名的書中。至 2012 年 12 月，Nye 在其為《軟實力》（*Soft Power*）中譯本所寫的序言中，再次對軟實力概念進行了修正。

想要的東西的能力」。此種能力主要來自文化、政治價值以及外交政策等（Nye 2004），以有別於以往偏重現實安全利益所強調的「硬實力」（hard power）觀點，作為另一種可能的權力影響途徑。

而自從美國於 2001 年爆發 911 事件之後，便開始意識到過往單純倚賴軍事與經濟等物質性權力工具，無法繼續有效維繫其世界霸權地位，甚至可能引起反效果。因此，其將「推動國際瞭解」納入 2003 年發表的「2004-2009 戰略計畫」中，並於 2007 年設立「公眾外交及策略傳播政策協調委員會」（PCC-PDSC），開始加強運用新科技傳播美國的價值與政策，並積極推動國際教育文化交流。至此，文化、價值理念等軟實力所帶來的「吸引力」（attraction），成為解決其外交困境的良方。

此外，「軟實力」的提出，亦讓「中型國家」（middle power）或「小型國家」（small power），能夠在國際政治場域中，取得提升其話語權與能動性的可能性，藉由「贏取眾望」（to win hearts and minds）來打造正面、親和的國家形象（national image），達成過往因「硬權力」有限所無法企及的戰略目標。例如歐洲中小國家（如加拿大與荷蘭）透過公眾外交改善整個「西方」在全球輿論和文化競爭中的形象（Rudderham 2008: 8-14）；新加坡推動「水外交」、「全球城市」（Global City）（丁娟 2012：46-49；Koh 2011）以及「智慧城市」（Smart City）以企圖營造其國際性與智慧創新的形象；乃至鄰近的韓國運用影視音等文創產業所營造出的「韓流」（Korean Wave，或 Hallyu）風潮，更是協助其扭轉傳統「動盪地區」形象，轉型成為綜合性的「強國」（Ma, Song and Moore 2012: 5-9）。即便是傳統上極為偏重高階政治（high politics）和正式外交途徑的大國 —— 中國大陸，近年亦積極透過多語言傳媒建設、漢語教學輸出（如孔子學院）、「中國模式」宣傳（如國際關係理論中的「中國學派」）、「一帶一路倡

議」等方式，努力尋求破解「中國威脅論」的負面形象。[6] 可見「軟實力」已一躍成為國際上各國競逐並使用的權力資源，尤其在現今國際規約與建制已漸趨普及化與成熟化的國際社會中，軍事及經濟等硬實力的運用，不僅可能遭受到諸多限制與撻伐，其所帶來的成效也往往不如軟實力來得顯著與深遠。

因此，在各國爭相藉由軟實力的提升來改善自身國際形象的同時，亦隨之衍生各種針對軟實力的「評估框架」及「調查報告」，許多國家主流媒體或智庫，亦廣泛引用並作為衡量各國軟實力乃至於國際地位消長的依據，例如中國大陸的《環球時報》（*Global Times*）[7]、法國的《費加羅報》（*Le Figaro*）[8]、俄羅斯的《皮卡迪報》（*Picreadi*）[9] 以及我國的《中央通訊社》（*CNA*）[10] 等。軟實力排名的更迭，不僅影響該國在國際社會的形象，排名的驟降甚至可能牽動該國相關政治人物的民意聲望（Chang and Wu 2019: 179-202）。所以，瞭解軟實力調查報告甚至是評估框架的發展緣起、評估方式與影響等，不僅有助於洞悉當

6　如 2011 年 10 月召開的中國共產黨第 17 屆中央委員會第六次全體會議即強調：「增強國家文化軟實力、中華文化國際影響力的要求更加緊迫。」2014 年 11 月 28 日，在中央外事工作會議上，習近平總書記更指出「要提升我國軟實力，講好中國故事，做好對外宣傳」。

7　《環球時報》（*Global Times*）創立於 1993 年，是人民日報社主辦的國際新聞報紙，在中國大陸具有相當大的影響力。

8　《費加羅報》（*Le Figaro*）創立於 1825 年，是法國的綜合性日報，亦為法國國內發行量最大的報紙。

9　《皮卡迪報》（*Picreadi*）創立於 2010 年，係為致力發展與支持俄羅斯公共外交和外交事務的非政府組織。其不僅為俄羅斯新興的媒體刊物，更是關注外交事務發展的知識平台，每年都會邀請俄羅斯外交界的知名專家和新興聲音之間進行面對面的辯論。

10　《中央通訊社》（*CNA*）簡稱中央社，是中華民國的國家通訊社，創立於 1924 年，旨在以全民共有之國家通訊社角色，為國內外各界及大眾傳播媒體提供服務，並辦理國家對外新聞通訊業務。

前國際上各國軟實力消長背後所具有的意義，更能藉此掌握軟實力在實務上的運作方式，也就是一般各國民眾普遍接受並重視的軟實力內涵（或更白話稱之為國家表現）。

　　目前國際上針對軟實力進行指數設計與調查排名的機構主要有三個，第一為英國智庫政府研究院（Institute for Government）與英國新銳城市雜誌《單鏡片》（Monocle）共同發布的「全球軟實力調查」（Soft Power Survey），第二為美國南加州外交研究中心聯合英國波特蘭媒體公司所發布的《全球軟實力研究報告》（The Soft Power 30），第三則為西班牙埃爾卡諾皇家研究院（Elcano Royal Institute）所發布的《全球形象報告》（The Elcano Global Presence Report）。這三項國際性調查，雖均著眼於衡量各國軟實力的影響程度，惟側重焦點與評估方式係不盡相同。以下依序針對這三項調查進行簡介，接著再進一步針對三項軟實力評估機制進行綜合分析，以掌握現行國際上主流的軟實力評估模式。

一、「全球軟實力調查」（Soft Power Survey）

　　鑒於 21 世紀初期不少新興國家日漸崛起（如 2009 年成立的金磚國家（BRICs）峰會），挑戰原本居於優勢地位的傳統西方工業國家，再加上英國當時面臨國內財政緊縮的困境，使得英國政府不得不思索有別於傳統軍事與經濟的權力途徑，以持續鞏固其國家對外影響力。因此，便委託智庫政府研究院（Institute for Government）與英國媒體雜誌《單鏡片》（Monocle），由時任政府研究院高級研究員之喬納森・麥克洛里（Jonathan McClory）於 2010 年率先提出「The IfG-Monocle Soft Power Index」，以便掌握軟實力在國際社會的操作空間與有效的運用模式，此亦為全球最早針對國家軟實力進行測量的綜合指數。

　　該指數在形成初期，由於尚在嘗試階段，因此有關軟實力的分析架構與內涵仍較為簡略。在喬納森‧麥克洛里（Jonathan McClory）的主持下，政府研究院（Institute for Government）分別在 2010 年、2011 年與 2012 年出版《The New Persuaders》、《The New Persuaders II》以及《The New Persuaders III》，並逐年調整其評估框架與分析廣度。

　　有關該報告所使用的「The IfG-Monocle Soft Power Index」，其評估方式主要係透過主客觀數據進行計算。在客觀數據部分，以文化（Culture）、外交（Diplomacy）、教育（Education）、政府（Government）、商業／創新（Business/Innovation）共五個指標組成軟實力資源內涵；並再行設計七個主觀指標，即「文化輸出」（Cultural Output）、「飲食」（Cuisine）、「軟實力標誌」（Soft Power Icons）、「國家飛航品質」（National Airline/Major Airport）、「全球領導能力」（Global Leadership）、「設計／建築」（Design / Architecture）、「商業品牌」（Commercial Brands），試圖透過《單鏡片》與英國政府研究院的工作小組，針對各指標進行各國評比，以補強該國實際可能對外展現的軟實力效果。最後再綜合主客觀指標的分數（主觀數據占 30%、客觀數據占 70%）進行最後指數的設算。

　　惟當時由於喬納森‧麥克洛里（Jonathan McClory）認為，軟實力的主觀認知（即實際對外的影響效果）及各組成要素的重要程度相當難以測量，且並無既有文獻指出不同性質的指標對於形塑軟實力的重要性不同，故該報告並未透過迴歸分析或因素分析等方式，進一步計算不同指標的權重。有關其主客觀之指標架構請參下面圖 1 與圖 2。

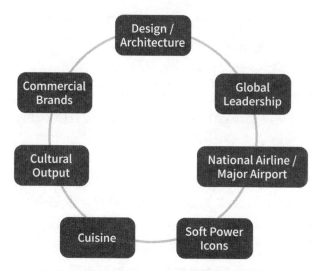

圖 1：「全球軟實力調查」中客觀指標架構

資料來源：作者整理自 McClory, Jonathan (2012). *The New Persuaders III: A 2012 Global Ranking of Soft Power*. London: Institute for Government.

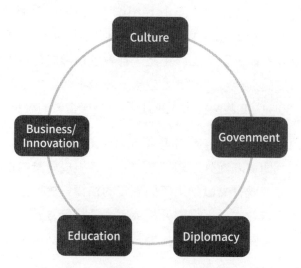

圖 2：「全球軟實力調查」中主觀指標架構

資料來源：作者整理自 McClory, Jonathan (2012). *The New Persuaders III: A 2012 Global Ranking of Soft Power*. London: Institute for Government.

　　而在數據來源部分，其主要來自聯合國旗下機構（如聯合國貿易和發展會議、聯合國開發計畫署（UNDP）、聯合國難民署（UNHCR）、世界旅遊組織（UNWTO）、教科文組織（UNESCO））與世界經濟論壇（WEF）之政府信任指數、世界貿易組織（WTO）、國際足球總會（FIFA）、國際奧林匹克委員會（IOC）以及經濟合作暨發展組織（OECD）、國際唱片業協會（IFPI）、世界銀行的全球治理指標（WGI）、亨利護照指數（Henley Passport Index）[11]、自由之家（Freedom House）之全球自由指數等國際組織以及各國政府單位或智庫（如《世界概況》（*World Factbook*））[12] 與非政府組織或機構（如經濟學人資訊社（EIU）之民主指數、新聞協會（Press Association）及《單鏡片》（*Monocle*）本身既有的研究資料）等。大多數資料源自國際組織歷年發布的調查數據，少部分則來自歐美主要國家的政府單位、智庫以及自身的研究調查。

　　惟該報告後因喬納森・麥克洛里（Jonathan McClory）轉任至英國波特蘭媒體公司擔任亞洲區總經理，並與美國南加州外交研究中心合作，在原本「The IfG-Monocle Soft Power Index」的基礎上將軟實力指數另行擴展成「The Soft Power 30 index」，成為各國衡量軟實力的主要標竿基準之後（詳情請參下文關於《全球軟實力研究報告》的介紹），遂逐漸取代原本「The IfG-Monocle Soft Power Index」在國際上的重要性。後續《單鏡片》（*Monocle*）雖持續發布前 25 名

---

11 其係根據該國公民出國旅遊之自由程度所做的全球性排名，原始名稱為亨氏簽證受限指數（Henley & Partners Visa Restrictions Index，簡稱 HVRI），2018 年後更名為亨利護照指數（Henley Passport Index）。

12 為美國中央情報局（Central Intelligence Agency，簡稱 CIA）建置的國家基本資訊網站，主要目的為提供美國總統基本的國家資訊，作為決策參考，而這些資料也公開的放在網站上提供全世界民眾查閱。該網站共收錄 260 餘國的基本資訊，如地圖、人口、面積等資訊。

的全球軟實力調查（*soft power survey*）結果，但相關評估框架與分析規模，均不若此前來得完整與深入。

二、《全球軟實力研究報告》（*The Soft Power 30*）

誠如前文所言，喬納森‧麥克洛里（Jonathan McClory）轉任至英國波特蘭媒體公司（Portland Communications）擔任亞洲區總經理之後，與美國南加州外交研究中心（Center on Public Diplomacy, USC）以及 Facebook 進行合作，結合約瑟夫‧奈伊觀點，在既有客觀的軟實力資源上，透過民意調查捕捉軟實力在實務上所能發揮的主觀影響效果，將原本「The IfG-Monocle Soft Power Index」進一步擴展成「The Soft Power 30 index」；並於 2015 年逐年發布《全球軟實力研究報告》（*The Soft Power 30*），更邀請到約瑟夫‧奈伊來為其寫推薦序，此係目前國際上最多國家及輿論媒體援引參酌的調查報告。

究其實際，《全球軟實力研究報告》係為當前國際主要的軟實力評估框架中，最貼近約瑟夫‧奈伊有關軟實力概念與運用的評估模式。約瑟夫‧奈伊在 1990 年首次提出軟實力的概念之後，歷經 1991 年的《勢必領導：美國權力的變遷》（*Bound to Lead: The Changing Nature of American Power*）、2004 年的《軟實力》（*Soft Power*）、2008 年的《公眾外交與軟實力》（*Public Diplomacy and Soft Power*）再到 2011 年《權力大未來》（*The Future of Power*）等代表著作，透過不斷調整完備其軟實力的概念，來提升其在實務上的運用空間及解釋能力。

在其《權力大未來》（*The Future of Power*）一書中，約瑟夫‧奈伊強調軟實力須結合「以資源為基礎」以及「以行為結果為基礎」的權力概念進行理解與分析（Nye 2011）。正如同約瑟夫‧奈伊在 2015 年《全球軟實力研究報告》中表示，當一國的外交政策以促進民主、人

權與自由價值為目標時，軟實力能發揮的效果即較硬實力來得優越。尤其在全球化與資訊化的時代下，隨著國際秩序動盪所造成的地緣政治風險，軟實力將成為國際合作交往的關鍵要素。也因此，各國政府不僅須先掌握其可運用的軟實力資源類型，更須瞭解其可發揮功效的運用場域與議題設定（McClory 2015），如此，才能發揮應有的軟實力影響效果。而這亦是《全球軟實力研究報告》一直以來所側重的焦點，也是其之所以採行結合主客觀數據進行綜合分析的主要原因。

申言之，《全球軟實力研究報告》中的「The Soft Power 30 index」係結合客觀資料以及全球民意調查此一主觀數據所綜合產生。客觀資料包含六項指標，即「政府施政」（Government）[13]、「數位環境」（Digital）、「教育環境」（Education）、「企業」（Enterprise）[14]、「文化」（Culture）以及「國際參與」（Engagement）[15]；至於全球民意調查部分，該報告一共設計八項指標，即「對於各國的喜好程度」（Favorability Towards Foreign Countries）、「對於各國飲食的看法」（Cuisine）、「對於各國對其觀光客的歡迎程度之看法」（Friendliness）、「對於各國科技產品之看法」（Technology Products）、「對於各國生產之奢侈品之看法」（Luxury Goods）、「對於各國處理全球事務之信心」（Foreign Policy）、「對於至各國居住、工作或求學之渴望」（Liveability）、「對於各國對全球文化貢獻程度之看法」（Global Culture），並從 25 個國家從中抽取共 12,500 份樣本進行各國評比（以《2019 年全球軟實力研究報告》為例）。[16] 最後再綜合主客觀資料的分數（主觀數據占 35%、客觀數

13　如政府在保障諸如自由、人權、民主、平等政治價值的作為。

14　如投資環境、競爭力、創新力等。

15　如對外交事務的參與，如是否投入解決國際問題等。

16　上述民意調查中的八項指標均透過 0 至 10 的 11 等量表方式進行題目設計。

據占 65%），從 60 個國家中選出軟實力前 30 強國家。因此，其評估項目既包含各種軟實力資源類型（即客觀數據），亦包含實際投射後的能力影響效果（即民意調查之主觀數據），有關整體評估框架請參考圖 3。

這種結合主客觀數據進行軟實力綜合評比的測量模式，雖承襲前述「全球軟實力調查」（Soft Power Survey）之「The IfG-Monocle Soft Power Index」的計算特質，惟前述「全球軟實力調查」（Soft Power Survey）之主觀數據係來自於特定工作小組自行評估，而非全球性的大規模抽樣民意調查，故樣本代表性有限，亦無法真正體現軟實力在公眾外交底下的民意重要性。因此，「The Soft Power 30 index」將其進一步改良成全球民意調查，透過亞洲、歐洲、非洲、大洋洲、美洲等地區的抽樣調查，蒐羅世界各地人民對於各國的喜好程度。這種作法正體現了約瑟夫・奈伊所再三強調的軟實力最常見的運作模式：透過對社會大眾的影響來間接替領導者決策，創造出可行或不可行的環境（Nye 2011）。因此，此種將全球民意主觀認知要素納入軟實力的評估框架，堪稱最能夠完整掌握約瑟夫・奈伊所謂的軟實力內涵之分析圖像（McClory 2015）。

而為進一步準確掌握軟實力實際運作的影響模式，該報告與前述「The IfG-Monocle Soft Power Index」另一個不同點是，其把透過全球民意調查得來的受訪者對於各國的喜好程度作為依變項，另將主觀數據中的七個指標視為自變項進行迴歸分析，最後將得出的各個自變項係數設為主觀數據中各指標的權重。此外，亦將客觀數據中的六個指標視為另一模型的自變項，同樣以受訪者對於各國的喜好程度作為依變項，得出的各自變項係數設為客觀數據中的各項指標之權重。有關主客觀數據中的指標架構與權重分布請參下面圖 4 及圖 5。

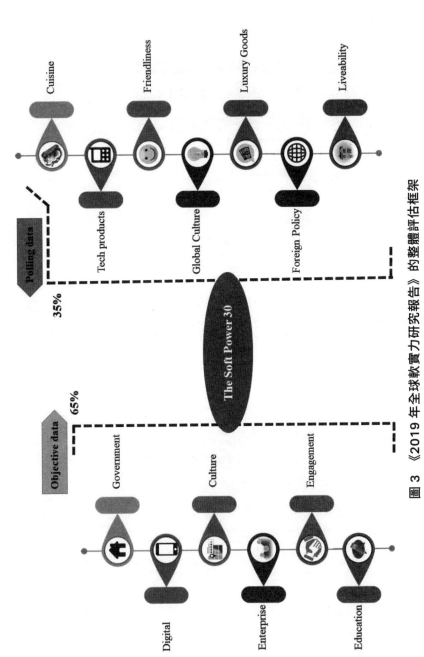

圖 3 《2019 年全球軟實力研究報告》的整體評估框架

資料來源：作者整理自 McClory, Jonathan (2019). *The Soft Power 30: A Global Ranking of Soft Power 2019.* London and New York: Portland.

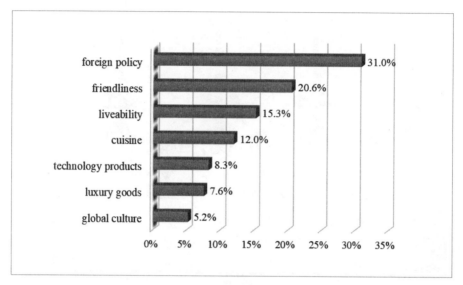

圖 4：《2019 年全球軟實力研究報告》中主觀數據之指標架構及其權重分布

資料來源：作者整理自 McClory, Jonathan (2019). *The Soft Power 30: A Global Ranking of Soft Power 2019*. London and New York: Portland.

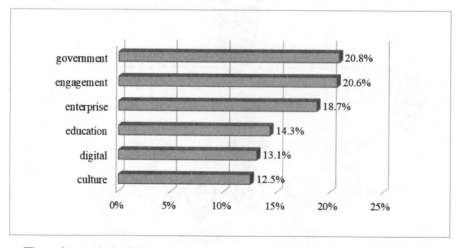

圖 5：《2019 年全球軟實力研究報告》中客觀數據之指標架構及其權重分布

資料來源：作者整理自 McClory, Jonathan (2019). *The Soft Power 30: A Global Ranking of Soft Power 2019*. London and New York: Portland.

　　《全球軟實力研究報告》（*The Soft Power 30*）從 2015 年發布至今已發行五份。在目前最新《2019 年全球軟實力研究報告》中，[17] 以當年度的軟實力排名來說，法國位列第一，其次分別是英國、德國、瑞典、美國、瑞士、加拿大、日本與澳洲以及荷蘭等；若進一步比較歷年排名的話，可以看出名次下降幅度較大的國家有美國、加拿大，至於其他如瑞士、瑞典與韓國等國家則是排名逐年穩定上升。

　　此外，值得一提的是，由於《全球軟實力研究報告》（*The Soft Power 30*）每年都會針對當年度重要議題或是新興崛起的軟實力重點地區／國家進行深入分析。其中，《2019 年全球軟實力研究報告》和《2018 年全球軟實力研究報告》中，即針對亞洲進行深入探討，臺灣則連續兩年蟬聯亞洲第五名（2019 年與 2018 年的亞洲軟實力前十強的排名相同，均依序為日本、南韓、新加坡、中國大陸、臺灣、泰國、馬來西亞、印度、印尼、菲律賓），[18] 惟報告中僅針對日本、南韓、新加坡、中國大陸及印度進行詳細介紹，未曾進一步針對臺灣進行分析。

三、《全球形象報告》（*The Elcano Global Presence Report*）

　　《全球形象報告》（*The Elcano Global Presence Report*）係由西班牙的埃爾卡諾皇家研究院（Elcano Royal Institute）所發布。埃爾卡諾皇家研究院（Elcano Royal Institute）是由西班牙外交部、經濟部、國防部、教育部、文化和體育部以及公共鐵路公司 RENFE 於 2001 年 11 月 26 日成立的私人基金會，主要成立宗旨係由西班牙、歐

---

17 目前最新可查閱到的《全球軟實力研究報告》（*The Soft Power 30*），仍為 2019 年的調查報告，推測可能因 COVID-19 疫情使得調查工作乃至於報告發布時間因而延長（詳情請參閱 https://softpower30.com/ 以及 https://uscpublicdiplomacy.org/publications，檢索日期：2021 年 5 月 30 日）。

18 臺灣在 2018 年時的軟實力分數為 47.25，2019 年時則為 48.11，均位居亞洲第五名。

盟甚至是全球視角出發，針對全球趨勢進行國際與戰略研究，期能增進
政府部門與一般私人企業、非政府組織和專家學者等對於當前國際局勢
的瞭解。

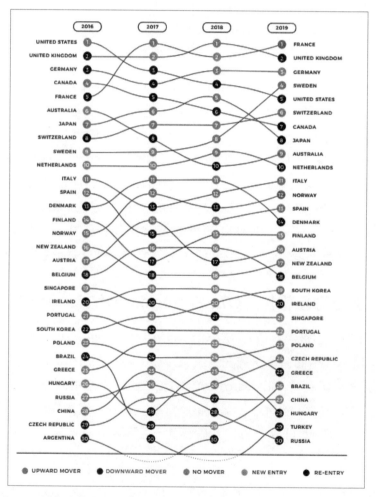

圖 6：《2019 年全球軟實力研究報告》中從 2016 年至 2019 年的各國軟實力排名
變化趨勢

資料來源：McClory, Jonathan (2019). *The Soft Power 30: A Global Ranking of Soft Power 2019*.
London and New York: Portland.

　　而考量到冷戰結束後，全球格局由原本美蘇對抗的二極體系開始進入一超多強的多極體系，為有效掌握漸趨複雜的世界秩序並進一步瞭解全球化趨勢以及各國／地區在全球化中的屬性與定位，埃爾卡諾皇家研究院於 2011 年首先出版《The Elcano Global Presence Index》報告，並衡量從冷戰結束後的 1990 年起，每隔 5 年全球各主要國家的「The Elcano Global Presence Index」，並自 2010 年後起改為每年評估與追蹤，於 2012 年開始對外出版《全球形象報告》（*The Elcano Global Presence Report*），至今已累積共 14 年的數據資料。

　　該報告以各國 GDP 排名作為是否納入評估對象的主要篩選標準，並輔以區域平衡考量，逐年擴大調查範圍（即國家數量）；而由於該報告側重各國甚至是各區域對於全球影響力的變化，故將國家形象分為「軍事」（Military Presence）、「經濟」（Economic Presence）以及「軟實力」（Soft Presence）三大構面，其中，在「軟實力」底下，係包含「移民」（Migration）、「旅遊」（Tourism）、「體育」（Sport）、「文化」（Culture）、「資訊」（Information）、「技術」（Technology）、「科學」（Science）、「教育」（Education）以及「發展合作」（Development Cooperation）共計 9 項衡量指標。[19] 而有關軍事、經濟與軟實力三大構面之權重以及其下各指標之權重分配，主要係來自於五大洲各地智庫共計 150 位國際關係專家學者所作之問卷調查的綜合結果，其於 2011、2012、2015、2018 年均曾進行調查與更新，以確保各指標之重要程度能與時俱進地反映國際趨勢。換言之，該報告捨棄一般常見以因素分析或迴歸分析等量化方式，而改以兼具質性分析的全球專家學者評比方式來進行

---

19 值得一提的是，《全球形象報告》究其實際雖延伸至涵蓋硬實力概念、範疇更廣的「國家品牌形象」調查。惟因其綜合形象指數乃源於軍事、經濟與軟實力三者，對其中「軟實力」概念的衡量係屬獨立評估，可單獨抽離並另行與其他軟實力評估框架進行比較分析，因此，本文仍將《全球形象報告》列為評比研究的對象之一。

指標權重的設計，以提高測量評估的信度與效度。該報告亦是現行有關軟實力的主流評估框架中，少數結合質性與量化方式進行分析的調查。有關其指標架構與權重分布請參下圖 7。

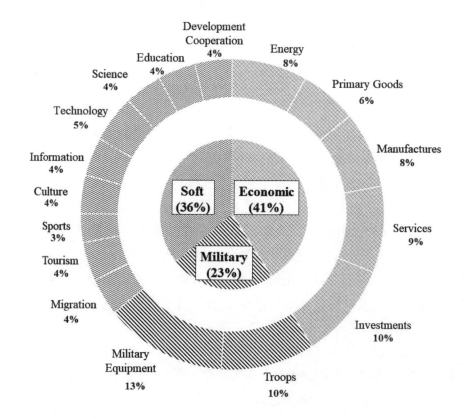

圖 7：2019 年 The Elcano Global Presence Index 中的指標架構及其權重分布

資料來源：作者整理自 Elcano Royal Institute (2020). Retrieved 21 October, 2020, from https://blog.realinstitutoelcano.org/la-ue-como-potencia-blanda/

　　不過，該報告採用的數據仍係屬客觀資料，其數據來源主要來自於聯合國旗下機構（如聯合國貿易和發展會議、世界旅遊組織（UNWTO）、國際電信聯盟（ITU）、世界智慧財產權組織（WIPO）、教科文組織

（UNESCO））與世界貿易組織（WTO）、國際足球總會（FIFA）、國際奧林匹克委員會（IOC）以及經濟合作暨發展組織（OECD）等國際組織以及國家智庫（如國際戰略研究院（IISS）），主要係屬透過次級資料來源所彙整而出的客觀數據。

以最新一期的《2019 年全球形象報告》為例，[20] 該報告共調查 130 個國家。[21] 其中，各國在軟實力表現與經濟表現上的排名，與其全球形象表現上的排名較為類似，前十名主要是早期傳統的工業化國家。其係以美國高居榜首，遙遙領先其他國家，其次分別是中國大陸、英國、德國、日本、法國、加拿大、義大利、俄羅斯以及土耳其等。其中，土耳其因為其觀光吸引力，使其軟實力排名位居第十名，明顯優於其他面向的排名（相較其全球形象排名僅位居第 18 名，而經濟排名則位居第 32 名）。

此外，值得一提的是，該報告不僅有針對各國的「The Elcano Global Presence Index」，尚有專門衡量歐盟對外影響力的「The Elcano Global Presence Index Calculated for the European Union」以及歐盟內部各成員國間的「The Elcano European Presence Index」。因此，其為歐盟有關各國形象與影響力研究報告中，最常拿來援引參考的資料之一。

---

20 目前最新可查閱到的《全球形象報告》（*The Elcano Global Presence Report*），仍為 2019 年的調查報告，推測可能因 COVID-19 疫情使得調查工作乃至於報告發布時間因而延長（詳情請參閱 https://www.globalpresence.realinstitutoelcano.org/en/，檢索日期：2021 年 5 月 30 日）。

21 惟當中並沒有臺灣。

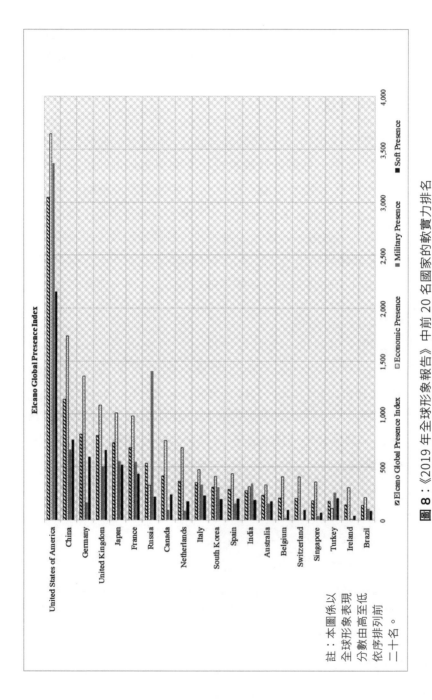

圖 8：《2019 年全球形象報告》中前 20 名國家的軟實力排名

資料來源：作者整理自 Elcano Royal Institute (2020). Retrieved 21 October, 2020, from https://www.globalpresence.realinstitutoelcano.org/en/download.

註：本圖係以
全球形象表現
分數由高至低
依序排列前
二十名。

四、綜合分析

透過前述的爬梳分析可知，最早關於軟實力的評估報告 ——「全球軟實力調查」（Soft Power Survey），係來自於英國因當時國力下降，故不得不重新思索另一套有別於傳統軍事與經濟的權力途徑，以試圖持續鞏固國家對外影響力。因此，除了著手改善當時的外交政策，建置衡量軟實力的評估機制亦成為其關鍵任務。最明顯的例子即是其在經歷 2005 年 7 月 7 日「倫敦大爆炸」和 7 月 21 日「倫敦策劃爆炸」後，開始將原本英國文化協會（The British Council）在歐洲的經費，轉移約三成至穆斯林國家，如關閉歐洲國家的辦事處、圖書館和訊息中心，以及取消相關傳統藝文活動和訪問等。期能消弭穆斯林社會對英國社會的誤解，並防止極端主義者（extremists）向穆斯林青年灌輸認同蓋達恐佈組織的行為。

其後因「全球軟實力調查」（Soft Power Survey）的主要執行人員喬納森・麥克洛里（Jonathan McClory）轉任至英國波特蘭媒體公司（Portland Communications），與美國南加州外交研究中心（Center on Public Diplomacy, USC）以及 Facebook 進行合作之後，開始修正並將原本「The IfG-Monocle Soft Power Index」擴展成「The Soft Power 30 index」。因此，誠如前文所言，「全球軟實力調查」（Soft Power Survey）與《全球軟實力研究報告》（*The Soft Power 30*）雖都同樣結合主客觀指標，但兩者之間最大的不同點在於，第一、後者《全球軟實力研究報告》（*The Soft Power 30*）之主觀指標數據取樣於民意調查，故樣本代表性較高；第二、兩者指標架構相似，但後者在客觀指標上，多了「數位環境」（Digital），並針對樣本對象調整相關問項，故主要以圍繞在「對於各國的喜好程度」（Favorability Towards Foreign Countries）為核心的面向展開調查，諸如「對於至各國居住、工作或求學之渴望」（Liveability）、「對

於各國對其觀光客的歡迎程度之看法」（Friendliness）等構面；第三、後者係肯認不同性質的指標對於形塑軟實力的重要性不同，故透過迴歸分析將各自變項係數設為主客觀數據中各指標的權重，以期準確掌握軟實力實際運作的影響模式。

而《全球形象報告》（*The Elcano Global Presence Report*）則是基於對後冷戰時代之全球秩序的瞭解需求，為有效掌握各國／地區在全球化中的屬性與定位，將形塑國家形象的關鍵要素，區分成「軍事」（Military Presence）、「經濟」（Economic Presence）與「軟實力」（Soft Presence）三大構面，並藉由全球專家學者的評比，來進行指標權重的設計。因此，其僅關注於客觀指標數據，亦即影響國家形象的「各種不同類型的權力資源分布」，而較不重視社會大眾所感知並認可的權力運作方式（不論是軍事、經濟或軟實力皆是如此）。由此觀之，基於各調查報告彼此評估目的不同，所選擇的評估方式與呈現的評估特色亦不盡相同。茲將三種國際主流軟實力調查報告的發布機構、評估指數、評估方式、評估目的乃至於評估特色及對全球影響力等之比較，綜整如表 1。

大體來說，由於「全球軟實力調查」（Soft Power Survey）與《全球軟實力研究報告》（*The Soft Power 30*）的評估框架系出同源（均出自喬納森‧麥克洛里（Jonathan McClory）的設計），因此評估框架及調查出的排名分布較為相似，卻與《全球形象報告》（*The Elcano Global Presence Report*）差異較大。

主要不同點在於，第一、由於《全球形象報告》（*The Elcano Global Presence Report*）的各指標權重的設算方式係參考自全球各地的國際關係學者綜合意見，因此，設算出的各指標權重分布與一般學界所認知的各項軟實力資源的影響模式較為接近（以 2018 年的指標權

重分布來說，則是文化＝資訊＝技術＝科學＝教育＞移民＝旅遊＞發展合作＞體育；而以 2019 年的指標權重分布來說，則為技術＞發展合作＝教育＝科學＝資訊＝文化＝旅遊＝移民＞體育），卻與奠基在民意認知上的《全球軟實力研究報告》（The Soft Power 30）中的各指標權重分布大相逕庭（即政府施政＞國際參與＞企業＞教育環境＞數位環境＞文化）；第二、兩者的評估指標與相應次指標架構以及操作型定義亦不盡相同，如《全球軟實力研究報告》（The Soft Power 30）將米其林星級餐廳的數量，作為衡量「文化」底下有關飲食吸引力的次指標，造成彼此評比出的軟實力排名隨之不同（如 2019 年《全球形象報告》（The Elcano Global Presence Report）的軟實力排名中，前五名依序是美國、中國大陸、英國、德國、日本，而同年度《全球軟實力研究報告》（The Soft Power 30）中的軟實力排名則是法國、英國、德國、瑞典以及美國，至於中國大陸則排在第 27 名）。

　　由上可見，鑒於各調查報告所選擇的評估框架不同，連帶造成計算出的軟實力排名亦有所差異。目前國際上現行三種主流軟實力評估調查中，係以《全球軟實力研究報告》（The Soft Power 30）最受各國矚目，據以援用並引以為施政參考的頻率亦是最高；其次分別為《全球形象報告》（The Elcano Global Presence Report）以及「全球軟實力調查」（Soft Power Survey）。之所以如此主要原因在於，該調查的立論依據係最為貼近約瑟夫・奈伊所主張的軟實力內涵。這也是約瑟夫・奈伊親自為其撰寫推薦序，並參與其中專題文章敘寫的原因之一。

◎表1 三種國際主流軟實力調查報告之比較分析

	「全球軟實力調查」(Soft Power Survey)	《全球軟實力研究報告》(The Soft Power 30)	《全球形象報告》(The Elcano Global Presence Report)
發布機構	英國智庫政府研究院 (Institute for Government) 與英國媒體雜誌《單鏡片》(Monocle) 聯合發布。	英國波特蘭媒體公司 (Portland Communications) 與美國南加州外交研究中心 (Center on Public Diplomacy, USC) 以及 Facebook 合作發布。	西班牙的埃爾卡諾卡諾皇家研究院 (Elcano Royal Institute) 所發布。
評估指數	2010 年提出「The IfG-Monocle Soft Power Index」。	將原本「The IfG-Monocle Soft Power Index」進一步擴展成「the Soft Power 30 index」。	2011 年出版「The Elcano Global Presence Index」報告，將國家形象分為三大構面，即軍事、經濟與軟實力，其中文化即為軟實力中的一項。
評估方式	1. 結合主客觀數據計算： ● 客觀指標：商業／創新、文化、政府、外交、教育共五個指標組成軟實力資源內涵。 ● 主觀指標：設計／建築、軟實力標誌、全球領導能力、飲食、國家飛航品質、商業品牌。	1. 結合主客觀數據計算： ● 客觀資料：政府施政、數位環境、文化、企業國際參與以及教育環境。 ● 主觀資料（全球民意調查）：對於各國的喜好程度、對於各國飲食的看法、對於各國對其觀光客的歡迎程度之看法、對於各國科技產品之看法、對於各	1. 在「軟實力」構面底下的指標為： ● 移民、旅遊、體育、文化、資訊、技術、科學、教育以及發展合作。 ● 僅有客觀指標而無主觀指標或數據。

評估方法（續）	2. 軍事、經濟與軟實力三大構面之權重以及其下各指標之權重之分配，係由全球各地智庫共計150位國際專家學者所作之問卷調查之綜合結果。	國生產之看法、對於各國處理全球事務之信心、對於至各國居住、工作或求學之渴望、對於各國對全球文化的貢獻程度之看法。 ● 最後再結合各客觀資料 (65%) 以及全球民意調查 (35%) 此一主觀數據所綜合產生。 2. 針對全球民意調查進行迴歸分析，並將各自變項係數設為主客觀數據中各指標的權重。	● 主觀指標的分數係由《單鏡片》與英國政府研究院所研究的工作小組，針對各指標進行各國評比，以補強該國實際上可能對外展現的軟實力效果。 ● 最後再綜合各主觀指標的分數 (主觀數據占 30%、客觀數據占 70%) 進行最後指數的設算。 2. 主客觀指標的權重均等值。
評估目的	掌握後冷戰時代漸趨複雜的世界秩序並進一步暸解全球化趨勢以及各國／地區在全球化中的屬性與地位。	掌握當前各主要國家的軟實力面貌與消長。	掌握軟實力在國際社會的操作空間與有效的運用模式。
評估特色	將全球各地國際關係學者意見匯整，讓各指標分布為各指標權重的方式，即各軟實力資源的影響程度較相似，即技術＝資訊＝教育＝科學＝體育。＞發展合作＝旅遊＝移民＝文化。	將全球民意主觀認知要素納入評估框架，最能符合所認為的軟實力認知的誌夫，奈伊所認為的軟實力分析所圖項；此外、更附重對於軟實力實際所能發揮的影響程度。	納入較常被一般民眾視為是文化表徵的指標，如設計／建築、文化輸出與軟實力標誌 (如貝克漢等明星) 等。
對於全球的影響力	為歐盟有關各國形象與影響力研究報告中最常拿來援引參考的資料之一。	目前國際上最多國家及輿論媒體援引參酌的調查報告。	全球最早針對國家軟實力進行測量的綜合指數。

463

11.3 軟實力在當前國際社會中的運作模式

在對於國際主流的軟實力評估框架有所瞭解之後，本文再進一步歸結出其在實務運作上所呈現出的趨勢與特點，以勾勒出當前國際社會所普遍公認的軟實力運作模式。研究發現，軟實力在當前國際社會中的運作模式，大體上呈現幾項共通特點，本文將其分為「軟實力對外投射的主要形式」、「背後所體現出的價值體系」以及「實務上最具影響力的運用方式」三大層面進一步說明，以期掌握國際上所重視的軟實力面向與常見執行模式。

一、軟實力對外投射的主要形式

約瑟夫·奈伊認為，國際上主要的權力類型分為「軍事」、「經濟」以及「軟實力」三種。在資訊化與全球化與日俱增的時代中，軟實力所能發揮的空間與運作成效，將越來越優於其餘兩者。而軟實力主要來自於文化、政治價值以及外交政策（Nye 2004）。其最常見的運作模式係為透過對社會大眾的影響，來間接替領導者決策創造出可行或不可行的環境（Nye 2011）。故軟實力運作成功與否，關鍵在於如何適當的透過轉換策略，將其資源內涵充分發揮，使社會大眾能確實感受到，進而被吸引以影響其觀念或行為。

然而，在實務運用上，身為軟實力其中要素的「外交政策」，雖某種程度可視為是體現軟實力的資源或是形式之一，但同時亦是種國家意志對外展現的工具，可乘載的權力資源不僅止於軟實力，亦可用於軍事或經濟等硬實力，例如武力脅迫或是經貿制裁也算是種國家對外的外交政策，實較難據以代表作為展現軟實力獨有的「說服與吸引力」效果。因此，為更好掌握實務運作上軟實力對外投射之主要形式，國際上主流

的軟實力評估框架均不約而同在約瑟夫‧奈伊提出的三種資源類型上，進一步予以轉化與延伸，結合可行的轉換策略／途徑，以便讓軟實力藉此最大程度的發揮「吸引力與說服力」，以確實呈現出軟實力在實務運作上的整體圖像。

透過前述分析可發現，大體國際上主流軟實力評估調查所認為的軟實力對外投射的主要形式，主要為「文化」（包含藝術、飲食、影視音等文化商品與服務（含媒體通訊）以及透過體育和觀光等進行的國際文化接觸）、「教育」（高等教育的品質及吸引國際學生的能力）、「創新」（科學（自然、社會與人文學科出版品的產出）與技術的發展程度）、「國際參與」（參與國際事務的程度及對環境永續發展的貢獻）以及「國家治理」（包含保障自由民主及人權等政治價值以提升政府施政能效之程度，以及保障自由競爭等工作環境以促進企業經商與投資效益的程度）五大類。

其中，「文化」、「教育」與「創新」較屬於主觀層面的知識價值，係屬較廣義的文化範疇。[22] 而「國際參與」和「國家治理」則較擴及政府透過對外與對內途徑以試圖發揮軟實力的管道，故屬於較著重制度層面以強化軟實力影響效果的轉換策略，俾利有效「傳遞並凸顯」前述這些主觀價值，讓目標方充分感知到你所具有的國家特質，進而受到吸引與說服。但不論是「文化」、「教育」與「創新」這種主觀價值，抑或是「國際參與」和「國家治理」此種轉換策略，均為軟實力能否有效展

22　如英國宗教人類學家愛德華‧泰勒（Edward Burnett Tylor）在《原始文化》一書中的定義：「文化或文明就其廣泛的人種學意義而言，是一個複雜整體。包含知識、信仰、藝術、道德、法律、風俗及作為社會成員的人所獲得的才能和習慣。」此外，美國人類學家克拉克（C. Clark）亦在前述基礎上進行擴充，主張「文化是一種淵源於歷史的生活結構體系，為集團成員所共有，包含這一集團的語言、傳統、習慣和制度，包括思想、信仰、價值，以及他們在物質工具和製造物中的體現」。

現的關鍵要素，係可視作軟實力在實務運作上的廣義資源內涵或對外投射之主要形式，只是側重面向不盡相同罷了。

因此，國際上主流的軟實力評估框架除了既有的「文化」、「教育」與「創新」等主觀價值之外，亦會或多或少包含「國際參與」或「國家治理」等轉換策略，以真實測量軟實力在國際社會中的主要形式，只是著重程度有所差異。如《全球形象報告》（*The Elcano Global Presence Report*）傾向聚焦「文化」、「教育」與「創新」等主觀價值的評估，而較不重視「國際參與」；但「全球軟實力調查」（Soft Power Survey）（即「The IfG-Monocle Soft Power Index」）與《全球軟實力研究報告》（*The Soft Power 30*）等評估框架，則是較為強調「國際參與」和「國家治理」，其次才是「文化」、「教育」與「創新」等主觀價值。

二、背後所體現出的價值體系

綜觀國際上常見的軟實力評估框架及其細部的次指標與操作型定義可知，究其實際，軟實力評估框架仍是種奠基在自由民主與資本主義市場經濟等西方主流價值觀下的產物，係屬西方文化霸權的體現，並有利於維繫和強化其當前主要的發展趨勢（如新興科技與相關權利保障），尤以《全球軟實力研究報告》（*The Soft Power 30*）最為明顯。此係體現在以下面向：

（一）調查報告之研究數據來源主要來自於歐美國家

根據研究指出，《全球軟實力研究報告》（*The Soft Power 30*）中，不論是主觀數據或是客觀數據來源，其分布之地理位置大致上以歐美為核心，故較容易受到歐美國家的意識型態和傳統價值觀影響（Chang and Wu 2019: 179-202），有助於強化西方國家的世界觀在

國際體系中的論述地位，以合法化其本身的價值取向，使歐美國家的政治價值、經濟模式甚至是主導的文化產製方式，成為衡量當下各國軟實力高低的唯一標準。不僅讓歐美國家獨佔該領域論述的話語權，更進一步藉此鞏固了西方文化霸權，作為其行銷國際與提升競爭力的有利媒介。

(二) 指標框架中的指標定義仍多少體現出歐美一貫重視的政經利益

由於現行國際上主流的軟實力評估框架均為西方歐美國家所做，故有關指標的選取及操作型定義上的設計，大體上仍體現其固有的國家中心論思維，且以其傳統重視的政經利益的保障為主，如「全球軟實力調查」（Soft Power Survey）與《全球軟實力研究報告》（*The Soft Power 30*）特別加入了「政府」及「商業」或「企業」等以「國家」為主要能動者的評估指標，即便其中的「商業」或「企業」等指標看似以民間機構為主，但其操作型定義仍是側重「國家」對於企業經商環境中的保障程度。此外，有關「政府」指標的操作型定義，較聚焦於各國政府對於自由、民主等政治價值的維護與保障程度，卻並未涉及政府在文化治理上的成效等其他施政層面；而在「商業」或「企業」指標的操作型定義上，則聚焦於保障自由競爭市場以促進企業經商與投資效益的程度，但卻未關切企業在諸如藝文等公益事業上的社會回饋機制之保障程度。

(三) 指標框架中的次指標選擇有利歐美國家強化當前主要發展趨勢

除了前文所言，有關軟實力評估框架中的數據來源與指標定義，很大程度上體現西方主流的價值觀之外，連帶評估框架中的次指標選擇，也多半以歐美國家當前著重的發展趨勢為主。如《全球軟實力研究報告》（*The Soft Power 30*）在 2017 年時，其 Soft Power 30 Index 新增米其林星級餐廳的數量，作為衡量「文化」底下有關飲食吸引力

的次指標，這使得當年度法國的軟實力排名由 2016 年的第 5 名躍升到第 1 名（Chang and Wu 2019: 179-202）。即有研究指出，米其林認可的餐廳，很大程度上分佈在歐洲，且大多數三星級餐廳的廚師都出自法國（Lane 2011），逕自以歐陸主流飲食風潮 ——《米其林指南》（*Michelin Guide*）作為衡量各國飲食文化發展高低的主要指標，不免使人質疑其將法式料理（haute cuisine）視為體現全球精緻飲食文化的準則（Mennell 1996）之客觀性與正當性。此外，這些評估報告亦將數位科技的發展、專利權的多寡等體現西方主流趨勢發展（如新興科技與相關權利保障）的產物作為衡量指標，某種程度高度吻合歐美國家當前提倡的政策走向，係相當有利於其繼續維繫並強化目前發展趨勢。

三、實務上最具影響力的運作方式

約瑟夫・奈伊曾指出，軟實力須結合「以資源為基礎」以及「以行為結果為基礎」的權力概念進行理解與分析（Nye 2011）。因此，不僅各國所擁有的軟實力客觀資源重要，連帶目標方能否有效感知（即主觀認知）亦相當重要。故前文分析之國際上三種主流軟實力評估框架中，最能充分體現這種結合主客觀要素的作法，當屬《全球軟實力研究報告》（*The Soft Power 30*）。

至於「全球軟實力調查」（Soft Power Survey）中的「The IfG-Monocle Soft Power Index」，雖也結合主客觀數據進行評估，惟其主觀數據主要來自研究團隊本身人員，未必符合全球民意此一母群特性與意向。而《全球形象報告》（*The Elcano Global Presence Report*）雖試圖透過世界各地專家學者對於各指標影響程度的看法調查，作為捕捉「以行為結果為基礎」的權力運作之主觀認知成分，惟僅止於調整指標間的權重關係，有關各國最後的形象排名，仍主要奠基在

客觀數據上,而非社會大眾的感受認知,故能確實反映的成效有限。

　　因此,為進一步掌握社會大眾實際上最能肯認並受到吸引的軟實力樣態,亦即軟實力在實務執行上最能發揮影響力的運用方式,本文遂以《全球軟實力研究報告》(*The Soft Power 30*)的評估框架作為主要分析標的,提出以下研究發現:

(一) 透過國家主導的軟實力運用,比一般透過公民社會或歷史人文所孕育而成的軟實力內涵,更容易被國外民眾所認知並重視

　　之所以如此,可能係由於一般社會大眾較為重視國家此一具強制性的權力主體作為(如對外的國際參與及對內的國家治理),甚過於對自身權益較不會產生立即性影響的知識價值之培養(如文化、教育與創新)。因此,若要有效發揮一國軟實力,首要之務是先藉由政府透過公權力積極引領對外國際參與及對內國家治理。再加上,近年全球性的天災人禍不斷,自 2018 年中開始的美中衝突乃至於 2019 年年底的新冠肺炎(COVID-19)疫情,在在提醒著世人全球風險社會的到來,面對全球化下的共同議題,尤須各國通力合作以解決困境。因此,即便有反全球化或保護主義興起之跡,惟對於一般民眾來說,各國本身的國內治理連帶表現在外的國際參與積極度與釋放出的國際善意,仍是其考量評價一國形象的關鍵因素。

　　此外,在國家作為上,大體來說,一般社會大眾較看重由大政府型態主導下的國家治理,如《全球軟實力研究報告》(*The Soft Power 30*)中,亞洲的新加坡、日本、南韓等資本主義發展國家(capitalist developmental state, CDS)[23] 在「企業」指標的表現最好,分別位

23　所謂資本主義發展國家(capitalist developmental state, CDS)係基於後發國家立場,所採取的高度干預與調控而創造出的資本主義,係有別於英美式的自由放任資本

列第一名（新加坡）、第七名（日本）與第九名（南韓）；而在「政府」表現上，則同樣是較為強調政府統籌角色的社會福利國家名列前茅，如瑞士（第一名）、挪威（第三名）、瑞典（第四名）、丹麥（第六名）及芬蘭（第七名）等。

（二）在國際文化關係中，仍以外交途徑所能發揮的軟實力影響效果最大

「國際文化關係」（International Cultural Relations）顧名思義是在探討不同國家之間或國家與民間組織之間，或者是不同民族文化陶養下之個人間的互動與交流關係；其互動方式涵蓋官方的文化外交，以及非官方／民間的交流活動。Chartrand（1992）亦曾對國際文化關係進行跨國分析，並將國際文化事務或國際文化關係區分為「文化外交」、「文化商品與勞務流通」、「國際藝術文化活動與學術交流」三種層次。因此，國際文化關係的範疇遠較傳統文化外交來得廣泛，舉凡國際文化組織的參與（如聯合國教科文組織中的多邊文化會談），國際文化條約的締結或是文化交流計畫的執行、藝文團體的跨國演出，文化商品（如藝術商品、書籍、音樂、電視與電影等）與相關服務的跨國流通、國際藝文節慶活動或體育賽事的交流，乃至於當今頻繁的觀光旅遊與學術交流互訪等，均為國際文化關係所涵蓋的內涵。

而若從《全球軟實力研究報告》（*The Soft Power 30*）的客觀指標權重分布可發現，有關影響受訪者對於各國喜好程度的主要因素，依其影響程度大小依序為「政府施政」（Government）、「國際參與」（Engagement）、「企業」（Enterprise）、「教育環境」（Education）、「數位環境」（Digital）、「文化」（Culture）。其中，

主義（Anglo-American model of laissez faire capitalism）。

與「國際文化關係」較具實質關係者分別為「國際參與」、「教育環境」、「數位環境」以及「文化」。而因該報告中衡量「文化」之次指標係包含觀光、文化商品和服務、博物館、文化遺產以及體育等傳統上一般民眾所認知的文化內涵；若需要再進一步區別箇中因素的影響程度差異，可再輔以《全球形象報告》（*The Elcano Global Presence Report*）近年來有關軟實力構面底下各衡量指標權重之變化，可發現影響程度依序為「文化商品和服務」、「旅遊／觀光」以及「體育」。綜上觀之，實務上在國際文化關係中，各項軟實力資源在其中所能發揮的影響效果，大致上依序為：

1. 以政府為主體展現的文化外交或公眾外交、甚至是數位外交。

2. 教育性質的學術交流。

3. 科學（自然、社會與人文學科出版品的產出）與技術的發展程度。

4. 一般社會大眾最常接觸到的文化遺產、博物館、文化商品和服務（含媒體通訊）等外顯的文化表徵。

5. 觀光、體育等藝文活動交流。

可見在國際文化關係中，以政府為主體所企圖展現的外交形象／國際參與，仍為影響力最大的軟實力；其次係為教育與科技等知識性交流，最後才是一般社會大眾最常接觸到的文化商品等外顯文化表徵與藝文活動。即如同 Zogby（2002）曾指出，依蓋洛普民意調查顯示，雖然多數阿拉伯國家的民眾推崇美國的科技、民主自由以及影視等文化商品與教育等，但對美國的「以色列－巴勒斯坦」政策和反恐戰爭卻不以為然，進而影響其對美國的國家印象。足見「對外政策」本身仍是左右

民眾對一國形象認知的核心要素之一。²⁴ 因此，在國際文化關係中，以政府為主導力量所對外展現的外交行為（如基於某種價值觀或政策導向的國際行為），其對於他國民眾的影響號召，係大過於一般文化遺產、博物館、文化商品和服務（含媒體通訊）等外顯的文化表徵以及觀光、體育等藝文活動交流。而教育性質的學術交流以及科學與技術發展程度，則因體現一國資源配置與運用發展的成效，除可作為支持一國經濟及軍事實力不可或缺的利基之外，由於可作為他國民眾引以為形塑培養個人競爭力的有效工具，故對於他國民眾的吸引程度仍相對高於前述所提之文化遺產、博物館、文化商品和服務（含媒體通訊）等外顯的文化表徵以及觀光、體育等藝文活動交流。

（三）順應並接軌國際當前科技趨勢（如數位科技發展）與主流價值觀（如自由民主與市場經濟），有助於確實提升軟實力排名

　　由前文可知，目前主流的軟實力評估框架仍是種奠基在自由民主與資本主義市場經濟等西方主流價值觀下的產物，係屬西方文化霸權的體現，且多與各歐美國家當前主要的政策走向相符，有利於維繫和強化其當前發展趨勢（如新興科技與相關專利權保障）。以數位科技發展為例，1950 年代揭示了數位革命的到來，且自從美國商務部在 1998 年首次發表「數位經濟」報告以來，更宣告全球開始進入全面性的數位經濟時代，歐盟、日本等先進國家亦相繼投入數位科技發展之列。美國前總統歐巴馬（Barack Obama）亦於 2014 年成立美國數位服務小組，著手推動數位化政府；並於 2015 年取得《貿易促進授權法》（*Trade Promotion Authority*, TPA）展延之後（2015-2021），持續將打造數位市場自由化與開放性列為修正後文化貿易策略的重點。美國前總

24　轉引自卜正珉（2009）。《公眾外交 —— 軟性國力，理論與策略》（頁 20）。臺北市：允晨文化。

統川普（Donald Trump）並於 2018 年簽訂《美加墨協定》（*United States–Mexico–Canada Agreement, USMCA*）、2019 年簽訂《美日數位貿易協定》（*U.S.-Japan Digital Trade Agreement*），將數位貿易、智慧財產權等納入條約規範；更於 2020 年美國貿易政策議程中，積極參與電子商務及數位貿易聯合聲明計畫，持續與其他 WTO 成員合作制定高標準的電子商務和數位貿易計畫，企圖推動全球朝向高標準之 WTO 數位貿易協定邁進。**[25]**

　　若進一步對照國際主流的軟實力評估框架演變歷程來看，不難發現「全球軟實力調查」（Soft Power Survey）在 2010 年最早開發出的 The IfG-Monocle Soft Power Index 中，尚未將數位環境包含在內，至 2015 年由喬納森・麥克洛里（Jonathan McClory）將原本 The IfG-Monocle Soft Power Index 擴展成 the Soft Power 30 index 之後，開始將「數位環境」（主要為政府數位化程度）視為軟實力的客觀指標之一。顯示以美國為首的許多西方工業國家，在大力推展國內數位化發展的同時，不僅會透過貿易政策或是文化貿易議程的設定，企圖藉由對外行為來鞏固並獲取數位經濟帶來的優勢，更會透過國際條約的締結或是影響國際建制的方式，來擴大推展其數位革新等新興技術發展的進程，進而影響到主流軟實力評估框架的設計走向，以藉此持續維繫和強化其當前發展優勢。因此，對國家來說，其政府能否順應並積極接軌國際當前科技趨勢（如數位科技發展）與主流價值觀（如自由民主與市場經濟），係為有效提升該國軟實力排名的關鍵之一。

---

25 譚瑾瑜（2020）。〈從美墨加協定談數位貿易發展〉，《經新聞》，網址：https://www.economic-news.tw/2020/03/USMCA.html（檢索日期：2020 年 11 月 8 日）

11.4 對臺灣日後發展國際文化關係的借鏡與啟示

鑒於軟實力對於促進各國國際形象、提升國際競爭力有顯著的成效，我國近年來亦積極藉由文化治理來累積向外輸出的文化能量，希望藉由國際文化關係的改善，來強化對外軟實力。例如自 2007 年起規劃臺灣表演藝術團隊參與法國外亞維儂藝術節（Festival d'Avignon Off），以拓展臺灣表演藝術國際空間；自 2009 年起開始舉辦台灣國際藝術節（TIFA），年年引進全球知名藝術團隊表演，至今已成為台灣鏈結國際的重要平臺。此外，更於 2019 年效仿韓國成立「文化內容策進院」，期望藉由提升文化內容之應用及產業化，促進整體文創產業在產製及商業價值上的國際競爭力；亦透過博物館、藝術館等藝文展覽、締結姊妹館等方式進行國際文化交流。凡此皆為臺灣為提升國際文化關係、強化軟實力的施展，所做的種種努力。

惟透過當前國際主流的軟實力評估框架，我們可發現，單純憑藉一國內部的「文化」稟賦，要能有效推動國際文化關係，進而提升國家的軟實力，仍具有一定難度，「文化」在國際軟實力的實務運作中所能發揮的影響力相對有限，甚至有被低估之虞。究其實際，可能原因在於，誠如約瑟夫・奈伊曾指出，軟實力須結合「以資源為基礎」以及「以行為結果為基礎」的權力概念進行理解與分析（Nye 2011）。因此，作為一種權力資源，能否有效讓對方感知進而影響其作為，主要仍取決於是否有適當的「轉換策略／途徑」來彰顯。文化或是政治價值作為一種軟實力資源，在實務運作上，更多時候是透過國家對內治理以及對外國際參與此種「轉換策略／途徑」，來傳遞甚至是強化這些主觀價值，以便讓目標方充分感知到你所具有的國家特質，進而受到吸引與說服。自是，與其說文化在軟實力評估中有被低估之虞，毋寧說是文化若要能在國際社會中扮演主動角色，極大化其所可能具有的影響效果，透過（搭

配）國家對內治理以及對外國際參與等策略／途徑，係至關重要。

　　換言之，「文化」在現今國際社會中，其所能扮演的角色與能動性，已不同以往，並非僅基於國家自身文化稟賦而來的文化內涵的彰顯（如文化遺產、博物館、文化商品和服務以及體育觀光等藝文活動交流），更包含奠基在此種文化內涵之上、一種更為積極全面的政府治理與國際參與。因此，傳統的文化底蘊傳播交流固然重要，但多元的跨域整合與多層次治理，方是真正能夠深入人心，進而影響國際觀感的關鍵所在。然而，此種由下而上的網絡式治理與跨際整合的建制，係需要國家整體力量去作支撐與推行，單靠特定政府機構或民間組織去孕育發展，著實成效有限。

　　基此，回過頭來看我國的國際文化關係策略，不難發現其仍存在很大的進步空間。主要原因在於：第一、我國的文化政策仍缺乏一個長遠且具體的規劃方向，連帶在對外國際文化關係上，亦維持舊有固定的文化外交模式，欠缺通盤的戰略佈局，實不利臺灣在促進國際文化關係上之長期發展。以人才培育為例，由於高齡少子化帶來人口結構劇烈轉變，為提升國家科研能力與相關產業發展，政府遂大力提倡 STEM（即科學（Science）、科技（Technology）、工程（Engineering）及數學（Mathematics）領域）科研人才的培育政策，導致藝文人才逐漸凋零萎縮。尤其是當政府大力發展 5 ＋ 2 產業創新及六大核心戰略產業政策的前提下，在致力培育／培訓 STEM 科研人才乃至於提升相關從業人員的待遇時，相對地即壓縮藝文人才的發展空間與資源，長此以往，將嚴重影響臺灣文化發展的人才根基。因此，如何在資源有限、藝文人才銳減的困境下，仍能尋求文化發展的永續性與韌性、維繫國家整體且長遠的文化發展動能，即顯得格外重要。

　　第二、臺灣對於文化治理的想像與路徑發展過於狹隘，不僅政府單位之間的府際溝通與合作有限，連帶公私部門之間的協作整合亦存在困境，使得民間能量難以被有效地靈活運用，相關文化政策的擘劃與推行，亦多半侷限於文化機關，無法達到跨域整合的成效。以文創產業為例，臺灣文創產業因多屬於微型企業，不僅長久以來主要倚賴內需市場，近年文創企業更面臨經營規模日漸萎縮的困境。惟政府對於文創產業的扶植作法，卻仍侷限以微薄補助或向外嫁接招商平臺等消極性作為，而忽略文創產業自身長期以來存在本土市場狹小、廠商規模日益縮減的結構性難題。如何結合既有其他產業優勢，透過跨部會之間的產業政策連結與合作，藉由各種次產業或跨產業之間的產業生態系鏈結（即異業結盟），彈性打造文創產業的跨域內需情境，或許亦不失為一種可行方法。

　　再者，隨著科技知識的日新月異以及國際局勢的瞬息萬變，國際社會認可且重視的軟實力內涵，也不斷調整擴展，勢必影響國際文化關係可能發展的方向與途徑；文化作為其中一環，所能扮演的角色與運用方式，亦須隨之彈性調整與擴展。透過對國際現實中的軟實力運作模式分析，讓我們得以窺見文化在軟實力中所能扮演的角色，以及更重要的是，如何藉由其他軟實力資源或是轉換策略的相輔相成，擴大原先單純以文化稟賦所能達到的效益。臺灣當前正面臨文化發展動能不足、相關人才萎縮的困境，如何將有限資源投注進而夾縫中求生，係相當值得我們關注思考。

　　因此，前述有關軟實力評估機制的分析結果，不啻提供我們一個可行的發展策略方向，原因在於：臺灣身為國際社會中的一員，因自身獨特的戰略地位與國情背景，在國際奧援有限的情況下，臺灣在軟實力領域中所能具有的話語權遠比硬實力來得大，所可能受到的掣制亦相對較小；故透過接軌國際主流的軟實力評估機制來提升國際能見度，繼而改

善國際形象，實不失為良方之一。而從當前主流軟實力評估框架來反思現行臺灣促進國際文化關係時的常見策略，可發現我國主要仍藉由文化交流計畫的執行、藝文團體的跨國演出、藝文節慶活動或體育賽事等交流，以及文化商品與相關服務的跨國流通等傳統作法，不免稍嫌單薄與狹隘。以下即透過當前軟實力實務運作趨勢，梳理出幾點新的文化交流形式與議題供臺灣日後發展對外文化關係時引為借鏡參考，茲述如下：

一、結合數位外交以持續拓展公眾外交

由當前主要的國際軟實力評估報告中可知，隨著數位科技的蓬勃發展，近年愈發強調其在外交政策上的應用，因而有所謂「數位外交」的概念興起。究其實際，「數位外交」的概念自 1990 年代後即開始出現，近年逐漸受到外交部門的重視，並與公眾外交的概念相結合，其係指「國家透過增加使用資通訊科技以及社群網站平臺來達成外交目的與實踐公眾外交的方式」。換言之，數位外交強調的是在原先公眾外交的基礎上，藉由數位科技來進行公眾傳播。尤其近年隨著數位社群媒體的快速崛起，如 Facebook、LINE、Instagram、Plurk、Twitter 等，許多政府部門或政治人物開始嘗試結合此些數位社群媒體來拉近與民眾之間的距離，企圖在提升政府施政推播成效的同時，也能營造所謂「親民」形象。如美國前總統川普的推特治國即為顯例。

再者，數位革新更帶來新的橫向社群與治理型態，讓權力擴散到非政府行為者，益發凸顯數位外交在新公眾外交時代的重要性，無形中也強化軟實力的影響成效（Nye 2011）。除了不少國家紛紛致力提升其數位政府形象、經營 Facebook 粉絲專頁之外，數位外交的興起，亦讓諸如「網紅」或民間組織等非政府行為者，得以確實協助政府提升國家形象。前者如之前由知名 YouTuber 阿滴在《紐約時報》刊登「臺灣人寫給世界的一封信」的全版廣告，成功在此次新冠肺炎

（COVID-19）疫情中提升臺灣的國際形象；後者如郭家佑替科索沃發起「爭取獨立網域」倡議並成立「數位外交協會」，[26] 以持續提升臺灣在國際社會中的能見度。而除了這些零星的「網紅」之外，若能有效運用臺灣既有的臺商與華僑網絡，針對該國關切事項，找出能發揮影響力的角色，結合數位革新所帶來新傳播管道或新資源的運用，與當地社區保持良好關係，不僅可繼續維持舊有臺商與華僑網絡的影響力及向心力，亦可藉機從民間交流開始，建立由下而上的人脈網路，透過數位外交的方式，強化原網絡向外鏈結的綜效，促進和該國實質關係的有效提升。

此外，鑒於我國政府近年正積極推動「前瞻基礎建設計畫 —— 數位建設」，以大力推動網路安全、數位文創、智慧城鄉、智慧學習及科研設施等軟性基礎建設，以及物聯網、XR（即 Extended Reality ／延展實境，包含 AR ／擴增實境、VR ／虛擬實境以及 MR ／混合實境）、AI（人工智慧）及智慧機器人等所需之基礎建設項目；近期又積極研擬設立數位發展部，期望藉由整合傳播通訊、資訊安全、數位內容、網路及電子商務等資源，強力推動國家社會的數位轉型，惟相關政策執行與規劃卻都忽略數位外交發展的重要性。倘若臺灣能以此進一步結合當前數位外交發展的國際潮流，除致力協助並培育有關數位外交發展的相關機制措施，如鼓勵並贊助如前述數位外交協會等非政府組織的持續運作，並在外交部底下建置常規性的數位外交發展單位，以定期監測特定議題的國際網路聲量和輿情動向及培育相關人才等，同時亦可發展跨國的數位藝文交流社群平臺，並透過外交系統協助線上推播轉發，不僅可提升政府的數位形象，更可藉此將臺灣的藝文創意活動與相關社

---

26 詳情請參張瀞文（2018）。〈翻轉金錢外交 27 歲女孩用數位和世界當朋友〉。倡議＋，網址：https://ubrand.udn.com/ubrand/story/11817/3453252（檢索日期：2020 年 7 月 1 日）

群的知識地景推播至海外。如此,將更能提升臺灣在國際社會中的能見度,並宣揚推廣臺灣的藝文活動與文化發展,透過即時性的線上交流分享來吸引國外民眾參與,從而增進他國民眾對我國的瞭解與好感,提升我國的國際文化關係。

二、結合新興科技促進文化產品和服務的輸出

數位變遷除帶來資訊流通與傳播型態的改變,更帶來商品或服務產製模式的變革,以及認知體驗的重塑。因此,數位革命不僅帶來物聯網、XR(延展實境)、3D 列印、大數據、雲端運算、AI(人工智慧)、深度學習和自動決策系統等新興技術,成為各國不得不面對的重要議題,更意味著社會的全面轉型以及第三次文明革命的到來。有鑑於我國政府正積極推動數位建設,若能以此結合文化產品和服務的輸出,進行博物館、文化商品和服務的轉型革新,如強化發展線上或智慧博物館、數位策展等,並進而連結國外博物館進行聯合線上策展,將有利於促進我國與國外博物館及群眾的雙向交流。

舉例來說,我國兩廳院於 2021 年預計透過數位轉型,與東京藝術劇場、韓國首爾國立劇場、新加坡濱海藝術中心,合作成立可線上連線與交流的亞洲製作人平臺,期能透過表演藝術探討臺灣在亞洲的定位,在挖掘臺灣觀點與融合在地文化、社會的創作者的同時,持續推進跨國跨域共製,並透過 5G、AR 及 VR 等發展劇場的未來形式,發展跨國界藝術家共創作品之創新創作模式。此外,更預計在 2021 年 6 月推出線上版 Online-Taiwan Week,提供作品影片給重要的亞、歐、美、澳劇場與策展人,由臺灣藝術家線上介紹創作概念與作品,屆時將由法國夏佑宮國家劇院藝術總監 Didier Deschamps 等歐洲重要場館與策展人提供回饋意見(臺灣英文新聞 2021)。凡此均是結合新興科技以促進藝文交流及文化產品、服務輸出的佳例,後續若能將此合作模式制度

化發展並延伸至其他博物館或藝文場館，甚至擴散至國內外一般群眾之觀展體驗與交流互動上，將可發揮更大實質效益。

此外，鑒於 IP（Intellectual Property，即智慧財產權）產業或稱內容產業（content industries），在早先經由酷日本（Cool Japan）及韓流（Korean Wave）風潮在國際社會取得傲人成效後，近年越來越多國家重視 IP 的開發、產製及行銷等的多元應用發展，甚至發展出所謂的 IP 全產業鏈（即上游的 IP 儲備和 IP 創造；中游的影視創作和運營；下游的 IP 相關衍生品）。臺灣亦於 2019 年參考韓國文化內容振興院（KOCCA）作法，成立文化內容策進院，致力以「國家隊」的概念支持影視、流行音樂、圖文出版、數位出版、時尚設計及文化科技應用的產製、傳播及發展。[27] 若能充分運用新興科技加值文化內容產業，藉由整合官方與民間資源（如由上而下的資源提供以及由下而上的需求導引與 IP 產製），打造完整的文化內容產業生態系，將有助於長期發展我國的文化內容產業。尤其是在行銷傳播部分，更需要政府的全力支援。若能仿效韓國文化院方式，透過臺灣書院或是國際數位平臺通路的建置，協助我國文化內容產業行銷並接軌國際市場；或是結合當前影音串流服務競相多元化的趨勢，開發外國影音串流平臺與本土影視合作的商業模式，[28] 如有條件引進相關硬體裝置業者或與電信業者異業結

---

[27] 黃心蓉（2019）。〈以韓國文化內容振興院為例，檢視文策院未來運作體質〉。典藏藝術網，網址：https://artouch.com/view/content-11227.html（檢索日期：2020 年 11 月 14 日）

[28] 繼 Netflix 後，迪士尼（Disney）、蘋果（Apple）、AT&T、Comcast 也陸續推出了各自的影音串流服務。在這場「串流大戰」中，每家影音串流服務業者均採用不同的商業模式，其中僅有 Netflix 真正將整體策略重心擺在串流業務。其他如蘋果，是希望利用串流服務提升裝置銷售，亞馬遜則可透過串流服務鼓勵用戶繼續註冊 Amazon Prime。此外，HBO Max 串流服務可助 AT&T 獲得更多行動及無線網路用戶；迪士尼可透過 Disney+ 所取得的用戶資料，推出更能迎合消費者口味的商品、遊樂設施、電影、電視；Comcast 的 Peacock 串流有助於維繫 Comcast TV 會員，而廣告也可

盟方式,讓本土影視作品更有機會搭載國外影音串流平臺進行推播或合作製片。如此,將可大為促進相關文化產品和服務的輸出成效,透過文化科技與相關商業模式的創新應用與跨域合作,提升我國文創事業的發展動能,同時強化我國與其他國家的文化交流。

三、藉政府施政和國際參與來推廣臺灣文化價值與品牌形象

鑒於全球風險社會的來到,尤其在近期新冠肺炎(COVID-19)疫情的衝擊下,隨著全球政經地位與權力資源的重組以及保護主義的興起,迫使人們重新思考全球化的代價,以及緊接而來對族群、種族、合作夥伴的再定位,愈發凸顯了文化交流在國際關係中的重要性,亟需政府透過施政績效與國際參與來重新定位與其他國家之間的合作夥伴關係。臺灣倘若能透過「國家口罩隊」、防疫經驗分享等互助措施,結合臺灣文化價值(如人情味/樂善好施),透過國際交流強化臺灣在國家治理以及國際參與上的正面形象,將有利於提升我國的軟實力。

此外,新冠肺炎(COVID-19)疫情的到來,無疑讓全球局勢從美中衝突以降之「區域化」甚至是「去全球化」現象更趨加深。有關移民、旅遊、學術及藝文活動交流(實體)之跨境流動,亦受到衝擊。目前臺灣因為防疫有成,成為這波疫情之下,受衝擊較為輕微的國家之一,故反而吸引不少國外人才與投資進駐。倘若政府能藉此之機,完善相關攬才留才與企業投資經營環境,不僅能有助於臺灣整體社會的永

提供新的營收來源,詳情請參涂翠珊(2020)。〈影音串流平台商業模式各異其趣〉,電子時報(DIGITIMES),網址:https://www.digitimes.com.tw/iot/article.asp?cat=158&cat1=20&cat2=130&id=0000577413_9zs3rdz02q0v8l2zi0l6j(檢索日期:2020 年 7 月 1 日)足見在當前影音串流服務競爭愈演愈烈的情況下,臺灣如何抓準時機,由政府主導透過不同商業模式尋求與主流國外影音串流平台合作的機會,以行銷推播自身的影視產業,才是有效提升我國文化產製輸出成效的良方之一。

續發展，更能有效改善各國民眾對於赴臺灣居住、工作或求學之意願，
讓更多外國民眾得以接觸我國特有的文化價值，讓臺灣成為後疫情時代
中，最能發揮軟實力與促進國際文化關係的國家之一。

11.5 結論

　　綜上所述，軟實力的概念與運用確實是晚近國際社會中，不論是學
術討論或是各國實務政策所競相探究的熱門焦點。因此，為了更好掌握
各國的軟實力內涵與消長變化，時至今日已有不少執行已久的國際評估
框架產生，作為各國檢視相關施政作為與提升國際形象的評判標準。而
即便現行主流的幾家軟實力評估調查報告，背後所奠基的評估目的與採
取的評估方式不盡相同，連帶最後的評估結果亦有所差異，惟大體上仍
可梳理出幾大共通特徵與趨勢，誠然有助於我們瞭解軟實力在國際社會
中的運作面貌。

　　研究發現，從實務運作上來看，社會大眾所認知並接受的軟實力內
涵，相較於約瑟夫・奈伊當年所提出的軟實力定義，係來得相對具體與
完整，主要包括「文化」、「教育」與「創新」此種較屬於主觀層面的知
識價值，以及「國際參與」和「國家治理」此種較著重制度層面以強化
軟實力影響效果的轉換策略／途徑。一般而言，透過國家來主導的「國
際參與」和「國家治理」此種轉換策略／途徑，對於社會大眾的影響程
度較大，其次才是透過公民社會或歷史人文所孕育而成的軟實力客觀
資源／稟賦（如文化、教育和創新）。換言之，社會大眾較能感受並關
切的主要還是以國家為主體展現的文化外交或公眾外交、甚至是數位外
交，其次才是教育性質的學術交流以及科學與技術的發展程度；至於一
般社會大眾最常接觸到的文化遺產、博物館、文化商品和服務（含媒體

通訊）等外顯的文化表徵以及觀光、體育等藝文活動交流，則付出的關切程度最低。

　　當前臺灣雖受益於防疫有成，許多產業因而可穩定發展、甚至引領國際（如電子資訊業中的晶圓代工），惟在文創產業上，不論是經營規模或是從業人口，卻始終面臨成長趨緩甚或倒退的困境，甚至在相關藝文人才的培育／培訓上，亦日漸凋零萎縮，嚴重影響到國家整體的文化發展動能。因此，臺灣若要發展國際文化關係，在資源相當有限的前提下，勢必需結合當前軟實力應用與評估趨勢，方能達到最適資源配置，以收事半功倍之效。故除了過往常見的藉由藝文交流以及文化商品與服務的跨國流通等傳統作法之外，尚可一則接軌當前數位外交的潮流，在協助並培育數位外交發展的相關機制措施之際，發展跨國的數位藝文交流社群平臺，並透過外交系統協助線上推播轉發，將臺灣的藝文創意活動與相關社群的知識地景推播至海外；二則結合新興科技趨勢來擴展文化商品和服務的輸出，如透過臺灣書院或是國際數位平臺通路的建置，協助我國文化內容產業行銷並接軌國際市場，或是結合當前影音串流服務多元化的趨勢，開發外國影音串流平臺與本土影視合作的商業模式等；三則透過政府施政和國際參與（如防疫經驗的互助共享），結合臺灣文化價值（如人情味／樂善好施），來強化臺灣對外的正面形象及吸引力，以利促進軟實力開展的同時，提升我國與其他國家的國際文化關係。

參考文獻

卜正珉（2009）。《公眾外交 —— 軟性國力，理論與策略》。臺北市：允晨文化。

丁娟（2012）。《全球化背景下的新加坡公共外交》。中國雲南大學國際關係學院碩士論文。

中時電子報（2018）。〈文化軟實力輸出法國名利雙收〉，網址：https://www.chinatimes.com/newspapers/20180510000966-260301?chdtv（檢索日期：2019 年 4 月 20 日）

姜秀敏（2011）。《全球化時代的國際文化關係研究》。北京：中央編譯出版社。

郭唐菱（2018）。〈以文化藝術突破政治現實的文化外交〉。《新社會政策雙月刊》，56：40-49。

陳羚芝譯（2009）。《44 個文化部：法國文化政策機制》（原作者：Pierre Moulinier）。臺北市：五觀藝術事業有限公司。

財團法人中華經濟研究院（2015）。《提升我國公眾外交與國家行銷策略之研究》。行政院國家發展委員會委託研究報告。

財團法人國家實驗研究院科技政策研究與資訊中心（2019）。〈科技與軟實力：韓國的案例與啟發〉，科技政策觀點，網址：https://portal.stpi.narl.org.tw/index/article/10494（檢索日期：2019 年 4 月 20 日）

財團法人資訊工業策進會（2014）。《國家品牌行銷研究》。行政院國家發展委員會委託研究報告。

涂翠珊（2020）。〈影音串流平台商業模式各異其趣〉。電子時報（DIGITIMES），網址：https://www.digitimes.com.tw/iot/article.asp?cat=158&cat1=20&cat2=130&id=0000577413_9zs3rdz02q0v8l2zi0l6j（檢索日期：2020 年 7 月 1 日）

張瀞文（2018）。〈翻轉金錢外交 27 歲女孩用數位和世界當朋友〉。倡議＋，網址：https://ubrand.udn.com/ubrand/story/11817/3453252（檢索日期：2020 年 7 月 1 日）

黃心蓉（2018）。〈國家的靈魂，關於文化外交的可能性〉。典藏藝術網，網址：https://artouch.com/column/content-376.html（檢索日期：2019 年 4 月 20 日）

黃心蓉（2019）。〈以韓國文化內容振興院為例，檢視文策院未來運作體質〉。典藏藝術網，網址：https://artouch.com/view/content-11227.html（檢索日期：2020 年 11 月 14 日）

臺灣光華雜誌（2014）。〈文化外交大突破 —— 故宮國寶 6 月赴日〉，網址：https://reurl.cc/arZQjl（檢索日期：2019 年 4 月 20 日）

臺灣英文新聞（2021）。〈疫情加速台灣兩廳院數位轉型　打造專屬 5G 場域結盟歐亞「慢策展」〉，網址：https://www.taiwannews.com.tw/ch/news/4132086（檢索日期：2021 年 3 月 28 日）

關鍵評論網（2017）。〈位處國際地緣政治「權利灰色帶」的臺灣，該如何擺脫宿命？〉，網址：https://www.thenewslens.com/article/78292（檢索日期：2019 年 4 月 20 日）

Bonet, Lluis and Schargorodsky, Héctor (2018). *Theatre Management: Models and Strategies for Cultural Venues*. Knowledge Works. National centre for cultural industries.

Brand Finance (2021). Global Soft Power Index 2021: 15 Nations from MENA Feature. UK: Brand Finance. Retrieved 25 February, 2021, from https://brandfinance.com/press-releases/global-soft-power-index-2021-15-nations-from-mena-feature.

Chartrand, Harry Hillman (1992) "International Cultural Affairs: A 14 Country Survey." *The Journal of Arts Management, Law & Society*, 22(2).

Deth, J., and Scarbrough, E. (1998). *The Impact of Values*. Oxford: Oxford University Press.

Diener, E., and Suh, E. M. (Eds.) (2000). *Culture and Subjective Well-Being*. The MIT Press.

Andrew Rose (2015). Soft power raises exports. VoxEU.org. Retrieved 2020/4/20.

Elcano Royal Institute (2018). *Elcano Global Presence Report 2018*. Spain: Elcano Royal Institute.

Elcano Royal Institute (2020). Some thoughts on the pre-COVID world. 2019 Elcano Global Presence Index results. Spain: Elcano Royal Institute. Retrieved 21 October, 2020, from https://blog.realinstitutoelcano.org/en/some-thoughts-on-the-pre-covid-world-2019-elcano-global-presence-index-results/.

Koh, Buck Song (2011). *Brand Singapore: How Nation Branding Built Asia's Leading Global City*. Singapore: Marshall Cavendish.

Lai, Hong-Yi (2019). "Soft Power Determinants in the World and Implications for China." *The Copenhagen Journal of Asian Studies*, 37(1): 8-35.

Ma, Sam Young, Song Jung-he and Dewey Moore (2012). *Korea's Public Diplomacy: A New Initiative for the Future* (Issues Briefs No. 39). Seoul, Korea: The Asan Institute for Policy Studies.

McClory, Jonathan (2010). *The New Persuaders: An International Ranking of Soft Power*. London: Institute for Government.

McClory, Jonathan (2011). *The New Persuaders II: A 2011 Global Ranking of Soft Power*. London: Institute for Government.

McClory, Jonathan (2012). *The New Persuaders III: A 2012 Global Ranking of Soft Power*. London: Institute for Government.

McClory, Jonathan and Olivia Harvey (2016). "The Soft Power 30: getting to grips with the measurement challenge." *Global Affairs*, 2 (3): 309-319. DOI: 10.1080/23340460.2016.1239379

Mitchell, J.M. (1986). *International cultural relations*. Allen & Unwin, London.

Monocle (2020). Retrieved 21 April, 2020, from https://monocle.com/search/Soft%20Power/

Nye, Jr. Joseph S. (1990). "Soft Power." *Foreign Policy*, 80: 153-171.

Nye, Jr. Joseph S. (2004). *Soft Power: The Means to Success in World Politics*. New York: Public Affairs.

Nye, Jr. Joseph S. (2008). "Public Diplomacy and Soft Power." *Annals of the American Academy of Political and Social Science*, 616(1): 94-109.

Nye, Jr. Joseph S. (2011). *The Future of Power*. New York: Public Affairs.

McClory, Jonathan (2015). *The Soft Power 30: A Global Ranking of Soft Power 2015*. London and New York: Portland.

McClory, Jonathan (2016). *The Soft Power 30: A Global Ranking of Soft Power 2016*. London and New York: Portland.

McClory, Jonathan (2017). *The Soft Power 30: A Global Ranking of Soft Power 2017*. London and New York: Portland.

McClory, Jonathan (2018). *The Soft Power 30: A Global Ranking of Soft Power 2018*. London and New York: Portland.

McClory, Jonathan (2019). *The Soft Power 30: A Global Ranking of Soft Power 2019*. London and New York: Portland.

Rose, A K (2015). "Like me, buy me: The effect of soft power on exports," CEPR Discussion Paper 10713.

Rudderham, M. A. (2008). Middle Power Pull: Can Middle Powers use Public Diplomacy to Ameliorate the Image of the West? (YCISS Working Paper Number 46). Kabul, Afghanistan: American University of Afghanistan.

VisitBritain Research (2019). How the world views the UK-2019. London: Visit Britain. Retrieved 21 April, 2020, from https://www.visitbritain.org/sites/default/files/vb-corporate/Documents-Library/documents/how_the_world_views_the_uk_2019.pdf

Wei, Chun-Ying (2017). Taiwan's Cultural Diplomacy and Cultural Policy: A Case Study Focusing on Performing Arts (1990-2014). (unpublished doctoral dissertation). University of London, London.

Zhang, Chang and Wu, Ruiqin (2019). Battlefield of global ranking: how do power rivalries shape soft power index building? *Global Media and China* 4 (2): 179-202.

Xu, Ruike (2017). *Alliance Persistence within the Anglo-American Special Relationship: The Post-Cold War Era*. London: Palgrave Macmillan.

給下一輪臺灣國際文化交流的備忘錄

— 魏君穎 —

臺灣的文化外交與交流，究竟有什麼值得研究和探討之處？

在國際外交上，臺灣邦交國數量甚少。身為聯合國非會員國，亦非聯合國教科文組織的會員，這也意味著臺灣難以國家的身分加入國際或區域性的組織，在文化外交上較難以政府的身分作為談判桌上的一員。

然而這並不表示臺灣就此沒有文化交流，事實上，從本書的各種實務案例中，可以看到如博物館、藝文組織場館及地方政府，依舊積極從事國際文化交流。政策上，文化外交與交流反覆地在數次全國文化會議中討論，並列入文化白皮書中。自然而然發生的文化交換（cultural exchange）並不會因為沒有政策支持就不存在，但是政策的協助及資源的配置，則可能鼓勵或是影響特殊類型、特定地區的文化交換。

筆者先前的研究關注 1990 年代至 2014 年，「文化外交」在臺灣文化政策中的體現。提出臺灣的文化交流有主要三個特色與任務：成為傳統外交的補充；成為建構文化主體性的輸出管道；以及文化創意產業的展示窗。這三者各自在不同時期成為政府的主要目標（Wei 2017）。

以作為傳統外交的補充而言，臺灣政府持續文化外交的動能其來有自，外交佈局上有明顯趨勢：在邦交國的公眾外交則以技術和農業合作為主，文化外交則多聚集在非邦交國，亦有補強臺灣在非邦交國的曝光以及非官方的交流的用意。臺灣首間海外文化中心便是在紐約成立，亦顯示臺美兩國關係的重要。

尤其在經歷退出聯合國及斷交潮之後，以文化來補強傳統外交的弱勢，進一步在國際城市中維持能見度，一直是政府長期以來的策略。自九〇年代以降，政府設立駐外文化中心單位的地點，由紐約、巴黎、東京開始，一直到近期成立的新德里及雪梨，都是政治經濟以及文化活動旺盛的國際大都市。藉由文化上的連結，讓臺灣的文化和藝術有機會與當地的藝術文化網絡互動，進一步有更多合作的可能。

　　而在建構文化主體性方面，文化認同不僅是人民「如何看自己」，也往往受到「別人如何看我們」影響，兩者交互作用。政府在國際上企圖塑造的國際形象，以及希望凸顯的文化元素及文化價值，往往也需要得到國內民眾的認可，才能獲得大家的支持，一同向國外推介。從另一方面來說，在國際上受到肯定的文化活動，也常成為民眾引以為傲的內容。常民文化的生活元素，如珍珠奶茶等，也因為海外的推廣而成為公眾外交的一環。

　　同時，國際文化交流也成為文化創意產業的展示窗。由表演藝術、視覺藝術等活動出發，乃至於流行音樂、影劇等文化產品，除了是向國際推廣介紹臺灣文化的管道之外，也是臺灣文化創意產業成果的展現。藉由補助、鼓勵藝術團體參與藝術節，讓潛在的合作夥伴看到優秀製作，後續也可能會有更多的邀請和機會。

　　以上的三個任務跟特色，到了 2021 年的今日，政府和民間的策略概況如何，又是如何因應國內外近年來的局勢變化？

1　（跨）文化的交流與想像

　　在邁入 21 世紀第三個 10 年，本書也對於臺灣的文化外交提出數個核心提問。在本書的第一篇「臺灣國際文化交流論述與路線的思辨」中，主編劉俊裕挑戰以「文化作為方法」，先以從「文化」與國際經貿的關聯談起，藉此開展「國際」、「文化」等概念之間的相互作用與討論。無論從文化研究或是文化人類學的角度看待不同文化之間的關係，甚至是帝國主義、經濟發展與全球化帶來的文化影響，常是間接綿延，亦難以估量的。

曾幾何時，國際文化關係和文化交流成為國家「戰略」的一環？儘管文化交流專責機構的先行者法國文化協會（Alliance française），早在 1883 年便以對外推廣語言和增加對法國的好感之名成立；後續義大利的但丁協會（Società Dante Alighieri，1889 年成立）和英國文化協會（British Council，1934 年成立）皆有著相似的任務，推廣語言之外，還將生活方式推介至海外（Gienow-Hecht and Donfried 2010）。這些企圖和時空背景，也讓文化外交難以脫離文化帝國主義的陰影（Topić and Sciortino 2012）。而後在冷戰時期持續進行的對外文化宣傳，也讓文化外交有著刻意散播選擇性資訊的「宣傳」（propaganda）歷史包袱（Fisher and Figueira 2011）。

1990 年代軟實力理論的出現，呼應了冷戰結束後的國際新秩序討論。而進入 21 世紀，中國的「和平崛起」，申辦奧運及領導人胡錦濤宣示將宣揚軟實力、設立孔子學院的策略，也讓各國矚目（Nye 2011: xi）。當討論「文化外交」或「文化交流」時，常將其放入政府對外的策略中討論，無論是將其視為公眾外交的一環，或是國內文化政策的延伸（Mitchell 1986），相關討論均較常放在公共政策的框架中討論。在實務的討論之上，劉俊裕則將國際文化關係視為不同能動者在其中互動構成的網絡，藉此分析各自的角色定位；同時，藉由梳理國際文化關係中的思維邏輯與實踐，我們可以見到政策目標和行動中，不同目的與想像的位移。

張晴文的〈臺灣「亞洲論述」的藝術實踐 —— 亞洲藝術雙年展的策展策略〉則先探討文化上的「亞洲」概念，以文化研究的角度來理解所欲建構的「亞洲」為何，再爬梳雙年展的策展策略，由此瞭解文化政策的推動及亞洲論述的改變。在文化交流的策略上，臺灣是否亦有過於以歐美為中心，忽略亞洲與亞際定位的問題？

　　張晴文主張亞洲藝術雙年展試圖在自身覺知的基礎之上，挑戰西方長久以來滲透亞洲的知識形構和感覺結構。同時，藉由區域內的互動交流以及自省，進一步探索「亞洲作為方法」的實踐方式。這些嘗試，除了挑戰並突破地理上的疆界，也結構性地反思區域內的國家政治。

　　臺灣的優勢在哪？張晴文在文中提到臺灣的曖昧性——如高森信男所言，作為獨立的政治實體，卻不被國際普遍承認，而在國際文化交流上跳躍於「國家」和「地區」的兩種身分之間，在當代藝術的發展上具有優勢；同時臺灣社會的民主與言論自由，也為當代藝術的發展帶來利基。這當中是否便是彰顯了臺灣的文化價值？筆者認為政治價值的展現並非敲鑼打鼓宣告的形式；而是更後設也更靜水流深的形式：因各種自由受到保障，才能有藝術發展的基礎。

　　同時，在國際文化交流中，官方角色退居支持或補助的角色，無論是受限政治現實，或是刻意為之，由民間、或是非中央政府層級所進行的文化交流，往往更能有所發揮。原因在於：在民族主義式的宣揚國威，與在官方外交框架之外，實質上的國際文化交流其實大有可以發展之處。如果不將文化外交視為「以文化突圍」的方式來補強傳統外交，回歸文化交流本身的意義，是否能有更多文化上實質的合作與交換？

　　延續張晴文對國立臺灣美術館亞洲藝術雙年展的分析討論，盧佳君在其文章則以臺北國家兩廳院（為國家表演藝術中心三館之一）的台灣國際藝術節 TIFA 的品牌建立為主要分析對象。有別於從軟實力等國際關係論述來開啟文化外交與交流的討論，盧佳君在文中則著眼於文化交流在表演藝術中的再現與反映，從物質與非物質文化的角度來探討「跨文化」的意涵。創辦於 2009 年的台灣國際藝術節，藉著組織能夠提供的資源，在規模性、原創性與多元性上，相較國內的其他藝術節，能有

更多的嘗試跟發展。 作者同時也提出法國亞維儂藝術節的創辦精神、經營策略等，來討論藝術節的品牌價值。

盧佳君在文中提出亞維儂藝術節拓展文化交流的「乘法」觀點，及多元創新的方式：例如文中提及「定點在藝術節期間每天有論壇的舉行，邀請社區居民、駐城藝術家、學校老師、學生及各種協會共同參與，這種互動從 7 月單月的時間演變成整年生活的日常」（見本書第107 頁）。在這當中實踐文化民主化的生活方式。相較之下，這點在兩廳院國際劇場藝術節方面，尚未看到明顯的策劃與安排。

臺灣在國際文化交流中，視覺藝術和表演藝術的交流發展，相較於其他類型的文化藝術，有較長時間的發展。在國際文化交流中，此兩者往往是各國政府所首先推出的內容。一方面，它可以吸引外交人員、官員、文人雅士的興趣，進一步發展在非官方場合的社交互動，增進彼此的交流卻也顯得過於小眾與菁英取向。另一方面，如交響樂團、芭蕾舞團等團體，也對外彰顯國家的文化國力。除了盧佳君文中舉例的兩廳院為國內外機構的代表之外，國際共製的生態中，尚有獨立製作人、評審機制等多重的角色。他們如何影響生態，以及成為生態中具影響力的角色，亦是值得關注的議題。

不過，如盧佳君在文中所討論的，此處亦也可以延伸提問：國際文化交流與文化民主化，兩者彼此之間應當如何並進？除了讓表演藝術能夠走向民眾；另一方面，也讓國際文化交流中的藝術文化活動，能夠不侷限在官員和外交場合中，也能提供機會讓大眾參與。

現今拜科技發達之賜，網路及電子媒體服務發達，國際文化交流的模式也日趨多元，即使是表演藝術的跨文化合作，亦有轉為線上的多種可能。在降低欣賞及製作成本的情況下，跨國、跨文化的合作是否更容易進行，同時也降低門檻，讓更多人願意嘗試觀看，擴大受眾，是未來

值得深入討論的議題。

在表演藝術跨國共製的討論方面，國家文化藝術基金會支持的「表演藝術評論台」亦有對於跨文化製作的數篇討論，如許仁豪、[1] 林偉瑜[2] 從《千年舞臺，我卻沒怎麼活過》延伸出對於文本及觀看方式，還有跨文化製作的思考。《PAR 表演藝術》於 2021 年 7 月號也以「場館／國際共製怎麼『共／kóng』」為題，回應在自媒體、社群媒體臉書匿名專頁「黑特劇場」、表演藝術評論台上的各種討論波瀾，進一步爬梳國際共製的型態。[3] 這些新型態的網路迴響或是評論發表，固然眾聲喧嘩，卻也反應了近年來媒體生態的轉變和評論的多元性。

由上所述，我們亦可以延伸另一個面向的討論：觀眾對於資訊的接收管道是多重的，發表對作品的回饋亦然。不只是表演藝術，甚至其他的文化活動及產品，及各種形式的國際宣傳亦是如此。過往，國際傳播和交流的受眾面貌和反應常常是模糊的，因為少有國家能有資源跟經費進行大規模的問卷調查（Wei 2017: 24-25）。但是或許在社群媒體的架構和相關的研究方法之下，我們能夠有更多的瞭解。

1 　詳見許仁豪（2021）。〈京劇在臺灣的不可承受之重 —— 從《千年舞台，我卻沒怎麼活過》與《樓蘭女》談京劇的當代性與跨文化（上）〉。表演藝術評論台，網址：https://pareviews.ncafroc.org.tw/?p=66328；許仁豪（2021）。〈京劇在臺灣的不可承受之重 —— 從《千年舞台，我卻沒怎麼活過》與《樓蘭女》談京劇的當代性與跨文化（下）〉。表演藝術評論台，網址：https://pareviews.ncafroc.org.tw/?p=66331（檢索日期：2021 年 7 月 21 日）

2 　林偉瑜（2021）。〈【Reread：再批評】《千年舞臺，我卻沒怎麼活過》 —— 演出的「觀看」與跨文化製作的再思考（上）〉。表演藝術評論台，網址：https://pareviews.ncafroc.org.tw/?p=67629；林偉瑜（2021）。〈【Reread：再批評】《千年舞臺，我卻沒怎麼活過》 —— 演出的「觀看」與跨文化製作的再思考（下）〉。表演藝術評論台，網址：https://pareviews.ncafroc.org.tw/?p=67635（檢索日期：2021 年 7 月 21 日）

3 　詳見〈場館／國際共製怎麼「共／kóng」？〉。《PAR 表演藝術》，340 期／2021 年 07 月號，頁 78-89。

2　全國文化會議與文化白皮書中的國際文化交流

21 世紀邁向第三個 10 年，臺灣對於文化外交與交流的想像有什麼新的發展？

從全國文化政策及文化白皮書的政策宣示中，可以明顯看出文化施政對於國際交流的想像。在 1990 年召開第一次全國文化會議時，在國際文化交流方面，潘皇龍在會議報告中，有以下論述：「國際間交流活動的推展，可以弘揚中華文化、塑造文化大國國際形象，並有助於整體外交之進展，同時也豐富本國文化的內涵，這是大家都有的共識。」（行政院文化建設委員會 1991：108）郭為藩（時任文建會主委）則在會議的「文化建設業務報告」中提出「……世界各地皆可見中華民國外銷產品，惟代表中華民國的文化產品則難得一見，此一事實不僅扭曲自由中國的國際形象，同時忽略了爭取國際瞭解與道義支持的一股力量，所以文化輸出至為迫切」（行政院文化建設委員會 1991：108）。在此階段，文化形象的輸出仍是國際交流的重要目標。同時，包括會議中所揭櫫的「弘揚中華文化、塑造文化大國國際形象」等語彙，也顯示當時對於文化主體性建構仍以中華文化為主，並且期盼營造的形象仍是以「文化大國」。

值得關注的是事隔 14 年，在 2004 年的第三次全國文化會議，是臺灣首次政黨輪替後所召開的全國文化會議，也是民進黨首次以執政黨的身分辦理該項會議。時任陸委會主任委員的蔡英文，發表「我國加入 WTO 對文化發展之衝擊」專題演講，當中涵蓋文化產業在加入世界貿易組織後的挑戰。在兩岸交流方面，則列舉了以下幾個挑戰：包括華語影視市場的成員國家與臺灣具有的文化接近性，一方面是優勢，一方面也是相互競爭的來源。同時，蔡英文提出中國大陸文化產業大舉來臺，

亦可能挾帶其意識型態，試圖影響國人接受其觀點（行政院文化建設委員會 2002：18-37）。加入 WTO 的影響，則是一方面促進多元文化發展，另外一方面，則點出了本國文化可能被外來強勢文化侵蝕，造成失衡的隱憂。這些論點也展現當時民進黨政府發展文化創意產業的政策，以及對於產業國際化等影響的態度。

以此呼應本書的核心提問之一：臺灣參與世界貿易組織（WTO）以及雙邊、複邊貿易協定時，針對文化商品、文化勞務和產業的貿易談判過程中，「文化多樣性」與「文化殊異性」等價值如何主張？「文化例外」原則是否可能？回頭看，面對加入 WTO 的衝擊和失衡，「文化例外」的原則並未在加入 WTO 初期，便在文化政策中強力實踐，最終還是對國內的文化產業造成巨大影響。

在 2017 年的全國文化會議中，亦提到「數位科技加速資源與資訊的跨國界流動，加深全球化發展對經濟的影響，不僅文創產業的國際競爭加劇，也影響本土文化多樣性的平衡」（文化部 2017：209）。例如電影產業中，儘管創作的門檻降低，放映空間卻被美商把持，缺乏「銀幕配額」制，也讓拍好的國片難以上映。[4] 這些討論也攸關國內文化生態系的健康，以及創作者的生存。

4　郭力昕（2015）。〈誰扼殺了臺灣電影 —— 從台北電影節退席事件談起〉。報導者，網址：https://www.twreporter.org/a/opinion-taipei-film-festival。另有鄭秉泓，2015 年 12 月 30 日對郭力昕文章的回應：〈回應〈誰扼殺了臺灣電影〉一文 ——「銀幕配額」在臺灣可行嗎？〉。報導者，網址：https://www.twreporter.org/a/opinion-movie-cheng。以及後續在媒體改造學社的討論：郭力昕（2016）。〈樂觀與悲觀的邏輯是什麼？一回應鄭秉泓〈「銀幕配額」在臺灣可行嗎？〉〉。媒體改造學社，網址：http://twmedia.org/archives/1365（檢索日期：2021 年 8 月 23 日）

然而，文化與貿易之間的矛盾爭議如何調節、妥協？或許亦可以從 2013 年正式生效的《臺紐經濟合作協定》（ANZTEC）的框架下窺知。[5] 臺灣與紐西蘭同為 WTO 的會員，在此架構下締約。文化方面，電視電影合作包括共同製作中的影片優惠待遇、雙方專業人才的專業知識跟技術交流。同時，還期待能夠「促進影視產業發展，兼收國際宣傳效益，活絡觀光產業」。另外，也在原住民族的合作上，希冀能夠藉由 ANZTEC 的合作，促進紐西蘭毛利族與臺灣原住民的交流，包括互動經驗及文學、媒體交流等方面，推廣雙邊原住民族觀光組織產業發展與合作。[6] 在這些協議中，彰顯了文化中相互合作的意向和交流的善意。

而國際文化貿易對於臺灣文化的內涵影響，以及社會上對其可能造成的威脅和憂慮，最明顯的回應之一，便是《海峽兩岸服務貿易協議》的爭議，及後續 2014 年的「太陽花運動」。出版業對於「服貿協議」中開放的印刷項目，以及兩岸之間文化社會制度的差異多所疑慮，表面上的開放，卻可能因為內部的制度差異造成不對等。劉新圓（2015）提出政府沒有意識到文化貿易的敏感性以及雙方的制度差異，亦顯得大意。就算立意良善，也難以得到民間、業界的信任。在兩岸文創的特殊性和敏感性之下，亦有建議認為量身訂做適合的交流措施，才能夠順利進行。[7]

5　《臺紐經濟合作協定》（ANZTEC）全名為「紐西蘭與臺澎金馬個別關稅領域經濟合作協定」（Agreement between New Zealand and the Separate Customs Territory of Taiwan, Penghu, Kinmen, and Matsu on Economic Cooperation）。

6　詳見臺灣 ECA ｜ FTA 總入口網 > 臺紐經濟合作協定 ANZTEC 當中關於協定的簡介及合作議題，網址：https://fta.trade.gov.tw/ftapage.asp?k=1&p=9&n=98&f=2（檢索日期：2021 年 8 月 23 日）

7　劉新圓（2015）。〈服貿爭議的關鍵在文化〉。財團法人國家政策研究基金會，網址：https://www.npf.org.tw/3/14691（檢索日期：2021 年 8 月 23 日）

　　臺灣與中國之間的文化交流，應是臺灣對外的文化關係中，最敏感也最複雜的一部分。兩岸政府如何談判，如何建立法治架構，讓當中的行動者權益都能受到保障，並且能夠維持臺灣文化的主體性，無論是意識型態或是雙方內部社會的歧異，皆尚有許多問題待解。

3　海峽兩岸的文化交流

　　回顧臺灣解嚴之後重要的兩岸交流政策，在 1990 年第一次全國文化會議的討論中，認為必須在「不牴觸國家基本政策的原則下，以對等及互動的關係為基點」發展兩岸文化關係。同時，在結論和具體建議中也提到，「鑒於文化為提升人性，改善人民生活品質，以及國家統一的根本力量，我對兩岸文化關係，應該以開放、互動和積極的方式進行」（行政院文化建設委員會 1991：104）。可以看到，在此階段，「國家統一」仍是會議中國家發展隱而不宣的背景之一。同時，「兩岸文化交流的推動，必須在不危害國家安全，不違反現行法令規章，及不為純粹商業性活動下循序進行」（行政院文化建設委員會 1991：106），在討論中，仍期待對岸政府的對等及善意反應。

　　2004 年，時任民進黨政府文建會主委的邱坤良在第三次全國文化會議中，則提出與中國交流不可避免。臺灣有種族、文化、語言的競爭背景，但長期對立的互信基礎不足，兩岸交流因為變動因素太大，難以純由藝術和商業來衡量。會議中，邱坤良提出最大的障礙在於雙方政治環境跟意識型態迥異，若能在和平共處的原則下建立一套互惠互補的交流模式，才有合作空間（行政院文化建設委員會 2002：118-119）。

　　兩岸文化交流歷經 2008 年海基會與海協會簽署《海峽兩岸關於大陸居民赴臺灣旅遊協議》，並於同年開放陸客來臺、後歷經 2011 年開放部分地區陸客自由行及陸生來臺就學等政策，曾經有過相當熱絡的時期。事實上，兩岸文化交流在 2014 年的太陽花運動之後，就少有明確的進展。在蔡英文上任之後，兩岸關係更來到低點，甚至冷凍的狀態，兩岸官方溝通管道無法恢復運作。[8] 緊縮的交流也反映在文化政策上，在全國文化會議及文化白皮書中，沒有明確提及文化政策在兩岸關係的定位及角色。在 2017 年全國文化會議中，相較於前幾次的全國文化會議，對於兩岸文化交流的討論並不多。這一方面受到 2014 年太陽花運動後，臺灣對於兩岸交流的防備；另一方面也是在 2016 年蔡英文當選總統後，經歷斷交潮及對中國策略的改變。然而缺少關於兩岸文化交流的論述，也無法得知蔡政府在此議題的主張。

　　即使在 2018 年，中國政府公布《關於促進兩岸經濟文化交流合作的若干措施》，簡稱「31 項惠臺政策」，同年 3 月 16 日，臺灣即從四大面向為基礎，並推動八大強臺策略以之因應。[9] 然而，在 2019 年中國的海峽兩岸旅遊交流協會發布《海峽兩岸旅遊交流協會關於暫停大陸居民赴臺個人遊試點的公告》，暫停個人自由行，以及 2020 年蔡英文連任總統、新冠肺炎疫情影響國際旅行之後，兩岸的交流逐漸停滯。

　　兩岸在文化交流上，既有「合作」亦有競爭。儘管在政府的立場上刻意淡化「競爭」之意，兩者之間的比較仍無法避免。在海外設立臺灣書院之初，時任文化部長的龍應台曾說「臺灣書院不是孔子學院，也不需要和孔子學院爭誰是正統，臺灣書院應該是臺灣在海外的駐點，是一

8　謝明瑞（2018）。中國大陸 31 項惠台（對台）措施對臺灣的影響。財團法人國家政策研究基金會，網址：https://www.npf.org.tw/2/19025（檢索日期：2021 年 8 月 16 日）

9　Ibid.。

個能把臺灣獨特文化輸出的地方」[10] 但是隨著孔子學院受指控干預學術自由、繼而在美國縮減規模之後，亦成為臺灣在美國發展語言教學合作的契機。[11]

　　本書在兩岸的文化交流方面亦有討論，如王慶康〈文物有靈乎：論兩岸故宮競爭與合作〉當中，正探索了這方面的發展及限制。文中詳列臺北故宮歷年來海外展覽的內容，以及兩岸在展覽合作上的經驗。兩岸的競爭與合作仍有爭奪「正統性」的狀況，而實務上，如王文中所提及，政治因素，尤其是中國奉行「一中原則」，認定臺灣是中國的一部分，不承認在臺灣的中華民國是一個國家。無法接受臺灣堅持使用的「國立故宮博物院」機構名稱；同時，在司法假扣押的法律尚未周全時，也無法保證出借至中國的文物會順利歸還，成為兩岸在合作上的阻礙。

　　另一方面，吳介祥關於故宮的研究文章也提供其作為國家符號的思考。在過去，故宮曾是中華民國政府守護文化資產而取得文化正統性的重要表徵。然而，如吳介祥所言，歷經文化上的鄉土運動、建立臺灣主體性、重建臺灣藝術史等運動，臺灣的文化認同逐漸轉移，並且重視文化的多樣性，甚至產生認同的競爭跟排他性，故宮作為文化代表機構的功能逐漸淡去，如吳文中提及：「故宮的角色也在『再中國化』與『去中國化』的辯證洪流中，而顯現出文化繼承和主體性翻轉之間的斷裂。在此之際，以皇室作為正統中國之典藏來代表臺灣，已越來越疏遠現實。」（見本書第 377-378 頁）

10　人間福報（2012）。〈龍應台：明年增設海外文化據點〉。人間福報，網址：https://www.merit-times.com/NewsPage.aspx?unid=281167（檢索日期：2021 年 8 月 17 日）

11　〈臺灣語言學習中心進軍美國，挑戰中國的孔子學院？〉。BBC 中文網，網址：https://www.bbc.com/zhongwen/trad/world-58170293（檢索日期：2021 年 8 月 13 日）

　　這亦延伸並回應臺灣在文化外交上的特色之一，即成為建構文化主體性的輸出管道。在文化認同的建構過程中，政府所欲形塑的形象以及對國際社會的訴求，及所塑造的形象是否能夠受到民眾支持，也都在這些過程中展現「由國內向國外投射，再由國外反饋至國內」的歷程。

4　博物館與國際文化交流

　　由本書各篇章可以見到，臺灣的博物館是文化外交與交流的重要角色，從國立故宮博物院、國立歷史博物館的工具箱等，都呈現了展示典藏文物、交流的各種功能。陳嘉翎於〈文化的製造與輸出：1970 至 80 年代史博館「中華文物箱」之於臺灣文化外交的見證與轉化〉一文中，則以國立歷史博物館在 1955-1987 年間的「中華文物箱」為案例，闡述以文化的「複製與再現」及「輸出與傳播」之運作理念。文物箱中承載的文物仿製品及臺灣民主經濟成就的文宣品，對外傳遞「中華民國在臺灣」是「唯一正統中國」的國族意象。30 多年間，「中華文物箱」計畫亦曾見證 1970 年代後，因為中華民國退出聯合國的斷交潮，文物箱在海外民間網絡的促成下，反而成為官方外交受挫之下，依舊能夠進行文化交流的方式之一。在「中華文化箱」的計畫落幕之後，臺灣主體性的興起，2004 年的「臺灣文化百寶箱」也延續此形式，輸出不同內涵、以建構並且強調臺灣文化主體性的文化展品。以「文物箱」或「百寶箱」形式輸出的，還包括迄今文化部推出的各種 Toolbox 百寶箱系列，例如由文化部補助、國家電影及視聽文化中心執行的海外推廣計畫「臺灣電影工具箱」。

　　相對於「中華文物箱」探索的是過去國立歷史博物館以文物借展的歷史，由故宮團隊 ── 郭鎮武、林國平、黃宇暘、周維強、王健宇

—— 所撰寫的〈博物館新媒體科技與文化外交：以國立故宮博物院郎世寧來華三百周年特展為中心〉則討論故宮在新媒體科技上的發展策略。從「數位策展」的概念出發，故宮團隊的文章詳述策展的過程，包括與法、德兩國學者研習銅版畫技術並拍攝紀錄片，及各種數位展品的製作過程，以此例探索 4G 創新技術在博物館展覽中的應用。無論是郎世寧本人當年赴中國的旅程，與國外專家重現銅版畫技術的應用，或是最後的紀錄片及展覽，由主題至最後的呈現，都展現了跨時代的文化交流歷程。同時，藉由文章中在交流過程中的細節，窺得機構在策劃和籌備，乃至於展覽實際發生時的行政經歷，亦是寶貴的實務參考。

5　國際文化交流與專業網絡

如前述，臺灣並非聯合國的會員國，在國際交流上難以進入聯合國教科文組織等單位參與決策過程。如此一來，國際交流的活動更仰賴專業機構的策劃和網絡連結。本書的第二篇「臺灣國際藝文專業網絡與平臺的建立」三篇分別從文化資產保存、視覺藝術推廣以及縣市政府之間的網絡為例，文化交流當中網絡化的明顯特色

李兆翔所撰文的〈工業遺產國際建制之研究：以亞洲產業文化資產平臺為例〉提出非政府組織逐漸成為公民參與國際事務的媒介。「去中心化」的過程，又受到新媒體科技的互動革新影響，虛擬平臺的興起，讓國際組織也零碎化，區域網絡的治理亦隨之興起。尤其，在文化資產保存的議題上，更有賴專業社群、公民組織跟專業機構的協力。李兆翔由國際建制的理論觀點，認為國際環境建制的產生，是因為體認到工業遺產保存的問題並非單一國家可以解決；在肯認共同利益的情況下，才能達成合作與協調。而在這過程中，工業遺產的定義、目的、方法與

原則等，都可以運用國際建制加以規範。同時，以知識為基礎的國際建制，強調知識價值與學習，也能夠補強以利益為主的建置所帶來的缺失。在這方面，知識社群可以提供資訊，協助界定問題，同時也能夠在交流中扮演議題設定的角色，讓成員能夠形成共識，進一步建議策略並且協助國家界定利益。

以 2012 年國際工業遺產保存委員會（TICCIH）於臺北的第 15 屆大會通過《亞洲工業遺產臺北宣言》（*Taipei Declaration for Asian Industrial Heritage*）為案例，李兆翔說明在文化資產保存的建置發展，以及臺灣所參與的國際交流。在《臺北宣言》之後，2018 年成立的「亞洲產業文化資產資訊平臺」（Asian Network of Industrial Heritage, ANIH）旨在推動亞太地區產業文化資產交流合作，兩者也代表了國際建制變遷的不同階段。文章結論中，李兆翔主張在文化部文資局應積極推動並且投入資源，延續 2012 年 TICCIH《臺北宣言》成果，實踐亞洲工業遺產保存的國際建制，更加拓展臺灣在亞洲工業遺產保存的話語權，以及在其中可扮演的樞紐角色。李兆翔在結論中提出「資訊」對於國家加入國際建制的意義：國家能夠獲得所需的公開資訊，避免資訊不對稱問題而損失利益的情況。同時也有助於國際間的議題合作。李兆翔也認為，如 ANIH 的「跨國非政府組織網絡的國際建制」是臺灣近期對外文化交流及文化關係的新形式，同時也是實質交流的實踐方法之一。

以此案例觀之，以臺灣的國際環境，政府難以「國家」之名加入國際性組織之時，如此的跨國非政府組織網絡，反而有可能達成實質上的國際文化交流。然而，如此形式，或許也減弱了文化外交對於「傳統外交」的補強功能。當文化活動不再是政治場合的點綴，而是追求文化及專業上的資訊交換與交流。那麼藝文中介者、中介組織的角色功能，也就更加重要。

　　可是網絡化是否同時也有了「去中心化」的特色？在從事國際文化交流時，可端視從事文化交流時，給予補助或是行政資源的單位為何？來自公部門的協助依舊集中在中央政府？而各個從事國際文化交流的組織，是否有機會發展出自己的策略和能動性？

　　郭唐菱則藉臺灣視覺藝術家的國際專業網絡為例，以「去中心化」的網絡治理來理解視覺藝術的國際交流現況。文中指出政府支持視覺藝術國際交流的數種模式，以及政府及「近政府組織」（公立或法人美術館、國藝會等）的不同執行方式。前述組織中，以文化部及各外館辦公室所提供的資源最多，卻也因為政府機關在採購及預算的各種管控與國外當地合作方的慣例不同，在實際達成國際交流之前，便也需要先面對雙方機構的文化差異。此外，外派人事上的選拔規則與任期限制，也讓外館不易經營長期的夥伴關係。

　　同時，在高度國際化的視覺藝術領域，以全球政治金融作為分配原則。郭唐菱指出，儘管國家政府不可能直接介入市場，政府仍可以努力協助藝術家受到非由商業邏輯主導的合法性機構認證，使作品、藝術家的訊息得以順利流通，製造後續機會；並以陳界仁、李明維為例，文化部駐外館所贊助其展演，後續開啟連結及合作機會。文中，作者提出了外館組織及治理模式轉型的建議，建立以臂距原則運作的駐外文化機構，並善用人才，經營專業網絡。

　　以強化專業網絡及建立中介角色的角度看來，我們也必須提問，在對外文化關係中，國家與政府所能扮演的角色有什麼？非由政府處理的事務又有哪些？無論是文化外交或文化交流，儘管中央政府層級的部門有著做出整體戰略規劃的考量，甚至可以代表國家締結合約等。但許多時候，地方政府及所屬場館，也能夠靈活彈性地，從地方政府的「平行外交」（paradiplomacy）框架下來創造文化交流。「平行外交」可

以由地方政府，如城市政府運作，在國際間自我展現，並追求相關利益。平行外交的行動是機構化的，當中的行動者也有政治上的目的。地方政府也可以藉此來達成城市行銷的目的（Auschner, Álvarez, and Pérez 2020）。

本書作者之一王紀澤則以自身在地方政府文化局的經驗出發，並以「亞洲表演藝術節」的案例，說明藝術家在文化交流的過程中，執行工作的期盼以及所欲達成的目標。文中並提問：是否需要國家經費大力介入，效法其他國家進行單一項目的文化或文化產品輸出；抑或是支援藝文專業，讓藝術家得以在自足的情況下，發展和創建專業網絡。

王紀澤回顧臺北市文化局自首任局長龍應台以降進行的國際文化交流，進行模式包括藝術家駐村、遴選藝術家出訪、首長出訪及參與國際會議等。臺北市在「亞洲主要都市網」的平臺上，探討「亞洲表演藝術節」的不同階段變化。在藝術家交流與創作平臺建立之後，藝術網絡得以建立，並且培養其創作與交流的能力，這與郭唐菱在視覺藝術的文化交流研究有相似的論點。王紀澤亦點出了「文化」與「外交」兩方在手段與目的之間的差異。以政治為主，而文化作為點綴的活動，在藝術專業網絡建立之後，專業人士也會期待以藝術交流為目的，不再只是為了「國際化」而成為政治活動的配角。

當國際文化交流的計畫目的回歸專業本身，是否就是所謂的「藝術歸藝術、政治歸政治」呢？這兩者的目的或許很難截然二分，無論是中央或是地方層級的政府，在策略上仍可能因為加強與地區或城市的連結，而特別給予補助或獎勵（如文化部針對東南亞、西亞南亞及拉丁美洲等區域交流的各項獎補助計畫）。但是在專業網絡的體系下發展的文化交流，資訊交換與合作的特色亦會更加明顯。此時，政府便會偏向支持性的角色。若政府能夠給予長期穩定的支持，便有助於專業網絡的發展，進而有機會彰顯臺灣在相關議題的文化參與。

6　國際文化交流的現實與未來

　　本書在編排上，刻意地將軟實力的理論討論置於最後，企圖從現實主義的國際關係理論之外，由其他取徑來討論國際文化交流。這並不表示本書忽略「軟實力」理論對於文化交流政策中的影響。相反的，正是因為「軟實力」一詞在各種論述中的普遍使用，已經從國際關係延伸到個人職能及魅力等。過度延伸的情況，反而造成定義的模糊。本書的作者之一李映霖亦企圖藉此來釐清概念，以及眾多討論和排名的實際意義。

　　首先創造「軟實力」一詞的美國學者奈伊（Joseph S. Nye），提出「文化」、「政治價值」及「外交政策」為一個國家軟實力的資源。當中，尤以「文化」本身的定義廣泛，而難以劃下明確的範圍。對於研究者和政策制定者而言，各國的軟實力盤點以及影響力的排名，一直都是關注的焦點之一。因為臺灣的特殊國際地位，使得研究單位未必可搜集到相關統計資料，若統計工具有所差異，亦難比較臺灣與其他國家的情況。當然，此處並非鼓勵政府盲目將追求排名提升列為政策目的，各種量表和指標應當只是手段，藉以瞭解各種策略達成的程度，不應有錯把手段當目標的誤解。

　　李映霖文中的討論，仔細評析了個別評估框架及排名的分項。回顧奈伊對軟實力的描述，討論的是一個國家的「魅力」，如何「讓別人願意做你希望他們去做的事」，由此延伸，如何從各項客觀指標中，瞭解各個國家的魅力發揮，便是各種軟實力評估最大的挑戰。

　　不可忽略的，便是此中的軟實力評估，數據來源多半來自歐美國家，如李映霖所指出的，當中的框架定義仍體現了歐美所強調的政經利益。例如在政府的指標上，關注的多半是政府對於企業經營的環境保

障、對於民主自由等的政治價值的保障程度。換言之，對於政治價值仍
有強烈的偏好。同時，也吻合當前歐美國家著重的趨勢，包括飲食發展
及科技創新等項目。如文中所提及，《全球軟實力研究報告》將米其林
美食指南列為指標，卻也不免面對「將法式料理（haute cuisine）視
為體現全球精緻飲食文化準則」的質疑。

然而，「軟實力」的概念，對於臺灣的發展能帶來什麼樣的啟示跟
討論？諸多「宣揚軟實力」的作為，是否真的能夠發揮臺灣吸引人的內
涵 —— 包括文化、政治價值及外交政策？李映霖在文中提醒，現今國
際社會中，「文化」所能扮演的角色與能動性，已不同以往。國家對外
彰顯文化內涵的活動本身僅是基礎，軟實力的發揮更應包含奠基在此種
文化內涵之上、積極全面的政府治理與國際參與。

前述於第二篇的網絡式交流或建制整合，將更需要政府的幫助，
以利未來的永續發展。李映霖的文章中提出臺灣在軟實力領域中所具備
的話語權比硬實力來得大，相較於硬實力的場域，受到掣肘的狀況也較
少。亦回應李兆翔對於 TICCIH 的討論中，提出政府可以長期支持專
業網絡發展的建議。

7　從家開始的文化交流

在本書的第四篇中，藉由袁緒文所撰述的〈建構臺灣在當代東南
亞區域發展的文化脈絡 —— 以國立臺灣博物館之跨文化路徑為例〉一
文，意欲探討近年來政府推動的新南向政策，以及近期劃入國際文化交
流中的國內跨族群關係。文章從「多元文化」的討論開始，開啟對於新
住民的文化政策等相關討論。

　　除了遠赴海外展覽的博物館文化外交，袁緒文以國立臺灣博物館（簡稱臺博館）為例，將目光轉向國內。此處的跨文化交流也翻轉了臺灣長期既有，以強權為主的「國外」想像；也挑戰「出國」才能做文化交流的假設。移工、外籍配偶在臺灣生活已久，卻依舊在制度和生活的不同面向上，遇見歧視與挑戰。

　　袁緒文也談及博物館近年來在多元族群的文化參與及文化權利的工作。肯認臺灣土地上的多元文化，並且將其納入法制化的保障，絕非一朝一夕便能達成，而是經歷漫長的研究倡議及討論。對於新住民、移工文化權的討論，亦非憑空出現。學術研究的焦點轉移，如袁緒文在文章中指出：從早期社會工作理論中將新住民女性視為為弱勢族群，討論新二代學習成效問題；乃至於勞動議題中的外籍勞動人權等。「可見臺灣在研究東南亞移民工的領域中，對於新住民女性的研究，從家庭中的弱勢者應如何被保障權益，到主動進入社區參與學習及各項教育活動，逐漸移轉成詮釋個人移動歷史的『主體』」（見本書第 407 頁）由此可見，因為新住民的主體性得以肯認，進一步能往充權／賦權（empowerment）的方向邁進。

　　非營利、非政府組織在臺灣長期的耕耘，也是重要的推手。如從 2006 年開辦越南語《四方報》並關懷新住民與移工的張正，在南勢角捷運站附近所開設的「燦爛時光東南亞主題書店」，鼓勵移工在工作的空檔大量的閱讀母語文學，已辦理四屆的「移民工文學獎」也在移民工之間相互流傳與鼓舞所累積出來的效益。另外有徐瑞希於 2015 年設立移民工影音獎，倡導「（移民工）自己的故事自己拍，自己的新聞自己報」。臺灣外籍勞動者發展協會製播臺灣第一個多國語言新聞臺《GWO Taiwan News》，開設「口語傳播」課程，培訓新住民雙語表達能力，讓新住民以母語播報新聞。

除了這些努力之外，民眾對於東南亞文化的關注，或許更多來自於在公共空間及生活習慣上的差異，以及隨之而來的衝突。例如臺北車站大廳的使用議題。藍佩嘉在《跨國灰姑娘：當東南亞幫傭遇上台灣新富家庭》的研究中，便對臺北車站對移工的功能有所表述：有別於菲律賓移工以天主教堂為據點，印尼移工以臺北車站作為「空間移動、人際網絡與活動串聯的節點」（藍佩嘉 2008：249）。書中提及臺北車站大廳的設計原意欲打造流動感，預防遊民聚集，因此並無設置任何座椅。藍佩嘉指出，移工試著在火車站交新朋友，將公共空間私人化，是缺乏社會資源的社會群體的不得不的空間策略（藍佩嘉 2008：251），書中亦記載民眾對於臺北車站大廳被移工「佔用」的負面感受及評價。

2012 年，大批印尼移工在臺北車站大廳聚集慶祝開齋節，事後，臺鐵站方以避免移工集聚影響旅客動線為由，拉起紅龍隔離，限制活動範圍，引發爭議。經過台灣國際勞工協會（TIWA）等民間團體抗議，翌年臺鐵站方改以協助方式進行開齋節，並向抗議旅客說明穆斯林開齋節的意義。[12] 然而開齋節並未從此在臺北車站大廳生根，2017 年開齋節，臺鐵站方並未顧及上萬移工在臺北車站大廳慶祝的慣例，舉辦「日本觀光物產博覽會」並佔去大廳五分之四的空間，不僅與開齋節無關，也使得移工反而散落在外圍的區域。若非站方並未將每年舉辦的開齋節日程保留，就是有意要在這一天取消移工大量聚集的可能。時任臺北市市長柯文哲進行的發紅包活動，也許表達了善意，然而博得新聞版面的同時，空間排除的安排亦被批評，「不免讓『柯 P 發紅包』從大方變得有一點貽笑大方」[13]。

12　李志銘（2020）。〈台北車站大廳「禁坐令」爭議：比歧視更可怕的，是眼不見為淨的顢頇〉。鳴人堂，網址：https://opinion.udn.com/opinion/story/12369/4577231（檢索日期：2021 年 7 月 19 日）

13　許淳淮（2017）。〈【看見】在「開齋節快樂」之外的事〉。TIWA 臺灣國際勞工協會，

　　而在 2017 全國文化會議中，因為新住民的參與，得以窺得在許多鼓勵新住民參與的活動中，也有可能發生因為缺乏瞭解而造成的疏漏。譬如 2017 年 8 月 19 日，筆者參與的全國文化會議預備會議中，受邀的越南籍博士生阮氏荷安分享自身經驗：「……新竹市政府端午節舉辦越南包粽子活動，凸顯官方活動缺乏尊重當地是過年才吃粽子的文化習俗。」**14** 藉由這些案例的曝光和討論，也再次挑戰民眾對於東南亞文化的認知和理解，進而挑戰既有定見，發展出「再理解」的機會。在屢次「移工 vs. 臺鐵」的爭議之下，移工的處境及文化，也透過媒體的傳播引起討論。

　　可是，在眾多文化交流的企圖當中，要如何能夠進行長時間的深入瞭解，避免淪為作秀、甚至落入「文化挪用」的困境？袁緒文分享臺博館與文化團體建立「互信」的過程，並且提出互信作為族群合作及相互理解之基礎：和北中南地區之「新住民發展協會」以及專責新住民與移工權益之非營利團體建立起良善的互動。她特別說明：「臺博館內如需針對東南亞地區之語言、文化、藝術之需求與請益，也會持續的向各協會一一詢問，雖然所花費的時間較長，但透過此方式可與新住民協會建立彼此互信互助的長遠關係。」（見本書第 408-409 頁）

　　種種的舉措，顯示在與新住民的交流，已經有了更細膩的操作方式。隨著政府在「新南向政策」的文化交流日增，亦反映了臺灣的文化外交與交流，在政策上的重要轉向：由向外的「文化輸出」、「出國比賽」，轉而從島內既有的文化交流機會開始。

.　　網址：https://www.tiwa.org.tw/【看見】在「開齋節快樂」之外的事/（檢索日期：2021 年 7 月 19 日）

14　2017 全國文化會議預備會議文化包容力會議紀要 2017 年 8 月 19 日。網址：https://jumpshare.com/v/FUZWlroZXxCJE5KS8TLw（檢索日期：2021 年 7 月 19 日）

關於國際文化交流較為明顯的政策轉向，可以在 2017 的全國文化會議當中，更見文化部的企圖。在全國文化會議中，文化交流的討論不僅限於如何對外宣傳臺灣文化，亦關注新住民的文化平權。在新住民論壇專場中，文化部委託國立臺灣博物館舉辦並執行相關細節，現場並提供四種語言的即席口譯協助相互瞭解。在袁緒文（2017：328-329）所發表的〈全國文化會議與新住民分區論壇：國立臺灣博物館在文化平權觀點 下的參與及反思〉論文中提到，在場的新住民發言中，主要可見關注於以下幾個重點：

一、相關法規納入新住民權益。

二、社會對東南亞文化的認識與包容度。

三、新住民的近用權。

四、公共場所多國語言之建置。

這場新住民論壇，顯示政府對於文化差異的敏感度正逐漸提升，亦在全國文化會議中彰顯其文化權；二則顯示，對於移工來說，在臺灣的生活本身已有各種挑戰，遑論進一步的文化參與。在各種安排上，必須一方面體認到移工新住民在臺灣生活所面對的結構性困境；另一方面也必須從政府內部開始行動，改善相關的措施。

2017 全國文化會議的嘗試，包括由臺博館承辦的新住民專場，鼓勵新住民代表參與；以及 9 月的全國大會中，時任文化部次長楊子葆的發言，也指出在國內「誠實地善待移工、新移民以及我們的新公民」，並肯認他們的公民權（文化部 2017：97）另外，也更明顯地讓臺灣有更多的在新南向地區的可見度，如楊子葆前次長所言：「邀請諮詢委員會，邀請臺灣的年輕人去交流、蹲點以外，也希望歡迎更多南向國家的文化團體或者所有的文化活動到臺灣來，讓臺灣變成真正東南亞的一個角色。」（Ibid.）這也代表文化部對於發展東南亞的文化關係的企圖。

但是，在國內欲發展與新住民的文化交流時，也必須考量、採納新住民的自我認同與意願。若強調新二代在多元文化上的「優勢」，是否又造成了標籤化？ [15] 要能夠打造一個讓不同背景皆安心不受歧視的社會環境，彼此理解各自的文化與交流，還有很長一段路要走。

8　文化交流工作的新想像

在 2017 的全國文化會議與 2018 的文化白皮書之後，臺灣的國際文化交流還能有什麼不同的形式與議題，來參與實質的國際合作及交流？檢視近期臺灣在文化權的發展，公民社會的活力、性別平權議題的討論，以及影視音作品的階段性成果，都是值得關注的發展。

同時，駐外文化中心的角色及工作想像有什麼明確的改變？在 2017 全國文化會議中，呼應文化部的政策宣示「部部都是文化部」；也希望臺灣在世界上的一百多個駐外館處，可以「館館都是文化館」（文化部 2017：103）。後續在 2018 文化白皮書中，列出「館館都是臺灣文化櫥窗」，提到整合文化部現有計畫，提供文化素材，以適當方式跟空間規劃策展；跨部會合作，與藝文機構、場所建立夥伴關係，促進文化交流、爭取員額，拓展佈局等；先以單點專案交流的模式，推動之後長期合作的目標。

15　如劉育瑄投書中所提到的：「以我的血緣為標準來評斷一個人，除了會讓我和其他的新二代對自己的存在感到困惑及恐懼，是沒有其他意義的。」引用自劉育瑄（2018）。〈【投書】作為一個在臺灣的新二代，我感到很害怕〉。獨立評論在天下，網址：https://opinion.cw.com.tw/blog/profile/52/article/6633（檢索日期：2021 年 7 月 19 日）

這樣的內容主要仍先延續先前駐外文化中心的角色及工作內容方式，然而在四年之間，文化部已成功在雪梨、羅馬、新德里等地增派駐外館文化組人員，仍對於文化交流的擴大版圖有所助益。

2017 全國文化會議中提出的另一個國際交流明確轉向，則是突破以往以意見領袖、菁英階級為目標觀眾的文化外交，轉向為自國內開始的文化交流。政策的論述及回應上，也符合 Rawnsley（2017）對於公眾外交所提出的觀察：在社群媒體興起之後，外交溝通的參與已不再限於外交官或官員，還包括了先前被排除在討論之外的成員。面對這樣的變化，Rawnsley 提出外交的從業人員，必須意識到無論位階，或職責，他們所執行的公眾外交帶來的效應，都會對本國或是國外的民眾產生影響。非官方的行動者的角色比以前更加重要。

此外，由於臺灣特殊的國際處境，長期遭拒於國際組織之外，來自個人、藝術家、公民社會對於文化交流的參與意願也相當旺盛，從早期以大專學生為主力赴海外訪問的「青年友好訪問團」、在雲門舞集海外演出中到場給予支持的留學生及僑胞，甚至是贊助團隊赴愛丁堡藝穗節臺灣季演出的募資計畫，都可以看到來自私部門的個人熱心參與的歷程。[16]

上述提到文化外交與交流中的公民社會參與，仍屬於政策執行與落實的末端。而 2017 全國文化會議的形式，提供公民社會跨族群、主動參與國際文化交流的討論。這當中尤其在青年論壇當中特別明顯。青年論壇開放「所有對文化議題有興趣的民眾，尤其歡迎高中生至 40 歲以下文化青年」報名參加，並提供交通補助，執行單位將以申請者出發地

---

[16] 如募資平台 flyingV 上，可以看到 2014 年冉而山劇場、蒂摩爾古薪舞集，以及 2016 年許程崴製作舞團赴愛丁堡藝穗節臺灣季的募資計畫。

之地理位置距離（離島、花東、高屏與其他偏遠地區）及報名順序進行審核。儘管無法補助所有與會者，但仍舊在距離和交通上給予協助，降低青年參與者的財務負擔門檻。

在討論過程中，各組召集人，以及相關業務司的代表，也派員在現場，至各桌回答問題。在世界咖啡館形式的討論中，文化包容力主題的參與者直白表示「……青年人在討論一些什麼事情，可以馬上 CUE 牌，CUE 什麼司什麼司長，那個感覺很爽」。並且建議青年論壇不要 10 年才辦一次。[17] 由上所述，青年參與者對於能夠直接與文化部的主責單位人員對話，是給予肯定的。藉由會議的設計，略為鬆動了年齡和決策的結構，也有更多意見發聲的管道。

在文化部的 2017 年 9 月全國大會會議實錄中，前次長楊子葆講了這樣一段話，正呼應了「文化交流」中的「相互理解」的核心精神：「『文化包容力』更受到重視，看到我們跟別人的不一樣與一樣，或者我們的渴望、我們的恐懼、我們的擔憂，都會在別人的文化或是跟別人文化交流裡面看到呼應。」（文化部 2017：97）

以「包容力」來置放對於國際文化交流的想像，似也象徵了臺灣的國際文化交流開始有所轉向：或許「讓世界看見臺灣」的時候，不再是單方向的展示強處，也沒有必要過度強調「誰比較厲害」，而是能夠在不同的文化中，看到相同的呼應。在過程中，關注無分國界的共同議題，並且從中相互連結。在「讓世界看見臺灣」的口號之後，應當也要能夠雙向地「讓臺灣看到世界」。

---

17 2017 全國文化會議暨分區論壇 - 青年文化論壇策略思考工作坊逐字稿，網址：https://jumpshare.com/v/x14x49E083tvlMzR4bbk（檢索日期：2021 年 7 月 20 日）

　　臺灣在性別平權上的努力，亦是軟實力的代表。2018 年，文化部駐紐約臺北文化中心（簡稱紐文）所舉辦的「書寫臺灣同志」，呼應紐約的同志驕傲月，籌劃一系列相關活動，呈現小說、劇作、電影等不同類型創作，時間軸從 1990 年代到當下，含括同志關係、女同志情慾、愛滋病、同志社會運動、性別認同、交友軟體等主題。從邱妙津的文學作品《鱷魚手記》、蔡柏璋《Solo Date》和簡莉穎《叛徒馬密可能的回憶錄》的劇本創作，還有周東彥的《你找什麼？》及王育麟的《阿莉芙》的電影放映，呈現了臺灣不同類型的同志主題創作。[18] 結合作品，成功將當代臺灣的重要里程碑，介紹給當地社群認識。

　　如新聞報導文字中所述，同志文化不只是酒吧、三溫暖、西門町紅樓、遊行；短期來臺的旅客固然可以藉由造訪景點來認識臺灣的同志文化，平權法及同志藝術創作等，就不是短期旅遊能夠體驗的，往往也難有展演的場合。在國際文化交流的呈現類型上，也突破了文學和戲劇在過往有著因語言不同而交流不易的限制。實務上而言，也凸顯紐文在主題式策展的能力，以及與駐在國當地夥伴的密切合作。

　　而適逢臺灣同婚合法的進展，紐文辦理的活動，也正體現了臺灣的政治價值，顯示文化政策中的開放性。同時，將同志議題帶向國外，與當地脈絡產生對話，並且提供有別於美國相關作品（如《美國天使》）的發展脈絡。恰如其分地展現臺灣的文化和政治價值，如時任駐紐約辦事處處長徐儷文在受訪時所言：「這些成果真的不是一朝一夕，如果沒有我們引以為傲的臺灣民主政治、多元包容的社會以及言論自由的環境，不會有這麼豐沃的土壤，培育出如此高度成熟的同志主題藝術

18　謝朝宗（2018）。〈駐紐約台北文化中心以「書寫臺灣同志」，呼應紐約同志驕傲月〉。典藏，網址：https://artouch.com/news/content-1482.html（檢索日期：2021 年 7 月 20 日）

創作。」[19]

誠然，臺灣的民主政治、多元包容及言論自由等政治價值，足以成為軟實力的豐厚資源。然而如李映霖在文章中所言，是否能讓對方有效感知，取決於是否能夠有適當的「轉換策略／途徑」。除了展演交流之外，文化政策中對於其他類型文化的國際交流，本書未能逐一搜集成書，例如臺灣電影的國際傳播、流行音樂、學術上的臺灣研究、文學外譯及商業版權推廣等等，已長期耕耘，亦期待能有更多討論。

9 文化創意產業的國際發展

在 2018 文化白皮書中，主要提出的策略包括「打造國家文化品牌」。先前，「國家品牌」的想法已出現在文化部的「臺灣品牌團隊計畫」。主要獎助較具規模及展演能量的演藝團隊，期許其成為「代表國家的一張文化名片」。[20]

而 2018 文化白皮書中的「國家品牌」，則更將國家品牌的概念延伸至「文化精神」，整合不同類別的文化活動，如文學、表演藝術及視覺藝術、影視音內容產業、文化資產及生活風格等，發展出整體國家文化品牌。大眾媒介、公共媒體及數位傳播，則是白皮書中所欲涵蓋的傳播方式（文化部 2018：109）。相較於其他既有策略，明確地展現將更多文化內容推向國際的討論。

19　楊明娟（2018）。〈紐約同志月臺灣劇作電影展現創作能量〉。中央廣播電臺，網址：https://www.rti.org.tw/news/view/id/415148（檢索日期：2021 年 7 月 20 日）

20　文化部（2020）。臺灣品牌團隊計畫。文化部，網址：https://www.moc.gov.tw/information_302_34042.html（檢索日期：2021 年 8 月 6 日）

推廣臺灣文化創意產業的構想，在先前的全國文化會議中便曾討論。2002 年的全國文化會議中，便提到臺灣的文化產業以資本少、規模小的中小型文化企業居多。並且因為 WTO 組織成長，強勢的國際文化產業增加發展空間，對本地文化產業來說會有不良影響（行政院文化建設委員會 2002：19）。由此可見，對於文化產業的國際文化交流是雙向的：一是在國際文化產業來臺後，仍舊維持臺灣本地文化產業的活力；以及對外推動臺灣文化創意產業的國際化。

《文化創意產業發展法》在 2010 年通過，歷經近 10 年，文化內容策進院於 2019 年正式成立，政府如何進行跨部會的整合，給予文化創意產業交流工作者制度上的協助，亦令產業界拭目以待。設置「全球市場處」的文化內容策進院，在網站上揭櫫其使命，當中包括：「以文化內容驅動產業創新升級：參酌國際趨勢，促進文化內容透過符號、文字、圖像、色彩、聲音、形象與影像等資料或資訊，整合運用之技術、產品或服務，產生創作與累積價值所形成之 IP，驅動內容產業跨界跨域之創新升級，並帶動周邊產業之發展」及「形塑國家品牌進行國際佈局：發揮文化內容產業共同平臺的功能，秉持國家隊精神，整合政府及民間資源與力量，形塑國家文化品牌，協助業者進軍國際市場、拓展海外商機，加快國際佈局，以文化軟實力走向世界」。[21]

這樣的視野論述，也強調國際交流中對於商機和市場的著重。國際文化交流不再只是集中於外交人士、高階官員及藝術專業人士。更企圖以影音內容，擴大閱聽的觀眾群。在實務上，要如何達成？決策者會需要更多對國際市場的研究與觀察，達成更長時間的網絡建立，以期能夠做出更精準的策略規劃。

---

[21] 文化內容策進院「使命」，網址：https://taicca.tw/page/vision（檢索日期：2020年 11 月 9 日）

在影視音的海外傳播中，與串流平臺（Over-the-top media service）的合作，讓臺劇的國際傳播有了更多可能。較近期的案例如《俗女養成記》[22] 與《我們與惡的距離》，除了臺灣觀眾之外，還獲得國際關注與肯定。[23] 臺劇的潛力和串流平臺帶來的新傳播形式，對於未來的臺灣影劇可以帶來什麼樣的契機，亦值得更多研究與觀察。

10　疫情下的挑戰與轉機

除了「臺劇」的新發展之外，2020 年開始的新冠肺炎疫情，也對國際文化交流帶來一些挑戰和契機。國際上，因為劇場、博物館等藝文場所關閉，取消的節目使票房收入銳減，被迫進行組織瘦身或是尋求紓困。如何在此時維持與觀眾的連結，不因物理上的距離而連帶失去精神上的緊密，成為眾組織如何將危機化為轉機的挑戰。

在這當中，國際上有博物館推出虛擬實境的服務，讓千里之遙的觀眾，也得以坐在家中神遊館舍。故宮團隊本書文章中，提出策展經驗的分享：故宮博物院已於 2019 年開發「AR 智慧導覽」。觀眾可以戴上智慧眼鏡，透過擴增實境功能，讓民眾身處展廳，也能進入畫作世界。目前在臺灣已經發展成熟的 5G 技術也可提供大數據分析，分析何項文物最獲觀眾青睞駐足，結合影像技術，提供觀眾更為沉浸式的體驗。過往需要付出昂貴旅行成本才能看到的文物，藉由科技而能身歷其境；另一方面，藝術組織也必須具備科技上的因應能力，才能在變局當中找到變

22　如《俗女養成記》後續在 CatchPlay 平台的新加坡及印尼上架等，

23　《我們與惡的距離》入圍 2019 年首爾國際電視節迷你劇作品賞，編劇呂蒔媛獲得該年釜山國際影展的「亞洲電影市場展亞洲內容獎最佳編劇獎」。

通之道。

於此同時，過往表演藝術操作嫻熟的出國巡演，或是國際合作中的節目買賣、邀演等日常，因為劇場關閉、檢疫、防疫規定等，變得困難重重。「國際合製」的新型態會是什麼？在眾人無法齊聚一堂的時候，對於表演和創作者，以及藝術行政工作者來說，勢必需要重新思考製作預算的編列。過往預算表中常見的旅運費可能被數位設備費所取代，而將舞臺上的演出搬到電視上，讓人們得以在自家沙發上收看。這樣的改變是否會讓閱聽者更容易接收國際節目，習慣多元文化？國內的藝術家已經開始進行相關討論，交換彼此的經驗。當自由移動的日子或許並不會在短期內回來，國際文化的交流也需要重新調整。[24]

國際文化交流因為疫情而有了劇烈的震盪，或許有許多改變逐漸發生，於疫情之中仍未能見，尚待更多的研究與討論。閱聽大眾對於數位生活的倚賴，應會因為疫情而更緊密。如李映霖在文末提及的數位外交，或是文化部欲建立的國際影音平臺，都是未來值得持續關注的變化。這些改變會讓不同文化間的交流和理解更加容易，或是增加更多挑戰，都將是形塑未來國際文化交流的元素。

固然臺灣的國際文化交流，有著因為特殊國際地位而帶來的挑戰。然而從中央政府到地方，文化機構與組織，還有個人藝術家的交流，仍有許多活力和創新的力量。最終，如何能讓既有的合作與信任永續發展，進而創新並適應變局，達成與不同文化間平等而相互理解的文化關係，將是日後發展國際交流的策略時，持續努力的目標。

---

[24] 相關討論可見筆者記錄整理，2021 年 4 月 7 日林人中策劃的「思辨機構」系列座談中的「疫情時代的國際發展與連結」。PAR 表演藝術，網址：https://par.npac-ntch.org/tw/article/doc-NTCH-Salon- 劇院沙龍：劇場．議場 ──「思辨機構」系列講座摘要 - 後疫情時代的國際發展與連結 -fyb7hxzkoh（檢索日期：2021 年 7 月 19 日）

參考文獻

文化部（2017）。〈2017 全國文化會議會議實錄 ——21 世紀臺灣文化總體營造〉。收錄於《2017 全國文化會議》。新北市：文化部。

文化部（2018）。《2018 文化政策白皮書》。新北市：文化部。

行政院文化建設委員會（1991）。〈全國文化會議實錄〉。收錄於余玉照編，《全國文化會議》。臺北市：行政院文化建設委員會。

行政院文化建設委員會（2002）。《新世紀的文化願景：第三屆全國文化會議會議實錄》。臺北市：行政院文化建設委員會。

袁緒文（2017）。〈全國文化會議與新住民分區論壇：國立臺灣博物館在文化平權觀點下的參與及反思〉。2017 文化的軌跡：文化治理與生活日常國際學術研討會。新北市。

藍佩嘉（2008）。《跨國灰姑娘：當東南亞幫傭遇上臺灣新富家庭》。臺北市：行人出版社。

Auschner, Eika, Liliana Lotero Álvarez, and Laura Álvarez Pérez (2020). "Paradiplomacy and City Branding: The Caseof Medellín, Colombia (2004–2019)." In Sohaela Amiri and Efe Sevin (Eds.), *City Diplomacy: Current Trends and Future Prospects* (pp. 279-304). Palgrave Macmillan.

Fisher, Rod, and Carla Figueira (2011). *Revisiting EU Member States' international cultural relations.* International Intelligence on Culture (London: European Cultural Foundation). http://moreeurope.org/project/revisiting-eu-member-states-international-cultural-relations/

Gienow-Hecht, Jessica C. E., and Mark C. Donfried (2010). "The Model of Cultural Diplomacy: Power, Distance, and the Promise of Civil Society." In Jessica C. E. Gienow-Hecht and Mark C. Donfried (Eds.), *Searching for a Cultural Diplomacy* (p. 265). New York: Berghahn Books.

Mitchell, J.M. (1986). *International Cultural Relations.Key Concepts in International Relations*. London: Allen & Unwin.

Nye, Joseph S. (2011). *The Future of Power* (1st ed). New York: PublicAffairs.

Rawnsley, Gary (2017). "Soft Power Rich, Public Diplomacy Poor: An Assessment of Taiwan's External Communications." *The China Quarterly*, 232: 982-1001. https://doi.org/10.1017/S0305741017001084

Topić, Martina, and Cassandra Sciortino (2012). "Cultural Diplomacy and Cultural imperialism: A Framework of the analysis." In Martina Topic and Sinis Ca Rodin (Eds.), *Cultural diplomacy and cultural imperialism : European perspective(s)*. New York: Peter Lang.

Wei, Chun-Ying (2017). "Taiwan's Cultural Diplomacy and Cultural Policy: A Case Study Focusing on Performing Arts (1990-2014)." Doctor of Philosophy, Institute for Creative and Cultural Entrepreneurship, Goldsmiths, University of London. http://research.gold.ac.uk/22358/

Taiwan's International Cultural Relations: Culture as a Method

Jerry C Y Liu, Chun-Ying Wei (Editors)

Jerry C Y Liu, Ching-Wen Chang, Chia-Chun Lu, Chao-Shiang Li, Tang-Ling Kuo, Chi-Tse Wang, Chia-Ling Chen, Kevin C.K. Wang, Chen-Wo Kuo, Quo-Ping Lin, Yu-Yang Huang, Wei-Chiang Chou, Chien-Yu Wangm, Chieh-Hsiang Wu, Hsu-Wen Yuan, Ying-Lin Lee, Chun-Ying Wei

Summary

Taiwan's International Cultural Relations: Culture as a Method is the first academic collection dedicated for the understanding of Taiwan's international cultural relations. Through discussions on theories of cultural exchange and soft power, to practices on building professional networks and platforms, this book presents how Taiwan develops its external cultural relations despite its special diplomatic status.

Can cultural relations thrive beyond political constraints? Taiwan has formal diplomatic relations with few states in the world and limited access into major international organisations. However, its government, cultural practitioners, and non-governmental organisations remain enthusiastic in building relations overseas. Reflecting on their persistent efforts and transitions of Taiwan's cultural affairs, this book aims to broaden the research on international cultural relations and cultural policy studies.

With the purpose to provide a deeper understanding on relevant achievements and studies, the Graduate School of Arts Management and Cultural Policy at National Taiwan University of Arts and Taiwan Association of Cultural Policy Studies initiated the publishing project. This book offers a critical view to policy practices in the case of Taiwan. It serves as a valuable reference for researchers and educators in their exploration on Taiwan.

Keywords: *Taiwan, international cultural relations, cultural diplomacy and relations, cultural policy.*

Contents

Preface

Unit 1 Searching for *New Discursive Routes* to Taiwan's International Cultural Relations

Introduction: Culture as a Method: The New "Alternative-Mainstream" Dialectics of Taiwan's International Cultural Relations / Jerry C Y Liu

Chapter 1
Taiwanese Contemporary Art on Asian Discourses: The Curatorial Strategies of Asian Art Biennia / Ching-Wen Chang

Chapter 2
Taiwanese Branding Establishment in International Cultural Exchange-The Case Study of Taiwanese International Art Festival / Chia-Chun Lu

Unit 2 International Networks and Platforms in Arts and Culture Professions

Chapter 3
The International Regime on Industrial Heritage-A Case Study of Asian Network of Industrial Heritage (ANIH) / Chao-Shiang Li

Chapter 4
The operation and transformation of the Taiwanese government's overseas cultural centers and offices– A case study of Taiwanese contemporary artists' international professional networks / Tang-Ling Kuo

Chapter 5
"Cultural Diplomacy": An Alternative Path to Build Professional Artistic Networks? / Chi-Tse Wang

Unit 3　Construction and Re-construction of Subjectivity in Taiwan's Cultural Diplomacy

Chapter 6
Cultural Production and Output: The Testimony and Transformation of the NMH's "Chinese Cultural Chest" in Relation to Taiwan's Cultural Diplomacy / Chia-Ling Chen

Chapter 7
The Soul of Cultural Relics: Competition and Cooperation Between the Palace Museums Across the Strait / Kevin C.K. Wang

Chapter 8
Cultural Diplomacy from National Palace Museum：A Special New Media Exhibition On The Tricentennial Of Giuseppe Castiglione's Arrival In China / Chen-Wo Kuo, Quo-Ping Lin, Yu-Yang Huang, Wei-Chiang Chou, Chien-Yu Wang

Chapter 9
National Symbols in Cultural Diplomacy-The Changing Strategies and Interpretations of the Taiwan National Palace Museum's International Exchange / Chieh-Hsiang Wu

Unit 4　Visions for Now and Future

Chapter 10
Constructing the cultural context of Taiwan's development in contemporary Southeast Asia-Take National Taiwan Museum and its Intercultural Approach as an Example / Hsu-Wen Yuan

Chapter 11
The Analysis of the International Framework of Soft Power Assessment and Its Enlightenment to Taiwan's Development of International Cultural Relations / Ying-Lin Lee
Epilogue: Towards a better understanding on Taiwan's International Cultural Relations / Chun-Ying Wei